שיעורים במנהיגות

Jonathan Sacks
THE RABBI SACKS LEGACY
מגיד

הרב יונתן זקס

שיעורים במנהיגות

קריאות חדשות בפרשת השבוע

מאנגלית: צור ארליך

Jonathan Sacks
THE RABBI SACKS LEGACY
מגיד

Rabbi Jonathan Sacks
Lessons in Leadership

הרב יונתן זקס
שיעורים במנהיגות

עורך אחראי: ראובן ציגלר
עורכת ראשית: אוריה מבורך
עורכת משנה: אפרת גרוס
עריכה לשונית: הניה קולומבוס
הגהה: דוד ברוקנר
עימוד: תמי מגר
עיצוב כריכה: שמואל לעסרי

ספרי מגיד, הוצאת קורן
ת״ד 4044 ירושלים 9104001
טל׳: 02-6330530 פקס: 02-6330534
www.korenpub.co.il

מסת״ב ISBN 978-965-526-350-3

נדפס בישראל Printed in Israel 2023

המהדורה העברית של ספר זה מוקדשת
לזכרם של

ד"ר רונלד פלד ז"ל

אליס (ליבא) פישר ז"ל

ולכבודם של

ג'ודי פלד קאר

דונלד קאר, QC

פרופ' בנימין פישר

שייבדלו לחיים טובים וארוכים.

כולם מנהיגים דגולים בתחומם שהתגברו
על קשיים בחייהם כדי להפוך את העולם
למקום טוב יותר.

ד"ר ליאונה פישר־פלד ואלן פלד

THE RABBI SACKS LEGACY

מורשת הרב זקס מנציחה את תורתו העל־זמנית והאוניברסלית
של הרב יונתן זקס כמלמד תורה, מנהיג של מנהיגים וקול מוסרי.

בקרו בארכיון הדיגיטלי שלנו ותוכלו ללמוד מחלק גדול מהכתבים,
השידורים והנאומים של הרב זקס, או תמכו בנו: www.rabbisacks.org.

עקבו אחר מורשת הרב זקס במדיה החברתית RabbiSacks@.

תוכן עניינים

בראשית

שמות

ויקרא

במדבר

דברים

מבוא

להעז ובגדול

לאורך עשרים ושתיים השנים ששימשתי רב ראשי של הקהילות העבריות המאוחדות בחבר העמים הבריטי, עמדו אתגרים רבים לפני הצוות שלי ולפניי. כבר בתחילת הדרך פיתחנו לנו מנהג: בכל פעם שהתרגש עלינו משבר, התיישבנו ולמדנו יחד תורה. חיפשנו את הטקסט המתאים ביותר, ונתנו לו לדבר אלינו. והכתובים אכן דיברו אלינו: מדהים היה לראות כמה פעמים זה קרה. כך גילינו שישנם שלושה סוגים של תורה. את השניים הראשונים הכרנו קודם: התורה שלומדים מתוך ספרים, והתורה שלומדים מפי מורים. אתגרי ההנהגה הכירו לנו סוג שלישי: התורה שלומדים מן החיים. כך נולד הספר הזה: כסדרה של תובנות שלמדנו מתוך חיים של דו־שיח פעיל עם חמשת חומשי תורה, הטקסט המרכזי במסורת שלנו.

מרתק היה לגלות כיצד התורה היא בעצם ספר על מנהיגות - ולא במובן הצר של המילה, של החזקת משרה רשמית, אלא כגישה כללית לחיים. הגיבורים והגיבורות של התורה, האבות והאימהות וילדיהם, ובני ישראל ביוצאם ממצרים ובנוסעם אל ארץ חפץ, התמודדו כולם עם **האחריות שבחופש**. וזו, כך נראה לי, הדרמה המרכזית של היהדות. היוונים הקדומים העמידו ספרות כבירה על האופי והגורל, עם גיבורים גדולים מהחיים ועם עלילות שלא פעם הן טרגיות. ישראל הקדומה העמידה ספרות שונה מאוד - על רצון ובחירה, עם דמויות שאפשר להזדהות איתן, אשר לא פעם נלחמות מלחמת רגש פנימית נגד התבוסה והייאוש.

התורה מציעה לנו כמה עלילות דרמטיות ומפתיעות. לא נח, אותו "אִישׁ צַדִּיק" אשר "תָּמִים הָיָה בְּדֹרֹתָיו", היה לדמות המופת בחיינו הדתיים - אלא אברהם, שהתעמת עם האלוהים והטיח כלפיו דברים שהם מן הנועזים בכל תולדות האמונה: "הֲשֹׁפֵט כָּל הָאָרֶץ לֹא יַעֲשֶׂה מִשְׁפָּט?". משה, גיבורם של ארבעה מחמשת חומשי תורה, הוא לבטח אחד המנהיגים הצפויים פחות בכל הדורות: כבד פה וכבד לשון בתחילת דרכו, ונעדר כל אמונה ביכולתו למלא את המשימות שהטיל עליו האל.

זהו דפוס שנמשך לאורך ההיסטוריה היהודית. שאול, מלך ישראל הראשון, היה "מִשִּׁכְמוֹ וָמַעְלָה גָּבֹהַּ מִכָּל הָעָם", אך התגלה כנטול אומץ וביטחון עצמי - ומכאן

גערתו העוקצנית של שמואל הנביא "הֲלוֹא אִם קָטֹן אַתָּה בְּעֵינֶיךָ רֹאשׁ שִׁבְטֵי יִשְׂרָאֵל אָתָּה וַיִּמְשָׁחֲךָ ה' לְמֶלֶךְ עַל יִשְׂרָאֵל" (שמואל א' טו, יז). דוד, יורשו, היה מועמד כה בלתי סביר, שכאשר שמואל נצטווה למשוח למלוכה אחד מבניו של ישי, איש לא העלה בדעתו שגם דוד צעיר האחים יהיה בין המועמדים. הגיבורים היוונים ניהלו את מלחמותיהם נגד אויבים; בני זמנם העברים נאלצו להילחם בעיקר נגד עצמם: נגד הפחדים, נגד ההיסוסים, נגד ההרגשה שאינם ראויים. במובן הזה, אני חושב שהתורה מדברת אל כולנו, בין שאנו רואים עצמנו מנהיגים בין לאו.

לאורך עשרים ושתיים השנים ההן התוודעתי למנהיגים רבים, בתחומים רבים: פוליטיקאים, אנשי עסקים, מנהיגים דתיים אחרים, וכן הלאה. עד מהרה גיליתי את ההבדל בין הפנים שמנהיגים אלה מוכרחים להראות תמיד כלפי חוץ - נועזים, בוטחים ואיתנים - לבין פניהם בדל"ת אמותיהם, כשאור הזרקורים והמצלמות אינו מוטח בהם, והם יכולים לחלוק את רגשותיהם עם חברים. ברגעים האלה אתה נמצא למד שגם לגדולים שבמנהיגים יש ספקות ולבטים משלהם. גם להם יש רגעי דיכאון וסף ייאוש - ואנושיותם מתגלה במיוחד ברגעים הללו.

אל תתפתו אף פעם לחשוב שהמנהיגים שונים מיתר האנשים. הם אינם שונים. כולנו זקוקים לאומץ לחיות עם האתגרים, הטעויות והתקלות ולהמשיך לצעוד. אחת המימרות האמיתיות ובו בזמן המשעשעות ביותר שאני מכיר היא זו המיוחסת לווינסטון צ'רצ'יל: "הצלחה היא ללכת מכישלון לכישלון בלי לאבד את ההתלהבות". לא ניצחונותיהם של אנשים הם שהופכים אותם למנהיגים - אלא הדרך שבה הם מתמודדים עם הפסדים: היכולת שלהם ללמוד מהכישלון, להתאושש ולצמוח.

ומעל לכול, התחלתי להבין שכולנו מזומנים להיות מנהיגים בחוג ההשפעה שלנו - במשפחה, בקהילה, בעבודה בקרב עמיתינו, במשחק עם בני גילנו. הדבר המבחין בין מנהיג לשאינו מנהיג אינו מעמד, משרה או תפקיד, אלא הגישה הבסיסית לחיים. אנשים אחרים מחכים שמשהו יקרה; מנהיגים עוזרים לדברים לקרות. כשאחרים מתלוננים על החושך, מנהיג מדליק אור. חכמינו אמרו שהמילה "וַיְהִי" בתורה מבשרת תמיד על אסון. מנהיגים אינם מחכים שהדברים יהיו. הם אומרים לא "וַיְהִי" אלא "יְהִי!" במילה הזאת ברא אלוהים את העולם. זו גם המילה שבה אנו יכולים לברוא חיים של משמעות, חיים העושים את העולם למעט טוב יותר.

במהלך אחד המשברים החמורים ביותר בחיי גיליתי לראשונה את חיבורם של רונלד חפץ ומרטי לינסקי, אנשי בית הספר לממשל על שם ג'ון פ' קנדי באוניברסיטת הרווארד. בלילה של נדודי שינה גלשתי בין דפי האתר של חנות ספרים מקוונת ידועה, ונתקלתי בספר שכותרתו **מנהיגות במבחן**. כותרת המשנה היא שצדה את

עיני: "לעבור את סכנות ההנהגה ולהישאר בחיים".[1] כה אחר היה צלילם של הדברים מכל ספר אחר על מנהיגות שהכרתי עד אז. מהספרים האחרים השתמע שמנהיגות פירושה לראות את הדרך קדימה, ולנסוך ברבים השראה ללכת בה. הם לא השתמשו במילים כמו "סכנה". הם לא רמזו שמנהיג צריך עזרה כדי להישאר בחיים.

הזמנתי את הספר, קראתי אותו, והבנתי מייד שאני קורא את תובנותיהם של אנשים שהיטיבו יותר מכל אדם אחר שפגשתי להבין את הבעיות ואת הלחצים הכרוכים במנהיגות. לא רק שהם נתנו פשר למה שהרגשתי בעת ההיא, הם גם עזרו לי להבין את התורה ואת התנ"ך בכלל.

יש, למשל, פסוק יוצא דופן בתורה. לאחר שהעם התלונן על האוכל במדבר, משה אומר לאלוהים: "וְאִם כָּכָה אַתְּ עֹשֶׂה לִּי, הָרְגֵנִי נָא הָרֹג אִם מָצָאתִי חֵן בְּעֵינֶיךָ וְאַל אֶרְאֶה בְּרָעָתִי" (במדבר יא, טו). התמיה אותי שבני ישראל כבר התאוננו באוזני משה על האוכל קודם לכן (שמות טז), ואז משה לא נואש מהם כלל.

בעקבות ספרם של רונלד ומרטי הבנתי שבפעם הראשונה משה התמודד עם אתגר **טכני**: העם היה זקוק לאוכל. לעומת זאת בפעם השנייה האתגר היה **הסתגלותי**. הבעיה לא הייתה האוכל אלא העם. בני ישראל יצאו למה שנועד להיות המחצית השנייה של מסעם: מסיני לארץ ישראל. הם כבר יצאו מעבדות; עכשיו היו צריכים לפתח את החוזק והביטחון העצמי הדרושים כדי ללחום מלחמות ולכונן חברה חופשית. הבעיה הייתה בהם: הם היו צריכים להשתנות. וזה, למדתי עתה, היה הדבר שהקשה כל כך. מנהיגות מסגלת, המכינה את המונהגים לשינוי, היא קשה. אנשים מתנגדים לשינוי, ועלולים להיעשות כעוסים ועוינים בהבינם שעליהם להשתנות. "ספיגת כעסים", קראתי, "יכולה להיות משימה מקודשת".[2] זו הייתה תובנה עוצרת נשימה, והיא עזרה לי בכמה רגעים קשים.

הרגשתי צורך לכתוב לרונלד חפץ ולהודות לו על האמת שמצאתי בספרו. הוא כתב אליי בחזרה, סיפר שיהיה בלונדון כעבור שבועיים, והציע שניפגש. כך עשינו, ונעשינו חברים. אשתי איליין ואני מוקירים מאז את חוכמתו.

אני אומר זאת מפני שהמאמרים בספר שלפניכם לא נכתבו כמחקר טכני על מנהיגות, אלא פשוט כפי שאנו, חברי צוות לשכתי, למדנו ללמוד תורה בדרך

1. בתרגום מילולי משמו של הספר במקור האנגלי: Ronald Heifetz and Marty Linsky, *Leadership on the Line: Staying Alive through the Dangers of Leading*, Boston: Harvard Business School Press, 2002. הספר הופיע בתרגום עברי בכותרת משנה שונה מעט: רונלד חפץ ומרטי לינסקי, **מנהיגות במבחן: להוביל שינוי ולהישאר בחיים**, מאנגלית: דרורה בלישה, תל אביב: משכל, 2007.
2. שם, עמ' 161.

המדברת אלינו, מתוך התמודדות עם אתגריה של קהילה דתית במאה העשרים ואחת. לא חתרתי בהם אל דיוק המינוחים. לכן, לפני שנצא לדרך, חשוב לעמוד על שתי הבחנות שלמדתי מרונלד חפץ.

ההבחנה הראשונה היא בין **מנהיגות** לבין **סמכות**. סמכות היא דבר שיש לאדם בזכות משרה או מעמד שיש לו במשפחה, בקהילה או בחברה. נשיאים וראשי ממשלות, מנכ"לים וראשי צוותים, כולם בעלי סמכות. אבל הם אינם בהכרח מנהיגים. הם יכולים להיות חסרי דמיון או מתגוננים; הם יכולים להתנגד לשינוי גם כשברור ששינוי נדרש. הדוגמה הקלאסית היא פרעה בספר שמות. זמן רב אחרי שברור היה שסירובו לשלח את בני ישראל משית על עמו אסון, הוא המשיך לסרב בעקשנות.

ולהפך: יש מנהיגים שאין להם סמכות. כאן הדוגמה הקלאסית היא נחשון בן עמינדב, אשר, על פי המסורת, היה הראשון שקפץ לים סוף כאשר המים נבקעו.[3] העובדה שהמסורת שימרה פרט כזה, אף שאינו נזכר בתורה, מלמדת כמה היטיבו חז"ל לדעת שאי אפשר להשאיר הכול לידי שמיים. ה' צריך שאנחנו נפעל כדי שהוא יוכל לפעול דרכנו. המסורת היהודית בחוכמתה העמוקה גורסת שאמונה אין פירושה להשאיר לה' לפעול. לא מה שעושה ה' בשבילנו, בני האדם, משנה את מצבנו – אלא מה שאנו עושים בשביל ה'.

אחת המסורות המרגשות ביותר של חז"ל נוגעת למרים אחות משה. על פי המדרש, כאשר פרעה גזר להשליך ליאור את כל הבן היילוד לעברים, הגברים החליטו לפרוש מנשותיהם ולא להוליד. עמרם עמד בראש הסנהדרין שעל פי הסיפור החליטה כך. מרים, בתו, היא ששכנעה אותו לבטל את ההחלטה. רק בזכותה נולד משה. מן המדרש הזה משתמע שאמונתה של ילדה קטנה בה' הייתה רבה מזו של האיש שהיה בפועל המנהיג הדתי של הקהילה. הסמכות הייתה שלו, אבל מרים ניחנה בכישרון המנהיגות.

במאמריי כאן ביטאתי עניין זה באמצעות ההנגדה בין השפעה לבין כוח (או שררה). היהדות נוטה להיות ביקורתית כלפי הכוח. למלכים היה כוח שלטוני, ורבים מהם ניצלוהו לרעה. לנביאים לא היה כוח כלל, אבל השפעתם נמשכת עד עצם היום הזה. בתלמוד מסופר כי רבן גמליאל הנשיא, ראש הקהילה היהודית בארץ ישראל בזמנו, הפעיל את סמכות תפקידו בדרך שהשפילה את סגנו, רבי יהושע, והודח משום כך.[4] לגדולי הדור, פוסקי ההלכה המובילים, כמעט אף פעם לא הייתה סמכות רשמית.

3. מכילתא בשלח, פרשה ה; סוטה לז ע"א.
4. ברכות כז ע"ב.

הם הגיעו למעמדם כמנהיגים הלכתיים מתוך הסכמה ציבורית. היהדות, במידה רבה להפליא, מעדיפה מנהיגות של השפעה על פני מנהיגות המתבססת על תפקיד רשמי.

ההבחנה השנייה שראוי לערוך היא בין מנהיגות ככישרון, כערכה של תכונות, לבין מנהיגות כתהליך של רכישת הכישורים והניסיון שבאמצעותם אנו משפיעים על אחרים ותכונות האופי הדרושות להשארת מקום לאחרים. בתורה אנו פוגשים תדיר אנשים שצמחו אל המנהיגות, ולא יוחדו לה מלידתם. ספר בראשית מתחקה אחר מסלולים - שונים זה מזה - של צמיחת שני מנהיגים כאלה, יוסף ויהודה. רק במצרים, אחרי גלגולי גורל רבים, נעשה יוסף למנהיג; ורק אחרי שנתנסה בכמה ניסיונות הגיע גם יהודה לידי כך. משה עובר לאורך ספר במדבר סדרה של משברים אישיים עד שבאחרית ימיו, בספר דברים, הוא מזדקף לעינינו בדמות שבה הוא מוכר לנו ביותר: כ"משה רבנו" - מנהיג שהוא מורה. המנהיגות איננה כישרון שאנו ניחנים בו מלידה. היא דבר שאנו רוכשים לאורך זמן, לפעמים אחרי הרבה מעקשים, כישלונות ואכזבות.

יש סיפור שכבר סיפרתי בספר אחר, אבל ראוי לשוב ולספרו בהקשרנו. זה קרה בקיץ 1968, כשהייתי סטודנט לתואר ראשון בקיימברידג׳. כמו רוב היהודים בני דורי, הושפעתי עמוקות משבועות החרדה שקדמו למלחמת ששת הימים, במהלך מאי 1967, כשנראה היה שישראל עומדת בפני מתקפה מסיבית של שכנותיה. אנחנו, בני הדור שנולד אחרי השואה, חששנו שנהיה עדים לשואה שנייה, חס וחלילה.

בית הכנסת הקטן בסמטת תומפסון היה מלא מפה אל פה בסטודנטים, שרבים מהם לא מימשו כל כך עד אז את זהותם היהודית. הניצחון המדהים של ישראל שחרר גל של הקלה וצהלה. בלי שידענו זאת, דבר דומה קרה בכל רחבי העולם היהודי, והוביל לכמה תוצאות דרמטיות: התעוררות יהדות ברית המועצות, הולדתן של תנועת החזרה בתשובה ושל הישיבות לחוזרים בתשובה, ותחושה חדשה של ביטחון בזהות היהודית. לשם הדוגמה: לראשונה הרגישו סטודנטים יהודים שהם יכולים, ואף רוצים, לחבוש כיפה בפומבי.

החלטתי לבלות את הקיץ בצפון אמריקה: לנסוע ברחבי ארצות הברית וקנדה, ולפגוש רבנים והוגים יהודים רבים ככל שאוכל, כדי לעמוד על תפיסותיהם הרוחניות והאינטלקטואליות. הייתי אז סטודנט לפילוסופיה, ובימים ההם היה מובן מאליו, לפחות בבריטניה, שאדם שהוא פילוסוף הוא אתיאיסט, או לפחות אגנוסטיקן. רציתי לדעת איך מגיבים הוגים יהודים באמריקה לאתגרים הללו. שנתיים קודם לכן, ב־1966, פרסם כתב העת היהודי־אמריקני **קומנטרי** גיליון מיוחד שכותרתו "מצב האמונה היהודית". שלושים ושמונה רבנים ותיאולוגים יהודים בולטים גוללו בגיליון זה את תשובותיהם לסדרת שאלות על אמונה. לא הייתה לכך מקבילה ביהדות

בריטניה. הזמנתי אפוא טיסה וכרטיס חופשי לאוטובוסים בין־עירוניים, וברוח השיר "אמריקה" של סיימון וגרפונקל, שבו הם יוצאים לדרכים וסופרים מכוניות בכביש המהיר בניו ג'רזי, באתי גם אני לחפש את אמריקה.

פגשתי הרבה הוגים מרשימים, אבל שני שמות שבו ועלו בשיחות: הרב יוסף דוב סולוביצ'יק בישיבה יוניברסיטי, והרבי מלובביץ', הרב מנחם מנדל שניאורסון. הרב סולוביצ'יק היה המוח המבריק של יהדות הזמן, ענק רוחני שיצר שילוב נדיר בין שליטה בים התלמוד וההלכה, עמקות פילוסופית, גאונות דרשנית, ובוננות פיוטית על מצבו של האדם.

הרבי מלובביץ', מצידו, הזדקר כמנהיג יוצא דופן בחיים היהודיים. הוא הצליח לעשות דבר חריג: להסב את פניה של החסידות שלו החוצה, להשפעה על כלל הציבור היהודי. הוא שלח את חסידיו לקמפוסים ולעיירות קטנות, מקומות שלא הכירו יהדות דתית אורתודוקסית, ודאי לא חסידית. כיום, כעבור שנות יובל, קשה להבין זאת - אך עד אז כמעט אף אחד לא עסק ב"קירוב" ליהדות. הוא היה חלוץ מקורי, תופעה נדירה מאין כמוה במגזר החרדי, אותו מגזר שהיה מוכר בדרך כלל בבדלנותו משאר חלקי עם ישראל. בכל מקום שהגעתי אליו, אנשים דיברו ביראה על הרבי.

גמרתי אומר לפגוש את שניהם. סיפור המפגש שלי עם הרב סולוביצ'יק יסופר במקום אחר. המפגש שלי עם הרבי מלובביץ' הוא הקשור במנהיגות - וזאת באופן שלא צפיתי כלל. בחוצפתי כי רבה נכנסתי למטהו ברחוב איסטרן פארקוויי 770 בברוקלין, ושאלתי את החסיד הראשון שמצאתי שם איך מארגנים פגישה. הוא התפוצץ מצחוק. "אתה מתאר לעצמך כמה אלפי אנשים רוצים לפגוש את הרבי?", אמר. שכח מזה, הציע לי. זה פשוט בלתי אפשרי. לא נבהלתי. אמרתי לו שבשבועות הקרובים אסע ברחבי ארצות הברית וקנדה, אבל בעוד כמה שבועות אשהה אצל דודתי בלוס אנג'לס - ואם במקרה יתברר עד אז שיש אפשרות לפגישה, אפשר יהיה להתקשר אליי לשם. נתתי לו את מספר הטלפון של דודתי.

להפתעתי, כעבור ארבעה שבועות, ביום ראשון בערב, הטלפון צלצל. הרבי, כך נמסר לי, יכול לראות אותי לכמה דקות ביום חמישי בערב. ארזתי את מזוודתי, אמרתי שלום לדודה, ונסעתי באוטובוס של "גרייהאונד" מלוס אנג'לס לניו יורק - לא בדיוק הדרך המומלצת למסע מחוף לחוף. במוצאי יום חמישי ההוא פגשתי את הרבי. זו הייתה פגישה ששינתה את חיי.

הוא היה אחר לגמרי מכפי שדמיינתי. לא הייתה לו שום כריזמה, ולא אישיות שעולה על גדותיה. להפך: הוא ביטל את עצמו כדי כך שדומה היה כי בחדר יש רק אדם אחד - האדם שאליו הוא מדבר. זה כשלעצמו היה מפתיע. לימים גיליתי

שזהו אחד העקרונות היסודיים של הקבלה, "ביטול היש", כלומר איון העצמי - כדי להיפתח לגמרי אל האחֵר האלוהי וגם אל האחר האנושי.

אך מפתיע מכך היה מה שקרה באמצע שיחתנו. משענה בסבלנות על שאלותיי, הוא ביצע היפוך תפקידים והתחיל לשאול אותי שאלות משלו. כמה סטודנטים יהודים יש היום בקיימברידג'? כמה מהם חיים כיהודים? כמה מהם הולכים לבית הכנסת? וכשהוא שמע את התשובות - בעת ההיא, רק כעשירית מהסטודנטים היהודים נתנו ליהדותם ביטוי פעיל כלשהו - הוא שאל אותי מה אני עושה בעניין.

לא לשיחה כזאת פיללתי. לא היה לי שמץ של כוונה לקבל עליי תפקיד מנהיגותי כלשהו. התחלתי להתפתל ולהסביר למה זה לא נוגע לי: "במצב שבו אני מוצא את עצמי...", פתחתי. הרבי לא נתן לי להשלים את המשפט. "אתה לא **מוצא** את עצמך במצב", אמר. "אתה מכניס את עצמך אליו. ואם אתה מכניס את עצמך למצב אחד, אתה יכול להכניס את עצמך למצב אחר". הבנתי מה הוא עושה. הוא מנסה לגרות אותי לפעול. משהו בחיי הסטודנטים היהודים בקיימברידג' השתבש, זה ברור, והרבי מעודד אותי להתערב, לעשות משהו לשינוי המצב.

מה שקרה לאורך העשורים הבאים יסופר במקום אחר ובזמן אחר. כאן, די לומר שהמפגש הזה היה תחילתו של מסע ארוך אשר הוביל אדם צעיר, שתכנן להיות עורך דין, או כלכלן, או אקדמאי, להיות במקום זאת רב, ואז מורה של רבנים, ולבסוף רב ראשי. במבט לאחור אמרתי פעם שאנשים הבינו את הרבי באורח שגוי. הם ראו בו אדם שיש לו אלפי חסידים. זה היה נכון, אבל לא זה הדבר המעניין אצלו. למדתי ממנו שמנהיג טוב מעמיד לו חסידים - אבל מנהיג גדול מעמיד מנהיגים. ואת זאת עשה הרבי.

כתיבת הספר הזה הייתה לי מעין דרך לומר לו, במאוחר, תודה. אחת המשימות החשובות ביותר של מנהיג היא לטפח מנהיגות בקרב אחרים. ואת זאת אני מקווה שהמאמרים הללו יחוללו גם אצלכם, באיזו דרך צנועה. לכל אחד מאיתנו יש דבר שהוא יכול לתרום בחיזוק החיים היהודיים, ולא משנה באיזה היקף. די בכך שנחולל תמורה חיובית בחייו של אדם אחד. נפש אחת, אמרו חז"ל, היא עולם מלא. אם שיניתם את חייו של אדם אחד, התחלתם אפוא לשנות את העולם. זו הדרך היחידה האפשרית לנו: אדם אחד בכל פעם, יום אחר יום, מעשה אחר מעשה.

להציע עזרה לַנצרך, הכנסת אורחים לגלמוד, יד אחים למתמודדים עם קשיים - הוא לעשות מצווה. כשאנו עושים את הדברים הללו, אנו הולכים בדרכי ה', שהרי הוא "סומך נופלים ורופא חולים ומתיר אסורים". אנחנו יכולים לרפא כמה מן הפצעים של העולם הזה. אנחנו יכולים לעשות משהו; ואסור לנו, אף פעם,

להתייאש ולומר שאיננו יכולים לעשות דבר. "לא עליך המלאכה לגמור - ולא אתה בן חורין להיבטל ממנה", אמר רבי טרפון, ועוד לא נס לֵחַם של דבריו.

כולנו נקראים להיות מנהיגים. אבל כולנו נקראים גם להיות מונהגים. ביהדות, להבדיל מתרבויות רבות אחרות, מנהיגים ומונהגים אינם הפכים. הם חלק מאותו תהליך. הם יושבים סביב אותו שולחן, עוסקים באותה משימה, שואלים את אותה שאלה: איך, ביחד, נרומם זה את זה? מנהיג הוא מי שמציב אתגר למונהג. מונהג הוא מי שמציב אתגר למנהיג. רבי חנינא אמר, "הרבה למדתי מרבותיי, ומחבריי יותר מרבותיי, ומתלמידיי יותר מכולן".[5] זוהי מן התובנות הגדולות ביותר של המנהיגות היהודית. כולנו שייכים לצוות, מנהיגים כמונהגים, רבנים כתלמידים, ורק כצוות בידינו לשנות את העולם.

אבל הלקח העמוק ביותר והמפתיע ביותר שלמדתי לאורך אותן עשרים ושתיים שנה, הוא אולי זה: שעניינה של מנהיגות איננו מה שאתה משיג בעזרתה, אלא מה שאתה נעשה בגללה. מלאכת ההנהגה מפתחת באדם שרירים שהוא לא ידע שהם קיימים. היא משנה אותו. היא נוסכת בו חוזק ואומץ ונכונות להסתכן. היא מלמדת אותו אינטליגנציה רגשית ויכולת לראות את הטוב שבזולת, ולעיתים קרובות אף את הגדולה שבו. משה התחיל את קריירת המנהיגות שלו נטול יכולת לדבר לפני קהל - וחתם אותה כאחד מאנשי החזון הרהוטים ביותר בתולדות האנושות. הנהגה היא גם צמיחה. אין טובה ממנה לכך.

העם היהודי זקוק עכשיו למנהיגים; לאנשים שאינם יראים להתייצב בפני האתגרים של היום ולבנות את המחר - במקום, כפי שקורה לעיתים כה תכופות, להילחם את מלחמות האתמול. המדרש מספר שבשחר האנושות הראה אלוהים לאדם הראשון דור דור ודורשיו, דור דור ומנהיגיו; רצה לומר, אין שני דורות דומים. העולם משתנה, והמנהיגים עוזרים לנו להסתגל אל החדש בלי להתערטל מן הישן. אני מקווה שמשהו בשיחותינו שיבואו יניע אתכם ליטול על עצמכם אתגר מנהיגותי אחד, קטן ככל שיהיה, שאולי לא הייתם נוטלים על עצמכם קודם לכן.

אושר הוא חיים הנחיים באופן פעיל. האושר בא לא לַמתלוננים אלא לָעושים. המילה הגדולה ביותר שאמרו בני ישראל ברגע הקדוש ביותר בתולדותיהם, כשנפגשו עם אלוהיהם במעמד הר סיני והיו לו לעם, הייתה "נַעֲשֶׂה". היהדות היא דת של מעשים, ומה שאנו עושים ביחד גדול ממה שמי מאיתנו מסוגל לעשות לבדו. זהו

5. תענית ז ע"א.

האתגר של המנהיגות. אנו היהודים מעיזים להאמין שביחד, ובעזרת ה׳, בידינו לשנות את העולם. ההעזה בגדולות מגדילה אותנו. אין דרך אחרת.

תודתי העמוקה על הרעיונות שבספר הזה שלוחה לאנשים שעבדתי בצמוד אליהם כרב ראשי. המנהל הראשון של לשכתי, יונתן (כעת הלורד) קסטנבאום, עיצב את השאלות שהובילו למפגשי הלמידה שמהם נולד הספר הזה. ממשיכתו בתפקיד, סימה ויינברג, לימדה אותי על הממדים האישיים של המנהיגות ועל חשיבותה של האינטליגנציה הרגשית. ג׳ואנה בנארוש ודן סאקר עזרו לי לחשוב על דרכים להנחלת רעיונות אלו לדור חדש, ובתפקיד חדש. העבודה עם כל אחד ואחת מהם הייתה לי זכות.

לזכות היה לי גם לשרת את יהדות בריטניה וחבר העמים הבריטי. עמיתיי בבית הדין של לונדון וברבנות היו תמיד גם חברים טובים, ולברכה היה לי לראות כיצד, במנהיגותם, חיי הרוח של יהדות בריטניה צמחו והעשירו.

הנשיאים, יושבי הראש ויתר המנהיגים של איחוד בתי הכנסת היו לי חברים נאמנים, הטובים ביותר שמנהיג יכול לאחל לעצמו. איחוד הקהילות העבריות בבריטניה מתברך בזמן, במרץ ובמחויבות שחבריו משקיעים בו כדי להעשיר כל פן ופן בחיים היהודיים. יש בקהילותינו אלו מנהיגים, אנשי מעשה ואנשי נתינה במספר העולה לאין שיעור על המצופה מקהילות בגודל זה, והיותי חלק מהן נסך בי השראה רבה.

תודתי נתונה כתמיד למוציא לאור מתיו מילר ולצוות הוצאת מגיד על ההתלהבות והמקצועיות שעלו בהרבה על המתחייב. אני אסיר תודה לפרופ׳ רונלד חפץ על כל אשר לימדני לאורך השנים על מנהיגות - על מכשוליה ועל ההזדמנויות שבה. זכות היא לי לקרוא לו ולאשתו קתרין חבריי.

את תודתי העמוקה ביותר אני שומר תמיד לאשתי איליין, ובספר זה אפילו יותר מתמיד. לכל אורך השנים היא הייתה עורק החיים שלי, וההומור שלה, המציאותיות, הרוגע המוחלט, הפשטות והאמונה המתמדת הפכו כל יום בחיי לברכה. אני מודה לאל על מתנת אהבתה, ואם השגתי משהו כמנהיג, הרי שלי ושלכם שלה הוא.

יונתן זקס
לונדון
אייר תשע״ה

הערת העורך: המהדורה העברית של **שיעורים במנהיגות**

נושא המנהיגות תמיד היה בעל חשיבות גדולה עבור הרב זקס זצ"ל, והוא חלחל לרבים מספריו וחיבוריו על הפרשה. בשנת תשע"ד החליט הרב זקס להפוך את המנהיגות לנושא המרכזי של הדרשות השבועיות שלו על הפרשה, ואלו יצאו מאוחר יותר בהוצאת מגיד באנגלית תחת הכותרת **שיעורים במנהיגות** (*Lessons in Leadership*). הגרסה האנגלית של "שיעורים במנהיגות" התגלתה כספר פרשת השבוע הפופולרי ביותר מכל ספרי הרב זקס על הפרשה עד כה. הוצאת מגיד מבית קורן ביחד עם עמותת מורשת הרב זקס, נרגשים להביא את הספר הזה לקהל דוברי העברית.

חלק מהדרשות המקוריות בגרסה האנגלית כבר תורגמו לעברית ופורסמו בספרו של הרב זקס **שיג ושיח** (מגיד, 2017). משום כך, החלטנו להחליף חלק מהדרשות הללו בדרשות מוקדמות יותר של הרב זקס, שגם בהן מופיעה המנהיגות כמוטיב מרכזי, ולא פורסמו עד כה בעברית. להלן הפרקים שאינם מופיעים במהדורה האנגלית של "שיעורים במנהיגות":

- ויצא: להשקיט את ה"אנוכי"
- וישלח: הפחד להיהרג, החשש להרוג
- בשלח: ארבעה מודלים של מנהיגות
- צו: למה ציוויליזציות גוועות
- מצורע: כוחו של דיבור
- אחרי מות: לשרוד לאחר קטסטרופה
- קדושים: מכהונה לעם
- בחוקותי: הפוליטיקה של האחריות
- נשא: רדיפת שלום
- שלח לך: במה נשתנו יהושע וכלב
- קורח: עבודות אני נותן לכם
- מטות: כוחו של הלא־אפס
- מסעי: המסע הארוך אל החופש
- דברים: המנהיג כמוֹרה
- ראה: שמחת רבים
- וילך: המקל והעזר
- וזאת הברכה: האיש משה

יחד עם זאת, הפרקים הבאים מכילים כמה מהרעיונות החשובים ביותר על אודות מנהיגות במשנתו של הרב זקס, ולכן החלטנו לכלול אותם בספר הנוכחי, למרות שהם פורסמו כבר בעברית ב**שיג ושיח**:

- חיי שרה: מתחילים במסע
- מקץ: שלוש גישות לחלומות
- ויגש: המנהיג הבלתי צפוי
- יתרו: אומה של מנהיגים
- משפטים: חזון ופרטים
- פקודי: עלינו לשבח
- במדבר: להנהיג אומה של יחידים
- בלק: בלי נאמנות אין מנהיגות
- שופטים: למידה ומנהיגות

בראשית

בראשית

לקחת אחריות

אם מנהיגות היא הפתרון, מהי הבעיה? תשובתה של התורה על כך חדה וברורה: הבעיה היא כישלונה של האחריות.

הפרקים הראשונים בספר בראשית מתמקדים בשני סיפורים. הראשון הוא אדם וחוה, והשני - קין והבל. שני הסיפורים הללו עניינם סוג מסוים של כישלון.

תחילה, סיפורם של אדם וחוה. הם חטאו, כפי שכולנו יודעים. הם מסתתרים בושים ונכלמים, אך מגלים מייד שאין מסתור מפני ה׳:

> וַיִּקְרָא ה׳ אֱלֹהִים אֶל הָאָדָם וַיֹּאמֶר לוֹ, "אַיֶּכָּה?" וַיֹּאמֶר, "אֶת קֹלְךָ שָׁמַעְתִּי בַּגָּן וָאִירָא כִּי עֵירֹם אָנֹכִי, וָאֵחָבֵא". וַיֹּאמֶר, "מִי הִגִּיד לְךָ כִּי עֵירֹם אָתָּה? הֲמִן הָעֵץ אֲשֶׁר צִוִּיתִיךָ לְבִלְתִּי אֲכָל מִמֶּנּוּ אָכָלְתָּ?" וַיֹּאמֶר הָאָדָם, "הָאִשָּׁה אֲשֶׁר נָתַתָּה עִמָּדִי - הִוא נָתְנָה לִּי מִן הָעֵץ, וָאֹכֵל". וַיֹּאמֶר ה׳ אֱלֹהִים לָאִשָּׁה, "מַה זֹּאת עָשִׂית?" וַתֹּאמֶר הָאִשָּׁה, "הַנָּחָשׁ הִשִּׁיאַנִי וָאֹכֵל". (בראשית ג, ט-יב)

האדם והאישה כאחד טוענים שזו אינה אשמתם. אדם מאשים את האישה. האישה מאשימה את הנחש. התוצאה היא ששניהם נענשים ומגורשים מגן עדן. למה? כי אדם וחוה מתכחשים **לאחריותם האישית**. הם אומרים, בעצם, "זה לא אני".

הסיפור השני טרגי. המקרה הראשון של ריב אחים המתועד בתורה מוביל לרצח הראשון המופיע בה:

> וַיְהִי בִּהְיוֹתָם בַּשָּׂדֶה וַיָּקָם קַיִן אֶל הֶבֶל אָחִיו וַיַּהַרְגֵהוּ. וַיֹּאמֶר ה׳ אֶל קַיִן, "אֵי הֶבֶל אָחִיךָ?" וַיֹּאמֶר, "לֹא יָדַעְתִּי. הֲשֹׁמֵר אָחִי אָנֹכִי?" וַיֹּאמֶר, "מֶה עָשִׂיתָ? קוֹל דְּמֵי אָחִיךָ צֹעֲקִים אֵלַי מִן הָאֲדָמָה". (בראשית ד, ח-י)

קין איננו מתכחש לאחריותו האישית. הוא איננו אומר "זה לא אני", או "זו לא אשמתי". הוא מתכחש **לאחריות המוסרית**. הוא שואל, בעצם, מדוע טובת הזולת צריכה לנגוע

לו. ובאמת, למה שלא נעשה כל מה שברצוננו, אם בכוחנו לעשותו? בחיבורו של אפלטון **המדינה** טוען גלאוקון שצדק פירושו כל דבר שטוב לצד החזק. אני יכול, משמע מגיע לי. אם החיים הם מאבק הישרדות דרוויניסטי, למה לנו להגביל את עצמנו למען אחרים שאנו חזקים מהם? אם אין בטבע מוסָר, אני אחראי רק לעצמי. זה קולו של קין, והוא נשמע ברמה מאז ועד היום.

שני הסיפורים הללו אינם סתם סיפורים. זהו תיעוד שהתורה מציבה בפתח סיפור תולדות האנושות: תיעוד של כשל, תחילה כשל אישי ולאחר מכן כשל מוסרי, **בלקיחת אחריות**. וזוהי, כאמור, הבעיה שהמנהיגות היא התשובה לה.

בסיפור ראשית ימיו של משה, בתחילת ספר שמות, יש צירוף מילים מרתק. משה גדל, יוצא אל עמו, בני ישראל המשועבדים בפרך, ורואה בעוניים. הוא מבחין בנוגש מצרי מכה אחד מהם. הכתוב אומר כאן: "וַיִּפֶן כֹּה וָכֹה וַיַּרְא כִּי אֵין אִישׁ" (שמות ב, יב).

קשה להבין ביטוי זה כפשוטו. הרי אתר בנייה איננו חלל סגור. אין ספק שאנשים רבים נכחו במקום. הכתוב עצמו מספר לנו, שני פסוקים לאחר מכן, שהיו מבני ישראל שידעו היטב מה קרה. לכן נראה ששיעורו של הפסוק הוא כזה: וַיִּפֶן כה וכה, וירא כי אין איש **המוכן להתערב בנעשה**.

אם כך הוא, לפנינו דוגמה קדומה לתופעה שהתפרסמה בזמננו בשם "**אפקט הצופה מהצד**", או "תסמונת גֶ'נוֹבֶזֶה"[1] - כשמה של קיטי ג'נובזה, אישה שנרצחה בניו יורק לעיני אנשים רבים, עדים היודעים כולם שהיא מותקפת אך אינם נוקפים אצבע להצילה.

אנשי מדעי החברה ערכו ניסויים רבים כדי לנסות להבין מה מתרחש במצבים כאלה ומדוע דווקא נוכחותם של אחרים מפחיתה מן הסיכויים שאדם ייחלץ לעזרתו של אדם אחר הזקוק לה. יש מהם שהסבירו שנוכחותם של עוברי אורח נוספים בזירת פשע או אסון משפיעה על הפרשנות שאדם נותן למתרחש. הם מבינים שאם מכל הנוכחים, הצופים־מהצד, איש אינו קם ופועל, כנראה מה שמתרחש איננו באמת מקרה חירום המצריך התערבות.

חוקרים אחרים סבורים שגורם המפתח הוא **דילול האחריות**. האדם מניח שמכיוון שאנשים רבים נוכחים בזירה, ודאי יהיה מי מהם שיקום ויפעל. ואם כך, הוא עצמו יכול להחשות. נראה שזה הפירוש הנכון למה שהתרחש במקרה של משה. אף אחד לא היה מוכן לקום ולהציל את המוכה. ומי בכלל עשוי היה לקום? המצרים

1. להרחבה ראו הערך "קיטי ג'נובזה" בוויקיפדיה.

היו המשעבדים; מדוע יחשוב מי מהם להסתכן למען אחד מהעבדים? ובני ישראל היו עבדים; האם אפשר לצפות מהם לבוא לעזרת אחד מאחיהם ביודעם שהדבר עלול לעלות להם בחייהם?

במָקום ש"אין איש" - הָיָה משה. הוא קם ועשה. וזה מה שהופך אותו למנהיג. מנהיג הוא מי שמקבל אחריות. המנהיגות נולדת כשאנחנו נעשים מסבילים לפעילים, כשאיננו מחכים שמישהו אחר יקום ויפעל, מפני שאולי אין מי שיפעל, לפחות לא כאן, לא עכשיו. כשדברים רעים קורים, יש המעלימים עין. יש המחכים שאחרים יפעלו. יש המאשימים אחרים באי־פעולה. יש שפשוט מתלוננים. אבל ישנם גם אנשים שאומרים, "אם משהו אינו כשורה, אנסה לתקן אותו". אלה הם המנהיגים. אלה הם האנשים המחוללים תמורה בימי חייהם. אלה הם האנשים העושים את עולמנו לעולם טוב יותר.

רבות מהדתות הגדולות ומהתרבויות הגדולות מבוססות על השלָמָה. לדידן, אם יש אלימות, סבל, עוני וכאב בעולם - זו דרכו של עולם, או זה רצון האל, או זה טבעו של הטבע עצמו. הן מושכות בכתפיים וחובקות ידיים: הכול יהיה בסדר בעולם הבא.

היהדות, לעומת זאת, הייתה ועודנה דת המחאה הגדולה של העולם. גיבורי האמונה היהודית לא השלימו; הם מחו. הם היו מוכנים להתעמת עם אלוהים עצמו. אברהם קרא, "הֲשֹׁפֵט כָּל הָאָרֶץ לֹא יַעֲשֶׂה מִשְׁפָּט?" (בראשית יח, כה). משה תמה, "לָמָה הֲרֵעֹתָה לָעָם הַזֶּה?" (שמות ה, כב). ירמיהו שאל, "מַדּוּעַ דֶּרֶךְ רְשָׁעִים צָלֵחָה?" (ירמיה יב, א). כך רוצה ה' שנגיב. **היהדות היא קריאתו של אלוהים לאחריות אנושית.** ההישג הנכבד ביותר ביהדות הוא להיות שותפו של הקב"ה בבריאה.

כשאדם וחוה חטאו, אלוהים קרא לאדם "אַיֶּכָּה?" כפי שאמר רבי שניאור זלמן מלאדי, האדמו"ר הראשון של חב"ד, קריאה זו לא הופנתה רק לבני האדם הראשונים.[2] היא מהדהדת בכל דור. אלוהים נתן לנו חירות, אבל עם החירות באה אחריות. אלוהים מלמד אותנו מה עלינו לעשות, אבל הוא אינו עושה זאת במקומנו. לבד מכמה מקרים נדירים, אלוהים אינו מתערב בהיסטוריה. הוא פועל **באמצעותנו**, לא **כלפינו**. קולו הוא הקול האומר לנו, כפי שאמר לקין, שבכוחנו לעמוד בפני הרוע שבתוכנו ובפני הרוע שסביבנו.

חיים של אחריות הם חיים שיש בהם אחֵר; אדם אחר, אנשים אחרים, וגם האחר הגדול שלנו, אלוהים עצמו. הוא קורא לנו לעשות שימוש בחֵירות שנתן לנו - ולקרב

2. מופיע אצל Nissan Mindel, *Rabbi Schneur Zalman of Liadi: A Biography*, New York: Kehot Publication Society, 1969.

ככל האפשר את המצוי אל הרצוי, את העולם הזה אל העולם הראוי. השאלה הגדולה היא בקולו של מי נשמע: בקול החשק, כפי שעשו אדם וחוה? בקול הכעס, כפי שעשה קין? או בקול אלוהים, הקורא לנו לעשות את העולם הזה לעולם צודק ויפה יותר? החיים שאנו בוחרים לחיות הם התשובה שאנו נותנים לשאלה הזו.

נח

צדיקות איננה מנהיגות

נח זוכה לשבחים שאין דומה להם במקרא כולו. "נֹחַ אִישׁ צַדִּיק תָּמִים הָיָה בְּדֹרֹתָיו, אֶת הָאֱלֹהִים הִתְהַלֶּךְ נֹחַ", אומרת התורה בפתח פרשתנו (בראשית ו, ט). דברי תהילה מופלגים כאלה לא הושמעו לא על אברהם אבינו, לא על משה רבנו, ולא על שום נביא אחר. הדהוד קלוש לתשבחות הללו אפשר לשמוע רק באשר לאיוב, "תָּם וְיָשָׁר וִירֵא אֱלֹהִים וְסָר מֵרָע" (איוב א, א). נח הוא למעשה האדם היחיד בתנ"ך המתואר כ"צדיק" ונזכר בשמו.

אולם בהמשך הפרשה, בערוב ימיו של נח, אנחנו פוגשים אדם אחר מזה שהכרנו בהתחלה. הנה מה שקרה לאחר היציאה מהתיבה:

> וַיָּחֶל נֹחַ אִישׁ הָאֲדָמָה וַיִּטַּע כָּרֶם. וַיֵּשְׁתְּ מִן הַיַּיִן וַיִּשְׁכָּר וַיִּתְגַּל בְּתוֹךְ אָהֳלֹה. וַיַּרְא חָם אֲבִי כְנַעַן אֵת עֶרְוַת אָבִיו וַיַּגֵּד לִשְׁנֵי אֶחָיו בַּחוּץ. וַיִּקַּח שֵׁם וָיֶפֶת אֶת הַשִּׂמְלָה וַיָּשִׂימוּ עַל שְׁכֶם שְׁנֵיהֶם וַיֵּלְכוּ אֲחֹרַנִּית וַיְכַסּוּ אֵת עֶרְוַת אֲבִיהֶם וּפְנֵיהֶם אֲחֹרַנִּית, וְעֶרְוַת אֲבִיהֶם לֹא רָאוּ. (בראשית ט, כ-כג)

איש האלוהים היה לאִישׁ הָאֲדָמָה. הצדיק היה לשיכור. איש הסגולה שכב עירום. האיש שהציל את משפחתו מהמבול התבזה כל כך, ששניים מבניו התביישו להסתכל בו. זה סיפור של נפילה. מה קרה לנח?

נח הוא המקרה הקלאסי של אדם שהוא צדיק אך איננו מנהיג. בעידן הרה אסון, כאשר העולם כולו נשחת ונמלא חמס, כשאפילו על אלוהים עצמו, בפסוק שהוא אולי המכאיב ביותר בתורה, נאמר "וַיִּנָּחֶם ה' כִּי עָשָׂה אֶת הָאָדָם בָּאָרֶץ וַיִּתְעַצֵּב אֶל לִבּוֹ" - נח נותר האדם היחיד המצדיק את אמונתו של ה' באדם, אותה אמונה שגרמה לו לברוא את האדם מלכתחילה. זהו הישג אדיר, ששום כישלון בהמשך לא ימחק אותו. הרי נח הוא האדם שאלוהים כרת דרכו ברית עם האנושות כולה. נח הוא לאנושות מה שאברהם הוא לעם ישראל.

נח היה איש טוב בזמן רע. אולם השפעתו על חייהם של בני זמנו שאפה

לאפס. הדבר מרומז בדברי אלוהים, "כִּי אֹתְךָ רָאִיתִי צַדִּיק לְפָנַי בַּדּוֹר הַזֶּה" (בראשית ז, א). הוא מובלע גם בעצם העובדה שרק נח ומשפחתו ניצלו עם בעלי החיים. יש מקום לסברה ששתי העובדות הללו - צדיקותו של נח וחוסר השפעתו - כרוכות זו בזו. נח שמר על מידותיו הטובות על ידי התבדלות מסביבתו. כך הוא נשאר שפוי בעולם שהשתגע.

קשורה לכך, בעיניי, גם המחלוקת המפורסמת של חז"ל בשאלה אם המילה "בְּדֹרֹתָיו" בביטוי "צַדִּיק תָּמִים הָיָה בְּדֹרֹתָיו" (בראשית ו, ט) נאמרה בשבחו של נח או בגנותו. יש אומרים שהיא נועדה להדגיש שנח היה צדיק תמים רק יחסית לאמות המידה הנמוכות של דורותיו. אילו חי בדורו של אברהם לא הייתה לנו סיבה להתעניין בו. אחרים אומרים ההפך: אם בדור של רשעים הצליח נח להיות צדיק, נקל לשער שבדור שיש בו דמויות מופת דוגמת אברהם היה נח צדיק מופלג שבעתיים.

נראה לי שהמחלוקת סובבת בעצם סביב השאלה אם ההסתגרות של נח הייתה חלק מאופיו, או רק הטקטיקה שהוא נקט בשל נסיבות הזמן. אם הוא היה בודד מטבעו, מידת צדיקותו לא הייתה מושפעת מנוכחותם של ענקים כאברהם. הוא היה אטום להשפעות, טובות כרעות. לעומת זאת, אם נח התבודד רק בגלל הנסיבות, בעידן אחר הוא היה מבקש את חברתם של גדולי רוח ומתגדל בצדיקותו.

אבל לָמה בעצם מצפים אלה הגורסים שנח צריך היה להשפיע על בני דורו? איך יכול היה בכלל להשפיע לטובה על חברה מושחתת עד העצם? האם יש טעם לדבר כאשר איש אינו מוכן להקשיב? לפעמים אנשים אינם מקשיבים אפילו לקולו של אלוהים בכבודו ובעצמו. רק לפני שני פרקים הייתה לנו דוגמה לכך. אלוהים הזהיר את קין מן הסכנה שברגשותיו הקשים כלפי הבל אחיו: "לָמָּה חָרָה לָךְ וְלָמָּה נָפְלוּ פָנֶיךָ?... לַפֶּתַח חַטָּאת רֹבֵץ וְאֵלֶיךָ תְּשׁוּקָתוֹ וְאַתָּה תִּמְשָׁל בּוֹ" (בראשית ד, ו-ז). אך קין לא הקשיב, אלא קם על אחיו והרג אותו. אם אלוהים מדבר ואנשים אינם מקשיבים, האם יש טעם לדרוש מנח שידבר בכל זאת?

התלמוד מעלה את השאלה הזו בהקשר של תקופה אחרת, אף היא מגואלת בסיאוב ובתועבות: ערב חורבן בית ראשון.

> אמר ר' אחא בר' חנינא: מעולם לא יצתה מדה טובה מפי הקב"ה וחזר בה לרעה חוץ מדבר זה, דכתיב "עֲבֹר בְּתוֹךְ הָעִיר בְּתוֹךְ יְרוּשָׁלָם וְהִתְוִיתָ תָּו עַל מִצְחוֹת הָאֲנָשִׁים הַנֶּאֱנָחִים וְהַנֶּאֱנָקִים עַל כָּל הַתּוֹעֵבוֹת הַנַּעֲשׂוֹת בְּתוֹכָהּ" וגו' (יחזקאל ט, ד).
>
> אמר לו הקב"ה לגבריאל, "לך ורשום על מצחן של צדיקים תָיו של דיו

שלא ישלטו בהם מלאכי חבלה, ועל מצחם של רשעים תיו של דם כדי שישלטו בהן מלאכי חבלה". אמרה מִדת הדין לפני הקב"ה, "ריבונו של עולם, מה נשתנו אלו מאלו?"

אמר לה, "הללו צדיקים גמורים והללו רשעים גמורים". אמרה לפניו, "ריבונו של עולם, היה בידם למחות ולא מיחו". אמר לה, "גלוי וידוע לפנַי שאם מיחו בהם לא יקבלו מהם". אמרה לפניו, "ריבונו של עולם, אם לפניך גלוי, להם מי גלוי?"[1]

על פי מדרש זה, אפילו צדיקי ירושלים נענשו בזמן החורבן מפני שלא מחו על מעשיהם של האחרים. מידת הדין בקטרוגה היא שגרמה לכך. הקב"ה התכוון מלכתחילה להעניש רק את הרשעים. כשמידת הדין טענה שיש להעניש גם את הצדיקים משום שלא מיחו ברשעים, השיב לה הקב"ה שאין להענישם, כי לא היה טעם שֶׁימחו: "אם מיחו בהם לא יקבלו מהם". על כך השיבה מידת הדין שדבר כזה יכולים אומנם לדעת בוודאות הקב"ה ומלאכיו - כלומר אלה דברים שאפשר לדעת לאחר מעשה, אך בשעת מעשה שום אדם אינו יכול לדעת שאם יפעל לא תהיה לכך השפעה. מי שאינו מנסה, מניין לו שייכשל?

המדרש ממשיך ומספר שהקב"ה הסכים לבסוף עם מידת הדין. מכאן הכלל הגדול: כשדברים רעים קורים בחברה, כאשר שוררים בה שחיתות, אלימות ועוול, חובתנו למחות אפילו אם אין צפויה לכך השפעה. למה? כי כך דורשת היושרה המוסרית שלנו. שתיקתנו עלולה להתפרש כהסכמה. ומלבד זאת, לעולם איננו יכולים להיות בטוחים שאיש לא יקשיב. הסבירות שיקשיבו נמוכה, אבל האפשרות קיימת. המוסר דורש מאיתנו **להתעלם מההסתברות ולהתמקד באפשרות.** אולי מישהו יכרה אוזן וישנה את דרכיו. וה"אולי" הזה מספיק.

הרעיון הזה לא צץ בתלמוד לראשונה. הוא נאמר במפורש בספר יחזקאל. כך אמר ה' לנביא:

בֶּן אָדָם, שׁוֹלֵחַ אֲנִי אוֹתְךָ אֶל בְּנֵי יִשְׂרָאֵל, אֶל גּוֹיִם הַמּוֹרְדִים אֲשֶׁר מָרְדוּ בִי הֵמָּה וַאֲבוֹתָם פָּשְׁעוּ בִי עַד עֶצֶם הַיּוֹם הַזֶּה. וְהַבָּנִים קְשֵׁי פָנִים וְחִזְקֵי לֵב - אֲנִי שׁוֹלֵחַ אוֹתְךָ אֲלֵיהֶם. וְאָמַרְתָּ אֲלֵיהֶם, "כֹּה אָמַר ה' אֱלוֹהִים". וְהֵמָּה, אִם יִשְׁמְעוּ וְאִם יֶחְדָּלוּ - כִּי בֵּית מְרִי הֵמָּה - וְיָדְעוּ כִּי נָבִיא הָיָה בְתוֹכָם. (יחזקאל ב, ג-ה)

1. שבת נה ע"א.

ה׳ אומר לנביא לדבר, בין שיקשיבו לו ובין שלא יקשיבו. הוא יאמר את אשר המוסר דורש ממנו לומר - והם ידעו, במוקדם או במאוחר, כִּי נָבִיא הָיָה בְתוֹכָם.

אפשר אפוא לקרוא את סיפורו של נח כדוגמה לחוסר מנהיגות. נח היה צדיק, אך לא מנהיג. הוא היה איש טוב וחסר השפעה. יש כמובן עוד דרכים לקרוא את הסיפור, אך דרך זו נראית לי קולעת אל עיקרו. ואם כך הוא, זהו השלישי בסדרה של אירועי בריחה מאחריות. כפי שראינו בשבוע שעבר, אדם וחוה התחמקו **מאחריות אישית** למעשיהם. אדם האשים את חוה, וחוה האשימה את הנחש. קין נמלט **מאחריות מוסרית**. ״הֲשֹׁמֵר אָחִי אָנֹכִי?״, היתמם (בראשית ד, ט). ונח כשל במבחן **האחריות הקולקטיבית**.

פרשנות זו, אם נכונה היא, מולידה מסקנה מהדהדת. כולנו יודעים שהיהדות מחייבת אחריות קולקטיבית (״כל ישראל ערבין זה בזה״[2]). אך הנה אנו למדים אולי מסיפור נח שגם **האנושיות** מחייבת אחריות קולקטיבית. לא רק בני ישראל ערבין זה בזה. להיות אדם פירושו להיות עָרֵב לבני האדם האחרים - והדבר אינו תלוי באמונתנו או בהשתייכותנו הדתית. כך, בכל אופן, טען הרמב״ם, אף כי רמב״ן חלק עליו.[3]

לחסידים יש דרך פשוטה לומר זאת. הם קוראים לנח ״צדיק אִין פעלץ״, צדיק בפרווה. יש שתי דרכים לשמור על חום הגוף בלילה קר. אפשר ללבוש מעיל עבה, ואפשר להדליק אש. לבש מעיל - וחיממת את עצמך. הדלק אש - וחיממת גם אחרים. מצופה מאיתנו לבחור בדרך השנייה.

נח היה אדם טוב, אבל לא מנהיג. האם לאחר המבול הוא היה רדוף אשמה? האם חשב על חיי האנשים שהיה מציל לו רק דיבר - אליהם, או אל אלוהים? אין לדעת. הכתובים מאפשרים זאת, אך אינם נחרצים.

כך או כך, נראה שהתורה מעמידה לחיי המוסר שלנו רף גבוה. לא מספיק להיות צדיק, אם פירוש הדבר הוא להפנות את גבנו לחברה כאשר היא עושה את הרע. חובתנו לנקוט עמדה. חובתנו למחות. חובתנו להביע התנגדות, אפילו אם ההסתברות שנשנה את דעתו של מישהו נראית אפסית, מפני שחיי המוסר הם חיים שאנו חולקים עם אחרים. במובן מסוים, אנחנו אחראים כלפי החברה שאנחנו חלק ממנה. לא מספיק להיות טוב. חובתנו לעודד אחרים להיות טובים. יש זמנים המחייבים את כולנו לקום ולהנהיג.

2. שבועות לט ע״א.

3. רמב״ם, **משנה תורה**, הלכות מלכים ט, יד; רמב״ן, בראשית לד, יג, ד״ה ״ורבים״.

לך לך

האומץ לנהוג אחרת

המנהיגים הם המוליכים. אין פירוש הדבר ששום דבר אינו מוליך אותם. אבל מה שמוליך אותם שונה ממה שמוליך את רוב האנשים. המנהיגים אינם פועלים מתוך קונפורמיות. הם אינם עושים מה שאחרים עושים רק מפני שאחרים עושים כך. הם הולכים אחרי קול פנימי, הם נענים לְקריאה. הם רואים לא את מה שישנו, אלא את מה שעשוי להיות. הם חושבים מחוץ לקופסה. הם צועדים לְשיר לֶכת אחר.

סמלה הדרמטי ביותר של התופעה, מאז ומעולם, הן מילותיו של אלוהים לאברהם, המילים שהוציאו את ההיסטוריה היהודית לדרך: "לֶךְ לְךָ מֵאַרְצְךָ וּמִמּוֹלַדְתְּךָ וּמִבֵּית אָבִיךָ אֶל הָאָרֶץ אֲשֶׁר אַרְאֶךָּ" (בראשית יב, א).

למה נחוצה הייתה העקירה הזו? כי בדרך כלל אנשים פועלים מתוך קונפורמיות. הם מסתגלים למוסכמות זמנם ומקומם, וסופגים את התרבות שסביבם: מֵאַרְצְךָ. ברובד עמוק יותר, הם מושפעים מחבריהם ומשכניהם: מִמּוֹלַדְתְּךָ. ובעומק העומקים הם מעוצבים בידי הוריהם והמשפחה שגדלו בה: מִבֵּית אָבִיךָ.

אני רוצה שתהיה שונֶה, אומר אלוהים לאברהם. לא שוני לשם שוני, אלא שוני שמטרתו להתחיל משהו חדש: דת שלא תסגוד לכוח ולסמלֵי הכוח - שהרי כך עושות, לאמיתו של דבר, הדתות האליליות, כאז כן היום. אני רוצה באברהם, אומר אלוהים, "לְמַעַן אֲשֶׁר יְצַוֶּה אֶת בָּנָיו וְאֶת בֵּיתוֹ אַחֲרָיו וְשָׁמְרוּ דֶּרֶךְ ה׳ לַעֲשׂוֹת צְדָקָה וּמִשְׁפָּט" (בראשית יח, יט).

להיות יהודי פירושו לערער על המוסכמה הרווחת מסביב כאשר, כפי שקורה לא אחת, העמים נסחפים אחר אלילים. כך קרה באירופה במאה התשע־עשרה ובראשית המאה העשרים. זה היה עידן הלאומנות: המרדף אחר הכוח בשמה של מדינת הלאום, מרדף שהוביל לשתי מלחמות עולם ולמותם של עשרות מיליונים. גם עכשיו מכים בנו זנבותיו העשנים של עידן זה, כאשר קוריאה הצפונית ואיראן שואפות לִכפות בכוח הגרעין את שאיפות הגדלות שלהן, וכאשר ברחבי המזרח

התיכון ואפריקה מדינות מידרדרות לאלימות ולמה שתומס הובס כינה "מלחמה של כל אדם כנגד כל אדם".[1]

טעות היא לחשוב על אלילים במונחים של מראה חיצוני - פסלים, צלמיות, איקונות. הללו שייכים בעיקר לעולם העתיק, ואנו רחקנו משם. הדרך הנכונה לחשוב על אלילים היא להתבונן במה שהם מייצגים. הם מסמלים כוח. כאלה היו האל רע למצרים הקדמונים, הבעל לכנענים, כמוש למואבים, זאוס ליוונים - וכאלה הם הטילים והפצצות למחבלים ולמדינות פורעות חוק בימינו. אלילים.

הכוח מאפשר לנו לשלוט על אחרים בלי הסכמתם. כדברי האתונאים, על פי ההיסטוריון היווני תוקידידס: "החזקים מבצעים מה שיש לאל ידם, והחלשים נכנעים להם".[2] היהדות היא ביקורת מתמשכת על הכוח. למסקנה זו הגעתי לאחר שנות חיים של לימוד במקורות היהדות. היהדות עניינה כינונה של אומה על אדני המחויבות ההדדית והאחריות הקיבוצית. היהדות עניינה בנייתה של חברה הרואה בכל אדם מי שנברא בצלם אלוהים וכדמותו. היהדות עניינה חזון, שמעולם לא הוגשם במלואו אך מעולם גם לא נזנח, בדבר עולם של צדקה ומשפט, עולם שבו "לֹא יָרֵעוּ וְלֹא יַשְׁחִיתוּ בְּכָל הַר קָדְשִׁי, כִּי מָלְאָה הָאָרֶץ דֵּעָה אֶת ה' כַּמַּיִם לַיָּם מְכַסִּים" (ישעיה יא, ט).

אברהם הוא בלי ספק האדם המשפיע ביותר בהיסטוריה. כיום רואים עצמם כממשיכי דרכו 2.3 מיליארד נוצרים, 1.8 מיליארד מוסלמים ועוד 14 מיליון יהודים - למעלה ממחצית האנושות. אבל אברהם לא משל בשום אימפריה, לא פיקד על שום צבא גדול, לא עשה שום נס ואפילו לא נשא דברי נבואה. הוא הדוגמה העילאית בכל ימי היות האדם על האדמה **להשפעה בלי כוח.**

מה אפוא סוד השפעתו? הוא היה מוכן להיות אחֵר. חז"ל אומרים שהוא נקרא "עברי" כי "כל העולם מֵעֵבר אחד - והוא מֵעֵבר אחד".[3] כל מנהיג יודע שלפעמים מנהיגות פירושה בדידות. ובכל זאת המנהיג ממשיך ועושה את מה שהוא צריך לעשות, כי הוא יודע שלא תמיד הרוב צודק, ולא תמיד יש חוכמה בחוכמה המקובלת. דגים מתים שטים עם הזרם. דגים חיים שוחים נגד הזרם. כאלה הם המצפון והאומץ. כאלה הם גם בניו של אברהם. הם מוכנים להעמיד את אלילי הזמן במבחן.

בשנים שאחרי השואה הוטרדו פסיכולוגים ואנשי מדעי החברה בשאלה מדוע

1. תומס הובס, **לויתן**, מאנגלית: אהרן אמיר, ירושלים: שלם, תש"ע, חלק א, פרק יג, עמ' 88.
2. תוקידידס, **תולדות מלחמת פילופוניס**, מיוונית: א"א הלוי, ירושלים: מוסד ביאליק, תשי"ט, ספר חמישי, פט, עמ' 278.
3. בראשית רבה מב, ח.

אנשים כה רבים היו מוכנים לשתף פעולה, בין במעשה ובין בהסכמה שבשתיקה, עם משטר שביצע פשע נגד האנושות שהוא מן הנוראים בהיסטוריה.

אחד הניסויים העיקריים שנערכו כדי לנסות לענות על כך נעשה בידי סולומון אַש. הוא אסף קבוצה של אנשים וביקש מהם לבצע סדרה של מטלות חשיבה פשוטות. הראו לקבוצה שני כרטיסים - אחד שמשורטט עליו קו ואחר שמשורטטים עליו שלושה קווים באורכים שונים, והנבדקים נשאלו איזה מהקווים זהה באורכו לקו שבכרטיס הראשון. בהיעדרו של אחד הנבדקים תדרך אש את כל חברי הקבוצה האחרים לענות תחילה תשובות נכונות, ואז, בכרטיסים הבאים, לתת בדרך כלל תשובות שגויות במתכוון. בחלק ניכר מהמקרים, הנבדק שלא ידע על המזימה השיב תשובות שקל היה לראות שהן שגויות - מפני שכל האחרים ענו כך. זהו כוחו של הלחץ הקבוצתי. הוא עלול לגרום לנו לומר דבר שאנחנו יודעים שהוא כוזב - כי כך כולם אומרים.

תוצאות מבהילות אפילו יותר היו ל"ניסוי סטנפורד" שערך פיליפ זימבַּרְדוֹ בראשית שנות השבעים. המשתתפים, סטודנטים באוניברסיטה, הושמו במתקן דמוי כלא וחולקו באופן אקראי לשתי קבוצות: אסירים וסוהרים. בתוך ימים ספורים, הסטודנטים שקיבלו במשחק את תפקיד הסוהרים החלו להתעמר ב"אסירים", ובכמה מקרים מדובר היה בעינויי נפש של ממש. הסטודנטים שגילמו אסירים השלימו עם מצבם, ואף צידדו בסוהרים במאבקם ב"אסירים" אחרים שגילו התנגדות. הניסוי נקטע לאחר שישה ימים, שבהם אפילו זימברדו מצא את עצמו נשאב אל המציאות המלאכותית שהוא יצר. הלחץ להתנהג בהתאם לתפקיד שהוקצה לאדם הוא כה חזק, שהוא עלול לגרום לו לעשות את מה שהוא יודע שהינו רע.

על כן נצטווה אברהם, בצאתו לשליחות חייו, ללכת "מֵאַרְצְךָ וּמִמּוֹלַדְתְּךָ וּמִבֵּית אָבִיךָ": רק כך יוכל להשתחרר מהלחץ לקונפורמיות. מנהיגים צריכים להיות מוכנים לחרוג מהמוסכמה. אחד מחוקריה הדגולים של המנהיגות, וורן בֶּניס, כותב: "בהגיענו לגיל בשלות, העולם כבר עיצב אותנו במידה רבה מכפי שאנו משערים. משפחתנו, חברינו, החברה בכלל - כל אלה כבר אמרו לנו, במילים ובהדגמות, איך להיות. מתי מתחילים אנשים להיעשות מנהיגים? ברגע שהם מחליטים בעצמם איך להיות".[4]

אחת הסיבות שיהודים נעשו מנהיגים כמעט בכל זירה של מפעלות האנושות, מעל ומעבר לשיעורם המספרי, היא נכונותם להיות שונים. לאורך אלפי שנים

4. Warren Bennis, *On Becoming a Leader*, New York: Basic Books, 1989, p. 49.

היהודים הם דוגמה נדירה לקבוצה המסרבת להיטמע בתרבות השלטת או לאמץ את הדת השלטת.

במחקרו של סולומון אש היה ממצא נוסף ראוי לציון: די היה בכך שאדם אחד בקבוצה, לבד מאותו נבדק שאינו יודע על המזימה, יהיה מוכן לצדד בעמדתו של הנבדק ההוא ולומר את האמת באשר לאורך הקווים - כדי שהנבדק יקבל אומץ לעמוד מול הקונצנזוס. כך אפשר להבין איך היהודים הקימו קהילות למרות מספרם המועט. קשה להנהיג לבד, אך קשה הרבה פחות להנהיג עם שותפים לדרך, אפילו אם המנהיג ושותפיו הם עדיין מיעוט קטן.

היהדות היא קול הנגד בשיחה הגדולה של האנושות. כיהודים, איננו הולכים אחר הרוב רק מפני שהוא רוב. עידן אחרי עידן, מאה אחרי מאה, היהודים נכונו לנהוג כמוצע בשירו האלמותי של רוברט פרוסט:

> שְׁנֵי שְׁבִילִים בַּיַּעַר, לִבְחֹר אוֹ לִדְחוֹת -
> אַךְ פָּנִיתִי בְּזֶה שֶׁדָּרְכוּ בּוֹ פָּחוֹת,
> וְזֶה הַהֶבְדֵּל שֶׁשִּׁנָּה אֶת הַכֹּל.[5]

זהו ההבדל שיוצר אומה של מנהיגים.

5. רוברט פרוסט, "השביל שלא נבחר", מאנגלית: אמיר אור, **הארץ**, 24.4.2013.

וירא

להיענות לקריאה

ההיסטוריה הקדומה של האנושות מוצגת בתורה כרצף של אכזבות. אלוהים נתן לבני האדם חופש, והם השתמשו בו לרעה. אדם וחוה אכלו מן העץ האסור. קין הרג את הבל. בתוך זמן קצר יחסית השתררו על האנושות אלימות וחמס. "הִשְׁחִית כָּל בָּשָׂר אֶת דַּרְכּוֹ עַל הָאָרֶץ" (בראשית ו, יב). אלוהים בורא סדר; האדם יוצר תוהו. אפילו אחרי המבול נתקפה האנושות היבריס, ובוני מגדל בבל חשבו שבידם לבנות מגדל "וְרֹאשׁוֹ בַשָּׁמַיִם" (יא, ד).

בני האדם לא נענו לאלוהים, וכאן נכנס אברהם לתמונה. בתחילת הדרך, קשה לדעת אל נכון לְמה זומן אברהם. אנחנו יודעים שהוא נצטווה לעזוב את ארצו, את מולדתו ואת בית אביו וללכת "אֶל הָאָרֶץ אֲשֶׁר אַרְאֶךָּ" (יב, א). אבל מה הוא מתבקש לעשות בה, את זאת איננו יודעים. התורה שותקת. מהי שליחותו של אברהם? מה מייחד אותו? מה עושה אותו ליותר מסתם אדם טוב בזמן רע, כפי שהיה נח? מה עושה אותו למנהיג ולאבי אומה של מנהיגים?

כבר בנקודה זו של הסיפור אפשר לפזר את ערפילי המסתורין בעזרת הצצה לאחור, שכן התורה כבר שלחה לנו איתותים. בשיחותינו על הפרשות הקודמות העליתי את האפשרות שסיפורי בראשית המוקדמים הם סדרת סיפורים על בריחה מאחריות. אדם וחוה מתחמקים מ**אחריות אישית** למעשיהם. שניהם אומרים, "זה לא אני". אדם מאשים את חוה, וחוה מאשימה את הנחש. נראה כאילו הם מתכחשים להיותם המעצבים של סיפור חייהם; כאילו אינם מבינים מהו החופש שניתן להם, או מהי האחריות הכרוכה בו.

קין אינו מתכחש לאחריותו האישית. הוא איננו אומר "זה לא הייתי אני. הבל אשם כי הוא הרגיז אותי". במקום זאת, הוא נמלט מ**אחריות מוסרית**. "הֲשֹׁמֵר אָחִי אָנֹכִי?" (ד, ט).

נח כשל במבחן **האחריות הקולקטיבית**. הוא איש המַעֲלָה בעידן של מַעַל, אבל על בני זמנו הוא אינו מותיר שום רושם. הוא מציל את משפחתו (ואת בעלי החיים), ולא שום אדם אחר. על פי פשט הכתובים, הוא אפילו איננו מנסה.

בהבינו את זאת, אנו מבינים מה היה אברהם. אברהם נוטל **אחריות אישית**. כאשר פורצת מריבה בין רועיו לרועי אחיינו לוט, כמסופר בפרשת לך לך, הוא מבין שהדבר אינו מקרי אלא תוצאה של מחסור בשטחי מרעה, ומזדרז להציע פתרון:

> וַיֹּאמֶר אַבְרָם אֶל לוֹט: אַל נָא תְהִי מְרִיבָה בֵּינִי וּבֵינֶיךָ וּבֵין רֹעַי וּבֵין רֹעֶיךָ, כִּי אֲנָשִׁים אַחִים אֲנָחְנוּ. הֲלֹא כָל הָאָרֶץ לְפָנֶיךָ; הִפָּרֶד נָא מֵעָלָי. אִם הַשְּׂמֹאל וְאֵימִנָה, וְאִם הַיָּמִין וְאַשְׂמְאִילָה. (יג, ח-ט)

שימו לב שאברהם נמנע משיפוט. הוא איננו שואל מי אשם במריבה. הוא גם איננו שואל מי ירוויח בכל צורת חלוקה. הוא משאיר ללוט לבחור לאיזה צד ללכת. הוא מזהה בעיה - ופועל.

בפרק הבא מדווח ספר בראשית על מלחמה מקומית שלוט נפל בה בשבי. בלי להשתהות אברהם מגייס חיילים, רודף אחר צבא הפולשים, ומציל את לוט ואת כל יתר השבויים. הוא מחזיר אותם לארצם בשלום, ומסרב לקבל כל חלק מן השלל שמלך סדום אסיר התודה מציע לו.

זהו סיפור משונה. הוא מצייר לעינינו אברהם שונה מאוד מאותו רועה צאן נווד שאנו מכירים מפרקים אחרים. אך אם נשיב את מבטנו אל קדמת ספר בראשית, אל קדמת עדן, אל קין, נבין את מקומו. אברהם מראה לנו שהוא **כן** שומר אחיו, או בן אחיו. שלא כקין, הוא מבין מייד מהי **אחריות מוסרית**. למרות העובדה שלוט בחר לגור היכן שבחר, עם כל הסיכונים הידועים, אברהם אינו אומר "לוט אחראי לביטחונו, לא אני".

ולבסוף, בפרשת השבוע שלנו, פרשת וירא, בא הרגע הגדול: לראשונה מערער אדם על דברו של אלוהים. אלוהים עומד לדון את דינה של סדום. אברהם, המבין שפירוש הדבר עלול להיות חורבן גמור של העיר, אומר:

> הַאַף תִּסְפֶּה צַדִּיק עִם רָשָׁע? אוּלַי יֵשׁ חֲמִשִּׁים צַדִּיקִם בְּתוֹךְ הָעִיר? הַאַף תִּסְפֶּה וְלֹא תִשָּׂא לַמָּקוֹם לְמַעַן חֲמִשִּׁים הַצַּדִּיקִם אֲשֶׁר בְּקִרְבָּהּ? חָלִלָה לְּךָ מֵעֲשֹׂת כַּדָּבָר הַזֶּה, לְהָמִית צַדִּיק עִם רָשָׁע וְהָיָה כַצַּדִּיק כָּרָשָׁע. חָלִלָה לָּךְ! הֲשֹׁפֵט כָּל הָאָרֶץ לֹא יַעֲשֶׂה מִשְׁפָּט? (יח, כג-כה)

זהו נאום ראוי לציון, מכל בחינה. באיזו זכות מתווכח בן תמותה עם אלוהים בכבודו ובעצמו?

התשובה הקצרה היא שאלוהים בכבודו ובעצמו אותת לאברהם שכך ראוי שיעשה. נאזין בקפידה לפסוקים שקדמו לדברי אברהם:

וַה׳ אָמָר, **הַמְכַסֶּה אֲנִי מֵאַבְרָהָם אֲשֶׁר אֲנִי עֹשֶׂה?** וְאַבְרָהָם הָיוֹ יִהְיֶה לְגוֹי גָּדוֹל וְעָצוּם וְנִבְרְכוּ בוֹ כֹּל גּוֹיֵי הָאָרֶץ... וַיֹּאמֶר ה׳, זַעֲקַת סְדֹם וַעֲמֹרָה כִּי רָבָּה וְחַטָּאתָם כִּי כָבְדָה מְאֹד. אֵרְדָה נָּא וְאֶרְאֶה הַכְּצַעֲקָתָהּ הַבָּאָה אֵלַי עָשׂוּ כָּלָה. (יח, יז-כא)

המילים שהדגשנו, ״הַמְכַסֶּה אֲנִי מֵאַבְרָהָם אֲשֶׁר אֲנִי עֹשֶׂה?״, הן רמז ברור שה׳ רוצה שאברהם יגיב. וכי איזו סיבה אחרת הייתה לה׳ לומר אותן?

שוב אנו נדרשים, להבנת סיפורו של אברהם, לסיפורי הראשית. הפעם סיפור הרקע הוא סיפור נח. גם לנח אמר אלוהים מבעוד מועד שהוא מתעתד להעניש את העולם. הוא אמר לו, ״קֵץ כָּל בָּשָׂר בָּא לְפָנַי כִּי מָלְאָה הָאָרֶץ חָמָס מִפְּנֵיהֶם וְהִנְנִי מַשְׁחִיתָם אֶת הָאָרֶץ״ (ו, יג). נח לא מחה. להפך, שלוש פעמים חוזרת התורה ומספרת שנח עשה ככל אשר ציווה אותו ה׳ (ו, כב; ז, ה; ז, ט). נח השלים עם גזר הדין. אברהם ערער עליו. אברהם הבין את העיקרון השלישי של האחריות שאנו חוקרים פה בשבועות האחרונים: **אחריות קולקטיבית**.

אנשי סדום לא היו אחיו ואחיותיו של אברהם. הוא הרחיק לכת אפוא למענם, אפילו יותר מכפי שעשה בהצילו את לוט. הוא התפלל בעבורם מפני שהבין את רעיון הסולידריות האנושית, הרעיון שעתיד היה לנסח בשורות מפורסמות המשורר ג׳ון דאן: ״אין אדם שהוא אי, שלם לעצמו; כל אדם הוא חלק מהיבשה, נתח מן האדמה... מותו של כל אדם ממעיט אותי משום שאני כרוך באנושות״.[1]

ועדיין נשארת שאלה. **מדוע** קרא ה׳ לאברהם להתווכח איתו? האם יכול אברהם להציג לה׳ טיעון חדש, שה׳ איננו יודע? הרי זה אבסורד. והנה התשובה: אברהם נועד להיעשות דמות מופת ומייסדה של אמונה חדשה, שלא תבצר את הסטטוס קוו האנושי אלא תערער עליו.

אברהם נדרש להעז לעמוד מול ה׳ כדי שלצאצאיו יהיה האומץ לעמוד מול מלכים בשר ודם, כפי שעשו משה והנביאים. היהודים אינם משלימים עם העולם כפי שהוא. הם מערערים עליו בשם העולם שצריך להיות. זוהי נקודת מפנה מכרעת

1. ג׳ון דאן, ״תפילות לעיתות מצוקה״, מדיטציה 17, בתוך ג׳ון דאן, **אין אדם שהוא אי: שירים ופרוזה**, מאנגלית: שמעון זנדבנק, תל אביב: הספרייה החדשה לשירה והקיבוץ המאוחד, תש״ף, עמ׳ 130.

בהיסטוריה האנושית: הולדתה של דת המחאה הראשונה - הופעתה של דת הקוראת תיגר על המציאות ואינה משלימה איתה כשאר האמונות.

אברהם לא היה מנהיג מן הנוסח המקובל. הוא לא משל באומה. גם אילו רצה, לא הייתה לו אומה למשול בה. אבל הוא היה דגם חיקוי לדורות, מופת למנהיגות כפי שהיהדות רואה אותה. הוא לקח אחריות. הוא פעל; הוא לא חיכה שאחרים יפעלו. על נח אומרת התורה "**אֶת הָאֱלֹהִים הִתְהַלֶּךְ** נֹחַ" (ו, ט). ואילו לאברהם אמר אלוהים "**הִתְהַלֵּךְ לְפָנַי**" (יז, א). לא רק איתי תתהלך, כנח, אלא לפניי. היה מנהיג. לך קדימה. קח אחריות אישית. קח אחריות מוסרית. קח אחריות קולקטיבית.

היהדות היא הקריאה שקורא לנו אלוהים ליטול אחריות.

חיי שרה

מתחילים במסע

לפני כמה שנים רואיין בעיתון הבריטי **הטיימס** אחד האישים הבולטים בקהילה היהודית שם, וחבר בית הלורדים, לרגל יום הולדתו ה־92. המראיין אמר, "רוב האנשים שמגיעים לגיל 92 מתחילים לחשוב על האטת הקצב. נראה שאתה דווקא מאיץ. מדוע?" וכך השיב חתן יום ההולדת: "כשאתה נעשה בן 92 אתה רואה את הדלת מתחילה להיסגר. ולי יש כל כך הרבה מה לעשות לפני שהדלת נסגרת. לכן, ככל שאני מזדקן כך אני צריך לעבוד קשה יותר".

רושם מעין זה מותיר עלינו מעשהו של אברהם בפרשתנו. שרה, בת לווייתו בכל מסעות חייו, מתה. הוא בן 137. הוא מתאבל על שרה - ומייד מתחיל לפעול. הוא פותח במשא ומתן מפורט לרכישת חלקת קרקע לקבורתה.

מתברר שהמשימה איננה פשוטה. הוא מודה באוזני המקומיים, בני חת, כי "גֵּר וְתוֹשָׁב אָנֹכִי עִמָּכֶם" (בראשית כג, ד) - כלומר שהוא יודע שאין לו זכות לקנות מהם קרקע. לשם כך עליו להשיג מהם רישיון מיוחד. בני חת מנסים בנימוס אך בתקיפות להניאו מן העסקה. הוא אינו צריך לרכוש חלקה, שכן הוא מוזמן לקבור את שרה בחלקתו של כל אחד מהם: "אִישׁ מִמֶּנּוּ אֶת קִבְרוֹ לֹא יִכְלֶה מִמְּךָ מִקְּבֹר מֵתֶךָ" (כג, ו). מנומס כמותם, אך עיקש לא פחות, אברהם מבהיר להם שהוא נחוש בדעתו לקנות קרקע. בסופו של המשא ומתן הוא אף משלם מחיר מופקע, ארבע מאות שקלי כסף.

ניכר שקניית שדה המכפלה היא מאורע רב חשיבות, שכן התורה מתעדת אותו בפירוט גדול ובעזרת מינוח משפטי מובהק - לא רק כאן, אלא בשלושה מקומות נוספים בהמשך ספר בראשית, ותמיד בנימה פורמלית (כה, ט; מט, ל; נ, יג). הנה למשל אחד מהם - בפי יעקב, המדבר אל בניו מעל ערש דווי:

קִבְרוּ אֹתִי אֶל אֲבֹתָי, אֶל הַמְּעָרָה אֲשֶׁר בִּשְׂדֵה עֶפְרוֹן הַחִתִּי. בַּמְּעָרָה אֲשֶׁר בִּשְׂדֵה הַמַּכְפֵּלָה אֲשֶׁר עַל פְּנֵי מַמְרֵא בְּאֶרֶץ כְּנָעַן, אֲשֶׁר קָנָה אַבְרָהָם אֶת הַשָּׂדֶה מֵאֵת עֶפְרֹן הַחִתִּי לַאֲחֻזַּת קָבֶר. שָׁמָּה קָבְרוּ אֶת אַבְרָהָם וְאֵת שָׂרָה אִשְׁתּוֹ, שָׁמָּה קָבְרוּ

> אֶת יִצְחָק וְאֵת רִבְקָה אִשְׁתּוֹ, וְשָׁמָּה קָבַרְתִּי אֶת לֵאָה. מִקְנֵה הַשָּׂדֶה וְהַמְּעָרָה אֲשֶׁר בּוֹ מֵאֵת בְּנֵי חֵת. (מט, כט-לב)

משהו רב משמעות נרמז כאן. אלמלא כן, לשם מה שוב הפרטנות הזאת? הרי אנו כבר יודעים היכן השדה ומי קנה אותו.

מייד לאחר הסיפור על קניית השדה אנחנו קוראים: "וְאַבְרָהָם זָקֵן בָּא בַּיָּמִים, וַה' בֵּרַךְ אֶת אַבְרָהָם בַּכֹּל" (כד, א). שוב, כמו בפתח הפרשה, אוזנינו מזהות את צלצולו המוכר של סוף מעשה, של סיכומם של חיים; ושוב הציפייה הזו מופרת, ואנו מוצאים את עצמנו מלווים את אברהם לעוד פרץ של עשייה. היוזמה הפעם היא מציאת כלה ראויה לבנו יצחק, שכבר מלאו לו 37 שנים לפחות. אברהם מנחה את עבדו הנאמן ללכת "אֶל אַרְצִי וְאֶל מוֹלַדְתִּי" (כד, ד) ולמצוא שם את האישה המתאימה, כזו שתחלוק עם יצחק אמונה ואורחות חיים משותפים. אברהם אינו קובע שהכלה צריכה להיות קרובת משפחתו, אך נראה שזו ההנחה המרחפת ברקע השיחה.

כמו בקניית השדה, גם כאן מהלך האירועים מתואר בפרוטרוט שאינו מצוי ברוב סיפורי התורה. כל חילופי הדברים מתועדים. דרך סיפור זו מנוגדת תכלית ניגוד לסיפור עקדת יצחק. שם, כמעט שום דבר אינו אמור - לא מחשבותיו של אברהם, לא רגשותיו של יצחק. ואילו כאן הכול נאמר. שוב, הסגנון הספרותי מפנה את תשומת ליבנו לחשיבותו של המתרחש, בלי לומר לנו מהי בעצם.

ההסבר לכך פשוט ובלתי צפוי. לאורך חייהם של אברהם ושרה, ה' מבטיח להם שוב ושוב שני דברים: ילדים וארץ. הבטחת הארץ (כגון "קוּם הִתְהַלֵּךְ בָּאָרֶץ לְאָרְכָּהּ וּלְרָחְבָּהּ כִּי לְךָ אֶתְּנֶנָּה"; יג, יז) חוזרת לא פחות משבע פעמים. הבטחת הזרע נאמרת ארבע פעמים. צאצאי אברהם יהיו "גּוֹי גָּדוֹל" (יב, ב), רבים "כַּעֲפַר הָאָרֶץ" (יג, טז) ו"כְּכוֹכְבֵי הַשָּׁמַיִם" (כב, יז). אברהם יהיה לא רק אביה של אומה אחת, אלא "אַב הֲמוֹן גּוֹיִם" (יז, ה).

למרות כל זאת, כאשר שרה מתה אין לאברהם אפילו אמה על אמה של קרקע משלו, ויש לו רק ילד אחד הממשיך את בריתו עם אלוהים: יצחק, שעוד לא התחתן. שום הבטחה לא הוגשמה. עתה מובן לנו הפירוט יוצא הדופן בשני הסיפורים המרכזיים של פרשת חיי שרה, סיפור קניית השדה וסיפור חיפוש האישה ליצחק. שתי ההבטחות הגדולות מתחילות להתגשם, וכשהעלילה מואצת התורה מאיטה את סיפורה כדי שלא נחמיץ את הרעיון.

ה' מבטיח, אבל אנחנו צריכים לפעול. ה' מבטיח לאברהם את הארץ, אבל הוא צריך לקנות את שדהו הראשון. ה' מבטיח לאברהם צאצאים רבים מספור, אבל

לשם כך אברהם צריך לדאוג שבנו יתחתן, ושיתחתן עם אישה שתחיה איתו את חיי הברית - כדי שיהיו לו, בלשון ימינו, נכדים יהודים.

ה' מבטיח, אבל מקיים ביחד איתנו. בריאת העולם הייתה מעשה של צמצום: ה' פינה מקום לעולם. בבריאת האדם הוא הצטמצם כדי לפנות מקום לחופש הבחירה של האדם. בעצם הצמצום הזה הוא נתן לנו אחריות; ורק על ידי יישומה אנחנו מגיעים למלוא מעמדנו כבני אדם. אלוהים הציל את נח מהמבול, אך כדי שזה יקרה נדרש נח לבנות תיבה. הוא נתן לעם ישראל את ארץ ישראל, אך כדי לקבל אותה עם ישראל צריך להילחם. אלוהים נותן לנו את הכוח לפעול, אבל את המעשה צריכים לעשות אנחנו. מה שמשנה את העולם, מה שמגשים את ייעודנו, **איננו מה שה' עושה בשבילנו, אלא מה שאנו עושים בשבילו.**

את זאת מבינים מנהיגים - ועל כן היה אברהם למנהיג הראשון בעם ישראל - מנהיגים שמקבלים אחריות כדי ליצור את התנאים שיאפשרו את התגשמות מטרותיו של ה'. הם אינם סבילים כי אם פעילים - אפילו בזקנתם, כמו אברהם בפרשת השבוע. הנה, בפרק הבא מייד לאחר סיפור מציאת האישה ליצחק, נקרא להפתעתנו כי אברהם התחתן שוב ונולדו לו מאשתו החדשה עוד שישה ילדים. בפי הפרשנים הסברים רבים מה בא דיווח זה ללמדנו (יותר מכול נראה שסיפור זה מסביר כיצד אברהם נעשה "אַב הֲמוֹן גּוֹיִם") - אך ודאי שאפשר ללמוד מכך שאברהם נשאר בגילו המתקדם צעיר, כמו משה שבהיותו בן מאה ועשרים "לֹא כָהֲתָה עֵינוֹ וְלֹא נָס לֵחֹה" (דברים לד, ז). הפְּעלתנוּת אומנם צורכת אנרגיה, אבל היא מטעינה אותנו באנרגיה. כמה שונה זִקנתו המביישת של נח מזקנתו של אברהם!

אבל הלקח החשוב ביותר מפרשתנו הוא אולי שהבטחות גדולות - ארץ, ילדים לאין ספור - מתממשות באמצעות התחלות קטנות. מנהיגים מתחילים בחזון גדול לעתיד, אבל הם גם יודעים שהמסע מכאן עד ליעד ארוך. זה מסע של צעד אחר צעד, מעשה אחר מעשה, יום אחר יום. אין בו קפיצת דרך, וגם לו הייתה לא הייתה בה תועלת, שכן דין הצלחות של קפיצת הדרך כדין אותו קיקיון של יונה הנביא: בן לילה יהיו ובן לילה יאבדו. אברהם קנה רק שדה קטן, והוליד רק בן אחד שימשיך את בריתו. אבל הוא לא התלונן על שלא קיבל את כל מה שהובטח לו, אלא הלך לעולמו שלֵו ושבע רצון. כי הוא התחיל. כי הוא השאיר לדורות העתיד תשתית שיוכלו לבנות על גביה. שינוי גדול הוא תמיד פרי עבודתם של כמה דורות. איש מאיתנו לא יזכה לראות בחייו את מלוא הפירות של עמל דורנו.

מנהיגים רואים את היעד, מתחילים במסע, ומטפחים להם ממשיכים. די בכך כדי להטעין את חייהם באלמוות.

תולדות

עניין של תקשורת

רבקה ויצחק סבלו כנראה מחוסר תקשורת ביניהם. זוהי הבחנתו החכמה של הנצי"ב, רבי נפתלי צבי יהודה ברלין, בפירושו "העמק דבר". רבקה, הוא כותב, "לא הייתה עם יצחק כמו שרה עם אברהם ורחל עם יעקב, אשר בהיות להם איזה קפידא עליהם לא בושו לדבר. מה שאין כן רבקה".

שורש הריחוק, סבור הנצי"ב, היה ברגע המפגש הראשון בין בני הזוג, כאשר רבקה זיהתה את יצחק שיצא "לָשׂוּחַ בַּשָּׂדֶה" כבעלה המיועד, צנחה מהגמל והתכסתה בצעיפה. כותב הנצי"ב: "על כן כששמעה שהוא אישה 'וַתִּקַּח הַצָּעִיף וַתִּתְכָּס' - מרוב פחד ובושה, כמו שמבינה שאינה ראויה להיות לו לאשה. ומאז והלאה נקבע בליבה פחד" (בראשית כד, סג-סה; העמק דבר לפסוק סה).

גילוי לב ונגישות הדדית לא היו שם, עולה מדברי הנצי"ב. והתוצאה הייתה כשל תקשורתי בסדרה של רגעים מכריעים. כך, למשל, אפשר לשער שרבקה לא סיפרה אף פעם ליצחק על הנבואה שקיבלה בעת שנשאה ברחמה את יעקב ועשו, ולפיה התאום הבכור עתיד להיות כפוף לאחיו הצעיר ממנו בשעה קלה: "וְרַב יַעֲבֹד צָעִיר" (בראשית כה, כג). זו הייתה כנראה אחת הסיבות שאהבה את יעקב ולא את עשו: היא ידעה שה' בחר ביעקב. לו ידע זאת יצחק, והכיר את אחרית בניו מראש, האם היה מעדיף את עשו? נראה אפוא שלא ידע - כי רבקה לא סיפרה לו.

נבואה זו היא הדוחפת את רבקה כעבור שנים, משהיא שומעת שיצחק עומד לברך את עשו, למבצע ההונאה שלה: היא אומרת ליעקב להתחזות לעשו. מדוע אין היא פונה ליצחק ואומרת לו בפשטות שיעקב הוא אשר נועד להתברך? כי לו תעשה כך, תצטרך להודות שהִסתירה ממנו את הנבואה כל השנים.

לו דיברה רבקה אל יצחק ביום מתן הברכות, יצחק אולי היה אומר דבר שהיה משנה את כל מהלך חייהם וחיי ילדיהם. אני מדמה בנפשי את יצחק אומר: "מובן שאני יודע שיעקב, ולא עשו, ימשיך את הברית. אבל יש לי שתי ברכות לברך, אחת לכל בן. את עשו אברך **בעושר** ו**בכוח**: 'יִתֶּן לְךָ הָאֱלֹהִים מִטַּל הַשָּׁמַיִם וּמִשְׁמַנֵּי הָאָרֶץ... יַעַבְדוּךָ עַמִּים וְיִשְׁתַּחֲווּ לְךָ לְאֻמִּים' (כז, כח-כט). ואילו ליעקב אוריש את

הברכה שאלוהים בירך את אבי אברהם ואותי, את ברכת **הילדים והארץ**: 'וְאֵל שַׁדַּי יְבָרֵךְ אֹתְךָ וְיַפְרְךָ וְיַרְבֶּךָ וְהָיִיתָ לִקְהַל עַמִּים. וְיִתֶּן לְךָ אֶת בִּרְכַּת אַבְרָהָם לְךָ וּלְזַרְעֲךָ אִתָּךְ, לְרִשְׁתְּךָ אֶת אֶרֶץ מְגֻרֶיךָ אֲשֶׁר נָתַן אֱלֹהִים לְאַבְרָהָם' (כח, ג-ד)".

יצחק לא התכוון אף פעם להוריש לעשו את ברכת הברית, ברכת אברהם. הוא התכוון לברך כל בן בברכה המתאימה לו. מבצע ההונאה הגדול שרבקה תכננה ויעקב הוציא לפועל לא היה נחוץ מלכתחילה. מדוע רבקה לא הבינה זאת? כי היא ובעלה לא תקשרו.

הבה נמנה את התוצאות. יצחק, זקן ועיוור, הרגיש נבגד. כשהבין מה קרה חרד "חֲרָדָה גְּדֹלָה עַד מְאֹד" (כז, לג), ואמר לעשו "בָּא אָחִיךָ בְּמִרְמָה וַיִּקַּח בִּרְכָתֶךָ" (כז, לה). עשו הרגיש אף הוא נבגד, והמשטמה כלפי יעקב גאתה בו במידה כזו שהוא גמר אומר להורגו. רבקה נאלצה לשלוח את יעקב לגלות, ובזאת גזרה על עצמה יותר מעשרים שנות ריחוק מבנה האהוב. אשר ליעקב, כל חייו מעתה והלאה עמדו בצל מעשה הרמייה. ממנו התגלגלו המתח בין נשותיו והיריבות בין ילדיו. "מְעַט וְרָעִים הָיוּ יְמֵי שְׁנֵי חַיַּי", יאמר בערוב ימיו לפרעה (מז, ט). ארבע נפשות מצולקות בגלל מעשה אחד שלא היה בו צורך כלל, שכן יצחק ממילא נתן ליעקב את "בִּרְכַּת אַבְרָהָם", בלי שום מרמה, ובידיעה שהוא יעקב ולא עשו (כשבירך אותו בצאתו לחרן; כח, ג-ד).

זה מחירו של כשל תקשורתי. התורה נוקטת כנות מוחלטת בעניינים אלה, ובזכות זאת היא מדריך יעיל כל כך לחיים; לחיים האמיתיים, בין אנשים אמיתיים שיש להם בעיות אמיתיות. הרבה תלוי בתקשורת. התקשורת אשֵמה, אם תרצו; או ליתר דיוק, האי־תקשורת. בראשית ברא אלוהים את העולם בְּמילים: "וַיֹּאמֶר אֱלֹהִים: יְהִי... - וַיְהִי". גם אנחנו בוראים את עולמנו החברתי במילים. אונקלוס תרגם את הביטוי האמור בבראשית ב, ז על האדם, "נֶפֶשׁ חַיָּה", במילים "רוּחַ מְמַלְּלָא": נפש מדברת. הדיבור הוא לנו חיים. החיים הם מערכות יחסים. ומערכות יחסים אנושיות נבנות מתקשורת. אנחנו יכולים לספר לאנשים אחרים על תקוותינו, על פחדינו, על רגשותינו ועל מחשבותינו.

מטעם זה חייב כל מנהיג, מהורה ועד מנכ"ל, לשים לו למטרה לקיים תקשורת טובה, חזקה, כנה ופתוחה. זה המפתח למשפחה בריאה, לצוות בריא, לתרבות ארגונית בריאה. בצוות מקצועי, למשל, הכרחי שכל חבר יֵדע מהן מטרות הצוות בכללותו, מהו תפקידו שלו עצמו, מהם תחומי אחריותו, ואילו ערכים ואורחות התנהגות מצופה ממנו לממש. חייבים להיאמר דברי שבח למי שעובד היטב, ודברי ביקורת בונָה למי שעבודתו טעונת שיפור; ביקורת על המעשים ולא על האדם, שכן חשוב שכל עובד וכל אדם ירגיש שמכבדים אותו, יהיו כישלונותיו אשר יהיו. עניין זה האחרון הוא

מההבדלים היסודיים בין "מוסר של אשמה", שהיהדות היא דוגמה עילאית לו, לבין "מוסר של בושה" כגון זה שהיה מקובל ביוון העתיקה (באשמה יש הבחנה ברורה בין המעשה לבין האדם; לא כן בבושה).

קיומה של תקשורת ברורה, או היעדרה, הם לפעמים שאלה שגורלות תלויים בה ועומדים עליה. לא נגזים אם נאמר שהיה גם רגע שגורל העולם כולו היה תלוי בה. זה קרה למשל בימי משבר הטילים הקובני, ב־1962, כאשר ארצות הברית וברית המועצות עמדו על סף מלחמה גרעינית. בשיא המשבר - כך מתאר שר ההגנה האמריקני דאז רוברט מקנאמרה בסרט התעודה "ערפל המלחמה" - קיבל נשיא ארצות הברית ג'ון קנדי שני מסרים מהשליט הסובייטי ניקיטה חרושצ'וב. האחד היה פייסני, השני היה לוחמני הרבה יותר. רוב יועציו של קנדי סברו שהמסר השני הוא המייצג את עמדתו האמיתית של חרושצ'וב, ושיש להתייחס אליו ברצינות.

אולם היה שם אדם אחד, לֶוֶולין תומפסון ג'וניור, שכיהן כשגריר ארצות הברית במוסקבה מ־1957 עד אותה שנה, והכיר את המנהיג הסובייטי היטב. הוא אפילו התגורר תקופת מה עם חרושצ'וב ורעייתו. הוא אמר לקנדי שדווקא המסר הפייסני נשמע לו הולם יותר את השקפותיו של חרושצ'וב, ואילו המכתב הניצי אינו כתוב בסגנונו האישי של האיש וככל הנראה נכתב כדי לרצות את ראשי הצבא הסובייטי. קנדי שמע לעצתו של תומפסון, סיפק לחרושצ'וב סולם לירידה מכובדת מהעץ, והמלחמה נמנעה. מפחיד לדמיין מה היה קורה אלמלא תומפסון והבחנתו.

היבטים רבים של חיינו ניזוקים ממידע שגוי ומשתפרים בתקשורת גלויה. על כן, מחובתם של חברים, הורים, בני זוג ומנהיגים לבסס תרבות המצמיחה תקשורת כנה, פתוחה ומכבדת, תקשורת שיש בה לא רק דיבור אלא גם הקשבה. להיעדרה עלולות להיות תוצאות איומות.

ויצא

להשקיט את ה"אנוכי"

הרי לנו תפילה בצורתה הבראשיתית, העזה, החזיונית: יעקב, לבדו, רחוק מביתו, שוכב לישון ורק אבנים למראשותיו, וחולם על סולם הניצב על הארץ אך ראשו מגיע השמימה ומלאכי אלוהים עולים ויורדים בו. זהו מפגש ראשוני עם "בית אלוהים" שכעבור דורות רבים יהפוך לבית הכנסת; החלום הראשון על "שער השמיים" שיפתח נתיב אל אלוהים הניצב למעלה ויגרום לנו לדעת אל נכון: "אָכֵן יֵשׁ ה' בַּמָּקוֹם הַזֶּה" (בראשית כח, טז).

המשך הפסוק הזה טומן רמז. דברי יעקב בהקיצו משנתו, "אָכֵן יֵשׁ ה' בַּמָּקוֹם הַזֶּה", נמשכים במילים "וְאָנֹכִי לֹא יָדָעְתִּי". המילה "אנוכי" מיותרת לכאורה, שהרי היא גלומה בפועל "ידעתי", המוטה לגוף ראשון יחיד. לשם מה הכפילות? תשובה נפלאה נתן אחד מראשוני החסידות, רבי פנחס הלוי איש הורוויץ, "בעל ההפלאה", בחיבורו על התורה "פנים יפות". הוא קורא את המילים הללו שלא על פי פשוטן. איך למד יעקב לדעת כי "יש ה' במקום הזה"? על ידי כך שלא ידע את עצמו, את ה"אנוכי" שלו: "ו(את) אנוכי לא ידעתי". כשאנו חורגים מהעצמיות שלנו, מה"אנוכי", אנחנו מרגישים את הנסתר־הנוכח הגדול, את ה'. כשאנחנו מפסיקים לחשוב על עצמנו אנחנו נפתחים באמת אל העולם ואל בוראו.

בתובנה זו טמונה תשובה לכמה מהשאלות הגדולות ביותר על התפילה: האם היא משפיעה? האם היא באמת משנה משהו אצל האלוהים? הרי אלוהים אינו משתנה. ומעבר לכך: האם רעיון התפילה אינו סותר עיקרון בסיסי של האמונה - שאנו אלה שצריכים לעשות את רצון האל, ולא האל צריך לעשות את רצוננו? מה אפוא קורה כשאנחנו מתפללים?

לתפילה יש שני פנים, האחד מסתורי והשני לא. תפילותינו נענות במקרים רבים מכדי שנוכל להתכחש להשפעתן על גורלנו. הן משפיעות. שמעתי פעם סיפור. אסיר במחנה ריכוז נאצי איבד את רצונו לחיות - ובמחנות הללו, מי שכבה בו יצר החיים מת עד מהרה. באותו לילה הוא שפך את ליבו בתפילה. למחרת בבוקר הועבר לעבוד

במטבח המחנה. שם הצליח, כשהקלגסים היו מסירים ממנו את עיניהם, לגנוב קליפות של תפוחי אדמה. הקליפות הללו החזיקו אותו בחיים. שמעתי את הסיפור הזה מבנו.

אולי לכל אחד מאיתנו יש סיפור כזה, גם אם גורלי פחות. בשעות מצוקה ואובדן אנו צועקים ממעמקי נשמתנו, ומשהו קורה. לפעמים אנחנו מגלים אותו רק לאחר זמן רב, בהביטנו לאחור. תפילות משפיעות על העולם. איך זה קורה? חידה היא.

אך יש לתפילה גם פן אחר, שאינו מסתורי. התפילה משנה לא רק את העולם. היא משנה גם אותנו. הפועל "התפלל" הוא בבניין התפעל הרפלקסיבי, ולא במקרה. את פעולת התפילה עושה האדם על עצמו. השורש פל"ל עניינו שיפוט, ו"התפלל" הוא, ביסודו, שפט את עצמו. מדוע? מפני שהתפילה היא בריחה מכלא העצמי וראיית העולם, ובכלל זה עצמנו, מבחוץ. התפילה מדמימה לרגע את האני, את ה"אנוכי", ואנו נזכרים שאיננו מרכז היקום. יש מציאות מחוץ לנו. זה רגע של השתנות.

אם רק נצליח להפסיק לשאול "מה זה נותן לי" נראה כי אנחנו מוקפים בניסים: הטבע, שהוא עולם של יופי ומורכבות כמעט אינסופיים; דבר ה', מורשתנו היהודית הגדולה, הגלום בספרייה שאנו קוראים לה התנ"ך; והדרמה שאין דומה לה, ההיסטוריה ידועת הדמעות והגיל של עם ישראל, הנמשכת זה ארבעת אלפים שנה. שלושת אלה מייצגים את שלושת ממדי דעת האלוהים האנושית: הבריאה (אלוהים בטבע), ההתגלות (אלוהים בתורה) והגאולה (אלוהים בהיסטוריה).

לפעמים משבר קשה הוא הגורם לנו להבין כמה ממוקָדים היינו בעצמנו. השאלה היחידה החזקה דייה למלא את קיומנו במשמעות איננה "מה אני צריך מהחיים?" אלא "מה החיים צריכים ממני?". זאת השאלה שאנחנו שומעים כשאנחנו מתפללים באמת. התפילה, יותר מכפי שהיא פעולה של דיבור, היא פעולה של הקשבה: הקשבה אל מה שאלוהים רוצה מאיתנו כאן ועכשיו. אם אנחנו מסוגלים לחולל בנפשנו את הדממה הדרושה לכך, אנו מגלים שאיננו לבד. אנחנו כאן מפני שמישהו, האחד והיחיד, רצה שנהיה כאן, ונתן לנו משימה שרק אנחנו יכולים לבצע. ההבנה הזו מחזקת אותנו ומשנה אותנו.

יותר משהתפילה משנה את אלוהים, היא משנה אותנו. היא נותנת לנו לראות, להרגיש, לדעת כי "יש ה' במקום הזה". איך מגיעים למודעות הזאת? בתנועה אל מעבר לגוף־הראשון־היחיד, אל מעבר ל"אנוכי" - כדי שלרגע נוכל, כיעקב אבינו על פי דרשתו של בעל ה"פנים יפות", לומר: ואת "אנוכי" לא ידעתי. כשאנחנו משקיטים את ה"אנוכי" אנו פוגשים את ה"אתה" האולטימטיבי, את האלוהים.

וישלח

הפחד להיהרג, החשש להרוג

עשרים ושתיים שנים עברו מאז ברח יעקב מפני אחיו, בודד וחסר כול. עשרים שנים עברו מאז גמר עשו אומר לנקום על מה שנראה בעיניו כגנֵבת ברכתו. והנה עתה עומדים האחים להיפגש. זהו מפגש טעון. אֵי אז נשבע עשו להרוג את יעקב. האם יעשה זאת עכשיו - או שהזמן ריפא את הפצע? יעקב שולח שליחים להודיע לאחיו שהוא בא. הם חוזרים ומבשרים שעשו יבוא לפגוש את יעקב וארבע מאות איש עימו. כוח גדול כזה מלמד שפניו של עשו לאלימות.

תגובתו של יעקב מיידית וקשה: ״וַיִּירָא יַעֲקֹב מְאֹד וַיֵּצֶר לוֹ״ (בראשית לב, ח). הפחד מובן, אך יש בתגובה הזו גם תעלומה. מה פשר הכפילות? מה ההבדל בין ״ויירא״ ל״ויצר לו״? התנא רבי יהודה בר עילאי מציע תשובה מאלפת: ״ויירא, שמא ייהרג. ויצר לו, אם יהרוג הוא את אחרים״.[1] ההבדל בין השניים, על פי המדרש, הוא שהיראה היא גשמית, וההצרה מוסרית. פחד של אדם מפני המוות הוא דבר אחד; החשש להרוג את הזולת הוא דבר שונה. רגשותיו של יעקב היו אפוא כפולי פנים: הפיזי והפסיכולוגי; החומרי והמוסרי.

אך כאן עולה שאלה אחרת. ההגנה העצמית מותרת על פי ההלכה.[2] אם עשו זמם להרוג את יעקב, השבת מלחמה שַׁערה מצד יעקב הייתה מוצדקת, גם במחיר חיי עשו. אם כן, מדוע גורמת אפשרות זו ליעקב מצוקה מוסרית? לשאלה זו מכוונים דבריו של רבי שבתי בס בפירושו לרש״י ״שפתי חכמים״:

> יש לומר דיעקב ודאי לא היה ירא שמא יהרוג את עשו, דקיימא לן ״הבא להרגך השכם להרגו״. אלא שיעקב היה מתיירא שמא יהרוג הוא אנשים של עשו, ואולי הם לא באו להרוג את יעקב אלא אנשים של יעקב, רק עשו בא להרוג את יעקב. ואף על פי שאנשיו של עשו היו רודפין אחר אנשיו של יעקב, וכל אדם ניתן

1. רש״י לבראשית לב, ח, על פי בראשית רבה עו, ב.
2. סנהדרין עב ע״א.

> להציל את הנרדף בנפשו של רודף, מכל מקום אם יכול להציל באחד מאיבריו והרגו נהרג עליו - ויעקב היה ירא שמא יהרוג אותן מכוח בלבול המלחמה, אף על פי שהיה יכול להציל באחד מאיבריהם.[3]

העיקרון העומד כאן למבחן הוא, על פי "שפתי חכמים", שימוש מזערי בכוח. כללי ההתגוננות אינם רישיון חופשי להרוג. יש חוקים המגבילים את מה שמכונה בימינו "נזק מִשְׁנִי", הרג אזרחים חפים מפשע, גם אם נעשה מתוך הגנה עצמית. יעקב הוטרד מהאפשרות שבלהט העימות הוא יהרוג לוחמי אויב שכדי לנטרלם אפשר להסתפק בפציעתם.

רעיון דומה נמצא בדרשת חז"ל על הפסוק הפותח את פרשת ברית בין הבתרים. אך זה עתה חזר אברהם מנצח מהמלחמה נגד ארבעת המלכים, שאליה יצא כדי להציל את אחיינו לוט - והנה אלוהים מתגלה אליו במחזה ואומר לו "אַל תִּירָא אַבְרָם, אָנֹכִי מָגֵן לָךְ. שְׂכָרְךָ הַרְבֵּה מְאֹד" (בראשית טו, א). מהפסוק משתמע שאברהם פחד; ממה? הרי רק עכשיו ניצח מלכים גדולים וחזר בשלום. איזו סיבה יש לפחד? עונה מדרש תנחומא:

> ועוד היה אברהם אבינו מתיירא כשהרג את המלכים. היה תמה ואמר: שמא ביטלתי מצוות הקב"ה שציווה את בני נוח, "שֹׁפֵךְ דַּם הָאָדָם בָּאָדָם דָּמוֹ יִשָּׁפֵךְ" (בראשית ט, ו), ואני הרגתי כל אותן האוכלוסין?[4]

ר' לוי מנסח זאת במדרש בראשית רבה אחרת: "לפי שהיה אבינו אברהם מתפחד ואומר, 'תאמר אותן אוכלוסין שהרגתי שהיה בהם צדיק אחד וירא שמים אחד'?".[5] ובכל זאת, אפשר גם לקרוא את דברי רבי יהודה בר עילאי כפשוטם: יעקב הצטער על עצם האפשרות שיהרוג אנשים, גם אם הרג זה יהיה מוצדק לגמרי.

לפנינו מקרה של דילמה מוסרית.[6] רבים משתמשים בביטוי זה באופן לא מדויק, לציון בעיה מוסרית, הכרעה אתית קשה. אבל לא כל קונפליקט הוא דילמה. יש קונפליקטים מוסריים רבים. האם מותר להפיל עובר כדי להציל את אימו? האם

3. שפתי חכמים לבראשית לב, ח.
4. מדרש תנחומא (בובר), לך לך, יט.
5. בראשית רבה מד, ד.
6. למבחר מאמרים בנושא ראו Christopher Gowans (ed.), *Moral Dilemmas*, Oxford: Oxford University Press, 1987.

עלינו לשמוע בקול הורינו אם הם מורים לנו לחטוא? האם יש לחלל שבת כדי להאריך את חייו של חולה סופני? לשאלות הללו יש תשובות. יש בכל מקרה מסלול פעולה נכון ומסלול שגוי. שתי חובות מתנגשות, ואנו נעזרים בעקרונות מטא־הלכתיים כדי לומר איזו מהן קודמת. ישנן שיטות מוסר שלפיהן כל הקונפליקטים המוסריים הם מן הסוג הזה. בכל התנגשות יש הליך הכרעה, ועל כן תמיד יש תשובה מוחלטת לשאלה "מה עליי לעשות".

דילמה, לעומת זאת, היא מצב שאין בו תשובה נכונה. היא מתעוררת במקרים של התנגשות בין נכון לנכון, או בין לא־נכון ללא־נכון: כאשר כל דבר שנחליט לעשות יהיה כרוך בפעולה שאין לעשותה בנסיבות רגילות. מקרה כזה מתואר בתלמוד הירושלמי. עולא בר קושב, שנמלט מידי הרומאים, מצא מקלט בלוד. הרומאים צרו על העיר והודיעו: הסגירו את האיש, או שנהרוג את כולכם. רבי יהושע בן לוי שכנע את הנמלט להסגיר את עצמו. זהו מקרה סבוך, שנדון רבות בספרות ההלכה, וכל החלופות בו טרגיות. רבי יהושע בן לוי פעל בהתאם להלכה, אבל אליהו הנביא התגלה אליו וגער בו: "וזו משנת החסידים?"[7]

דילמות מוסריות הן מצבים שבהם עשיית הדבר הנכון איננה סוף דבר. הטרגיות ארוגה בהן. יעקב נקלע למצב כזה. מצד אחד, אל לו להפקיר את עצמו ואת משפחתו להריגה. מצד שני, אל לו להרוג אחרים. העובדה שעיקרון אחד (הגנה עצמית) גובר על משנהו (האיסור לרצוח) אין פירושה שהאדם הניצב בפני ההכרעה בין הערכים הללו אינו מצוי במצוקה, בייחוד לנוכח העובדה שעשו הוא אחיו התאום. למרות ההבדלים ביניהם, הם גדלו ביחד. הם היו קרובים. הדבר מחריף את הדילמה. לפעמים, להיות מוסרי פירושו להתייסר לנוכח הכורח לבחור בין שתי אפשרויות כאלו. אם האדם מכריע נכון במצב כזה, זה אולי פוטר אותו מרגשות חרטה או אשמה, אך הוא עדיין מרגיש כאב וצער על הפעולה שהוא נאלץ לנקוט.

שיטת מוסר המשאירה מקום לקיומן של דילמות היא שיטה שאיננה מנסה להשטיח את המורכבויות של החיים המוסריים. בעימות בין שתי אפשרויות נכונות, או שתי אפשרויות רעות, עשויה להימצא דרך פעולה נאותה - הרע במיעוטו, או הטוב במרבו - אך אין הדבר מבטל את הכאב הרגשי. אדם צדיק הוא, בין היתר, זה המסוגל לפעמים להצטער גם כשהוא יודע שפעל נכון. המדרש אומר לנו כאן שהיהדות מכירה בקיומן של דילמות. להלכה כלים עדינים ועקרונות־על המאפשרים

7. ירושלמי, תרומות ח, ד.

לקבוע סדר קדימויות בין חובות, אך הם לאו דווקא מבטלים את ההתייסרות שלאחר ההכרעה.

יעקב, בגדלות נפשו, חש חרדה מוסרית גם לנוכח הידיעה שיעשה דבר מוצדק לחלוטין - יגן על חייו במחיר חיי אחיו התוקפן. הוא הוריש תכונה זו לנו, לעם ישראל. ההכרח לפגוע בתוקפן כדי להגן על חיינו כואב לנו. כזו הייתה למשל תגובתם של חיילים בצה"ל במלחמת ששת הימים. בשבועות ההמתנה שלפני המלחמה שררה בישראל חרדה איומה מפני ריכוזי הכוחות העצומים של צבאות ערב ונחישותם למחוק את ישראל מהמפה. אנחת הרווחה עם הניצחון הייתה אדירה, ושמחת שחרור ירושלים הוסיפה עליה רוממות רוח. גם חילונים-שבחילונים הודו אז כי גודל השעה עורר בהם רגשות דתיים. ובכל זאת, בשיח הישראלי בחודשים שלאחר המלחמה ניכר היה שמצב רוחם של הלוחמים שהשתתפו בקרבות רחוק מלהיות אופורי. אצל רבים מהם הוא היה קודר, מהורהר ואפילו מיוסר.[8] הרמטכ"ל יצחק רבין קיבל מייד לאחר המלחמה תואר דוקטור לשם כבוד מהאוניברסיטה העברית, וכך אמר בנאום התודה:

> צהלת הניצחון אחזה בעם כולו. אף על פי כן נתקלים אנו יותר ויותר בתופעה מוזרה בקרב עדת הלוחמים עצמם. אין הם יכולים לשמוח בלב שלם, ויותר מקב של עצב ותדהמה נמסכים בחגיגתם. ויש אפילו שאינם חוגגים כלל. הלוחמים בקווים הקדמיים ראו במו עיניהם לא רק את תפארת הניצחון אלא גם את מחירו - חבריהם נפלו לידם, מתבוססים בדמם. ויודע אני שהמחיר הנורא ששילם האויב נגע אף הוא עמוק בליבם של רבים מהם. ייתכן שהעם היהודי לא חונך ולא הורגל לחוש את שמחת הכובש והמנצח. לכן מתקבל הדבר ברגשות מעורבים.

רגשות מעורבים אלה נולדו אלפי שנים קודם לכן, כשיעקב, הוא ישראל, חווה לא רק את הפחד המוחשי מפני תבוסה אלא גם את הצער המוסרי הכרוך בניצחון. רק אלה שבכוחם לחוש את שני הדברים גם יחד יכולים להגן על גופם בלי לסכן את נשמתם.

8. ראו אברהם שפירא (עורך), **שיח לוחמים: פרקי הקשבה והתבוננות**, תל אביב: תש"ל.

וישב

נאה לשבֵח

ראובן הוא המנהיג שלא היה.

"רְאוּבֵן בְּכֹרִי אַתָּה, כֹּחִי וְרֵאשִׁית אוֹנִי, יֶתֶר שְׂאֵת וְיֶתֶר עָז", אמר עליו אביו יעקב על ערש דווי (בראשית מט, ג). אלו הם דברי הצדעה מרשימים, המציירים לפנינו בן בכור בעל נוכחות פיזית חזקה והתנהגות סמכותית. חשוב מכך, בשנות גידולם של בני יעקב מתגלה ראובן בעקביות כבעל רגישות מוסרית גבוהה משל אחיו. הוא היה בנה של לאה, וחש היטב כמה מאוכזבת אימו מיחסו של יעקב כלפיה. הנה תיאורו הראשון בתורה, כילד:

> וַיֵּלֶךְ רְאוּבֵן בִּימֵי קְצִיר חִטִּים וַיִּמְצָא דוּדָאִים בַּשָּׂדֶה וַיָּבֵא אֹתָם אֶל לֵאָה אִמּוֹ. (בראשית ל, יד)

הדודאים נחשבו שיקוי אהבה. ראובן ידע זאת, וכשראה אותם חשב מייד על אימו. זו הייתה מחווה נוגעת ללב, אך היא החטיאה את מטרתה משום שראובן הגיש את הדודאים לאימו בנוכחותה של רחל, ושלא במתכוון הצית מריבה בין שתי האחיות.

האפיזודה הבאה בהשתתפות ראובן מטרידה הרבה יותר:

> וַתָּמָת רָחֵל וַתִּקָּבֵר בְּדֶרֶךְ אֶפְרָתָה הִוא בֵּית לָחֶם... וַיְהִי בִּשְׁכֹּן יִשְׂרָאֵל בָּאָרֶץ הַהִוא וַיֵּלֶךְ רְאוּבֵן וַיִּשְׁכַּב אֶת בִּלְהָה פִּילֶגֶשׁ אָבִיו. (בראשית לה, יט-כב)

על פי פשוטו של מקרא, ראובן חָטא חֵטא חמור. מִשכָּב עם פילגשיו של אב איננו רק ביאה אסורה; כפי שאנו למדים בהמשך התנ"ך, זהו גם מעשה בגידה בוטה ובלתי נסלח: כאשר מָרד אבשלום באביו דוד וביקש להדיחו מכס המלוכה, יעץ לו אחיתופל -

> בּוֹא אֶל פַּלַגְשֵׁי אָבִיךָ אֲשֶׁר הִנִּיחַ לִשְׁמוֹר הַבָּיִת, וְשָׁמַע כָּל יִשְׂרָאֵל כִּי נִבְאַשְׁתָּ אֶת אָבִיךָ וְחָזְקוּ יְדֵי כָּל אֲשֶׁר אִתָּךְ. (שמואל ב' טז, כא)

לדעת חז"ל, אין להבין את מעשה ראובן ובלהה כפשוטו. יעקב נהג לישון באוהלה של רחל, ולאחר מותה העביר את מיטתו לאוהל שפחתה בלהה. בעיני ראובן, עלבון זה כלפי אימו לאה היה קשה מנשוא. העדפתה של רחל על פני לאה הייתה מעליבה דייה, אך העדפת שפחתה של רחל על פני לאה כבר הייתה סטירת לחי. לכן הוא סילק את מיטת אביו מאוהל בלהה, והעבירה לאוהל לאה. ראובן לא שכב אפוא עם בלהה, אבל כיוון ש"בלבל מצעו של אביו", "מעלה עליו הכתוב כאילו שכב עמה".[1]

אלא שבנקודה זו עושה הכתוב מעשה מוזר. הנה שוב הפסוק המספר בראובן ובבלהה, הפעם במלואו: "וַיְהִי בִּשְׁכֹּן יִשְׂרָאֵל בָּאָרֶץ הַהִוא וַיֵּלֶךְ רְאוּבֵן וַיִּשְׁכַּב אֶת בִּלְהָה פִּילֶגֶשׁ אָבִיו, וַיִּשְׁמַע יִשְׂרָאֵל. וַיִּהְיוּ בְנֵי יַעֲקֹב שְׁנֵים עָשָׂר" (בראשית לה, כב). לאחר המילים "וישמע ישראל" מציינת המסורה "**פסקה באמצע הפסוק**": סוף פסקה, אף שהפסוק עוד לא נגמר. הסיומת, "וַיִּהְיוּ בְנֵי יַעֲקֹב שְׁנֵים עָשָׂר", מגיעה רק אחרי רווח בגודל מילים אחדות. זו תופעה נדירה ביותר. הרווח הזה שבאמצע הפסוק הוא **קולה של השתיקה.** התקשורת בין יעקב לראובן התמוטטה לחלוטין.

אם צודקים חז"ל בפרשנותם, מדובר בטרגדיה נוראה של אי־הבנה. יעקב ודאי האמין שראובן שכב עם פילגשו בלהה. הוא אומר זאת כמעט במפורש בשוכבו על ערש דווי, בהמשך ישיר לפסוק השבח שציטטנו בתחילת דברינו:

> פַּחַז כַּמַּיִם אַל תּוֹתַר, כִּי עָלִיתָ מִשְׁכְּבֵי אָבִיךָ, אָז חִלַּלְתָּ יְצוּעִי עָלָה. (בראשית מט, ד)

אך על פי חז"ל, כאמור, הדבר לא קרה. ראובן לא עלה על משכבי אביו ולא חילל את יצועו. אילו דיבר יעקב עם ראובן לאחר ששמע על המעשה, היה מגלה את האמת הזו. אך כפי שהראינו לפני שלושה שבועות, בשיחתנו לפרשת תולדות, יעקב גדל בבית שנעדרה ממנו תקשורת פתוחה וכנה. כך קרה שבמשך עשרות שנים ייחס יעקב לבנו הבכור פשע שלא ביצע - והכול בגלל רגישותו של ראובן לצערה של אימו.

הדבר מובילנו היישר אל האפיזודה השלישית בחיי ראובן, הטרגית מכולן. יעקב העדיף את יוסף, בנה של אשתו האהובה רחל, ובניו האחרים הבחינו בכך היטב. כשביטא את העדפתו באופן מוחשי, בנותנו ליוסף את כותונת הפסים, גָּאה כעסם של האחים. וכשיוסף החל לחלום ששאר בני המשפחה משתחווים לו, איבתם של האחים טיפסה אל נקודת הרתיחה. כשרעו את הצאן באזור מרוחק, ויוסף הופיע לפתע באופק, שנאתם גרמה להם להחליט להורגו לאלתַר. ראובן לבדו התנגד:

1. שבת נה ע"א-ע"ב.

> וַיִּשְׁמַע רְאוּבֵן וַיַּצִּלֵהוּ [את יוסף] מִיָּדָם. וַיֹּאמֶר, "לֹא נַכֶּנּוּ נָפֶשׁ". וַיֹּאמֶר אֲלֵהֶם רְאוּבֵן, "אַל תִּשְׁפְּכוּ דָם. הַשְׁלִיכוּ אֹתוֹ אֶל הַבּוֹר הַזֶּה אֲשֶׁר בַּמִּדְבָּר וְיָד אַל תִּשְׁלְחוּ בוֹ". לְמַעַן הַצִּיל אֹתוֹ מִיָּדָם לַהֲשִׁיבוֹ אֶל אָבִיו. (בראשית לז, כא-כב)

תוכניתו של ראובן הייתה פשוטה. הוא שכנע את אחיו שלא להרוג את יוסף, אלא להניח לו לגווע ברעב בבור. הוא התכוון לחזור לבור לאחר מכן, כשהאחים לא יהיו שם, ולהציל את יוסף. אלא שכאשר חזר, יוסף כבר לא היה בבור. מדיינים העלוהו מתוכו ומכרוהו לעבד לאורחת ישמעאלים. עולמו של ראובן חרב עליו.

הנה כי כן, שלוש פעמים ניסה ראובן לעזור, אבל למרות כוונותיו הטובות מאמציו עלו בתוהו. הוא היה אחראי למריבה היחידה המתועדת בתורה בין לאה לרחל. אביו ייחס לו פשע נורא שלא עשה, וקילל אותו בצוואתו. הוא לא הצליח להציל את יוסף. ראובן ידע תמיד מתי הדברים משובשים, וניסה לפעול לתיקונם, אך תמיד, משום מה, חסרו לו הזהירות, הביטחון העצמי או האומץ להשיג את התוצאה המבוקשת. הוא היה צריך לחכות ולתת את הדודאים ללאה כשהיא לבדה, לא עם רחל. הוא היה צריך למחות באוזני אביו כשהעביר את מיטתו לאוהל לאה. הוא היה צריך להישאר עם יוסף ולהחזירו הביתה בשלום.

מה קרה לראובן שגרם לו להיות חסר ביטחון? התורה מספקת רמז מכאיב שאין לטעות בו. האזינו היטב לפסוקים המתארים את הולדת שני הילדים הראשונים של לאה (ושל יעקב):

> וַתַּהַר לֵאָה וַתֵּלֶד בֵּן וַתִּקְרָא שְׁמוֹ רְאוּבֵן, כִּי אָמְרָה, "כִּי רָאָה ה' בְּעָנְיִי, כִּי עַתָּה יֶאֱהָבַנִי אִישִׁי".
> וַתַּהַר עוֹד וַתֵּלֶד בֵּן, וַתֹּאמֶר, "כִּי שָׁמַע ה' כִּי שְׂנוּאָה אָנֹכִי וַיִּתֶּן לִי גַּם אֶת זֶה", וַתִּקְרָא שְׁמוֹ שִׁמְעוֹן. (בראשית כט, לב-לג)

בשתי הפעמים לאה, ולא יעקב, היא שנתנה לתינוקות את שמם; ושני השמות היו קריאה ליעקב לשים לב אליה, לאהוב אותה - אם לא בזכות עצמה, לפחות מפני שילדה לו ילדים. יעקב, כנראה, לא התרשם.

ראובן נעשָׂה לְמה שנעשָׂה - רומזים הכתובים - מפני שתשומת ליבו של אביו הייתה נתונה למקום אחר; הוא לא השגיח לא בלאה ולא בילדיה (הכתוב עצמו אומר "וַיַּרְא ה' כִּי שְׂנוּאָה לֵאָה"; כט, לא). ראובן ידע זאת. כל חייו נשא את צלקת עלבונה של אימו ואת פצע אדישותו הגלויה של אביו. הדבר מתבטא

באותו חוסר ביטחון עצמי שהכשיל שוב ושוב את ניסיונותיו לתקן את מערכות היחסים במשפחתו.

כדי שאדם יצליח להנהיג הוא זקוק לעידוד. מרתק להשוות בין ראובן ההססן לבין יוסף הבטוח בעצמו, לעיתים בטוח יתר על המידה, שהיה הבן האהוב והמועדף על אביו. אם אנו רוצים שיהיה לילדינו הביטחון לפעול כשנדרש לפעול, עלינו להעצימם, לעודדם ולשבחם.

מספרת המשנה בפרקי אבות:

> חמשה תלמידים היו לו לרבן יוחנן בן זכאי, ואלו הן: רבי אליעזר בן הרקנוס, ורבי יהושע בן חנניה, ורבי יוסי הכהן, ורבי שמעון בן נתנאל, ורבי אלעזר בן ערך. הוא היה מונה שִׁבחן. רבי אליעזר בן הרקנוס, בור סוד שאינו מאבד טפה. רבי יהושע בן חנניה, אשרי יולדתו. רבי יוסי הכהן, חסיד. רבי שמעון בן נתנאל, ירא חטא. ורבי אלעזר בן ערך, כמעין המתגבר.[2]

המשנה היא קובץ שנועד להנחיל לנו אֲמִיתוֹת תמידיות. מדוע היא מוצאת לנכון למסור לנו את הדיווח הזה, הטריוויאלי למראה, על תלמידיו של רבן יוחנן בן זכאי והכינויים שהוא נתן להם? נראה לי שהמשנה מבקשת ללמדנו איך לגדל תלמידים, איך להיות מורה, מאמן אישי ומדריך: על ידי מתן **שֶׁבח ממוקָד**.

המשנה הזאת איננה דיווח פשטני על המחמאות שנתן רבן יוחנן לתלמידיו. היא נוקטת פועל ייחודי: "הוא היה **מונה** שבחן". משמע, הערותיו היו מדודות ומדויקות ומכוונות היטב למטרה. הוא אמר לכל תלמיד היכן נמצאות נקודות החוזק הייחודיות לו. כך למשל אלעזר בן ערך, "כמעיין המתגבר", היה בעל מוח יצירתי שהנביע בלי הרף פירושים חדשים. כשאנחנו הולכים אחר נטיות הלב והכישרונות הייחודיים לנו, אנחנו תורמים לעולם את מה שרק אנחנו יכולים לתת.

מנגד, האפשרות שיש לנו כישרון מסוים יוצא דופן משמעה שאולי גם יש לנו חסרונות בולטים. איש מאיתנו לא ניחן בכל החוזקות שבעולם. די בכך שתהיה לנו אחת. אבל חובתנו גם לדעת מה חסר לנו.

אליעזר בן הורקנוס, "בור סוד שאינו מאבד טיפה", בעל הזיכרון העילאי,

2. אבות ב, י–יא.

התקבע כל כך בעבָר - בזיכרונותיו הרבים - שהתנגד לשינוי אף שהיה פרי הכרעת רוב של עמיתיו. לבסוף הוחרם מפני שלא קיבל את דעת הרוב במחלוקת הלכתית.[3]

גורלו של אלעזר בן ערך היה עצוב אף יותר. אחרי מות רבן יוחנן נפרד מעמיתיו. כשהללו הלכו לישיבה ביבנה, פנה לאמאוס. זה היה מקום שנעים לחיות בו, ומשפחת אשתו התגוררה שם. הוא כנראה בטח כל כך בכישוריו השכליים, שהאמין שיוכל לשמר את תורתו גם במקום שאין בו תלמידי חכמים חוץ ממנו. אלא שכחלוף השנים שכח כל מה שלמד.[4] האיש המחונן ביותר בדורו הלך לבסוף לעולמו בלי להותיר כמעט שום חותם בשלשלת התורה.

שביל זהב צר ומטושטש עובר בין הזנחה, הגורמת לאדם שלא יהיה לו הביטחון לעשות את המעשה הנחוץ, לבין העדפה או מתן שבחים מופרזים הנוטעים באדם ביטחון עצמי מוגזם ואמונה שהוא טוב מאחרים. אם אנו רוצים להיות גשם הברכה המצמיח מנהיגים, עלינו למצוא את האיזון העדין בין הקצוות הללו.

3. בבא מציעא נט ע"ב.
4. אבות דרבי נתן יד, ו.

מקץ
שלוש גישות לחלומות

זהו אחד המהפכים הגדולים בספרות העולמית: בן לילה הופך יוסף מאסיר למשנה למלך. מה היה בו, ביוסף - זר לחלוטין לתרבות מצרים, "עברי", אדם שנרקב בכלא באשמת שווא של ניסיון אונס - מה היה בו שהכשיר אותו להיות מנהיג האימפריה הגדולה ביותר בעולם העתיק?

ליוסף היו שלושה כישרונות, אשר כל אחד מהם לבדו הוא נחלת רבים, אך צירוף שלושתם יחדיו הוא נדיר. הכישרון הראשון: **לחלום חלומות.** כשאנו קוראים בפרשת וישב על שני חלומות הנעורים שלו - על אלומות אחיו המשתחוות לאלומתו, ועל השמש, הירח ואחד־עשר הכוכבים המשתחווים לו - עדיין איננו יודעים אם הם תחושה מוקדמת של עתיד מפואר, או רק ביטוי לדמיונות פרועים של ילד מפונק המתגדר בהזיות גדולה.

רק בפרשת השבוע שלנו, פרשת מקץ, מתגלה לנו פיסת מידע חיונית שהוסתרה מאיתנו עד כה. פרעה חלם אף הוא שני חלומות מקבילים, ויוסף אומר לו על כך: "וְעַל הִשָּׁנוֹת הַחֲלוֹם אֶל פַּרְעֹה פַּעֲמָיִם - כִּי נָכוֹן הַדָּבָר מֵעִם הָאֱלֹהִים וּמְמַהֵר הָאֱלֹהִים לַעֲשֹׂתוֹ" (בראשית מא, לב). עכשיו, במבט לאחור, אנחנו מבינים שהִישָּׁנוּת חלומו של יוסף הייתה אף היא סימן שאין מדובר בדמיונות שווא. יוסף אכן נועד מנערותו להיות מנהיג שמשפחתו תשתחווה לו.

שנית, כמו זיגמונד פרויד אלפי שנים אחריו, ליוסף היה כישרון **לפתור חלומות** של אחרים. הוא פתר את חלומותיהם של שר המשקים ושר האופים בבית הסוהר, ועכשיו, בפרשתנו, את חלומות פרעה. פתרונותיו לא היו כישוף ולא נס. במקרה של שר המשקים ושר האופים, הוא זכר שיום הולדתו של פרעה יחול שלושה ימים לאחר מכן (בראשית מ, כ). מנהג שליטי קדם היה לחוג את יום הולדתם במשתה ולחרוץ בו את גורלם של אנשים כאלה ואחרים (הד לכך יש במתן תוארי הכבוד ביום ההולדת של מלכת בריטניה בזמננו). מסתבר היה אפוא להניח שחלומות שר המשקים ושר האופים קשורים למאורע הצפוי ומשקפים את התקוות והחששות הלא מודעים שלהם.[1]

1. אבן עזרא ובכור שור, בפירושיהם לבראשית מ, יב, מציעים שניהם ביאורים ברוח זו.

ואשר לחלומות פרעה, ייתכן שיוסף הכיר מסורות מצריות קדומות בדבר תקופות רעב שאורכן שבע שנים. ידועה למשל "אסטלת הרעב", כתובת מצרית המתעדת שנות רעב, ומושמת בפיו של המלך ג'וֹסֶר שמשל בתחילת המאה העשרים ושבע לפני הספירה. חוקר המקרא נחום סרנה ציטט אותה בספרו על ספר בראשית. הנה שורותיה הראשונות:

ישבתי אָבֵל על כיסאי הרם, ואנשי החצר אחוזי צער. ליבי היה דווי עליי, כי היאור לא בא במועדו מזה תקופה בת שבע שנים. התבואה הייתה בצמצום, הגרעינים מיובשים, וכל דבר אשר ייאכל היה יקר המציאות.[2]

אולם ההישג המרשים ביותר של יוסף היה כישרונו השלישי: היכולת **ליישם חלומות** - לפתור את הבעיה שהחלום הזהיר מפניה. מייד לאחר שפענח את החלום ובישר לפרעה על שבע שנות הרעב הוסיף וסיפק פתרון:

וְעַתָּה יֵרֶא פַרְעֹה אִישׁ נָבוֹן וְחָכָם וִישִׁיתֵהוּ עַל אֶרֶץ מִצְרָיִם. יַעֲשֶׂה פַרְעֹה וְיַפְקֵד פְּקִדִים עַל הָאָרֶץ וְחִמֵּשׁ אֶת אֶרֶץ מִצְרַיִם בְּשֶׁבַע שְׁנֵי הַשָּׂבָע, וְיִקְבְּצוּ אֶת כָּל אֹכֶל הַשָּׁנִים הַטֹּבֹת הַבָּאֹת הָאֵלֶּה וְיִצְבְּרוּ בָר תַּחַת יַד פַּרְעֹה, אֹכֶל בֶּעָרִים, וְשָׁמָרוּ. וְהָיָה הָאֹכֶל לְפִקָּדוֹן לָאָרֶץ לְשֶׁבַע שְׁנֵי הָרָעָב אֲשֶׁר תִּהְיֶיןָ בְּאֶרֶץ מִצְרָיִם וְלֹא תִכָּרֵת הָאָרֶץ בָּרָעָב. (בראשית מא, לג-לו)

אנחנו כבר מכירים את כישורי הניהול המעולים של יוסף. ראינו אותם בבית פוטיפר, וגם בבית הסוהר. כישרון זה, שהופגן בדיוק ברגע הנכון, הוא אשר הוביל למינוי יוסף למשנה למלך מצרים.

יוסף מלמדנו אפוא שלושה עקרונות מנהיגותיים. הראשון: חִלמו חלומות. אל תאזקו את כנפי הדמיון שלכם. כשאנשים באים אליי לבקש עצה בנושא מנהיגות, אני נוהג להציע להם לחלום - ולתת לשם כך לעצמם את הזמן, המרחב והדמיון הדרושים. בחלומות אנחנו מגלים את נהיית ליבנו המיוחדת, וההליכה אחרי הלב היא הדרך הטובה ביותר לחיות חיים מתגמלים.[3]

חלימת חלומות נחשבת בדרך כלל לדבר לא מעשי. טעות: זהו אחד הדברים

2. Nahum Sarna, *Understanding Genesis*, New York: Schocken, 1966, p. 219.

3. ספר המפתח רעיון זה ומבסס בדוגמאות הופיע גם בעברית: קן רובינסון (בשיתוף לו ארוניקה), **המקום הנכון: למה חשוב לעשות את מה שאוהבים**, מאנגלית: שרון פרמינגר, ירושלים: כתר, 2011.

המעשיים ביותר. יש אנשים המבלים חודשים ארוכים בתכנון חופשה, אך אינם מקדישים אפילו יום אחד לתכנון החיים. הם מפקירים את עצמם לרוחות המקרה והנסיבות. זו שגיאה. מסורת חז״ל היא כי ״כל מקום שנאמר [בתורה] 'וַיְהִי', אינו אלא לשון צער״.[4] חיים של ״וַיְהִי״ הם חיים פסיביים, חיים של המתנה לדברים שיקרו, של ״שיהיה״, של ״זה מה יש״. לעומתם, ישנם חיים של ״יְהִי!״. בחיים של ״יהי!״ אנחנו גורמים לדברים לקרות - והחלומות שלנו הם הנותנים לנו קריאת כיוון.

״אם תרצו אין זו אגדה״, אמר האיש שאנו חבים לו את הקמת מדינת ישראל יותר מלכל אדם יחיד אחר. שמעתי פעם מאלי ויזל רעיון נפלא. במשך זמן מה התגוררו הרצל וזיגמונד פרויד באותו רובע בווינה. ״למזלנו״, אמר ויזל, ״הם לא נפגשו. תאר לך מה היה קורה אילו שוחחו. הרצל היה אומר, 'יש לי חלום על מדינה יהודית'. פרויד היה עונה, 'ספר לי, הֶר הרצל, ממתי אתה חולם את החלום הזה? בוא, שכב על הספה ונעשה פסיכואנליזה'. הרצל היה נרפא מחלומותיו, והמדינה היהודית לא הייתה קמה״. לשמחתנו, עם ישראל לא נרפא אף פעם מחלומותיו.

העיקרון השני נלמד מכישרונו השני של יוסף. מנהיגים פותרים חלומות של אנשים אחרים. הם משכללים את הגולמי. הם מוצאים דרך לביטוי תקוותיו ופחדיו של דור. נאום ״יש לי חלום״ של מרטין לותר קינג לקח את התקוות של האמריקנים השחורים ונתן להן כנפיים. לא חלומותיו של יוסף עשו אותו למנהיג, אלא חלומותיו של פרעה. החלומות שלנו נותנים לנו כיוון; אבל החלומות של אחרים נותנים לנו הזדמנות.

והעיקרון השלישי: מצאו דרך ליישם את החלומות במציאות. פתרון חלום הוא לפעמים דרך לפתרון בעיה. תחילה אַתרו את הבעיה שהחלום מעלה, ואז מְצאו דרך לפתור אותה. הרבי מקוצק הצביע פעם על קושי ברש״י. בפסוק הראשון של פרשת יתרו (שמות יח, א) מבאר רש״י את שבעת שמותיו של כוהן מדיין, ואומר שהשם יֶתֶר ניתן לו ״על שם שיתר״, כלומר הוסיף, ״פרשה אחת בתורה: 'וְאַתָּה תֶחֱזֶה'״. הכוונה להצעתו של יתרו למשה הפותחת במילים ״וְאַתָּה תֶחֱזֶה מִכָּל הָעָם אַנְשֵׁי חַיִל יִרְאֵי אֱלֹהִים אַנְשֵׁי אֱמֶת שֹׂנְאֵי בָצַע״ (יח, כא ואילך). כזכור, יתרו ראה שמשה נשחק תחת עומס ההנהגה והשיפוט היום־יומי של כל בני ישראל, והוא והעם כאחד עלולים כלשונו ״לנבול״, והציע לו לחלוק את המעמסה עם שכבות נוספות של מנהיגות זוטרה.

הרבי מקוצק מזכיר שהפרשה שיתרו הוסיף, כלומר דבריו אל משה, מתחילה

4. מגילה י ע״ב.

לא מ"וְאַתָּה תֶחֱזֶה", כדברי רש"י, אלא כמה פסוקים קודם לכן, מהמילים "לֹא טוֹב הַדָּבָר אֲשֶׁר אַתָּה עֹשֶׂה" (יח, יז). תירוצו של הרבי מקוצק פשוט. כשיתרו אומר "לֹא טוֹב הַדָּבָר אֲשֶׁר אַתָּה עֹשֶׂה" הוא עדיין איננו מוסיף משהו לתורה: הוא רק מציג בעיה. התוספת מגיעה כשהוא מגיע לפתרון, האצלת הסמכויות.

מנהיגים טובים הם אלה הפותרים בעיות, או המקיפים את עצמם בפותרי בעיות. קל לראות מתי הדברים משתבשים; המנהיגות מתגלמת ביכולת למצוא דרך לתקנם. גאוניותו של יוסף טמונה לא בכך שחזה שבע שנות שובע ושבע שנות רעב, אלא בכך שהגה שיטה לאגירת תבואה שתבטיח אספקת מזון לעם בשבע השנים הרעות.

חִלמו חלומות; פִּתרו חלומות של אחרים; ומצאו דרכים להפוך חלום למציאות. שלושה כישורים אלה הם תמצית המנהיגות על פי יוסף.

ויגש

המנהיג הבלתי צפוי

נכחתי פעם באירוע שבו התבקש היסטוריון האסלאם הגדול ברנרד לואיס לחזות את מהלך האירועים במזרח התיכון. הוא השיב, "אני היסטוריון, ולכן אני יכול לחזות רק את העבר. יותר מזה, אני היסטוריון בגמלאות, אז אפילו העבר שלי הוא כבר פאסה". תחזיות בענייניהם של בני אדם חיים ונושמים אינן בגדר האפשר, משום שבני האדם חופשיים ומשום שאין דרך לדעת מראש איך יגיב אדם לאתגרים הגדולים שחייו יזמנו לו.

אם יש דבר אחד שנראה ברור לאורך השליש האחרון של ספר בראשית - הרי הוא שיוסף יופיע לעינינו כמנהיג בהתגלמותו. הוא הדמות המרכזית בסיפור, וכל הסיפור מושך לכיוון הזה: הן חלומותיו, הן התמורות החדות במהלך חייו. מנגד, המועמד הבלתי סביר מכולם למנהיגות הוא יהודה. הרי יהודה הוא האיש שהציע למכור את יוסף לעבד (בראשית לז, כו-כז), האיש שלאחר מכן נפרד מאחיו, חי בין הכנענים, התחתן עם אחת מהם, איבד שניים מבניו שמתו בעוונם, ובא על אישה שהוא חשב לזונה. הפרק שהמעללים הללו מסופרים בו מתחיל במילים "וַיְהִי בָּעֵת הַהִוא **וַיֵּרֶד** יְהוּדָה מֵאֵת אֶחָיו" (בראשית לח, א). המפרשים אומרים שהכוונה לירידה מוסרית.

אלא שההיסטוריה איננה מתחשבת בציפיות. צאצאי יוסף, שבט אפרים ושבט מנשה, נעלמו מדפי ההיסטוריה עם חורבן ממלכת ישראל בשנת 722 לפני הספירה, ואילו צאצאי יהודה, מדוד ואילך, נעשו מלכים. שבט יהודה שרד גם לאחר חורבן ממלכת יהודה וגלות בבל, וכולנו נושאים את שמו, שהרי אנו קרויים יהודים. פרשת השבוע שלנו, פרשת ויגש, מסבירה במה זכה יהודה.

כבר בפרשת השבוע שעבר, פרשת מקץ, התחלנו לראות את סגולות המנהיגות של יהודה. יעקב־ישראל וצאצאיו בארץ כנען הגיעו למבוי סתום. הם נזקקו נואשות לאוכל, אבל ידעו שהמשנה למלך מצרים עומד על כך שיביאו איתם את בנימין, ויעקב סירב להיפרד מבנו הצעיר. יוסף, בנה בכורה של אשתו האהובה רחל, כבר

אבד לו, והוא לא יסתכן במשלוח הבן הנותר אל הלא נודע. ראובן, שכבר התוודענו לאופיו הבלתי יציב, הציע לאביו הצעה אבסורדית: "אֶת שְׁנֵי בָנַי תָּמִית אִם לֹא אֲבִיאֶנּוּ אֵלֶיךָ. תְּנָה אֹתוֹ עַל יָדִי וַאֲנִי אֲשִׁיבֶנּוּ אֵלֶיךָ" (בראשית מב, לז). בסוף היה זה יהודה אשר בסמכותו השקטה - "אָנֹכִי אֶעֶרְבֶנּוּ; מִיָּדִי תְּבַקְשֶׁנּוּ אִם לֹא הֲבִיאֹתִיו אֵלֶיךָ" (מג, ט) - שכנע את יעקב לאפשר לבנימין ללכת איתם.

ועתה, בשעה שהאחים מנסים לעזוב את מצרים ולחזור הביתה, הסיוט התממש. בנימין נתפס וגביע הכסף של המשנה למלך באמתחתו. שליחו הבכיר של יוסף גוזר את דינו: בנימין יוחזק כעבד. שאר האחים חופשיים. בנקודה זו ניגש יהודה ונושא נאום המשנה את ההיסטוריה. הוא מדבר ברהיטות על אבלו של אביהם מאז אבד לו אחד מבניה של רחל. אם יאבד את בנה האחר, ימות מצער. אני, אומר יהודה, ערב באופן אישי לשובו בשלום. והוא חותם:

> וְעַתָּה יֵשֶׁב נָא עַבְדְּךָ תַּחַת הַנַּעַר עֶבֶד לַאדֹנִי, וְהַנַּעַר יַעַל עִם אֶחָיו. כִּי אֵיךְ אֶעֱלֶה אֶל אָבִי וְהַנַּעַר אֵינֶנּוּ אִתִּי? פֶּן אֶרְאֶה בָרָע אֲשֶׁר יִמְצָא אֶת אָבִי. (בראשית מה, לג-לד)

אך סיים יהודה את דבריו ויוסף, מוצף ברגש, חשף את זהותו. הדרמה המסועפת הגיעה לידי סיגור. מה קורה כאן, ומה בין זה לבין מנהיגות?

חז"ל ניסחו עיקרון: "מקום שבעלי תשובה עומדין, צדיקים גמורים אינם עומדין".[1] הם הביאו ראיה מנבואת ישעיהו: "שָׁלוֹם שָׁלוֹם לָרָחוֹק וְלַקָּרוֹב" (ישעיה נז, יט): הרחוק, החוטא שחזר בתשובה, בא בפסוק לפני הקרוב, הצדיק התמים. אולם ברור למדי שהמקור האמיתי הוא סיפור יוסף ויהודה. יוסף מוכר במסורת כ"יוסף הצדיק".[2] יהודה הוא, כפי שנראה מייד, חוזר בתשובה. יוסף נעשה "משנה למלך" - ואילו יהודה נעשה אביהם של מלכים. מכאן שבעלי תשובה עומדים במקום שאפילו צדיקים גמורים אינם עומדים בו.

יהודה הוא האיש הראשון בתורה שענה על הגדרתו של "חוזר בתשובה גמורה" על פי הרמב"ם: "זה שבא לידו דבר שעבר בו, ואפשר בידו לעשות, ופירש ולא עשה מפני התשובה".[3] שנים רבות קודם לכן, יהודה היה האחראי למכירת יוסף לעבד:

1. ברכות לד ע"ב.
2. ראו מדרש תנחומא (בובר), נח, ד, ד"ה "אלה", על פי נבואת עמוס "עַל מִכְרָם בַּכֶּסֶף צַדִּיק" (ב, ו).
3. **משנה תורה**, הלכות תשובה ב, א.

> וַיֹּאמֶר יְהוּדָה אֶל אֶחָיו, "מַה בֶּצַע כִּי נַהֲרֹג אֶת אָחִינוּ וְכִסִּינוּ אֶת דָּמוֹ? לְכוּ וְנִמְכְּרֶנּוּ לַיִּשְׁמְעֵאלִים וְיָדֵנוּ אַל תְּהִי בוֹ כִּי אָחִינוּ בְשָׂרֵנוּ הוּא". וַיִּשְׁמְעוּ אֶחָיו. (בראשית לז, כו-כז)

והנה עכשיו "בא לידו דבר שעבר בו", כלומר חזרה הזדמנות דומה למכירת אחיו, בן רחל, לעבדות - הפעם בנימין. ויהודה התגבר. הוא פירש ולא עשה כבעבר, מפני התשובה. הוא אף נידב את עצמו: "יֵשֶׁב נָא עַבְדְּךָ תַּחַת הַנַּעַר עֶבֶד לַאדֹנִי, וְהַנַּעַר יַעַל עִם אֶחָיו". זוהי תשובה גמורה, והיא אשר דרבנה את יוסף להתגלות בפני אחיו ולסלוח להם.

התורה רמזה כבר קודם על השינוי באופיו של יהודה. לאחר שהאשים את כלתו תמר שהרתה לזנונים, עימתה אותו תמר עם העובדות העולות מהמשכון שהשאיר אצלה: שהוא עצמו אבי הילד. יהודה הודה מייד: "צָדְקָה מִמֶּנִּי" (בראשית לח, כו). זו הפעם הראשונה בתורה שאנו רואים אדם המודה שחָטא. אם יהודה היה ראשון החוזרים בתשובה, הנה תמר - אימו של פרץ, שמזרעו יצא דוד המלך - הייתה האחראית לכך.

אולי נרמז הדבר מראש כבר בשמו של יהודה. אומנם לאה אימו גזרה את שמו מהמילה "להודות" בהוראת "לומר תודה" ("וַתֹּאמֶר: הַפַּעַם אוֹדֶה אֶת ה'. עַל כֵּן קָרְאָה שְׁמוֹ יְהוּדָה"; בראשית כט, לה) - אך כידוע גם בחטא "מודים", ואת זאת עשה יהודה. הווידוי הוא, על פי הרמב"ם, לב מצוות התשובה.

מנהיגים טועים. זה סיכון מקצועי המובנה בתפקידם. מנהלים מצייתים לחוקים, אבל מנהיגים מוצאים את עצמם במצבים שאין חוקים המנחים כיצד לפעול בהם. האם להכריז מלחמה, שברור שאנשים ימותו בה, או להימנע מזה ולהסתכן בכך שהאויב יצבור כוח ויֵצא לבסוף למלחמה שימותו בה אנשים רבים יותר? בדילמה הזו התחבט צ'מברליין ב־1939, ורק לאחר זמן אפשר היה לקבוע בבירור שהוא טעה וצ'רצ'יל צדק.

אבל מנהיגים הם גם בני אדם, והם עושים גם טעויות שאינן קשורות להיותם מנהיגים, אלא לחולשות אנושיות ולפיתויים אנושיים. התנהגותם המינית של ג'ון קנדי, ביל קלינטון ועוד מנהיגים רבים הייתה רחוקה משלמות. האם צריך הדבר להשפיע על האופן שבו אנו שופטים אותם כמנהיגים? היהדות גורסת שכן. נתן הנביא לא חס על המלך דוד כשחטא באשת איש. ועם זאת, היהדות מחשיבה גם את אשר קרה אחר כך.

החטא אינו חזות הכול. השאלה הקובעת, על פי התורה, היא אם חזרת בתשובה;

אם הכרת בחטא והודית בו והשתנית. כפי שכתב הרב סולוביצ׳יק, שני מלכי ישראל הראשונים, שאול ודוד, חטאו. בשניהם נזף נביא. שניהם אמרו ״חָטָאתִי״ (שמואל א׳ טו, כד; שמואל ב׳ יב, יג). אך גורלם היה שונה בתכלית. שאול איבד את הכתר, דוד לא. הסיבה, כתב הרב, היא שדוד הודה מייד. שאול הסתבך בתירוצים לפני שהודה בחטאו.[4]

סיפוריהם של יהודה ושל צאצאו דוד מלמדים אותנו שהדבר המציין מנהיג אינו בהכרח צדיקות גמורה - אלא היכולת להודות בטעות, ללמוד ממנה ולצמוח מתוכה. יהודה שאנו פוגשים בתחילת הסיפור אינו יהודה שאנו פוגשים בסופו, כשם שמשה שאנו פוגשים בסנה הבוער, משה המגמגם, ההססן, איננו הגיבור החיוני שאנו פוגשים בסוף, משה אשר ״לֹא כָהֲתָה עֵינוֹ וְלֹא נָס לֵחֹה״ (דברים לד, ז). מנהיג הוא אדם שעלול למעוד ואף ליפול, אך בקומו הוא נעשה ישר יותר, צנוע יותר ואמיץ יותר ממה שהיה לפני שמעד.

4. הרב יוסף דוב הלוי סולוביצ׳יק, ״קול דודי דופק״, בתוך **איש האמונה**, ירושלים: מוסד הרב קוק, תשכ״ח, עמ׳ 76.

ויחי

נעים קדימה

ספר בראשית נחתם בפיוס מרומם נפש בין בני יעקב. אחי יוסף חששו שהוא לא סלח להם באמת ובתמים על שנמכר לעבדות. הם חשדו בו שהוא רק משהה את נקמתו עד לאחר שאביהם ימות. עתה, משמת, הם נותנים ביטוי לחרדתם. אולם יוסף מתעקש להרגיעם:

> "אַל תִּירָאוּ, כִּי הֲתַחַת אֱלֹהִים אָנִי? וְאַתֶּם חֲשַׁבְתֶּם עָלַי רָעָה, אֱלֹהִים חֲשָׁבָהּ לְטֹבָה לְמַעַן עֲשֹׂה כַּיּוֹם הַזֶּה לְהַחֲיֹת עַם רָב. וְעַתָּה אַל תִּירָאוּ, אָנֹכִי אֲכַלְכֵּל אֶתְכֶם וְאֶת טַפְּכֶם". וַיְנַחֵם אוֹתָם וַיְדַבֵּר עַל לִבָּם. (בראשית נ, יט-כא)

זו הפעם השנייה שיוסף אומר דבר מעין זה. הפעם הקודמת הייתה כאשר גילה להם לראשונה שהוא, האיש שהם חשבו למצרי ושמו צפנת פענח, הינו בעצם יוסף אחיהם:

> "אֲנִי יוֹסֵף אֲחִיכֶם אֲשֶׁר מְכַרְתֶּם אֹתִי מִצְרָיְמָה! וְעַתָּה אַל תֵּעָצְבוּ וְאַל יִחַר בְּעֵינֵיכֶם כִּי מְכַרְתֶּם אֹתִי הֵנָּה, כִּי לְמִחְיָה שְׁלָחַנִי אֱלֹהִים לִפְנֵיכֶם. כִּי זֶה שְׁנָתַיִם הָרָעָב בְּקֶרֶב הָאָרֶץ, וְעוֹד חָמֵשׁ שָׁנִים אֲשֶׁר אֵין חָרִישׁ וְקָצִיר. וַיִּשְׁלָחֵנִי אֱלֹהִים לִפְנֵיכֶם לָשׂוּם לָכֶם שְׁאֵרִית בָּאָרֶץ וּלְהַחֲיוֹת לָכֶם לִפְלֵיטָה גְּדֹלָה. וְעַתָּה, לֹא אַתֶּם שְׁלַחְתֶּם אֹתִי הֵנָּה כִּי הָאֱלֹהִים". (בראשית מה, ד-ח)

זהו רגע מכריע בתולדות האמונה. הוא מציין את הולדתה של הסליחה. זהו הרגע המתועד הראשון שבו אדם אחד סולח לאחרים על עוול שנעשה לו. ומלבד כל זאת, הרגע ההוא מכונן עיקרון חשוב נוסף: רעיון ההשגחה האלוהית. ההיסטוריה איננה כפי שתיאר אותה ג'וזף הלר, "שקית אשפה של התרחשויות אקראיות שנקרעה ונתפזרה ברוח".[1] לא ולא. יש בה כוונה, טעם, עלילה. אלוהים עובד מאחורי הקלעים. "אֱלוֹהַּ יֵשׁ הַצָּר אֶת אַחֲרִיתֵנוּ", אומר המלט, "וּנְסַתֵּת אוֹתָהּ גַּסּוֹת כְּכָל חֶפְצֵנוּ".[2]

1. ג'וזף הלר, **גולד שווה זהב**, מאנגלית: דוד נגב, תל אביב: זמורה ביתן מודן, 1981, עמ' 64.
2. ויליאם שקספיר, "המלט, נסיך דנמרק", מאנגלית: ישראל אפרת, מערכה חמישית, תמונה ב, בתוך

גדולתו של יוסף הייתה שהוא הבחין בכך. הוא ראה את התמונה הגדולה. שום דבר בחייו, ידע עכשיו, לא התרחש במקרה. ההתנכלות לו להורגו, מכירתו לעבדות, העלילה שתפרה לו אשת פוטיפר, שִבתו בבית הסוהר, תקוותו הנכזבת ששר המשקים יזכור אותו ויפעל לשחרורו - כל המאורעות הללו, שהיו עלולים להטילו מתהום אחת של ייאוש לתהום ייאוש עמוקה ממנה, התגלו במבט לאחור כשלבים חיוניים במסע שהוביל אותו אל כס המשנה למלך מצרים ואל היותו האדם היחיד שבידיו להציל את הממלכה כולה, כמו גם את משפחתו שלו, מגוויעה ברעב.

יוסף ניחן במנה אחת אפיים של אחד הכישרונות הנחוצים למנהיג: היכולת להמשיך ולצעוד קדימה למרות התנגדות, קנאה, עלילות כזב ומכשולים.

כל מנהיג המתעקש על דבר מה ייתקל בהתנגדות. לעיתים מדובר בהתנגשות אמיתית של אינטרסים. מנהיג שנבחר כדי להגדיל את השוויון בחברה יגרוף כמעט תמיד את תמיכתם של העניים ואת עוינותם של העשירים. והיפוכם של דברים אצל מתחרהו, המנהיג שנבחר כדי להפחית מיסים. אי אפשר להימלט מזה. פוליטיקה בלי עימות היא סתירה מעצם מהותה.

כל מנהיג שנבחר למשהו, כל מנהיג שאהוד יותר ממתחריו או מוכשר מהם, ייתקל בקנאה. יריביו יאמרו, "למה לא אני נבחרתי?". כך חשב קורח על משה ואהרן, וכך חשבו גם האחים על יוסף כשראו שאביהם מעדיף אותו על פניהם. זו גם הייתה מחשבתו של אנטוניו סליירי על מוצרט המחונן יותר ממנו, לפחות לפי מחזהו של פיטר שאפר "אמדאוס".

אשר לעלילות שקר, הללו נרקמו לאורכה ולרוחבה של ההיסטוריה. ז'אן ד'ארק הואשמה בכפירה והועלתה על המוקד. חצי יובל לאחר מכן זיכה אותה בית דין רשמי. כעשרים נשים וגברים הוצאו להורג בעקבות משפטי המכשפות בסיילם שבארצות הברית בשנים 1692–1693. כעבור שנים מספר, כשהחלו להכיר בחפותם, הודה כומר שנכח במשפטים ושמו ג'ון הייל כי "אלה היו ימים אפלים... הלכנו בתוך עננים, ולא יכולנו לראות את הדרך".[3] העלילה המפורסמת ביותר בעת החדשה היא משפט דרייפוס, הקצין הצרפתי ממוצא יהודי שהואשם בריגול למען גרמניה. פרשת דרייפוס הסעירה את צרפת בין השנים 1894 ו־1906, עד שדרייפוס זוכה.

מכשולים ועיכובים הם כמעט תמיד חלק מסיפור החיים של גדולי המצליחים. להצלחתו המסחררת של הספר הראשון בסדרת הארי פוטר קדמו תריסר מוציאים

שקספיר, **טרגדיות** (מתרגמים שונים), תל אביב: עם הספר, 1960, עמ' 174.

3. מצוטט אצל Robert A. Divine, T.H. Breen, George M. Fredrickson and R. Hal Williams, *America: Past and Present*, Volume I, Pearson, 2001, p. 94.

לאור שדחו את כתב היד, אך ג׳יי־קיי רולינג התעקשה לנסות בפעם השלוש־עשרה. מחבר אחר של רומן על אודות ילדים ספג עשרים ואחת דחיות. הספר הוא **בעל זבוב**, ומחברו, ויליאם גולדינג, זכה לבסוף בפרס נובל לספרות.

בנאומו המפורסם בטקס קבלת תארים באוניברסיטת סטנפורד סיפר סטיב ג׳ובס המנוח על שלוש מכות גורל שעיצבו את חייו: נשירה מהאוניברסיטה, פיטורין מחברת אפל שהוא היה מייסדה, ואבחון של סרטן הלבלב בגופו. במקום להיות מובס מהמכות הללו, הוא הפך כל אחת מהן להזדמנות יצירתית.

במשך עשרים ושתיים שנה התגוררתי סמוך לאבי רואד שבצפון לונדון, המקום שבו הקליטה להקת פופ מפורסמת את כל להיטיה. במפגשם הראשון עם נציגי חברת תקליטים נאמר לחברי הלהקה כי להקות הגיטרה "עומדות לצאת מהאופנה". פסק הדין על ההופעה, בינואר 1962, היה: "לביטלס אין עתיד בעסקי הבמה".

כל זאת מסביר את מימרת הכנף המיוחסת לווינסטון צ׳רצ׳יל כי "הצלחה היא ללכת מכישלון לכישלון בלי לאבד את ההתלהבות".

ייתכן שאנשים מחזיקים מעמד לאורך סדרה של כישלונות בזכות אמונה בעצמם, בזכות עקשנותם, או פשוט בשל היעדר חלופות. יוסף, על כל פנים, החזיק מעמד בזכות אמונתו בהשגחה האלוהית. תוכנית אלוהית מתגלגלת, ואחריתה אינה נראית לעינו של יוסף, אבל בשלב מסוים הוא כנראה מבין שהוא רק אחת מבין דמויות רבות בדרמה גדולה בהרבה מיכולת תפיסתו, ושכל הרעות שפקדוהו היו מבוא הכרחי לתוצאה המיועדת. כדבריו לאחיו, "לֹא אַתֶּם שְׁלַחְתֶּם אֹתִי הֵנָּה, כִּי הָאֱלֹהִים".

נכונות זו לתת למאורעות לנהֵג את עצמם על פי ההשגחה, הבנה זו שאנחנו לכל היותר מחברים־שותפים של סיפור חיינו, הן אשר אפשרו ליוסף לשרוד בלי התמרמרות על העבר ובלי ייאוש לנוכח העתיד. ביטחונו באלוהים נסך בו כוח רב - כוח דוגמת זה הדרוש גם לכולנו אם רצוננו להעז וללכת בגדולות. ככל שעולה מנהיג ומצליח כן גדל הזדון שאנשים אחרים מפנים כלפיו; אך יגדל הרוע כאשר יגדל, אם ידע המנהיג לומר "אַתֶּם חֲשַׁבְתֶּם עָלַי רָעָה, אֱלֹהִים חֲשָׁבָהּ לְטֹבָה" הוא יעבור את הימים הקשים בשלום, ומכוחו וממרצו לא ייגרע ולוּ נֶטף.

שמות

שמות

נשים כמנהיגות

אפשר לתת לפרשת השבוע שלנו את הכותרת "לידתו של מנהיג". אנו מתבוננים במשה, שאומץ בידי בת פרעה, הגדל כנסיך מצרי. אנו רואים אותו כאיש צעיר העומד לראשונה על המשמעות של זהותו האמיתית. הוא בן לעם משועבד ומיוסר, והוא יודע זאת: "וַיִּגְדַּל מֹשֶׁה וַיֵּצֵא אֶל אֶחָיו וַיַּרְא בְּסִבְלֹתָם וַיַּרְא אִישׁ מִצְרִי מַכֶּה אִישׁ עִבְרִי מֵאֶחָיו" (שמות ב, יא).

הוא מתערב: הוא פועל. זה סימן ההיכר של מנהיג אמיתי. אנו רואים אותו מתערב שלוש פעמים - שתיים במצרים ואחת במדיין - להצלת קורבנות של אלימות. ואז אנו עדים למחזה הגדול של הסנה הבוער, ששם מתגלה אליו אלוהים וקורא לו להוציא את עמו אל החופש. משה מהסס ארבע פעמים, עד שהקב"ה כועס ומשה יודע שאין לו ברירה אחרת. זהו סיפור קלאסי על ראשיתו של גיבור.

אלא שזהו רק הסיפור הגלוי לעין. התורה היא ספר עמוק ומעודן, ולא תמיד היא מניחה את המסר מעל פני השטח. מתחת להם נמצא סיפור אחר, מיוחד הרבה יותר, לא על גיבור אלא על שש גיבורות, שש נשים אמיצות שבלעדיהן לא היה לנו משה.

ראשונה - יוכבד, אשתו של עמרם ואימם של שלושה אנשים שנועדו להיות מנהיגיהם הדגולים של בני ישראל: מרים, אהרן ומשה עצמו. יוכבד היא אשר בשיאן של הגזרות נגד בני ישראל במצרים, כשכל הזכרים היילודים לבני ישראל היו נתונים לגזר דין מוות, העזה ללדת ילד, להצפינו שלושה ירחים, ואז לרקום תוכנית שתיתן לו הזדמנות להינצל. מעט מאוד ידוע לנו על יוכבד. בהופעתה הראשונה בתורה, שמה אינו נזכר. ובכל זאת, בקוראנו את הסיפור, אין לנו שמץ של ספק בדבר האומץ והתושייה שלה. לא במקרה גדלו כל ילדיה להיות מנהיגים.

השנייה היא מרים, בתה של יוכבד ואחותו הגדולה של משה. היא שהשגיחה על התינוק מרחוק כשהתיבה הקטנה צפה בנהר, והיא שהעזה לגשת אל בת פרעה ולהציע לה להביאו למינקת מבנות עַמו. הכתובים מציירים את דיוקנה של מרים הצעירה כדמות עשויה ללא חת ובעלת קור רוח נדיר. חז"ל הפליגו אף מעבר לכך. מדרש מאלף מספר כי כאשר שמע עמרם על הגזרה שכל הבן היילוד לבני ישראל יושלך

ליאור, הורה לכל בני עמו לגרש את נשותיהם, וכך הן לא תלדנה עוד. ההיגיון עמד לצידו. האם נכון להביא ילדים לעולם אם יש הסתברות של חמישים אחוז שיירצחו בלידתם? למרות זאת, מרים בתו הקטנה חלקה על דעתו ושכנעה אותו לשנותה. "גזרתך קשה משל פרעה", אמרה לו, "שפרעה לא גזר אלא על הזכרים, ואתה על הזכרים והנקבות. פרעה רשע הוא, וגזרתו ספק מתקיימת ספק אינה מתקיימת, אבל אתה צדיק וגזרתך מתקיימת". עמרם קיבל את דעתה, ועל ידי כך נולד משה.[1] המשמעות ברורה: אמונתה של מרים הייתה גדולה מאמונת אביה.

השלישית והרביעית הן שתי המיילדות, שפרה ופועה. לפני שפרעה גזר על בני ישראל להשליך את הבנים היילודים ליאור, הוא ניסה לבצע את רצח העם על ידי הוראה למיילדות להורגם על האובניים. שפרה ופועה סירבו פקודה. "וַתִּירֶאןָ הַמְיַלְּדֹת אֶת הָאֱלֹהִים, וְלֹא עָשׂוּ כַּאֲשֶׁר דִּבֶּר אֲלֵיהֶן מֶלֶךְ מִצְרָיִם; וַתְּחַיֶּיןָ אֶת הַיְלָדִים" (שמות א, יז). כשפרעה זימן אותן לנזיפה הן היתממו וסיפרו לו שהנשים העבריות זריזות בלידתן, ומספיקות ללדת לפני בוא המיילדות. על ידי השקר הזה חמקו מעונש והצילו חיים רבים.

לסיפור זה חשיבות מיוחדת. זוהי הדוגמה המתועדת הראשונה לאחת מתרומותיה הגדולות ביותר של היהדות לתרבות האנושית: הרעיון שלכוח יש גבולות מוסריים. יש הוראות שאסור לציית להן. יש פשעים נגד האנושות שאין לתרצם בטענה "רק מילאתי פקודות". רעיון זה, המוכר כ"אי־ציות אזרחי", מיוחס בדרך כלל לסופר האמריקני בן המאה התשע־עשרה הנרי דייוויד תורו, והוא חלחל לתודעה הבינלאומית לאחר השואה ומשפטי נירנברג. אולם מקורו האמיתי נמצא אלפי שנים קודם לכן, במעשיהן של שתי נשים, שפרה ופועה. האומץ שלהן, שלא ניתנה לו הכרה מספקת, מקנה להן מקום בפנתיאון הגיבורים המוסריים של תולדות האדם. הוא מורה לנו שהמצפון חשוב מההליכה בתלם ושחוק הצדק גובר על חוק המדינה.[2]

הגיבורה החמישית היא ציפורה אשת משה. בתו זו של כוהן מדיין התעקשה להתלוות למשה בשליחותו למצרים, אף על פי שלא הייתה לה כל סיבה לסכן את חייה בהרפתקה זו. מפסוקים אפופי חידה אנו למדים שהיא הצילה את חייו של משה כאשר מלה את בנם (שמות ד, כד-כו). אנו חשים כי ציפורה הייתה דמות בעלת נחישות מופלגת, שברגע מכריע הבינה טוב ממשה עצמו מה ה' דורש מעימם.

1. שמות רבה א, יג.
2. ישנה כידוע מסורת מדרשית שעל פיה שפרה ופועה היו יוכבד ומרים. כאן הלכתי בעקבות פירושיהם של אברבנאל ושד"ל.

את הגיבורה המסקרנת מכולן שמרתי לסוף: בת פרעה. לה היה האומץ להציל ילד מבני ישראל ולגדלו באותו ארמון עצמו שאביה זמם בו להכחיד את עם בני ישראל. כלום אפשר בכלל לדמיין שבתו של היטלר, אייכמן או סטלין הייתה עושה מעשה כזה? יש משהו הרואי וחינני גם יחד בדמות זו שהחוּמָש משרטט בקווים כלליים בלבד, באישה זו שנתנה למשה את שמו.

מי היא הייתה? התורה אינה נוקבת בשמה. ספר דברי הימים א׳ (ד, יח) מזכיר בת של פרעה ושמה בִּתיה, וחז״ל מזהים אותה עם בת פרעה שהצילה את משה. ממשמעות שם זה, בִּתיה או בַּתיה, גזרו חז״ל לימוד מפתיע:

> אמר לה הקדוש ברוך הוא לבתיה בת פרעה: משה לא היה בנך וקראתו בנך - אף את, לא אַת בתי ואני קורא אותך בתי.[3]

עוד דרשו חז״ל כי בת פרעה הייתה אחת ממתי מעט צדיקים (המסורת מונה תשעה בלבד) שנכנסו לגן עדן עוד בימי חייהם.[4]

וכך, בעוד מעל פני השטח פרשת שמות היא סיפור החניכה של מנהיג דגול, מתחת לפני השטח רוחש סיפור־נגד, סיפורן של שש נשות מופת, שבלעדיהן לא היה לנו משה. הן שייכות למסורת ארוכה של נשים חזקות בהיסטוריה היהודית, שהמשיכה בדבורה, חנה, רות ואסתר במקרא, והלאה עד דמויות בנות המאה העשרים - דתיות כגון שרה שנירר ונחמה ליבוביץ, וגם שאינן דתיות כגון אנה פרנק, חנה סנש וגולדה מאיר.

איך קרה אפוא שהנשים, המתגלות כמנהיגות מוצלחות כל כך, הודרו בהלכה מתפקידים ציבוריים רבים? אם נתבונן היטב בהיסטוריה היהודית הקדומה נמצא שהנשים הודרו משני תחומים. האחד הוא ״כתר כהונה״, שנמסר לאהרן ולבניו. השני הוא ״כתר מלוכה״, שניתן לדוד ולבניו. שני תפקידים אלה מועברים בירושה. לעומת זאת, מהכתר השלישי, ״כתר תורה״, הנשים לא הודרו. היו נביאות, לא רק נביאים. חז״ל מנו שבע נביאות.[5] היו וישנן גם נשים גדולות תורה, מתקופת המשנה (ברוריה, אמא שלום) ועד היום.

אפשרית גם הבחנה כללית יותר. הרב אליהו בקשי־דורון מבחין בספר השו״ת

3. ויקרא רבה א, ג.
4. דרך ארץ זוטא א.
5. מגילה יד ע״א.

שלו **בנין אב** בין **סמכות** רשמית לבין **הנהגה** בפועל.[6] יש אישים בעלי עמדות סמכות - ראשי ממשלה, נשיאים, מנכ"לים - שאינם מנהיגים כלל. אולי יש להם כוח לכפות על אנשים למלא אחר דבריהם, אבל אין להם חסידים. אין הם מעוררים הערצה. אין הם נוסכים השראה. לעומתם, ישנם מנהיגים שאין להם שום מעמד רשמי, אך אנשים פונים אליהם לעצה ורואים בהם דגם לחיקוי. אין להם כוח, אבל יש להם השפעה. נביאי ישראל היו כאלה. כמוהם, לא פעם, גם גדולי ישראל, חכמי כל דור ודור. לא רש"י ולא הרמב"ם היו בעלי סמכות רשמית (יש מן החוקרים הגורסים שהרמב"ם היה הרב הראשי למצרים, אך רוב החוקרים סבורים שלא, אף כי צאצאיו מילאו תפקיד זה). בכל המקרים שמנהיגות תלויה בתכונותיו של המנהיג, ולא בתפקידו או בתוארו - מנהיגות מהסוג שמַקס וֶבר כינה סמכות כריזמטית - אין הבחנה בין גברים לנשים.

יוכבד, מרים, שפרה, פועה, ציפורה ובתיה היו מנהיגות לא מכוח תפקיד רשמי שנשאו (בתיה הייתה מנהיגה **למרות** תוארה הרשמי, נסיכת מצרים). הן היו מנהיגות מפני שהיו להן אומץ ומצפון. הן סירבו לכוף את ראשן בפני כוח או להיכנע לנסיבות. הן היו הגיבורות האמיתיות של יציאת מצרים. האומץ שלהן הוא עדיין מקור השראה.

6. הרב אליהו בקשי־דורון, **שו"ת בנין אב**, מהדורה שנייה, סה.

וארא
להתגבר על הכישלונות

תחילה נראה היה ששליחותו של משה צולחת. הוא פחד שבני ישראל לא יאמינו בו, אבל ה׳ נתן בידו אותות ומופתים, ואת אחיו אהרן מינה לדבר בשמו. "וַיַּעַשׂ הָאֹתֹת לְעֵינֵי הָעָם", מספרת התורה, "וַיַּאֲמֵן הָעָם. וַיִּשְׁמְעוּ כִּי פָקַד ה׳ אֶת בְּנֵי יִשְׂרָאֵל וְכִי רָאָה אֶת עָנְיָם, וַיִּקְּדוּ וַיִּשְׁתַּחֲווּ" (שמות ה, ל-לא).

אבל אז התחילו הדברים להשתבש - והמשיכו והשתבשו. הופעתו הראשונה של משה לפני פרעה היא הרת אסון. פרעה מסרב להכיר בה׳. הוא דוחה את דרישתו של משה לשלח את עמו לזבוח במדבר. הוא מכביד עוד את ידו על בני ישראל העבדים. מכסת הלבֵנים שנדרש מהם לייצר נשארת כשהייתה, אך מעתה עליהם לקושש בעצמם את התבן הדרוש לייצורן. העם המוכה זועם על משה ואהרן: "יֵרֶא ה׳ עֲלֵיכֶם וְיִשְׁפֹּט אֲשֶׁר הִבְאַשְׁתֶּם אֶת רֵיחֵנוּ בְּעֵינֵי פַרְעֹה וּבְעֵינֵי עֲבָדָיו לָתֶת חֶרֶב בְּיָדָם לְהָרְגֵנוּ" (ה, כא).

משה ואהרן חוזרים אל פרעה ומחדשים את הבקשה. הם מחוללים מופת - הופכים מטה לנחש - אך פרעה אינו מתרגש. גם החרטומים שלו יכולים לעשות זאת. בשלב הבא הם ממיטים עליו את הראשונה בעשר המכות, אך הוא שוב אדיש. הוא לא ישלח את בני ישראל. וכך זה נמשך, תשע פעמים. משה עושה כל מה שבכוחו לעשות, ומגלה שדבר אינו משתנה. בני ישראל עודם עבדים.

אנחנו חשים בלחץ שמשה נתון בו. אחרי הכישלון הראשון, בסוף פרשת השבוע הקודמת, הוא פונה אל ה׳ ומתאונן מרה: "לָמָה הֲרֵעֹתָה לָעָם הַזֶּה? לָמָּה זֶּה שְׁלַחְתָּנִי? וּמֵאָז בָּאתִי אֶל פַּרְעֹה לְדַבֵּר בִּשְׁמֶךָ הֵרַע לָעָם הַזֶּה, וְהַצֵּל לֹא הִצַּלְתָּ אֶת עַמֶּךָ" (ה, כב-כג).

בפרשת השבוע הנוכחית, אפילו כאשר ה׳ שב ומבטיח למשה שבני ישראל יֵצאו ממצרים ושולח אותו שוב אל פרעה, משה עונה, "הֵן בְּנֵי יִשְׂרָאֵל לֹא שָׁמְעוּ אֵלַי, וְאֵיךְ יִשְׁמָעֵנִי פַרְעֹה, וַאֲנִי עֲרַל שְׂפָתָיִם?" (ו, יב).

יש כאן מסר מתמשך. מנהיגות, אפילו מנהיגות מן הסדר הנעלה ביותר, נושאת לא פעם את חותם הכישלון. הציירים האימפרסיוניסטים הראשונים נאלצו לארגן את התערוכה שלהם בעצמם, כי שום גלריה בפריז לא הסכימה להציג את ציוריהם.

בביצוע הבכורה של "פולחן האביב" מאת סטרווינסקי קמה מהומה והקהל שאג בוז. וינסנט ואן גוך הצליח למכור כל ימי חייו רק תמונה אחת, אף על פי שאחיו תיאו היה סוחר אומנות.

כך גם אצל מנהיגים. לינקולן ידע כישלונות רבים מספור לאורך מלחמת האזרחים. בתקופתו נחשב אישיות שנויה במחלוקת ורבים שנאו אותו. מהטמה גנדי לא הצליח להגשים את חלום איחודם של מוסלמים והינדים לאומה אחת. נלסון מנדלה בילה עשרים ושבע שנים בכלא והואשם בבגידה ובהסתה לאלימות. צ'רצ'יל נחשב סוס מת בזירה הפוליטית של שנות השלושים, ואפילו לאחר הנהגתו ההרואית במלחמת העולם השנייה נשלח הביתה בבחירות הראשונות לאחר סיום המלחמה. רק במבט לאחור הגיבורים מתגלים לעינינו כגיבורים, והמהמורות שניגפו בהן - כאבני דרך אל הניצחון.

בכל זירה, אם גבוהה ואם נמוכה, אם של קודש ואם של חול, מנהיגים נבחנים לא בהצלחותיהם אלא בכישלונותיהם. לפעמים קל מאוד להצליח. התנאים בשלים. האקלים הכלכלי, הפוליטי או האישי נוח. כשיש בום כלכלי, רוב העסקים משגשגים. בחודשים הראשונים לאחר בחירות, המנהיג שהרכיב ממשלה נישא על כנפי הכריזמה שהעניק לו הניצחון. בשנה הראשונה, רוב הנישואים מאושרים. בזמנים טובים, אין צורך בכישרון מיוחד כדי להצליח.

אבל אז האקלים משתנה. תמיד זה קורה, במוקדם או במאוחר. ואז רבים נופלים: עסקים, פוליטיקאים, נישואים. יש זמנים - יש מועדים, אם תרצו - שאפילו אנשים גדולים מוֹעדים בהם. ברגעים האלה נבחן האופי. בני האדם הדגולים אינם אלה שאף פעם אינם נכשלים. בני האדם הדגולים הם אלה העומדים בכישלון וממשיכים קדימה, אלה המסרבים לתבוסה, אלה שלעולם אינם מוותרים ואינם נכנעים. הם ממשיכים לנסות. הם לומדים מכל טעות. הם רואים בכישלון חוויה מלמדת. מכל סירוב לתבוסה הם יוצאים חזקים יותר, חכמים יותר ונחושים יותר. זהו סיפור חייו של משה בפרשת השבוע שעבר ובפרשת השבוע שלנו.

ג'ים קולינס, אחד מגדולי הכותבים על מנהיגות, אומר זאת יפה:

> לא היעדר קשיים הוא אות ההיכר המבחין בין הגדולים-באמת לבין המצליחנים-גרידא, כי אם היכולת לצאת מחוזקים מכישלונות, ואפילו מאסונות הרסניים... נתיב היציאה מהחושך מתחיל באותם עקשנים-להכעיס שאינם יודעים כניעה מהי. דבר אחד הוא לספוג תבוסה מטלטלת... ודבר אחר לחלוטין הוא לוותר

על הערכים ועל השאיפות העושים את המאבק לראוי. כישלון אינו מצב פיזי כפי שהוא מצב נפשי; הצלחה פירושה ליפול ולקום, פעם ועוד פעם, בלי סוף.[1]

הרב יצחק הוטנר כתב מכתב מופלא לתלמיד שהיה מדוכדך מכישלונו המתמשך בלימוד הגמרא:

רעה חולה היא אצלנו, שכאשר מתעסקים אנו בצדדי השלמוּת של גדולינו, הננו מטפלים בסיכום האחרון של מעלתם. מספרים אנו על דרכי השלמות שלהם, בשעה שאנו מדלגים על המאבק הפנימי שהתחולל בנפשם. הרושם של שיחתנו על הגדולים מתקבל כאילו יצאו מתחת יד היוצר בקומתם ובצביונם...

התוצאה מזה היא כשנער בעל רוח, בעל שאיפה, בעל תסיסה מוצא בעצמו מכשולים, נפילות, ירידות, הרי הוא דומה בעיניו כבלתי "שתול בית השם"...

אבל דע לך, חביבי, ששורש נשמתך הוא לא השלווה של היצר־הטוב, אלא דווקא מלחמתו של היצר־הטוב... באנגלית אומרים Lose a battle and win the war (הפסד קרב, ותנצח מלחמה). בוודאי שהנך נכשל ועומד להיות נכשל (אין בזה משום פתיחת פה לשטן) ובכמה מערכות תיפול שדוד. אבל אני מבטיח לך שלאחר הפסד כל המערכות תצא מן המלחמה כשזר הניצחון על ראשך...

החכם מכל אדם אמר "שבע יפול צדיק וקם", והטיפשים חושבים כי כוונתו בדרך רבותא: אף על פי ששבע ייפול צדיק, מכל מקום הוא קם. אבל החכמים יודעים היטב שהכוונה היא שמהות הקימה של הצדיק היא דרך ה"שבע נפילות" שלו.[2]

תורף דבריו של הרב הוטנר הוא **שאי אפשר להגיע לגַדלות בלי לחוות כישלונות.** ישנן פסגות שרק מי שנפל תחילה יכול לטפס אליהן.

שנים רבות התנוסס על שולחן העבודה שלי ציטוט של נשיא ארצות הברית בשנות העשרים קלווין קולידג', ששלח לי חבר שידע כמה קל להתייאש. כך אמר: "אין בכל העולם תחליף להתמדה. לא הכישרון: אין דבר נפוץ מלא־יוצלחים

1. Jim Collins, *How the Mighty Fall: And Why Some Companies Never Give In*, New York: HarperCollins, 2009, p. 123.
2. הרב יצחק הוטנר, **ספר פחד יצחק: איגרות וכתבים**, ניו יורק: גור אריה, תשנ"ח, איגרת קכח, עמ' 217–218.

מוכשרים. לא הגאונות: גאונים שלא זכו להכרה הם תופעה כה נפוצה, שהדבר היה כמעט למטבע לשון. גם לא ההשכלה: העולם מלא באנשי הפקר משכילים. רק בהתמדה ובנחישות אפשר להשיג הכול". התמדה ונחישות, ולצידן סייעתא דשמיא, עזרת ה'. אלוהים אינו מתייאש מאיתנו אף פעם, אפילו כאשר אנו מתייאשים מעצמנו.

משה רבנו הוא, גם בהקשר הזה, דמות מופת עילאית. למרות כל הכישלונות המתועדים בפרשת שמות ובפרשת וארא הוא התעקש והתמיד, עד שזכה ועליו נאמר באחרית ימיו "וּמֹשֶׁה בֶּן מֵאָה וְעֶשְׂרִים שָׁנָה בְּמֹתוֹ, לֹא כָהֲתָה עֵינוֹ וְלֹא נָס לֵחֹה" (דברים לד, ז).

יש כאב בהפסד, בעכבה ובאכזבה. הם כאבו אפילו למשה. ברגעים של דכדוך וייאוש חשוב שנזכור שגם הגדולים ביותר נכשלו. הם קמו והמשיכו - ומכך באה להם גדולתם. הדרך אל פסגת ההצלחה עוברת בגיאיות רבים של כישלון. אין דרך אחרת.

בא

האופק הרחוק

כשאני רוצה להנחיל לקהל מאזינים את השיעור הייחודי בהלכות מנהיגות שמלמדת אותנו פרשתנו, אני מבקש מהם לבצע תרגיל חשיבה. דמיינו שאתם מנהיגיו של עם נדכֶּה ומשועבד הגולֶה מארצו זה מאתיים שנה ויותר. שרשרת ניסים התחוללה, ועמכם עומד לצאת לחופשי. אתם מכנסים את העם ועומדים לנאום בפניו. הוא דרוך למוצא פיכם. זהו רגע מכונן, שהוא לעולם לא ישכח. על מה תדברו?

רוב האנשים עונים: על החירות. זו הייתה גם החלטתו של אברהם לינקולן בנאום גטיסברג, במהלך מלחמת האזרחים האמריקנית. הוא העלה את זיכרון הולדתה של "אומה חדשה, אשר הורָתה בחֵירות", והביט אל העתיד בייחלו כי אומה זו "תיוולד מחדש לחופש".[1] אחרים בקרב הקהל אומרים שהיו בוחרים לרומם את רוחם של המאזינים ולדבר על היעד של מסעם, "ארץ זבת חלב ודבש". ותמיד ישנם גם אלה שהיו מעדיפים להזהיר את העם מפני הסכנות והאתגרים המצפים להם במהלך "המסע הארוך אל החופש", כלשונו של נלסון מנדלה.[2]

כל התשובות יכולות להיות נכונות; כל אחד מהרעיונות הללו יכול היה לספק תוכן הולם לנאום מרשים של מנהיג דגול. אולם משה, בהדרכתו של הקב"ה, לא בחר אף לא באחד מהם; על כן היה מנהיג מיוחד במינו. המעיין בתוכן דבריו אל העם בפרשת בא יגלה שהוא חזר שלוש פעמים לאותו נושא: ילדים וחינוכם בעתיד הרחוק.

וְהָיָה כִּי יֹאמְרוּ אֲלֵיכֶם בְּנֵיכֶם, "מָה הָעֲבֹדָה הַזֹּאת לָכֶם?" - וַאֲמַרְתֶּם, "זֶבַח פֶּסַח הוּא לַה' אֲשֶׁר פָּסַח עַל בָּתֵּי בְנֵי יִשְׂרָאֵל בְּמִצְרַיִם בְּנָגְפּוֹ אֶת מִצְרַיִם, וְאֶת בָּתֵּינוּ הִצִּיל". (שמות יב, כו-כז)

וְהִגַּדְתָּ לְבִנְךָ בַּיּוֹם הַהוּא לֵאמֹר, "בַּעֲבוּר זֶה עָשָׂה ה' לִי בְּצֵאתִי מִמִּצְרָיִם". (יג, ח)

1. על פי הנוסח העברי המוצע בוויקיטקסט (ויקימדיה), "נאום גטיסברג".
2. Nelson Mandela, *Long Walk to Freedom: The Autobiography of Nelson Mandela*, Back Bay Books, 1995.

וְהָיָה כִּי יִשְׁאָלְךָ בִנְךָ מָחָר לֵאמֹר, "מַה זֹּאת?" - וְאָמַרְתָּ אֵלָיו, "בְּחֹזֶק יָד הוֹצִיאָנוּ ה' מִמִּצְרַיִם מִבֵּית עֲבָדִים". (יג, יד)

נאומו זה של משה עשוי להירשם בהיסטוריה של המנהיגות כאחד המעשים המנוגדים ביותר לאינטואיציה. משה לא דיבר על היום או על מחר. הוא דיבר על העתיד הרחוק, ועל חובתם של ההורים לחנך את ילדיהם. הוא אפילו רמז - כך מבינה את דבריו המסורת היהודית - שאנו צריכים לעודד את ילדינו לשאול שאלות, כדי שהנחלת המורשת היהודית לא תהיה עניין של לימוד יבש אלא של דו־שיח פעיל בין הורים לילדיהם.

כך היו היהודים לעם היחיד שהשתית את עצם קיומו על החינוך. חובתם הקדושה ביותר של ההורים הייתה לחנך את ילדיהם. חג הפסח עוצב כסמינר מתמשך להורשת זיכרון. היהדות נעשתה לדת שגיבוריה מורים ותשוקתה אל הלימוד ואל חיי הרוח. הבבלים בנו זיקורָתים. המצרים בנו פירמידות. היוונים בנו את הפנתיאון. הרומאים בנו את הקולוסיאום. היהודים בנו בתי ספר. זו הסיבה שמכל תרבויות העולם העתיק, התרבות היהודית היא היחידה שעודה חיה ואיתנה, עודה ממשיכה במפעלם של קדמוניה ועודה שומרת על מורשתם בשלמותה.

משה הבין מה שמעטים בזמנו הבינו. הוא ידע שאי אפשר לשנות את העולם רק מעל לפני השטח. אין די בבנייה מונומנטלית, בצבאות ובאימפריות, בחַיִל ובכוח. הרי אימפריות באו, אימפריות הלכו, והמצב האנושי נותר כשהיה, משווע לשינוי, עירום מגאולה.

יש רק דרך אחת לשנות את העולם, והיא עוברת בחינוך. צריך ללמד את הילדים על חשיבותם של הצדק, המשפט, החסד והרחמים. צריך ללמדם שחופש יכול להתקיים רק בעזרת חוקים והרגלים של שליטה עצמית. צריך להזכיר להם פעם אחר פעם את לקחי ההיסטוריה, "עבדים היינו לפרעה במצרים", מפני שמי ששוכח את מרירות העבדות יאבד לבסוף את המחויבות ואת האומץ להילחם למען החירות. צריך גם לעודד את הילדים לשאול, לאתגר ולהתווכח. חובתנו לכבד אותם, אם רצוננו שהם יכבדו את הערכים שאנו מבקשים להנחיל להם.

למעלה משלושת אלפים שנה עברו, ועדיין רוב התרבויות לא למדו את הלקח הזה. מהפכות, מחאות ומלחמות אזרחים עדיין מתחוללות, ועדיין מפתות אנשים להאמין שסילוקו של עריץ או עריכת בחירות דמוקרטיות יכולים לשים קץ לשחיתות, לפתוח שער לחירות ולכונן צדק ושלטון חוק - ואותם אנשים עדיין מופתעים ומאוכזבים כשזה לא קורה. הדבר היחיד שקורה הוא חילופי גברי במסדרונות השלטון.

באחד הנאומים הגדולים של המאה העשרים אמר שופט אמריקני דגול, לֶרְנְד הֶאנד, כדברים האלה:

> אני תוהה לפעמים שמא אנו תולים את תקוותינו במידה מופרזת במוסדות, בחוקים ובבתי משפט. אלו הן תקוות כזב; האמינו לי, אלו הן תקוות כזב. החירות טמונה בלבבות האנשים והנשים; כאשר היא מתה בהם, שום חוקה ושום חוק ושום בית משפט אינם יכולים להצילה; החוקה, החוקים ובית המשפט אפילו אינם יכולים לעשות הרבה לעזרתה.[3]

הקב"ה לימד את משה שהאתגר האמיתי אינו השגת החירות, אלא הבטחת קיומה והשמירה על חיות רוחה בליבותיהם של בני הדורות הבאים. לכך אפשר להגיע רק בתהליך חינוכי. אולם תהליך זה אינו יכול להתמצות בין כותלי בית הספר. חלק ממנו חייב להתחולל בתוך המשפחה, בבית, ומתוך חובה מקודשת המעוגנת בדת. משה ראה זאת בצלילות שלא הייתה דוגמתה, ובכך ציווה חיים ליהדות וליהודים.

מנהיג גדול הוא מנהיג שחושב לטווח הארוך, ומוטרד לא מהמחר אלא מהשנה הבאה, מהעשור הבא, מהדור הבא. הסנאטור האמריקני רוברט פ' קנדי דיבר, באחד מנאומיו הבולטים, על כוחם של מנהיגים לשנות את העולם כאשר יש להם חזון ברור בדבר עתיד אפשרי:

> יש הסבורים שאין בכוחו של אדם יחיד לעשות שום דבר נגד המערך האימתני של מַדווי העולם - נגד האומללות, נגד הבערוּת, נגד העוול והאלימות. אולם רבות מהתמורות החשובות שהתחוללו בעולם - במחשבה ובמעשה - היו פרי מאמציו של אדם יחיד. נזיר צעיר החל את הרפורמציה בכנסייה הקתולית, מצביא צעיר יצא ממקדוניה והקים אימפריה שהשתרעה מקצה העולם הידוע ועד קצהו, ואישה צעירה השיבה לצרפת את אדמתה הכבושה. נוסע איטלקי צעיר הוא שגילה את העולם החדש, ותומס ג'פרסון בן ה־32 טען שכל בני האדם נבראו שווים. "תנו לי נקודת משען", אמר ארכימדס, "ואזיז את העולם כולו". אנשים אלה הזיזו את העולם - וגם אנו, כולנו, יכולים לעשות זאת.[4]

3. לרנד האנד, "רוח החירות", נאום בטקס לרגל יום "אני אמריקני", סנטרל פארק, ניו יורק, 21.5.1944.
4. The Poynter Institute, *The Kennedys: America's Front Page Family*, Kansas City, MO: Andrews McMeel, 2010, p. 112.

המילים והלחנים של היהדות - אלו כאלו נכתבים בידי מנהיגות בעלת חזון. "בְּאֵין חָזוֹן יִפָּרַע עָם", נאמר בספר משלֵי (כט, יח). חזונותיהם של נביאי ישראל היו תמיד חזונות לטווח רחוק. ה' אמר ליחזקאל שהנביא הוא צופה לבית ישראל: עומד בנקודה גבוהה, ורואה לפני כולם את הסכנות המתרגשות לבוא מן המרחקים (יחזקאל לג, א-ו). חז"ל אמרו, "איזהו חכם? הרואה את הנולד".[5] שניים מגדולי המנהיגים של המאה העשרים, צ'רצ'יל ובן־גוריון, היו גם היסטוריונים מחוננים. היכרותם עם העבר אפשרה להם לצפות את העתיד. הם דמו לאומני שחמט שכבר שיננו אלפי משחקים מן העבר, ועל כן הם מזהים את הסכנות והאפשרויות כמעט בכל תצורה על הלוח, ואת מה שעתיד להוליד כל מהלך שיעשו.

אם רצונכם להיות מנהיג בכל זירה שהיא, מראשי ממשלה המנהיגים מדינה עד הורים המנהיגים משפחה, התרגלו לחשוב לטווח הארוך. לעולם אל תבחרו בדרך הקלה רק מפני שהיא פשוטה או מהירה או מניבה סיפוק מיידי - כיוון שבסוף תשלמו על כך מחיר יקר.

משה היה גדול המנהיגים מפני שהוא כיוון את מחשבותיו קדימה יותר מכל מנהיג אחר. הוא ידע ששינוי אמיתי בהתנהגות האנושית יכול להיות רק פרי עמלם של דורות רבים. משום כך, חובתנו להציב בראש סדר העדיפויות שלנו את חינוך ילדינו לערכים שאנו מאמינים בהם. כך הם יוכלו להמשיך את מה שאנו מתחילים - עד שהעולם ישתנה מפני שבני האדם השתנו. "הדואג לימים זורע חיטים, הדואג לשָנים נוטע עצים, הדואג לדורות מחנך אנשים" - כך אמר יאנוש קורצ'ק,[6] וניסח את מה שידע משה רבנו. שלושת אלפים ושלוש מאות שנה חלפו מאז משה, ותובנה זו שלו עדיין רעננה כביום היוולדה.

5. תמיד לב ע"א.
6. כנראה בעקבות קונפוציוס, שמשפט דומה מיוחס לו.

בשלח

ארבעה מודלים של מנהיגות

וַיּוֹשַׁע ה׳ בַּיּוֹם הַהוּא אֶת יִשְׂרָאֵל מִיַּד מִצְרָיִם... וַיַּרְא יִשְׂרָאֵל אֶת הַיָּד הַגְּדֹלָה אֲשֶׁר עָשָׂה ה׳ בְּמִצְרַיִם, וַיִּירְאוּ הָעָם אֶת ה׳ וַיַּאֲמִינוּ בַּה׳ וּבְמֹשֶׁה עַבְדּוֹ. אָז יָשִׁיר מֹשֶׁה וּבְנֵי יִשְׂרָאֵל אֶת הַשִּׁירָה הַזֹּאת לַה׳, וַיֹּאמְרוּ לֵאמֹר... (שמות יד, ל - טו, א)

קריעת ים סוף הייתה התגלות מן הגדולות בהיסטוריה. חכמינו אמרו שאפילו הפחותים שבבני ישראל ראו בעת ההיא את מה שגדולי הנביאים שחיו אחריהם לא זכו לראות.[1] לראשונה פצחו כולם בשיר משותף - שיר שעד היום אנחנו קוראים מדי יום. יש דיון מרתק של חז״ל על השאלה איך בדיוק בני ישראל שרו. ארבע דעות נשמעו. שלוש מהן מופיעות במסכת סוטה:

> תנו רבנן: בו ביום דרש רבי עקיבא: בשעה שעלו ישראל מן הים, נתנו עיניהם לומר שירה. וכיצד אמרו שירה? כגדול המקרא את הלל [לקהל], והן עונין אחריו ראשי פרקים. משה אמר ״אָשִׁירָה לַה׳״ - והן אומרים ״אָשִׁירָה לַה׳״. משה אמר ״כִּי גָאֹה גָּאָה״ - והן אומרים ״אָשִׁירָה לַה׳״.
>
> רבי אליעזר בנו של רבי יוסי הגלילי אומר: כקטן המקרא את הלל והן עונין אחריו כל מה שהוא אומר. משה אמר ״אָשִׁירָה לַה׳״ - והן אומרים ״אָשִׁירָה לַה׳״. משה אמר ״כִּי גָאֹה גָּאָה״ - והן אומרים ״כִּי גָאֹה גָּאָה״.
>
> רבי נחמיה אומר: כסופר הפורס על שמע בבית הכנסת, שהוא פותח תחילה והן עונין אחריו.[2]

1. מכילתא לשמות טו, ב, מהדורת הורוביץ-רבין, ירושלים: ספרי ואהרמן, תש״ל, עמ׳ 126.
2. סוטה ל ע״ב.

לפי רבי עקיבא, משה שר את השיר צֶלע אחר צלע, ואחרי כל צלע ענה העם "אשירה לה'"; כביכול ענו "אמן" אחר כל צלע.

לפי רבי אליעזר בנו של רבי יוסי הגלילי, משה אמר את השיר צלע אחר צלע, והם חזרו אחרי כל צלע שאמר.

ולפי רבי נחמיה, משה והעם שרו את כל השיר יחד. רש"י מסביר שם שכל העם היה אחוז השראה אלוהית, ועל כן, בדרך נס, המילים באו לפי כולם בו בזמן.[3] דעה רביעית מובאת במכילתא:[4]

> ר' אליעזר בן תדאי אומר: משה היה פותח בדברים תחִלה, וישראל עונין אחריו וגומרין עמו. משה היה פותח ואומר "אָשִׁירָה לַה'", וישראל עונין אחריו וגומרין עמו "אָשִׁירָה לַה' כִּי גָאֹה גָּאָה". משה היה פותח ואומר "עָזִּי וְזִמְרָת יָהּ", וישראל עונין אחריו וגומרין עמו "עָזִּי וְזִמְרָת יָהּ וַיְהִי לִי לִישׁוּעָה". משה היה פותח ואומר "ה' אִישׁ מִלְחָמָה", וישראל עונין אחריו וגומרין עמו "ה' אִישׁ מִלְחָמָה, ה' שְׁמוֹ".

מבחינה טכנית, כמוסבר בגמרא, השאלה שבמחלוקת כאן היא משמעות הביטוי הכפול-לכאורה "וַיֹּאמְרוּ לֵאמֹר". כל החכמים הבינו שהכוונה כאן היא שבני ישראל חזרו ואמרו משהו. על מה בדיוק חזרו? לדעת רבי עקיבא, על המילים הראשונות של השירה, "אשירה לה'", שהם חזרו עליהן כמעין פזמון. לדעת רבי אליעזר בן רבי יוסי הגלילי, הם חזרו אחר משה על השירה כולה, צלע אחר צלע. לדעת רבי נחמיה הם חזרו על השירה כולה פה אחד. ולדעת רבי אליעזר בן תדאי הם חזרו על צלע הפתיחה שבכל שורה, והשלימו אותה מדעתם, בלי שמשה לימד אותם את המילים המשלימות.

מבחינה זו, לפנינו ויכוח נקודתי על משמעותו של פסוק בתורה. אך יש כאן עניין עמוק יותר. כדי להבינו עלינו להביט בסוגיה תלמודית אחרת, שלכאורה אינה קשורה כלל לזו שציטטנו ממסכת סוטה. היא מופיעה במסכת קידושין, ומציבה שאלה מרתקת.

> אמר ר' יצחק בר שילא, אמר ר' מתנה, אמר רב חסדא: האב שמחל על כבודו, כבודו מחול. הרב שמחל על כבודו, אין כבודו מחול. ורב יוסף אמר, אפילו הרב שמחל על כבודו, כבודו מחול...

3. רש"י מתבסס על המכילתא לשמות טו, א; מהדורת הורוביץ-רבין, עמ' 115.
4. שם, עמ' 119.

אמר רב אשי: אפילו למאן דאמר [=לפי מי שאמר] "הרב שמחל על כבודו, כבודו מחול", נשיא שמחל על כבודו אין כבודו מחול... [וכאן מופיעה קושיה על דברי רב אשי].

אלא, אי איתמר הכי איתמר [אם נאמרו הדברים, כך נאמרו:] אמר רב אשי: אפילו למאן דאמר "נשיא שמחל על כבודו, כבודו מחול" - מלך שמחל על כבודו, אין כבודו מחול; שנאמר "שׂוֹם תָּשִׂים עָלֶיךָ מֶלֶךְ" (דברים יז, טו) - שתהא אימתו עליך.[5]

לפנינו ארבעה בעלי תפקיד מנהיגותי: האב כלפי ילדיו, הרב כלפי תלמידיו, הנשיא (שהוא המנהיג הדתי, כגון רבי יהודה הנשיא) כלפי הקהילה, והמלך כלפי האומה. ניתוח עומק של הסוגיה ילמד כי ארבעה אלה נמצאים במקומות שונים על הקשת שבין סמכות המושתתת על האדם עצמו, לבין סמכות רשמית הניתנת לבעל משרה.[6] ככל שמערכת היחסים אישית יותר, כך מוסכם יותר שהמנהיג יכול למחול על כבודו. בקצה האחד נמצא תפקיד ההורה (אישי מאוד), ובקצה השני תפקידו של מלך (רשמי לחלוטין).

נראה לי להציע שנושא זה הוא שנחלקו בו החכמים בעניין שירת הים. לדעת רבי עקיבא, משה היה כמו מלך. הוא דיבר, והעם רק ענה אמן (או במקרה זה "אשירה לה'"). לשיטת רבי אליעזר בן רבי יוסי הגלילי, משה דמה כאן לרב (כיאה למשה רבנו). הוא דיבר, ובני ישראל חזרו על דבריו צלע אחר צלע. בעיני רבי נחמיה, משה היה כנשיא בין עמיתיו הרבנים (בסוגיה בקידושין, שהבאתי כאן רק קטעים ממנה, מובהר שמחילת כבודו של הנשיא מותרת רק בפורום הזה). היחסים היו קולגיאליים: משה התחיל, אבל כולם הצטרפו אליו לשירה פה אחד. ועל פי רבי אליעזר בן תדאי, משה דמה לאב. הוא התחיל, אבל נתן לבני ישראל להשלים כל שורה בעצמם. זהו עניין יסודי בהורות, והתורה מבהירה לנו אותו כבר במפגשנו הראשון עם אברהם:

וַיִּקַּח תֶּרַח אֶת אַבְרָם בְּנוֹ וְאֶת לוֹט בֶּן הָרָן בֶּן בְּנוֹ וְאֵת שָׂרַי כַּלָּתוֹ אֵשֶׁת אַבְרָם בְּנוֹ, וַיֵּצְאוּ אִתָּם מֵאוּר כַּשְׂדִּים לָלֶכֶת אַרְצָה כְּנַעַן. וַיָּבֹאוּ עַד חָרָן וַיֵּשְׁבוּ שָׁם. (בראשית יא, לא)

5. קידושין לב ע"א-ע"ב. ראו שם הסוגיה במלואה.

6. זוהי הבחנתו הידועה של מקס ובר בין סמכות כריזמטית לסמכות בירוקרטית. ראו מקס ובר, **על הכאריזמה ובניית המוסדות: מבחר כתבים**, תרגם: אהרן אמיר, ירושלים: מאגנס, 1979.

המסע של תרח לארץ כנען נמשך רק עד חרן. אברהם השלים אחר כך את המסע שאביו התחיל. להיות הורה הוא לרצות שילדיך יוסיפו ללכת מן המקום שהגעת אליו. כזה, לדעת רבי אליעזר בן תדאי, היה יחסו של משה לבני ישראל.

הפסוק האחרון לפני שירת הים אומר על העם, "וַיַּאֲמִינוּ בַּה' וּבְמֹשֶׁה עַבְדּוֹ". זו הפעם הראשונה שהעם מתואר כ"מאמין" במנהיגותו של משה. אכן, זו הנקודה המתאימה לתהייתם של חז"ל: מהו להיות מנהיג של עם ישראל? האם זו משרה רשמית, מן הסוג שהדוגמה המובהקת לו היא מלך ("רבנן איקרו מלכים"[7])? האם צריכה להיות כאן מערכת יחסית אישית, המושתתת לא על כבוד ויראה אלא על טיפוח, על עידוד המונהגים לצמוח, לקבל אחריות ולהמשיך במסע שהמנהיג התחיל בו? או אולי משהו באמצע?

אין תשובה יחידה. לפעמים הפעיל משה את סמכותו בתוקף (למשל, בעת המרד של קורח ועדתו). פעם אחרת אמר, "וּמִי יִתֵּן כָּל עַם ה' נְבִיאִים" (במדבר יא, כט). יש מקרים שחשוב להראות בהם כי "דַּבָּר אחד לדור ולא שני דברים לדור",[8] ויש הזדמנויות אחרות שבהן מנהיגות עילאית מתבטאת דווקא בהזמנתם של אחרים לחלוק בה.[9]

היהדות היא אמונה מורכבת. התורה אינה מעמידה מודל מנהיגותי אחד ויחיד. הלוא כל אחד מאיתנו נקרא למלא כמה תפקידים שונים של מנהיגות: כהורים, כמורים, כחברים, כחברי צוות וראשי צוות. אך אין ספק שהיהדות מעדיפה, כאידיאל, את המנהיג ההורה, המעודד את מונהגיו להמשיך במסע שהחל הוא, ולהתקדם הלאה אל מקום שהוא עצמו לא הגיע אליו.[10] מנהיג טוב יוצר מונהגים; מנהיג דגול יוצר מנהיגים. זה היה הישגו הגדול ביותר של משה: שהוא השאיר אחריו עם הנכון, בכל דור ודור, לקבל עליו את האחריות לקידום נוסף של המשימה שהוא החל בה.

7. גיטין סב ע"א.
8. סנהדרין ח ע"א.
9. שם. על פי חז"ל, זה היה ההבדל בין ברכת משה ליהושע בדברים לא, ז, לבין ברכת ה' לו שם בפסוק כג. ראו רש"י לדברים לא, ז.
10. ראו רש"י לבראשית ו, ט.

יתרו

אומה של מנהיגים

פרשתנו מורכבת משני אירועים, שלמראית עין מנוגדים זה לזה לחלוטין. בחלק הראשון, פרק יח של ספר שמות, יתרו כוהן מדיין נותן לחתנו משה שיעור ראשון במנהיגות. ואילו בחלק השני הגיבור הראשי הוא אלוהים בכבודו ובעצמו, המתגלה לבני ישראל התגלות שכמוה לא הייתה ולא תהיה וכורת עימם ברית. בפעם הראשונה והאחרונה בהיסטוריה מופיע אלוהים אל מול אומה שלמה, בא עימה בברית ונותן לה את הקוד המוסרי המפורסם ביותר בעולם, עשרת הדיברות.

איזה מכנה משותף אפשר להעלות על הדעת בין עצה מעשית של מִדְיָנִי אחד לבין מילותיה הנצחיות של ההתגלות האלוהית? יש כאן ניגוד מכוון, וניגוד זה חשוב. תורת הממשל היעיל איננה תורה "יהודית" דווקא. היא חלק ממה שמכונה "חוכמה": חוכמתה האוניברסלית של האנושות. לעם ישראל היו לאורך השנים צורות הנהגה רבות: נביאים, זקנים, שופטים ומלכים בימי המקרא; נשיא תחת שלטון רומא וראש גלות בבבל; שבעה טובי העיר ומגוון צורות של אוליגרכיה; ועוד מבנים שלטוניים אחרים, עד הכנסת הנבחרת באופן דמוקרטי ועד בכלל. **צורות שלטון אינן אמיתות נצחיות, ואינן ייחודיות לישראל.** לא מקרה הוא שהמקום היחיד שהתורה מצווה (או מתירה, תלוי בפירוש) על עם ישראל לחקות אומות אחרות הוא מינוי מלך: "כִּי תָבֹא אֶל הָאָרֶץ... וְאָמַרְתָּ אָשִׂימָה עָלַי מֶלֶךְ **כְּכָל הַגּוֹיִם אֲשֶׁר סְבִיבֹתָי** - שׂוֹם תָּשִׂים עָלֶיךָ מֶלֶךְ..." (דברים יז, יד-טו).

מה כן ייחודי לישראל? ברית סיני, המציבה את ישראל כעם הנבחר, האומה היחידה שמלכה ומחוקקה העליון הוא אלוהים. "מַגִּיד דְּבָרָיו לְיַעֲקֹב, חֻקָּיו וּמִשְׁפָּטָיו לְיִשְׂרָאֵל. לֹא עָשָׂה כֵן לְכָל גּוֹי, וּמִשְׁפָּטִים בַּל יְדָעוּם - הַלְלוּ יָהּ" (תהלים קמז, יט-כ). ברית סיני כוננה ערך פוליטי חשוב, אך ערך זה איננו צורת ממשל כלשהי כי אם **גבולותיו המוסריים של הכוח.**[1] כל סמכות אנושית היא מעתה סמכות מואצלת, הכפופה לצווי המוסר העליונים של התורה. מתחת לשמיים אין שום כוח מוחלט.

1. עמדנו על כך בשיחתנו לפרשת שמות, לפני כחודש.

בכך נבדלה היהדות מהאימפריות של העולם העתיק, ובכך היא נבדלת מהלאומיות המערבית החילונית לסוגיה. עם ישראל יכול ללמוד פוליטיקה יישומית מכוהן מדייני, אבל את גבולותיה של הפוליטיקה הוא צריך ללמוד מאלוהיו בלבד.

אולם למרות הניגוד בין שני חלקי הפרשה, יש להם מכנה משותף המתקיים הן בעצות יתרו, הן בהתגלות בסיני: ההאצלה, הביזור והדמוקרטיזציה של המנהיגות. רק אלוהים יכול למשול לבדו.

רעיון זה מוצג תחילה בפי יתרו. הוא בא לבקר את חתנו, ומגלה שהוא נושא לבדו בנטל ההנהגה. הוא אומר לו, "לֹא טוֹב הַדָּבָר אֲשֶׁר אַתָּה עֹשֶׂה" (שמות יח, יז). בכל התורה כולה מופיע הביטוי "לא טוב" רק פעמיים: כאן, ובסיפור בריאת האישה, כאשר אלוהים אומר "לֹא טוֹב הֱיוֹת הָאָדָם לְבַדּוֹ" (בראשית ב, יח). לא טוב לחיות לבד. לא טוב להנהיג לבד. לא טוב - וגם אי אפשר.

יתרו מציע האצלת סמכויות:

> הֱיֵה אַתָּה לָעָם מוּל הָאֱלֹהִים, וְהֵבֵאתָ אַתָּה אֶת הַדְּבָרִים אֶל הָאֱלֹהִים. וְהִזְהַרְתָּה אֶתְהֶם אֶת הַחֻקִּים וְאֶת הַתּוֹרֹת וְהוֹדַעְתָּ לָהֶם אֶת הַדֶּרֶךְ יֵלְכוּ בָהּ וְאֶת הַמַּעֲשֶׂה אֲשֶׁר יַעֲשׂוּן. וְאַתָּה תֶחֱזֶה מִכָּל הָעָם אַנְשֵׁי חַיִל - יִרְאֵי אֱלֹהִים, אַנְשֵׁי אֱמֶת, שֹׂנְאֵי בָצַע - וְשַׂמְתָּ עֲלֵהֶם שָׂרֵי אֲלָפִים, שָׂרֵי מֵאוֹת, שָׂרֵי חֲמִשִּׁים וְשָׂרֵי עֲשָׂרֹת. וְשָׁפְטוּ אֶת הָעָם בְּכָל עֵת, וְהָיָה כָּל הַדָּבָר הַגָּדֹל יָבִיאוּ אֵלֶיךָ וְכָל הַדָּבָר הַקָּטֹן יִשְׁפְּטוּ הֵם. וְהָקֵל מֵעָלֶיךָ, וְנָשְׂאוּ אִתָּךְ. (שמות יח, יט-כב)

מדובר בשינוי דרמטי במפת הסמכויות. על פי הצעת יתרו, מתוך כל אלף ישראלים יהיו 131 מנהיגים (שר האלף, עשרה שרי מאות, עשרים שרי חמישים ומאה שרי עשרות). מאחד מכל שמונה גברים מצופה שייטול על עצמו תפקיד מנהיגותי כזה או אחר.

בפרק הבא, לקראת מעמד הר סיני, ה' מורה למשה להציע לבני ישראל לבוא בבריתו. בדברים שהוא מצווה על משה לומר מנוסח, בעצם, כתב השליחות של עם ישראל:

> אַתֶּם רְאִיתֶם אֲשֶׁר עָשִׂיתִי לְמִצְרָיִם, וָאֶשָּׂא אֶתְכֶם עַל כַּנְפֵי נְשָׁרִים וָאָבִא אֶתְכֶם אֵלָי. וְעַתָּה, אִם שָׁמוֹעַ תִּשְׁמְעוּ בְּקֹלִי, וּשְׁמַרְתֶּם אֶת בְּרִיתִי וִהְיִיתֶם לִי סְגֻלָּה מִכָּל הָעַמִּים; כִּי לִי כָּל הָאָרֶץ, וְאַתֶּם תִּהְיוּ לִי **מַמְלֶכֶת כֹּהֲנִים וְגוֹי קָדוֹשׁ**. (שמות יט, ד-ו)

זוהי הכרזה מדהימה. לכל אומה יש כוהנים משלה. בספר בראשית מכונה מלכיצדק

מלך שלם, בן זמנו של אברהם, "כֹּהֵן לְאֵל עֶלְיוֹן" (בראשית יד, יח). בהמשך, בסיפור יוסף, מסופר על כוהני מצרים, שאדמתם לא הולאמה כשאר הקרקעות במדינה (בראשית מז, כב). יתרו היה כוהן מדיין. בעולם העתיק כהונה לא הייתה עניין יוצא דופן. לכל אומה היו כוהנים ואנשי קודש. המיוחד בישראל הוא **שכל יחיד באומה זו נועד להיות כוהן; כל אזרח מאזרחיה נקרא להיות קדוש.**

אני זוכר כיצד עמדתי עם הרב עדין שטיינזלץ במטה האו"ם בניו יורק, באוגוסט של שנת 2000. זה היה בכינוס מיוחד של אלפיים מנהיגים דתיים, נציגי כל הדתות הגדולות. אפילו כאן, אמרתי לו, בתוך ההרכב האנושי הייחודי והמגוון הזה, אנחנו נבדלים. היינו המנהיגים הדתיים היחידים שם, כמעט, שלבשו חליפות. כל האחרים לבשו גלימות רשמיות. בכל העולם כוהנים ואנשי דת עוטים מלבושים המבליטים את ייחודם, את נבדלותם (זו, אגב, משמעותה הבסיסית של המילה "קדוש"). לא אצלנו. ביהדות הבתר־מקראית לא היו גלימות שרד, משום שהיהדות מצפה מכל אחד ואחד להיות קדוש[2] (תיאופרסטוס, מתלמידיו של אריסטו, קרא ליהודים "אומה של פילוסופים", וכיוון לאותו דבר).[3]

ובכל זאת, באיזה מובן היו היהודים בזמן מן הזמנים "ממלכת כוהנים"? הרי הכוהנים היו אליטה בתוך האומה, בני שבט לוי, צאצאיו של אהרן הכוהן. כתר כהונה ניתן להם, ומעולם לא חולק בשווה ובאורח דמוקרטי בין כל בני ישראל.

פרשני המקרא התמודדו עם בעיה זו, והציעו שני פתרונות. המילה "כוהנים" עשויה להתפרש כ"שׂרים", מנהיגים (כך גורסים רש"י ורשב"ם) או כ"משרתים", "שמשים" (לדעתם של רמב"ן ואבן עזרא). סתירה? להפך. בני ישראל נקראו להיות **אומה של משרתים־מנהיגים**. בריתם עם ה' מזמינה אותם ליטול אחריות לא רק לעצמם ולבני משפחותיהם, אלא גם למצב המוסרי־רוחני של עַמם בשלמותו. זה העיקרון שנוסח לימים בסיסמה "כל ישראל עֲרֵבים זה בזה".[4] העם היהודי לא השאיר את המנהיגות לאדם יחיד, יהיה קדוש ונשגב כאשר יהיה, וגם לא לאליטה. בעם זה מצופה מכל יחיד להיות שר ומשרת - ובמילה אחת, להיות מנהיג. לדמוקרטיזציה מהותית כל כך לא זכה רעיון המנהיגות מעולם.

משום כך, תמיד היה קשה להיות מנהיגם של היהודים. ידועים דבריו של הנשיא הראשון של מדינת ישראל, חיים ויצמן, "אני נשיא של מיליון נשיאים". ה' הוא

2. רעיון זה הופיע שוב בנצרות הפרוטסטנטית בימי הפוריטנים - הזרם שהעלה על נס עקרונות מהתנ"ך ("הברית הישנה") ובפרט הדגיש את העיקרון "כהונת כל המאמינים".
3. ראו בחיבורו של יוסף בן־מתתיהו **נגד אפיון**, א, כב.
4. שבועות לט ע"א.

אומנם רועֵנו, אך שום יהודי לא היה מעולם כבשה. קשה להנהיג אומה של מנהיגים, אבל יש לתופעה זו פירות מתוקים: בזכותה הותירו היהודים על העולם חותם שהוא מעל ומעבר לכל פרופורציה מספרית. היהודים הם שבריר זעיר מאוכלוסיית העולם, כחמישית האחוז, אך בכל תחומי העשייה האנושית תמצאו שיעור גבוה שלהם בין המובילים והמנהיגים.

להיות יהודי משמעו להיקרא אל ההגה.[5]

5. גם על היותנו מונהגים יש ליהדות מה לומר - ונעסוק בכך בהרחבה בעוד חודשים ספורים, בשיחתנו לפרשת קדושים.

משפטים

חזון ופרטים

מעבר מתעתע מתחולל בפרשתנו. עד עכשיו הוליכה אותנו לאורך ספר שמות דרמה סיפורית סוחפת: עבדות בני ישראל, התעוררות התקווה לחירות, עשר המכות, סרבנותו של פרעה, הבריחה למדבר, קריעת ים סוף, המסע להר סיני והברית הגדולה עם אלוהים.

והנה לפתע אנו מוצאים את עצמנו קוראים בסוגה ספרותית אחרת לגמרי: קובץ חוקים המכיל מגוון מבלבל של נושאים, החל בדיני נזיקין, דרך דיני שמירה על רכוש, עבור לסדרי דין וכלה בשבתות ובמועדים. למה כאן? למה לא להמשיך בסיפור העלילה המוביל אל הדרמה הגדולה הבאה, חטא העגל? למה לעצור את הזרימה? ומה בין זה לבין מנהיגות?

התשובה היא זו: למנהיגים טובים - בין שהם מנכ"לים בתאגידים בין שהם הורים במשפחה - יש יכולת לחבר בין חזון גדול לפרטים קטנים. בלי החזון, הפרטים מייגעים. יש סיפור ידוע על שלושה פועלים שעבדו בסיתות אבני בניין. כששאלו אותם מה הם עושים, אחד אמר "חותך אבן", השני אמר "מתפרנס", והשלישי "בונה ארמון". אלו הרואים לנגד עיניהם את התמונה הרחבה גאים יותר בעבודתם, ועובדים קשה יותר וטוב יותר. מנהיגים מוצלחים מנחילים חזון.

ועם זה, כשמגיעים אל הפרטים, המנהיגים הטובים הם דקדקנים ואפילו פרפקציוניסטים. מוכרת המימרה של תומס אדיסון, "גאונות מורכבת מאחוז אחד של השראה ותשעים ותשעה אחוזים של הזעה". תשומת הלב לפרטים היא המבדילה בין האומנים, המשוררים, המלחינים, הבמאים, המדינאים והמנהלים הדגולים - לבין אלה הבינוניים. מי שקרא את הביוגרפיה שכתב וולטר אייזקסון על סטיב ג'ובס יודע שתשומת הלב שג'ובס המנוח הקדיש לפרטים גבלה באובססיה. הוא התעקש, למשל, שבכל חנויות אפל יהיו גרמי המדרגות עשויים זכוכית. כשאמרו לו שאין זכוכית חזקה דייה, הוא לא הרפה אלא הורה לפתח זכוכית שכזו, ואכן כך היה (ואפל רשמה את הפטנט).

בגאונותה ידעה התורה ליישם עיקרון מנהיגותי זה בחברה בשלמותה. בני ישראל חוו סדרת אירועים מְשַׁנַּת תודעה. משה ידע ששרשרת אירועים כזו לא הייתה

עד אז מעולם. הוא גם ידע, מפי אלוהים, שהיא הייתה מכוונת מראש ועד סוף, ודבר בה לא היה מקרי. בני ישראל היו עבדים כדי שיֵדעו להוקיר את החירות. הם סבלו כדי שיכירו את הרגשתו של מי שנמצא בצד הלא נכון של יחסי הכוח העריצים. בהר סיני נתן ה' לבני ישראל, על ידי משה, כתב שליחות - להיות "מַמְלֶכֶת כֹּהֲנִים וְגוֹי קָדוֹשׁ", תחת ריבונות האל לבדו. הוטל עליהם לכונן חברה על בסיס עקרונות הצדק, כבוד האדם וקדושת החיים.

אבל מאורעות היסטוריים, אידיאלים מופשטים, ואפילו ציוויים כוללניים כגון אלה שבעשרת הדיברות, בכל אלה אין כדי לקיים חברה בטווח הארוך. כאן מקומו של המיזם המרשים של התורה: לתרגם את החוויה ההיסטורית לחקיקה פרטנית, כדי שבני ישראל יחיו יום־יום את אשר למדו על בשרם, וישזרו אותו במרקם חייהם החברתיים. בפרשת משפטים החזון מיתרגם לפרטים, והעלילה נעשית לחוק.

וכך מצווה התורה, למשל, בפתח פרשתנו, "כִּי תִקְנֶה עֶבֶד עִבְרִי שֵׁשׁ שָׁנִים יַעֲבֹד וּבַשְּׁבִעִת יֵצֵא לַחָפְשִׁי חִנָּם" (שמות כא, ב). חוק זה ממיר באחת את העבדות ממעמד מולד למצב זמני; מ"מי אתה" ל"מה אתה עושה לעת עתה". העבדות, הזיכרון המריר מימי מצרים, אינה יכולה להיבטל בן לילה. בארצות הברית היא לא בוטלה עד שנות השישים של המאה התשע־עשרה, ואפילו אז נדרשה לשם כך מלחמת אזרחים איומה. אבל הדין הפותח את פרשת משפטים הוא הצעד הראשון במסע הארוך הזה.

כך גם באשר לדין "וְכִי יַכֶּה אִישׁ אֶת עַבְדּוֹ אוֹ אֶת אֲמָתוֹ בַּשֵּׁבֶט וּמֵת תַּחַת יָדוֹ נָקֹם יִנָּקֵם" (כא, כ). עבד ואמה אינם רכוש גרידא. יש להם זכות לחיות. וכך גם מצוות השבת, המכריזה "שֵׁשֶׁת יָמִים תַּעֲשֶׂה מַעֲשֶׂיךָ, וּבַיּוֹם הַשְּׁבִיעִי תִּשְׁבֹּת, לְמַעַן יָנוּחַ שׁוֹרְךָ וַחֲמֹרֶךָ וְיִנָּפֵשׁ בֶּן אֲמָתְךָ וְהַגֵּר" (כג, יב). בכל שבוע מוקצה יום אחד שבו העבדים נושמים את אוויר החירות. שלושת הדינים הללו, ואחרים, פרצו את הדרך אל עבר ביטול העבדות - גם אם דרך זו ארכה שלושת אלפים שנה.

חוויית הגֵרות, היות מיעוט מדוכא בארץ נוכרייה, נזכרת בפרשה פעמיים: "וְגֵר לֹא תוֹנֶה וְלֹא תִלְחָצֶנּוּ כִּי גֵרִים הֱיִיתֶם בְּאֶרֶץ מִצְרָיִם" (כב, כ); "וְגֵר לֹא תִלְחָץ וְאַתֶּם יְדַעְתֶּם אֶת נֶפֶשׁ הַגֵּר כִּי גֵרִים הֱיִיתֶם בְּאֶרֶץ מִצְרָיִם" (כג, ט).

וישנם בפרשה חוקים המעלים היבטים אחרים של זיכרון החיים במצרים, כגון "כָּל אַלְמָנָה וְיָתוֹם לֹא תְעַנּוּן. אִם עַנֵּה תְעַנֶּה אֹתוֹ כִּי אִם צָעֹק יִצְעַק אֵלַי שָׁמֹעַ אֶשְׁמַע צַעֲקָתוֹ" (כב, כא-כב). מהדהד כאן תיאור המופיע בתחילת ספר שמות, "וַיֵּאָנְחוּ בְנֵי יִשְׂרָאֵל מִן הָעֲבֹדָה וַיִּזְעָקוּ וַתַּעַל שַׁוְעָתָם אֶל הָאֱלֹהִים מִן הָעֲבֹדָה. וַיִּשְׁמַע אֱלֹהִים אֶת נַאֲקָתָם, וַיִּזְכֹּר אֱלֹהִים אֶת בְּרִיתוֹ אֶת אַבְרָהָם, אֶת יִצְחָק וְאֶת יַעֲקֹב. וַיַּרְא אֱלֹהִים אֶת בְּנֵי יִשְׂרָאֵל, וַיֵּדַע אֱלֹהִים" (ב, כג-כה).

נוֹמוֹס וְנָרַאטִיב הוא שם חיבורו רב ההשפעה של רוברט קאבֶר, פרופסור למשפטים איש אוניברסיטת ייל, שפורסם בשנות השמונים של המאה העשרים.[1] לטענתו, בתשתית החוקים של כל חברה נתונה ישנו נומוס, כלומר חזון בדבר סדר חברתי אידיאלי שהחוק נועד לממשו. מאחורי כל נומוס, ממשיך קאבר וטוען, ישנו נרטיב, כלומר סיפור שממנו אפשר ללמוד מדוע מעצביה וחוזיה של החברה, או הקבוצה, הגיעו לאותו חזון מסוים.

הדוגמאות שקאבר מביא לקוחות בעיקרן מהתורה. למען האמת, יותר משהניתוח שלו מתאר את מהותו הכללית של ה"חוק" כחוק, הוא מתאר את התופעה הייחודית המוכרת לנו בשם "התורה". המילה "תורה" אינה ניתנת לתרגום לשפות לעז, מפני שיש לה כמה מובנים שונים, המתקבצים יחדיו רק בספר הקרוי בשם זה.

תורה פירושה חוק. אבל פירושה גם הוראה, הדרכה, הנחיה, או באופן כללי יותר הכוונה. זהו כאמור גם שמם הגנרי של חמשת החומשים, מבראשית עד דברים, המשלבים נרטיב וחוק גם יחד.

בדרך כלל, חוק וסיפור הם שתי סוגות ספרותיות נבדלות, שהחפיפה ביניהן מועטה ביותר. רוב ספרי החוקים אינם כוללים סיפורים, ורוב יצירות הסיפורת אינן כוללות חוקים. נוסף על כך, כפי שקאבר עצמו מציין, גם אם לאנשים במדינה כגון בריטניה או ארצות הברית של היום ידועה ההיסטוריה שביסוד חוק מסוים, אין שום טקסט קָנוני הכורך יחדיו את החוק ואת סיפור קורותיו. זאת ועוד, ברוב החברות יש דרכים רבות ושונות לספר את הסיפור. ולבסוף, רוב החוקים נחקקים בלי הכרזה על הסיבות לחקיקתם, על המטרה שהם מנסים להשיג ועל החוויה ההיסטורית שהובילה ליצירתם.

התורה היא שילוב ייחודי בין נומוס לנרטיב, בין היסטוריה לחוק, בין חוויותיה המעצבות של אומה לבין הדרך שבה שואפת אומה זו לחיות את חייה הציבוריים כך שלא תשכח את הלקחים שלמדה על בשרה. התורה מצרפת יחדיו חזון ופרטים היטב, יותר מכפי שהצליח לעשות כל ספר אחר אחריה.

כך אנחנו צריכים להנהיג, אם רצוננו שאנשים ילכו אחרינו ויוציאו מעצמם את המיטב. חייב להיות חזון שייתן לנו השראה ושיאמר לנו מדוע עלינו לעשות את מה שמבקשים מאיתנו לעשות. חייב להיות נרטיב: קרה כך וכך, אנחנו כאלה וכאלה, וזו הסיבה שהחזון כה חשוב לנו. ואז מוכרחים להיות חוק, קוד, תשומת לב קפדנית לפרטים - המאפשרים לנו לתרגם את החזון למציאות ולהפוך את כאבי העבר

1. רוברט קאבר, **נומוס ונראטיב**, מאנגלית: אביעד שטיר, ערך: יוסף א' דוד, ירושלים: שלם, 2012.

לברכות העתיד. שילוב יוצא דופן זה, שכמעט אינו קיים בשום קובץ חוקים אחר, הוא הנותן לתורה את כוחה העל־זמני. זהו מודל לכל מי שמבקש להוביל אנשים בנתיב העולה אל הגדולה.

תרומה

הבית שאנו בונים ביחד

הרצף המתחיל בפרשת תרומה ונמשך בפרשות תצוה, כי תשא, ויקהל ופקודי מעורר תמיהות. מתוארים בו לפרטי פרטים מבנהו ורכיביו של המשכן, המקדש הנייד שבני ישראל נשאו עימם בנדודיהם במדבר. עניין זה תופס כמעט את כל השליש האחרון של ספר שמות. לשם מה האריכות הזו? במה מועיל הפירוט הרב? הרי המשכן היה רק בית עראי לשכינה, והוחלף לבסוף במקדש בירושלים.

ועוד: מדוע בכלל נמצא סיפור בניית המשכן בספר שמות? מקומו הטבעי הוא ספר ויקרא, המוקדש בעיקרו לענייני עבודת המשכן והקורבנות. ספר שמות, לעומת זאת, הוא ספר שאפשר לתת לו את כותרת המִשנה "לידתה של אומה". הוא מספר כיצד הפכו בני ישראל ממשפחה לעם ומעבדים לבני חורין. הוא מגיע לשיא בברית שכרת ה׳ עִם העם הזה בהר סיני. מה לכל זה ולמִשכן? דרך זו לסיים את הספר נראית מוזרה.

אני מאמין שלכל זה יש סיבה עמוקה מאוד. הבה ניזכר תחילה בקורות בני ישראל עד לנקודה זו בספר שמות. קורות אלו הם סדרה ארוכה של תלונות. בני ישראל התלוננו כאשר התערבותו הראשונה של משה החמירה את מצבם. אחר כך, בים סוף, הם אמרו למשה, "הַמִבְּלִי אֵין קְבָרִים בְּמִצְרַיִם לְקַחְתָּנוּ לָמוּת בַּמִּדְבָּר? מַה זֹּאת עָשִׂיתָ לָּנוּ לְהוֹצִיאָנוּ מִמִּצְרָיִם? הֲלֹא זֶה הַדָּבָר אֲשֶׁר דִּבַּרְנוּ אֵלֶיךָ בְמִצְרַיִם לֵאמֹר, ׳חֲדַל מִמֶּנּוּ וְנַעַבְדָה אֶת מִצְרָיִם, כִּי טוֹב לָנוּ עֲבֹד אֶת מִצְרַיִם מִמֻּתֵנוּ בַּמִּדְבָּר!׳" (שמות יד, יא-יב).

אחרי שחצו את הים בחרבה המשיכו להתלונן: תחילה על מחסור במים, אחר כך שהמים מרים, ואז על מחסור במזון, ואז שוב על מחסור במים. לאחר מכן, שבועות ספורים לאחר ההתגלות בהר סיני - הפעם היחידה בתולדות האדם שאלוהים התגלה לאומה שלמה - הם עשו את עגל הזהב. אם שרשרת ניסים חסרת תקדים אינה יכולה לחלץ מהעם הזה תגובה בוגרת, מה כן יכול לעשות זאת?

זהו השלב שה׳ אומר בו: **שיבנו משהו ביחד.** צו פשוט זה גרם לבני ישראל להחליף את עורם. כל משך בניית המשכן לא נשמעו תלונות. האנשים והנשים

תרמו - חלקם זהב, כסף או נחושת, היו שהביאו עורות ויריעות, אחרים תרמו מזמנם ומכישרונם. הם תרמו הרבה כל כך, שמשה היה צריך לומר להם להפסיק. כלל גדול מתנסח כאן: **אנחנו משתנים לא על ידי מה שאלוהים עושה למעננו, אלא על ידי מה שאנחנו עושים למענו.**

כל עוד כל משבר נענה בנס, בני ישראל נשארו במצב של תלות. אין פלא שההתאוננות הייתה תגובת המחדל שלהם. כדי לצמוח אל הבגרות והאחריות צריכים היו להפוך ממקבלים סבילים של ברכות ה׳, ליוצרים פעילים. עם ישראל צריך היה להיעשות "שותף להקדוש ברוך הוא במעשה בראשית".[1] כך הוא גם בחייו של כל אדם: כדי לעבור מילדות לבגרות, צריך לעבור מהיבָּנוּת לבְנִייה.

היהדות היא קריאתו של אלוהים לנו ליטול את האחריות לידינו. הוא איננו רוצה שנסמוך על הנס. הוא איננו רוצה שנהיה תלויים בזולתנו. הוא רוצה שנהיה לשותפיו, שנכיר שכל מה שיש לנו בא ממנו - אבל מה שייעשה במה שיש לנו תלוי בנו, בבחירות שלנו, במאמצים שלנו. זהו איזון עדין שקשה להגיע אליו. קל לחיות חיי תלות. באותה מידה קל להיסחף לקצה השני, לאמירה "כֹּחִי וְעֹצֶם יָדִי עָשָׂה לִי אֶת הַחַיִל הַזֶּה" (דברים ח, יז). תפיסת העולם היהודית היא שכל מה שאנו משיגים הוא פרי מאמצינו, אך לא פחות מכך הוא תוצר של ברכת ה׳.

בניית המשכן הייתה המיזם הגדול הראשון שבני ישראל ביצעו ביחד. הוא דרש מהם נדיבות וכישרון. הוא סיפק להם הזדמנות להחזיר לקב"ה מעט ממה שהוא נתן להם. הוא האציל עליהם את הכבוד שבעמָל ובמעש היצירתי. הוא הביא לידי סיום את תהליך לידתם כאומה, וסימל את אתגרי העתיד המחכים להם. החברה שהם נקראו לכונן בארץ ישראל היא חברה שבה כל פרט יתרום את חלקו. היא נועדה להיות - כפי שקראתי לאחד מספריי - "הבית שאנו בונים ביחד".[2]

נמצאנו למדים שאחד האתגרים הגדולים ביותר של המנהיגות הוא לתת לציבור הזדמנות לתת, לתרום, להשתתף. הדבר דורש צמצום עצמי של המנהיג, כדי שישאיר גם לאחרים מקום להוביל. כמאמר הפתגם המיוחס ללאו־צה, "המנהיג הטוב ביותר הוא זה שהעם אינו מרגיש צורך להודות לו. כשמלאכתו נעשית ויעדו מושג, העם יאמר: ׳עשינו זאת בעצמנו׳".

הבחנה יסודית במדע המדינה היא זו שבין מדינה לחברה. המדינה מייצגת את מה **שנעשה בשבילנו** על ידי המנגנון הממשלתי, בעזרת הכלים של חוקים,

1. שבת י ע"א.
2. Jonathan Sacks, *The Home We Build Together: Recreating Society*, Bloomsbury Academic, 2009.

בתי משפט, מיסוי ותקצוב. החברה היא מה שאנחנו **עושים זה למען זה** באמצעות קהילות, אגודות וולונטריות וארגוני צדקה ורווחה. אני מאמין שהיהדות מעדיפה בבירור את החברה על פני המדינה, מפני שהיא יודעת - וזהו הנושא המרכזי בספר שמות - **שלא מה שאלוהים או הזולת עושה למעננו משנה אותנו, אלא מה שאנו עושים למען הזולת.** הנוסחה היהודית, כך נראה לי, היא "מדינה קטנה, חברה גדולה".

איש לא העמיק להבין את מהותה של חברה דמוקרטית יותר מאלקסיס דה־טוקוויל. כשביקר הוגה צרפתי זה בארצות הברית בשנות השלושים של המאה התשע־עשרה הוא התרשם כי חוזקה של מדינה זו טמון במה שהוא כינה "אומנות ההתאגדות", אותה נטייה של האמריקנים להתקבץ בקהילות ובארגונים וולונטריים כדי לעזור זה לזה ולא להשאיר את המלאכה לממשלה ריכוזית. לו היה זה אחרת, לו היו הבריות תלויות לגמרי במדינה, החופש הדמוקרטי היה בסכנה.

באחת הפסקאות הבלתי נשכחות ביצירת המופת שלו **הדמוקרטיה באמריקה** הוא אומר שעל הדמוקרטיות מרחפת סכנה של צורת דיכוי חדשה לגמרי, שלא הייתה כמוה בעבר. דבר רע יקרה כשאנשים יתקיימו בתוך עצמם ולמען עצמם בלבד, ויותירו את בקשת הטוב המשותף לממשלה. כך ייראו החיים במדינה כזו:

> מעל לכל אלה [האזרחים] מתנשא שלטון אדיר ואפוטרופסי, המקבל עליו להבטיח את הנאותיהם ולהשגיח על גורלם לבדו. זהו שלטון מוחלט, פרטני, סדיר, שקול, מתון ודואג לעתיד. אולי היה דומה לשלטון אבהי אילו שם לו כמוהו למטרה להכשיר את בני האדם לגיל הגברות; אלא שכל מבוקשו רק להשאירם ילדים לעולם ועד; נעים לו לראות את האזרחים בהנאותיהם, ובלבד שישימו בהן את כל מעייניהם. ברצון הוא פועל למען אושרם, אבל רוצה הוא להיות הגורם היחיד והפוסק היחיד בעניין; הוא דואג לביטחונם, חוזה מראש את צורכיהם ומבטיח את סיפוקם, מקל על תענוגותיהם, מנצח על ענייניהם העיקריים, מנהל את תעשייתם, מסדיר את עיזבונותיהם, מחלק את ירושותיהם; וכי לא יוכל לחסוך מהם כליל את טורח החשיבה ואת עמל החיים?[3]

טוקוויל כתב מילים אלו לפני כמעט מאתיים שנה, אך חוששני שתיאר נכונה את מגמת פניהן של חברות מסוימות באירופה כיום: הכול מדינה, אין חברה; מלוא כל

3. אלקסיס דה־טוקוויל, **הדמוקרטיה באמריקה**, מאנגלית: אהרן אמיר, ירושלים: שלם, תשס"ח, חלק רביעי, פרק שישי, עמ' 763.

הארץ ממשלה, ולקהילה כמעט אין מקום.[4] טוקוויל לא היה הוגה דתי. בכתביו אין שום אזכור לתנ"ך. אבל החשש שלו היה זהה לזה שספר שמות מבטא. כאשר כוח מרכזי - ויהיה זה אפילו אלוהים בכבודו ובעצמו - עושה את כל מה שהעם צריך לעשות, התפתחותו של העם נתקעת. הוא מתלונן במקום לפעול. הוא נכנע בקלות לייאוש. כאשר המנהיג, משה במקרה שלנו, נעדר, העם עושה מעשים מטופשים כמו בניית עגל זהב.

יש רק פתרון אחד: להפוך את העם לאדריכל־שותף של גורלו, לתת לבניו לבנות משהו ביחד, לגבש אותם כקבוצה ולהראות להם שאינם חסרי ישע, שהם אחראים לפעול במשותף ומסוגלים לעשות זאת. ספר בראשית מתחיל בכך שאלוהים בורא את העולם כבית לבני האדם. ספר שמות נגמר בכך שבני אדם בונים את המשכן כ"בית" לאלוהים.

מכאן עקרון היסוד היהודי, שאנו נקראים להיות שותפיו של הקב"ה בבריאה. ומכאן גם המסקנה: מנהיגים אינם פועלים בשם הציבור, אלא מלמדים אותו איך לפעול למען עצמו. **לא מה שאלוהים עושה למעננו סולל לנו את הדרך אל האחריות וזקיפות הקומה, אלא מה שאנחנו עושים למעננו.**

4. אינני מבקש לרמוז שלממשלה אין תפקיד, ושיש להשאיר הכול לארגוני החברה האזרחית. רחוק מכך. יש דברים שרק ממשלות יכולות להשיג - ובהם שלטון החוק, ההגנה על המולדת, אכיפת סטנדרטים אתיים וחלוקה הוגנת של מוצרים הנחוצים לקיום בכבוד. הכול עניין של איזון.

תצוה

מנהיגות בקוֹנְטְרָפּוּנְקְט

אחת התרומות החשובות ביותר של היהדות לתורת המנהיגות היא הקפדתה החלוצית על מה שעתיד היה להתכַּנוֹת במאה השמונה־עשרה, בפי מונטסקיֶה, "הפרדת הרשויות".[1] אין לרכז את כל הסמכות או הכוח בידיו של גורם אחד. יש לחלק את ההנהגה בין בעלי תפקידים מסוגים שונים.

אחת ההפרדות המרכזיות היא זו שבין המלך, ראש המדינה, לבין הכוהן הגדול, בעל המשרה הדתית הבכירה ביותר. אירופה דיברה על "הפרדת הכנסייה והמדינה" אלפי שנים לאחר שהתורה עמדה על כך.

זו הייתה מהפכה. המלכים במסופוטמיה והפרעונים במצרים נחשבו אלים למחצה, או מתווכים ראשיים בין בני האדם לאלים. בחגים הדתיים הגדולים הם שימשו בקודש. הם נחשבו לנציגי השמַיים עלי אדמות.

בניגוד גמור לכך, היהדות לא נתנה למוסד המלוכה כמעט שום תפקיד דתי (למעט קריאת ספר הברית בפי המלך אחת לשבע שנים במעמד הקהֵל). עיקר התנגדותם של חז"ל למלכי בית חשמונאי נגע לכך שכמה ממלכים אלה הפרו את הכלל עתיק היומין והכריזו על עצמם כוהנים גדולים. בתלמוד מנוסחת הטענה בפיו של אחד מחכמי הפרושים שאמר לינאי המלך: "רב לך כתר מלכות! הנח כתר כהונה לזרעו של אהרן".[2] משמעות עיקרון זה היא **חילון הכוח**.[3]

עקרונית לא פחות היא חלוקת המנהיגות הדתית עצמה לשתי פונקציות נפרדות: הנביא והכוהן. בפרשת תצוה מתממשת הפרדה זו בדרמטיות. הפרשה מתמקדת בתפקידו של הכוהן ומתעלמת מהנביא. פרשתנו היא הראשונה מתחילת ספר שמות ששמו של משה אינו נזכר בה. זוהי בבירור פרשה כוהנית, להבדיל מנבואית.

1. בחיבורו **על רוח החוקים**, מצרפתית: עידו בסוק, ירושלים: מאגנס, תשנ"ח.
2. קידושין סו ע"א.
3. ביהדות הכוח אינו קדוש, אלא אם כן אלוהים הוא שמפעיל אותו.

תפקידיהם של הנביאים והכוהנים היו שונים מאוד זה מזה, אף כי כמה נביאים היו מן הכוהנים (ידוע מכולם הנביא יחזקאל). הנה ההבדלים העיקריים:

1. הכהונה עוברת בירושה, ואילו מנהיגותו של הנביא היא מנהיגות מהסוג הכריזמטי. הכוהנים היו בני אהרן. הם נולדו אל תפקידם. לעומת זאת, למוצא ולייחוס אין כל משמעות אצל הנביא. ילדיו של משה רבנו עצמו לא היו נביאים.
2. הכוהן לבש מדי ייצוג. לנביא לא היו מדים רשמיים כלשהם.
3. הכהונה ניתנה לזכרים בלבד. לא כן הנבואה. בתלמוד נמנות שבע נביאות: שרה, מרים, דבורה, חנה, אביגיל, חולדה ואסתר.
4. תפקידו של הכוהן לא השתנה לאורך הזמן. סדר הקורבנות קבוע על פי לוח השנה ואינו משתנה משנה לשנה. הנביא, לעומת זאת, לא ידע מה תהיה משימתו הבאה עד שאלוהים התגלה אליו. בנבואה אין אף פעם שִגרה.
5. עקב כך, הכוהן והנביא החזיקו בתפיסות שונות של זמן. לדידו של הכוהן הזמן היה, ממש כהגדרתו של אפלטון, "צלמו הנע של הנצח",[4] מעגל מחזורי אינסופי. אצל הנביא, הזמן הוא ההיסטוריה. היום אינו כאתמול, ומחר יהיה שונה מהיום. אפשר לנסח זאת כך: הכוהן שמע את דבר ה' לתמיד; הנביא שמע את דבר ה' לעכשיו.
6. הכוהן היה "קדוש", ועל כן נבדל מהעם. הוא נדרש לאכול את מזונו בטהרה ולהימנע ממגע עם המתים. ואילו הנביא חי בדרך כלל בין הבריות ודיבר בלשונם; הנביאים באו מכל מעמדות החברה.
7. מילות המפתח של הכוהן היו "טהור" ו"טמא", "קודש" ו"חול". מילות המפתח של הנביא היו "צדק", "משפט", "חסד" ו"רחמים". אין פירוש הדבר שהנביא התעניין במוסר והכוהן לא. כמה מהמצוות המוסריות המרכזיות, כגון "ואהבת לרעך כמוך", נאמרו דווקא בחלקיה הכוהניים של התורה. נכון יותר לומר שהכוהנים חשבו במונחים של סדר מוסרי המעוגן במבנה המציאות, זה המכונה לפעמים "אונטולוגיה מקודשת".[5] הנביאים, לעומתם,

4. בדיאלוג **טימאוס**, 37d.
5. להבנת מושג קשה זה ראו בספרו של פיליפ ריף **חיי בין עבודות המוות**: Philip Rieff, *My Life Among the Deathworks*, Charlottesville: University of Virginia Press, 2006. ריף היה מבקר מעמיק ויוצא דופן של המודרנה. מבוא לעבודתו אפשר למצוא כאן: Antonius A.W. Zondervan,

נטו להתמקד פחות בדברים ובפעולות עצמם, ויותר בדינמיקת היחסים הבין־אישיים והחברתיים המתבטאת בהם.

8. משימתו של הכוהן היא **לשמור על הגבולות**. שני פעלים מאפיינים את תפקידיו: "להבדיל" ו"להורות" - להבדיל בין דבר אחד לדבר אחר, ולהורות את החוקים והמצוות הראויים. הכוהנים הורו; הנביאים התריעו.
9. בתפקידו של הכוהן אין שום ממד אישי ייחודי. אם כוהן אחד, ואפילו הכוהן הגדול, איננו יכול למלא משימה מסוימת, אפשר להחליפו בחברו. הנבואה היא אישית במהותה. חז"ל אמרו כי "אין שני נביאים מתנבאים בסגנון אחד".[6] הושע לא היה עמוס שני. ישעיהו לא היה ירמיהו נוסף. לכל נביא היה קול ייחודי ומובחן.
10. הכוהנים היוו ממסד דתי. הנביאים, לפחות אלה שנבואותיהם הונצחו בתנ"ך, לא היו ממסד אלא אנטי־ממסד. הם היו ביקורתיים כלפי כל בעל עוצמה, מעצם היותו כזה.

עם הזמן השתנו תפקידיו של הנביא, וגם חלק מתפקידיו של הכוהן. הכוהנים שימשו תמיד בעבודת המקדש. אבל הם גם היו שופטים. התורה אומרת כי כאשר יש מקרה שבית הדין המקומי מתקשה להכריע בו, יש לבוא למקדש, "אֶל הַכֹּהֲנִים הַלְוִיִּם וְאֶל הַשֹּׁפֵט אֲשֶׁר יִהְיֶה בַּיָּמִים הָהֵם. וְדָרַשְׁתָּ וְהִגִּידוּ לְךָ אֵת דְּבַר הַמִּשְׁפָּט" (דברים יז, ט). משה בירך את בני שבט לוי שהם "יוֹרוּ מִשְׁפָּטֶיךָ לְיַעֲקֹב וְתוֹרָתְךָ לְיִשְׂרָאֵל" (דברים לג, י) - כלומר שגם ההוראה היא מתפקידם.

הנביא מלאכי, בן ראשית ימי הבית השני, אמר: "כִּי שִׂפְתֵי כֹהֵן יִשְׁמְרוּ דַעַת וְתוֹרָה יְבַקְשׁוּ מִפִּיהוּ" (מלאכי ב, ז). הכוהן היה שומרו של הסדר החברתי המקודש בעם ישראל. ועם כל זה, שוב ושוב מתברר בתנ"ך כי הכהונה עלולה גם ליפול לשחיתות. קרה לא פעם ולא פעמיים שהכוהנים לקחו שוחד, ואירע אף שהם התפשרו על אמונת ישראל ואפילו עבדו אלילים ממש. לעיתים הם התערבו בפוליטיקה. היו מהם שראו את עצמם אליטה הנבדלת מהעם ובָזָה לו.

בזמנים כאלה, הנביא היה נושא דברו של אלוהים ומַצפונה של החברה, המזכיר

Sociology and the Sacred: An Introduction to Philip Rieff's Theory of Culture, Toronto: University of Toronto Press, 2005.

6. סנהדרין פט ע"א.

לעם את ייעודו הרוחני והמוסרי, קורא לו לחזור בתשובה, מעמיד את שומעיו על חובותיהם כלפי אלוהים וכלפי הזולת, ומזהיר מפני מה שיקרה אם לא ישנו את דרכם.

הפוליטיזציה והשחיתות אכלו בכהונה בכל פֶּה בתקופה ההלניסטית, ובייחוד בימי השלטון הסלווקי במאה השנייה לפני הספירה. כוהנים גדולים מתייוונים, כגון יאסון ומנלאוס, אימצו דרכי פולחן אליליות, ובשלב מסוים אף העמידו פסל של זאוס במקדש. מעשים אלה הציתו את אש המרד החשמונאי.

אולם אף על פי שיוזם המרד, מתתיהו, היה כוהן ישר דרך ושומר תורה, ההשחתה שבה והרימה את ראשה בימי המלכים החשמונאים. כת קומראן, הידועה לנו ממגילות ים המלח, הייתה ביקורתית במיוחד כלפי הכוהנים בירושלים. אך גם חז״ל לא חסכו מהם ביקורת. במשנה הראשונה במסכת אבות מתוארת שרשרת מסירת התורה. לנוכח דברינו לעיל על תפקידם של הכוהנים כמורי ההוראה אולי מתבקש היה שהכוהנים ייכללו ברשימה - אך לא: התורה נמסרה, על פי משנה זו, ״מזקנים לנביאים, ונביאים מסרוה לאנשי כנסת הגדולה״.

הכוהנים היו יסוד מוסד בחייה של ישראל הקדומה. הם סיפקו לחיים הדתיים מבנה והמשכיות, טקסים ומנהגים, חגים וחגיגות. משימתם הייתה להבטיח שעם ישראל יישאר עם קדוש שאלוהים בקרבו. אבל הם היו ממסד, וכמו כל ממסד היו להם שעות יפות יותר ויפות פחות. בשעתם היפה הם היו נוצרי הערכים הנעלים של האומה, אך בשעות השפל הם שיחתו את דרכם, ניצלו את כוחם ואת מעמדם ועסקו בפוליטיקה פנימית למען רווח אישי. זה גורלם של ממסדים, בייחוד כאלה שההשתייכות להם באה לאדם מלידה.

משום כך נדרשו נביאים. הם היו המבקרים החברתיים הראשונים בעולם, ואלוהים ייפה את כוחם לומר אמת לבעלי השררה. עד היום, לטוב ולמוטב, הממסדים הדתיים בעם ישראל דומים לממסד הכוהני הקדום. אם כן, מי יקומו ויהיו הנביאים של זמננו?

המסר המרכזי של התורה בענייני מנהיגות הוא שאסור להותירה כולה בידי מעמד אחד או בעל תפקיד אחד. היא חייבת תמיד להיות מחולקת ומבוזרת. בישראל הקדומה, המלכים היו אמונים על הכוח, הכוהנים על הקדושה, והנביאים על יושרתה ונאמנותה של החברה בכללותה. ביהדות, המנהיגות היא פחות **פונקציה** ויותר **שדה של מתחים** בין תפקידים שונים, שלכל אחד קול וזווית ראייה משלו.

ביהדות המנהיגות היא **קוֹנְטְרָפּוּנְקְט**, הטכניקה המוזיקלית המאפשרת ״התאמה בין שני קווים מלודיים או יותר, באופן היוצר יחס הרמוני ביניהם אך שומר על

נבדלותם הליניארית".[7] מורכבות פנימית זו היא הנוסכת חיות במנהיגות היהודית והמצילה אותה מאֶנטרופיה, אובדן האנרגיה במהלך הזמן.

אני מאמין שמנהיגות צריכה תמיד להיות כזו. **כל צוות של הנהגה צריך להיות מורכב מאנשים בעלי תפקידים שונים, נקודות חוזקה שונות, מזג אישי שונה ונקודות מבט שונות.** חברי הצוות חייבים כולם להיות פתוחים לביקורת, ולהישמר בלי הרף מפני היסחפות לחשיבה קבוצתית אחידה. תפארתה של היהדות היא על התעקשותה כי קול מצַווה אחד קיים רק בשמיים. כאן, על פני האדמה, אסור שיהיה אף פעם לאדם יחיד מונופול על ההנהגה.

מההתנגשות בין נקודות ההשקפה - אלו של המלך, של הכוהן ושל הנביא - נולד דבר גדול יותר מכל מה שאדם יחיד או תפקיד יחיד יכולים להניב.

7. "Counterpoint", *American Heritage Dictionary*, 5th ed., Boston: Houghton Mifflin, 2011.

כי תשא

איך מנהיגים נכשלים

בשיחותינו השנה לפרשת ויצא ופרשת וארא ראינו שאל המנהיגות מתלווה תמיד צל הכישלון; המדד האמיתי לגדולתו של מנהיג הוא דרך ההתאוששות מכישלון זה. הסיבות לכישלונם של מנהיגים נחלקות לשני סוגים. הראשון הוא סיבות חיצוניות: זמן לא מתאים, תנאים נחותים, היעדר בן שיח בצד השני. ההוגה המדיני בן הרנסנס ניקולו מקיאוולי קרא לזה "פורטונה": בכוחו של מזל רע להביס גם את האנשים הדגולים ביותר. לפעמים אנו נכשלים אף כי עשינו את המיטב ואת המֵרב. כאלה הם החיים.

הסוג השני הוא סיבות פנימיות. מנהיג עלול להיות פשוט נטול אומץ מנהיגותי. לפעמים מנהיגים נדרשים לעמוד נגד ההמון. הם צריכים לומר "לא" כשכולם מסביב צועקים "כן". זה עלול להיות מאיים. להמון יש רצון ומומנטום משלו. לומר "לא", פירושו לפעמים להעמיד את הקריירה, ואפילו את החיים, על קרן הצבי. במקרים אלה נדרש אומץ, ואם המנהיג אינו מפגין אומץ זהו כישלון מוסרי חמור.

הדוגמה הקלאסית היא שאול המלך, שלא מילא אחר דברי שמואל במלחמתו בעמלק. שמואל הורה לשאול להמית את עמלק ואת כל אשר לו - בני אדם ובעלי חיים כאחד. אך הנה מה שקרה, כמסופר בשמואל א' פרק טו (יג-כא) - וכפי שקראנו לא מכבר בהפטרת שבת זכור:

> וַיָּבֹא שְׁמוּאֵל אֶל שָׁאוּל. וַיֹּאמֶר לוֹ שָׁאוּל: "בָּרוּךְ אַתָּה לַה'! הֲקִימֹתִי אֶת דְּבַר ה'".
> וַיֹּאמֶר שְׁמוּאֵל: "וּמֶה קוֹל הַצֹּאן הַזֶּה בְּאָזְנָי וְקוֹל הַבָּקָר אֲשֶׁר אָנֹכִי שֹׁמֵעַ?"
> וַיֹּאמֶר שָׁאוּל: "מֵעֲמָלֵקִי הֱבִיאוּם, אֲשֶׁר חָמַל הָעָם עַל מֵיטַב הַצֹּאן וְהַבָּקָר לְמַעַן זְבֹחַ לַה' אֱלֹהֶיךָ, וְאֶת הַיּוֹתֵר הֶחֱרַמְנוּ".
> וַיֹּאמֶר שְׁמוּאֵל אֶל שָׁאוּל: "הֶרֶף וְאַגִּידָה לְּךָ אֵת אֲשֶׁר דִּבֶּר ה' אֵלַי הַלָּיְלָה". וַיֹּאמֶר לוֹ: "דַּבֵּר".
> וַיֹּאמֶר שְׁמוּאֵל: "הֲלוֹא אִם קָטֹן אַתָּה בְּעֵינֶיךָ, רֹאשׁ שִׁבְטֵי יִשְׂרָאֵל אָתָּה וַיִּמְשָׁחֲךָ ה' לְמֶלֶךְ עַל יִשְׂרָאֵל. וַיִּשְׁלָחֲךָ ה' בְּדָרֶךְ, וַיֹּאמֶר 'לֵךְ וְהַחֲרַמְתָּה אֶת הַחַטָּאִים, אֶת

עֲמָלֵק, וְנִלְחַמְתָּ בוֹ עַד כַּלּוֹתָם אֹתָם׳. וְלָמָּה לֹא שָׁמַעְתָּ בְּקוֹל ה׳ וַתַּעַט אֶל הַשָּׁלָל וַתַּעַשׂ הָרַע בְּעֵינֵי ה׳?״
וַיֹּאמֶר שָׁאוּל אֶל שְׁמוּאֵל: ״אֲשֶׁר שָׁמַעְתִּי בְּקוֹל ה׳, וָאֵלֵךְ בַּדֶּרֶךְ אֲשֶׁר שְׁלָחַנִי ה׳, וָאָבִיא אֶת אֲגַג מֶלֶךְ עֲמָלֵק וְאֶת עֲמָלֵק הֶחֱרַמְתִּי. וַיִּקַּח הָעָם מֵהַשָּׁלָל צֹאן וּבָקָר רֵאשִׁית הַחֵרֶם לִזְבֹּחַ לַה׳ אֱלֹהֶיךָ בַּגִּלְגָּל״.

שאול מספק תירוצים. הכישלון איננו שלו; הוא של החיילים. וחוץ מזה, גם לו וגם להם היו כוונות טובות. הצאן והבקר הושארו חיים כדי שאפשר יהיה להקריבם לה׳. שאול אומנם לא הרג את אגג מלך עמלק, אבל הוא לקח אותו בשבי. שמואל איננו משתכנע. הוא מודיע לשאול: ״יַעַן מָאַסְתָּ אֶת דְּבַר ה׳ וַיִּמְאָסְךָ מִמֶּלֶךְ״ (טו, כג). רק אז שאול מודה ״חָטָאתִי״. אבל עכשיו מאוחר מדי. הוא הראה שאיננו ראוי להיות אבי שושלת המלוכה הישראלית.

יש ציטוט חסר מקור, שהודבק לכמה וכמה פוליטיקאים: ״ברור שאני שומע בקולה של המפלגה. הרי אני המנהיג שלה!״[1] יש מנהיגים שהם בעצם מונהגים. רבי ישראל סלנטר דימה אותם לכלב היוצא לטיול עם אדוניו. הכלב רץ לפני האדון, אבל מביט מפעם לפעם לאחור לראות אם הוא רץ בכיוון הנכון. הכלב אולי סבור שהוא המוביל, אבל למעשה הוא מובל.

כזה הוא, על פי פשוטו של מקרא בפרשתנו, מקרהו של אהרן. משה היה על ההר זה ארבעים יום. העם פחד. האם משה מת? איפה הוא? בלי משה, בני ישראל הרגישו שַׁכּולים. הוא היה נקודת המגע שלהם עם אלוהים. מבחינתם הוא חולל ניסים, קרע את הים, נתן להם מים לשתות ולחם לאכול במדבר. כך מתארת התורה את מה שקרה מנקודה זו:

וַיַּרְא הָעָם כִּי בֹשֵׁשׁ מֹשֶׁה לָרֶדֶת מִן הָהָר, וַיִּקָּהֵל הָעָם עַל אַהֲרֹן וַיֹּאמְרוּ אֵלָיו: ״קוּם עֲשֵׂה לָנוּ אֱלֹהִים אֲשֶׁר יֵלְכוּ לְפָנֵינוּ, כִּי זֶה מֹשֶׁה הָאִישׁ אֲשֶׁר הֶעֱלָנוּ מֵאֶרֶץ מִצְרַיִם לֹא יָדַעְנוּ מֶה הָיָה לוֹ״. וַיֹּאמֶר אֲלֵהֶם אַהֲרֹן: ״פָּרְקוּ נִזְמֵי הַזָּהָב אֲשֶׁר בְּאָזְנֵי נְשֵׁיכֶם, בְּנֵיכֶם וּבְנֹתֵיכֶם, וְהָבִיאוּ אֵלָי״. וַיִּתְפָּרְקוּ כָּל הָעָם אֶת נִזְמֵי הַזָּהָב אֲשֶׁר בְּאָזְנֵיהֶם וַיָּבִיאוּ אֶל אַהֲרֹן. וַיִּקַּח מִיָּדָם, וַיָּצַר אֹתוֹ בַּחֶרֶט, וַיַּעֲשֵׂהוּ עֵגֶל מַסֵּכָה. וַיֹּאמְרוּ: ״אֵלֶּה אֱלֹהֶיךָ יִשְׂרָאֵל אֲשֶׁר הֶעֱלוּךָ מֵאֶרֶץ מִצְרָיִם״. (שמות לב, א-ד)

1. יוחס לבנימין דיזראלי, לסטנלי בולדווין ולאלכסנדר אוגוסט לדרו־רולן.

הקב"ה זועם. משה מפציר בו לרחם על העם. ואז הוא יורד מההר, רואה מה קרה, שובר את לוחות הברית שבידיו, שורף את צלם העגל, כותת אותו לאבקה, מערבב אותו במים ונותן לבני ישראל לשתות. לבסוף הוא פונה אל אהרן אחיו ואומר, "מֶה עָשָׂה לְךָ הָעָם הַזֶּה כִּי הֵבֵאתָ עָלָיו חֲטָאָה גְדֹלָה?". אהרן עונה:

> אַל יִחַר אַף אֲדֹנִי. אַתָּה יָדַעְתָּ אֶת הָעָם כִּי בְרָע הוּא. וַיֹּאמְרוּ לִי, "עֲשֵׂה לָנוּ אֱלֹהִים אֲשֶׁר יֵלְכוּ לְפָנֵינוּ, כִּי זֶה מֹשֶׁה הָאִישׁ אֲשֶׁר הֶעֱלָנוּ מֵאֶרֶץ מִצְרַיִם לֹא יָדַעְנוּ מֶה הָיָה לוֹ". וָאֹמַר לָהֶם, "לְמִי זָהָב - הִתְפָּרָקוּ". וַיִּתְּנוּ לִי, וָאַשְׁלִכֵהוּ בָאֵשׁ, וַיֵּצֵא הָעֵגֶל הַזֶּה! (לב, כב-כד)

אהרן האשים את העם. העם, אמר, הוא שהעלה את הדרישה הנתעבת לעשות אלוהים אחרים. לא אני עשיתי את העגל; זה פשוט קרה. "וָאַשְׁלִכֵהוּ בָאֵשׁ, וַיֵּצֵא הָעֵגֶל הַזֶּה". זה אותו סוג של התכחשות לאחריות שאנו זוכרים מסיפור אדם וחוה. האדם אמר, "הָאִשָּׁה אֲשֶׁר נָתַתָּה עִמָּדִי הִוא נָתְנָה לִי מִן הָעֵץ וָאֹכֵל". האישה אמרה, "הַנָּחָשׁ הִשִּׁיאַנִי וָאֹכֵל" (בראשית ג, יב-יג). זו היא, זה הוא - זה לא אני. אני הקורבן, לא העבריין. התחמקות כזו היא כשל מוסרי אצל כל אדם. אצל מנהיג כשאול מלך ישראל ואהרן הכוהן הגדול - קל וחומר.

מוזר, אך אהרן לא נענש מייד. כעבור שנים רבות הוא ייענש על חטא אחר לגמרי - על הדברים הקשים שהטיחו הוא ומשה בבני ישראל כשהתלוננו על מחסור במים במי מריבה: "יֵאָסֵף אַהֲרֹן אֶל עַמָּיו. כִּי לֹא יָבֹא אֶל הָאָרֶץ אֲשֶׁר נָתַתִּי לִבְנֵי יִשְׂרָאֵל, עַל אֲשֶׁר מְרִיתֶם אֶת פִּי לְמֵי מְרִיבָה" (במדבר כ, כד). מאוחר אף יותר, בחודש האחרון לחייו של משה, סיפר משה לעם לראשונה על דבר שאירע לאחר חטא העגל. לדבריו - דברים שעד כה שמר בליבו - הקב"ה כעס כל כך על אהרן עד שביקש להורגו, ורק תפילת משה הצילה אותו:

> כִּי יָגֹרְתִּי מִפְּנֵי הָאַף וְהַחֵמָה אֲשֶׁר קָצַף ה' עֲלֵיכֶם לְהַשְׁמִיד אֶתְכֶם. וַיִּשְׁמַע ה' אֵלַי גַּם בַּפַּעַם הַהִוא. וּבְאַהֲרֹן הִתְאַנַּף ה' מְאֹד לְהַשְׁמִידוֹ, וָאֶתְפַּלֵּל גַּם בְּעַד אַהֲרֹן בָּעֵת הַהִוא. (דברים ט, יט-כ)

קל לבקר אנשים שנכשלים במבחן המנהיגות ואינם מצליחים לעמוד בפני ההמון, לערער על הקונצנזוס, לחסום את הדרך בפני הרוב שבחר ללכת בה. קל לבקר - אך האמת היא שקשה עד מאוד לעשות. "אל תדון את חברך עד שתגיע למקומו". ההמון

יכול להתעלם מהמנהיג העומד נגדו, לרמוס אותו, אפילו להתנקש בחייו. כשהמון יוצא מכלל שליטה, אין שום פתרון אלגנטי. אפילו משה היה חסר אונים לנוכח לחץ המוני העם; זה קרה לו מאוחר יותר, בחטא המרגלים (במדבר יד, ה).

גם עתה, לאחר חטא העגל, קשה למשה להשיב את הסדר על כנו. לשם כך הוא נאלץ לנקוט אמצעים דרמטיים מאין כמוהם. תחילה הוא שובר את הלוחות וכותת את העגל לאבקה. לאחר מכן הוא מבקש, ומקבל, את עזרתם של בני שבטו, הלוויים. הללו עושים נקמה בהמוני העם, והורגים באותו יום שלושת אלפים איש. ההיסטוריה שופטת את משה כגיבור, אבל ייתכן מאוד שבעיני בני זמנו הוא נראה כעריץ אכזר. אנחנו, הודות לתורה, יודעים מה היה בין ה׳ למשה, כיצד התחנן משה על חייהם של בני ישראל. אולם לבני ישראל העומדים לרגלי ההר לא היה מושג כמה קרובים היו להישמד.

המסורת נהגה באהרן ברכּות. הוא מתואר כאיש שלום. אולי משום כך הוא נעשה כוהן גדול. יש יותר מסוג אחד של מנהיגות. כהונה עניינה שמירה על חוקים, לא נקיטת עמדות וסחיפת קהל. העובדה שאהרן לא היה מנהיג בצלמו ובדמותו של משה, אין פירושה שהוא נכשל. פירושה הוא שאהרן נועד לתפקיד מסוג אחר. יש זמנים שדרוש מנהיג בעל אומץ להדוף את דעת הקהל ואת לחץ ההמון; יש זמנים אחרים, שדרוש מנהיג העושה שונאים לאוהבים. משה ואהרן היו בעלי אישיות שונה. אהרן נכשל כאשר מצופה היה ממנו להיות משה, אך נעשה מנהיג דגול בזכות עצמו בהקשרים אחרים. משה ואהרן, שני מנהיגים שונים זה מזה שפעלו ביחד, השלימו איש את אחיו. אין אדם היכול לעשות הכול.

האמת היא שכאשר המון יוצא מכלל שליטה, אין דרך קלה להחזירו למוטב. משום כך, היהדות כולה היא סמינר מורחב באחריות אישית וקולקטיבית. יהודים אינם הופכים להמון חסר אחריות - או לפחות אסור שיהפכו לכאלה. כשזה קורה, צריך אישיות מסוגו של משה שתשיב את הסדר. אך בזמנים אחרים, במקרים אחרים, נחוץ דווקא מי שישמור על השלום. דרוש אהרן.

ויקהל

בניית צוות

איך מפיחים רוח חדשה בעם מיואש? איך מאחים את רסיסיה של אומה שבורה? זהו האתגר העומד לפני משה לאחר חטא העגל, בפתח פרשתנו.

מילת המפתח בתשובה היא שמה של הפרשה: וַיַּקְהֵל. קהילה, או קהל, היא קבוצה של אנשים שנאספו למטרה מסוימת. מטרה זו יכולה להיות חיובית או שלילית, בונה או הורסת. אותה מילה המופיעה בפתח פרשת השבוע הנוכחית כתחילתו של פתרון, הופיעה בפרשת השבוע שעבר, בבניין דקדוקי אחר, כתחילתה של הבעיה: "וַיַּרְא הָעָם כִּי בֹשֵׁשׁ מֹשֶׁה לָרֶדֶת מִן הָהָר, וַיִּקָּהֵל הָעָם עַל אַהֲרֹן וַיֹּאמְרוּ אֵלָיו: 'קוּם עֲשֵׂה לָנוּ אֱלֹהִים אֲשֶׁר יֵלְכוּ לְפָנֵינוּ, כִּי זֶה מֹשֶׁה הָאִישׁ אֲשֶׁר הֶעֱלָנוּ מֵאֶרֶץ מִצְרַיִם לֹא יָדַעְנוּ מֶה הָיָה לוֹ'" (שמות לב, א).

ההבדל בין שתי ההיקהלויות הללו הוא שהראשונה הובילה לפריעה, והשנייה לסדר. לאחר שמשה ירד מההר וראה את עגל הזהב וכתת אותו לאבקה, מסופר: "וַיַּרְא מֹשֶׁה אֶת הָעָם כִּי **פָרֻעַ** הוּא, כִּי **פְרָעֹה** אַהֲרֹן לְשִׁמְצָה בְּקָמֵיהֶם" (לב, כה).

יש התקהלות מתוכננת, מוכוונת־משימה וממושמעת - ויש התקהלות של המון פרוע. להמון יש רצון משלו. אנשים הנמהלים בהמון מאבדים את המשמעת העצמית שלהם. הם נסחפים על גל הרגש. תהליכי החשיבה השקולים הנורמליים נדחים מפני הרגשות הקבוצתיים הפרימיטיביים. בלשונם של מדעני המוח, מתרחשת אצלם השתלטות של האמיגדלה - המרכז הרגשי הקדום של המוח. היצרים יוצאים מכלל שליטה.

הפסיכולוגיה של ההמון הייתה נושאם של מחקרים מפורסמים, עוד בשחר ימיו של מדע הפסיכולוגיה: מחקרו של צ'רלס מקיי **הזיות פופולריות חריגות וטירוף ההמונים** (1841), ספרו של גוסטב לה־בון **הפסיכולוגיה של ההמון** (1895), ומחקרו של וילפרד טרוטר **האינסטינקטים של העדר בשלום ובמלחמה** (1914). מחקר מרשים במיוחד על הנושא הוא **ההמון והכוח** מאת הסופר היהודי חתן פרס נובל אליאס קָנֶטי (1960).[1]

1. המחקר הופיע גם בעברית: אליאס קנטי, **ההמון והכוח**, עברית: עמשי לוין, תל אביב: צ'ריקובר, 1979.

מעשה ההקהלה שבפרשתנו הוא תגובתו של משה[2] להתקהלות הפרועה של העם סביב אהרן בחטא העגל. משה עושה דבר מרתק. הוא איננו פועל בניגוד למגמת העם, כפי שעשה תחילה כאשר ראה את עגל הזהב. במקום זאת, הוא משתמש באותה מוטיבציה שהניעה את העם בהתקהלות ההיא. בני ישראל רצו ליצור משהו שייתן להם סימן שה׳ שוכן בקרבם: לא במרומי ההר, אלא בתוך המחנה. משה פונה לאותו רגש נדיבות שגרם להם להציע לאהרן את תכשיטי הזהב שלהם. ההבדל הוא שעכשיו הם פועלים על פי מצוות ה׳, ולא על פי הרגש הספונטני.

הוא מבקש מבני ישראל לתרום מנדבת ליבם להקמת המשכן. ההיענות רבה כל כך, שהוא צריך לבקש מהם להפסיק. **אם רצונכם לחבר בין בני אדם, תנו להם לבנות משהו ביחד.** תנו להם משימה שהם יכולים להשלים רק ביחד, ובשום אופן לא לבד.

את כוחו של עיקרון זה הראה ניסוי מפורסם שעשו בשנת 1954 מוּצָפֶר שֶׁרִיף ועמיתיו, אנשי מדעי החברה מאוניברסיטת אוקלהומה. הניסוי מוכר בשם ״ניסוי מערת השודדים״. שריף רצה להבין את הדינמיקה של סכסוכים בין־קבוצתיים ודעות קדומות כלפי קבוצות. לשם כך אספו הוא ועמיתיו למחקר 22 ילדים בני 11, כולם בנים אמריקנים לבנים, שעד אז לא הכירו זה את זה - וארגנו להם מחנה קיץ באתר מרוחק, הפארק הלאומי ״מערת השודדים״ באוקלהומה. הילדים חולקו באופן אקראי לשתי קבוצות, ושוכנו בצריפים בשני אזורים שונים של הפארק.

בשלב הראשון לא ידעו הקבוצות האחת על קיומה של חברתה. שבוע זה הוקדש לגיבוש הקבוצות. הילדים בכל קבוצה טיילו ושחו ביחד. כל קבוצה בחרה לעצמה שם - ״העיטים״ ו״הפתנים״ - והדפיסה את השם על חולצות ועל דגלים.

ואז, לאורך ארבעה ימים, שתי הקבוצות הופגשו זו עם זו לסדרה של תחרויות. הקבוצה המנצחת קיבלה גביעים, מדליות ופרסים; המפסידה לא קיבלה כלום. בו במקום נוצרה מתיחות. כל קבוצה קראה לחברי הקבוצה השנייה בשמות גנאי, הציקה להם ושרה עליהם שירים משפילים. היריבות החמירה והלכה. הקבוצות שרפו זו לזו דגלים, ואף פשטו האחת על צריפי המגורים של רעותה. הילדים סירבו לאכול עם בני הקבוצה השנייה בחדר אוכל אחד.

השלב השלישי נקרא ״שלב האינטגרציה״. נקבעו פעילויות משותפות. חברי שתי הקבוצות צפו בסרטים ביחד. הם הפעילו יחד זיקוקים ביום העצמאות. התקווה

2. אין כוונתי לומר כאן שההקהלה הייתה יוזמתו של משה. המצווה לבנות את המשכן היא כמובן מצוות ה׳, לא מצווה של משה. מצווה זו מובאת בתורה, כזכור, עוד לפני סיפור העגל - בפרשת תרומה. הדבר ממחיש את העיקרון ש״אין הקב״ה מכה את ישראל אלא אם כן בורא להם רפואה תחילה״ (מגילה יג ע״ב).

הייתה שמפגשים פנים אל פנים יפחיתו את המתחים ויובילו לפיוס. זה לא קרה. אחדים מהמפגשים נגמרו בכך שהילדים השליכו אוכל זה על זה.

בשלב הרביעי יצרו החוקרים במתכוון מצבים שבהם מתעוררת בעיה המציקה לשתי הקבוצות גם יחד. הבעיה הראשונה הייתה חסם באספקת מי השתייה למחנה. שתי הקבוצות זיהו את הבעיה בנפרד, ונאספו במקום החסימה כדי לסלקה. יחד עמלו לעשות זאת, ויחד חגגו את ההצלחה. במקרה נוסף, שתי הקבוצות בחרו לצפות בסרטים מסוימים. החוקרים הסבירו לילדים ששכירת הסרטים תעלה כסף רב, והדבר חורג מתקציב המחנה. שתי הקבוצות הסכימו לתרום סכומים שווים. במקרה שלישי, עגלה שהילדים נסעו בה נתקעה, והם היו צריכים לדחוף אותה ביחד. כששלב זה הגיע לסיומו, הילדים כבר לא החזיקו בדימויים שליליים של הצד השני. באוטובוס שהחזיר את הילדים מהמחנה, ילדים מקבוצה אחת השתמשו בכספי הפרס שלהם כדי לקנות משקאות לכולם.

מחקרים אחרים העלו תוצאות דומות. המסקנה מהפכנית. אפשר להפוך אפילו קבוצות עוינות לקבוצה אחת מלוכדת, אם מעמידים מול שתיהן אתגר משותף שאף לא אחת מהן תוכל להתגבר עליו לבדה.

הרב נורמן לם, לשעבר נשיא ישיבה יוניברסיטי, העיר פעם שהוא מכיר רק בדיחה אחת בכל התלמוד: המימרה כי "תלמידי חכמים מרבים שלום בעולם" (ברכות סד ע"א). הרי הרבנים מפורסמים במחלוקותיהם. איך אפשר לומר שהם מרבים שלום בעולם?

כמובן, הגמרא לא התכוונה להתבדח. כדי להבין מדוע הדברים אמורים במלוא הרצינות, יש לקרוא את המשך המימרה: "תלמידי חכמים מרבים שלום בעולם, שנאמר 'וְכָל בָּנַיִךְ לִמּוּדֵי ה' וְרַב שְׁלוֹם בָּנָיִךְ' (ישעיה נד, יג); אל תקרי 'בנייך', אלא 'בונייך'". כשתלמידי החכמים נעשים בונים, הם מרבים שלום. המבקש לאחד אנשים אינדיבידואליסטים מאוד לכדי קהילה חייב להפוך אותם תחילה לבונים. את זאת עשה משה כשהקהיל את בני ישראל לבניין המשכן.

בניית צוות, אפילו אחרי אסון כמו חטא העגל, איננה מסתורין ואיננה נס. בונים צוות על ידי הצבת משימה - כזו המדברת אל ליבם של האנשים, ששום חלק מהצוות לא יוכל להשלימה לבדו. זו צריכה להיות משימה קונסטרוקטיבית. כל חבר בצוות צריך להיות מסוגל לתרומה ייחודית, וכאשר הוא תורם אותה, עליו להרגיש שמעריכים אותו. הכרחי שכל חבר בצוות יוכל בסוף מעשה לומר בגאווה: עזרתי לעשות זאת.

את זאת הבין משה, וכך עשה. הוא ידע שכדי לבנות צוות, צריך ליצור צוות שבונֶה.

פקודי

עלינו לשבח

אם רוצה מנהיג להפיק מבני קהילתו את המיטב, עליו לתת להם הזדמנות להראות שהם מסוגלים למעשים גדולים - ואז **לחגוג את הישגיהם**. זה מה שמתרחש ברגע מכריע לקראת סוף פרשתנו, רגע המוביל בעקבותיו את חומש שמות רב המעקשים והמרי אל חתימתו הנשגבת.

בני ישראל השלימו את מלאכת בניית המשכן. ואז מספרת התורה -

> **וַתֵּכֶל** כָּל **עֲבֹדַת** מִשְׁכַּן אֹהֶל מוֹעֵד. וַיַּעֲשׂוּ בְּנֵי יִשְׂרָאֵל כְּכֹל אֲשֶׁר צִוָּה ה׳ אֶת מֹשֶׁה כֵּן עָשׂוּ... וַיַּרְא מֹשֶׁה אֶת כָּל **הַמְּלָאכָה**, וְהִנֵּה עָשׂוּ אֹתָהּ כַּאֲשֶׁר צִוָּה ה׳ כֵּן עָשׂוּ. **וַיְבָרֶךְ** אֹתָם מֹשֶׁה. (שמות לט, לב, מג)

מילים פשוטות למשמע אוזן - אך באוזן המיומנת מתהדהד בהן כתוב אחר, מסוף סיפור הבריאה בספר בראשית:

> **וַיְכֻלּוּ** הַשָּׁמַיִם וְהָאָרֶץ וְכָל צְבָאָם. **וַיְכַל** אֱלֹהִים בַּיּוֹם הַשְּׁבִיעִי **מְלַאכְתּוֹ** אֲשֶׁר עָשָׂה, וַיִּשְׁבֹּת בַּיּוֹם הַשְּׁבִיעִי מִכָּל **מְלַאכְתּוֹ** אֲשֶׁר עָשָׂה. **וַיְבָרֶךְ** אֱלֹהִים אֶת יוֹם הַשְּׁבִיעִי וַיְקַדֵּשׁ אֹתוֹ, כִּי בוֹ שָׁבַת מִכָּל **מְלַאכְתּוֹ** אֲשֶׁר בָּרָא אֱלֹהִים לַעֲשׂוֹת. (בראשית ב, א-ג)

שלוש מילות מפתח מופיעות בשני הקטעים: "מלאכה" (או "עבודה"), "ויכל" (להטיותיה) ו"ויברך". ההדהוד אינו מקרי. זו דרכה של התורה לאותת על קשר בין כתובים, ולרמוז שאת המצווה או הסיפור האחד יש לקרוא לאורו של השני. במקרה שלפנינו, התורה מדגישה שבחומש שמות הושלם מה שהתחיל בחומש בראשית, מלאכה הִשלימה מלאכה. שימו לב לדמיון, וגם להבדלים. ספר בראשית התחיל במעשה של בריאה **אלוהית**. ספר שמות נחתם במעשה של יצירה **אנושית**.

ככל שנעמיק לבחון את הפרטים בשני הכתובים, כך יתחוורו לעינינו קשרי

הקשרים המחושבים שנטוו ביניהם. סיפור הבריאה בספר בראשית מאורגן בקפידה סביב סדרות בנות שבעה איברים. מסופר בו על שבעה ימים. המילה "טוב" מופיעה בו שבע פעמים, המילה "אלוהים" 35 פעמים (7 כפול 5), והמילה "ארץ" - 21 (7 כפול 3). בפסוק הפותח את הסיפור ואת הספר יש שבע מילים, בפסוק השני 14, ובפסקה החותמת אותו, פסקת "ויכולו" זו שציטטנו כאן, 35. בסיפור כולו יש 469 מילים (7 כפול 67).

והנה, גם סיפור בניית המשכן בפרשות ויקהל־פקודי בנוי סביב המספר שבע. המילה "לב" מופיעה שבע פעמים בקטע שמשה מפרט בו את החומרים שישמשו בבנייה (שמות לה, ה-כט), ועוד שבע פעמים בקטע המתאר כיצד בצלאל ואהליאב מתמנים לעשות את המלאכה (לה, לד - לו, ח). המילה "תרומה" מופיעה בסיפור שבע פעמים. בפרק לט, המתאר את הכנת בגדי הכהונה, מופיע הביטוי "כַּאֲשֶׁר צִוָּה ה׳ אֶת מֹשֶׁה" שבע פעמים - ועוד שבע בפרק מ.

התורה מפנה אפוא את תשומת ליבנו לזיקה שבין בריאת העולם לבניית המשכן. עכשיו אנו מבינים מה המשכן ייצג: הוא היה מיקרוקוסמוס, יקום בזעיר אנפין, שנבנה באותם "חוכמה" ודיוק שהעולם נברא בהם; מרחב של סדר אל מול תוהו הישימון חסר הצורה, המאיים תמיד, שבלב האדם. המשכן היה תזכורת מוחשית לשכינתו של אלוהים בקרב המחנה - שהיא בפני עצמה מטפורה לשכינתו בעולם כולו.

רעיון גדול והרה גורל מתעצב פה. בני ישראל, שהצטיירו לאורך רוב ספר שמות כממורמרים וככפויי טובה, קיבלו לאחר חטא העגל הזדמנות להוכיח שניתן לגאול אותם; שהם מסוגלים למעשים גדולים. הם קפצו על ההזדמנות הזאת. הם הוכיחו שהם יכולים להיות יצירתיים. בנדיבות לב ובכישרון כפיים בנו עולם מיניאטורי. במעשה סמלי זה הוכיחו שהם מסוגלים להיות, כניסוחם הקולע של חז"ל, "שותפים במעשה בראשית".

בזאת נסללה הדרך להשבת עוז רוחם של בני ישראל ולשיקום תפיסתם העצמית כאומת הברית. אנו היהודים איננו מאמינים שאנו מוכתמים לעד בחטא קדמון, ושאיננו מסוגלים לגדולה מוסרית. להפך: עצם העובדה שנבראנו בצלם אלוהים פירושה שאנו, בני האדם, לבדנו מכל היצורים החיים, ניחנו ביכולת ליצור. כשהישגם היצירתי הראשון של בני ישראל הגיע להבשלתו, משה בירך אותם, ואמר, על פי חז"ל, "יהי רצון שתשרה שכינה במעשה ידיכם".[1] גדולתנו הפוטנציאלית טמונה ביכולת שלנו ליצור מבנים, מערכות יחסים וחיים הנעשים בית לשכינה.

1. ספרי במדבר, פינחס קמג.

בברכו את בני ישראל ובשבחו את הישגם הראה להם משה את הדרך למעלה. הוא לימד אותם מה בידם להיות. זוהי חוויה שבכוחה להיות מְשַׁנַּת חיים. אשתף אתכם בדוגמה שחוויתי, מקרה בן זמננו.

סמוך לאחר מתקפת 11 בספטמבר 2001 קיבלתי מכתב מאישה לונדונית שאת שמה לא זיהיתי תחילה. היא כתבה לי שבבוקר המתקפה על מרכז הסחר העולמי הרציתי על דרכים להעלאת קרנו של מקצוע ההוראה, והיא קראה על כך בעיתון. הדבר גרם לה לכתוב אליי ולהזכיר לי פגישה שהייתה לנו שמונה שנים קודם לכן.

אז, ב־1993, היא הייתה מנהלת של בית ספר מקרטע. היא שמעה כמה מתוכניות הרדיו שלי, חשה קרבה לדברים שאמרתי, וחשבה שאולי תהיה לי תשובה לַבעיה שהטרידה אותה. הזמנתי אותה לבוא עם שניים מסגניה לביתנו. היא סיפרה לי שהמורל בבית הספר, בקרב המורים, התלמידים וההורים כאחד, ירוד מאי פעם. הורים העבירו ממנו את ילדיהם. מספר התלמידים הנרשמים ירד מ־1,000 ל־500. תוצאות הבחינות היו גרועות: רק 8 אחוזים מהתלמידים השיגו ציונים גבוהים. ברור היה שאם לא ייעשה שינוי דרמטי, יהיה צורך לסגור את בית הספר.

דיברנו כשעה על נושאים כלליים - בית הספר כקהילה, הדרך ליצור אתוס וכן הלאה - עד שהבנתי לפתע ששיחתנו דומה לרכבת שעלתה על הפסים הלא נכונים. המנהלת מתמודדת עם בעיה מעשית, לא עם בעיה פילוסופית. אמרתי: "אני רוצה שתחיי מילה אחת: **לחגוג**". היא השיבה לי באנחה. "אתה לא מבין - אין לנו **שום דבר** לחגוג. הכול אצלנו מתפורר". "אם כך", עניתי, "**תמצאו** משהו לחגוג. אם תלמיד אחד הצליח השבוע יותר מבשבוע שעבר, תחגגו. אם למישהו יש יום הולדת, תחגגו. אם הגיע יום שלישי, תחגגו". היא נראתה בלתי משוכנעת, אך הבטיחה לנסות את הרעיון.

עכשיו, לאחר שמונה שנים, היא כתבה כדי לספר לי מה אירע מאז. שיעור מקבלי הציונים הגבוהים נסק מ־8 אחוזים ל־65. מספר התלמידים הנרשמים שב ועלה מ־500 ל־1,000. את החדשות המרעישות היא שמרה לסוף: זה עתה עוטרה בתואר דֵיים של מסדר האימפריה הבריטית, אחד מתוארי הכבוד הגבוהים ביותר שהמלכה יכולה להעניק. התואר ניתן לה לרגל תרומתה לחינוך. "רק רציתי שתדע", סיימה את מכתבה, "כיצד שינתה מילה אחת את בית הספר ואת חיי".

היא הייתה מורה נהדרת, ולבטח לא נזקקה לעצתי. היא הייתה מוצאת את התשובה בעצמה בכל מקרה. אולם אף פעם לא היה לי ספק שהאסטרטגיה תצליח. צמיחתנו האישית היא במידה רבה נגזרת של ציפיותיהם של אחרים מאיתנו. אם הן נמוכות, אנחנו נשארים קטנים. אם הן גבוהות, אנחנו מעפילים אליהן.

אבסורדי הוא הרעיון שלכל אחד מאיתנו יש מנה קבועה של משכל, של מידות

טובות, של יכולת לימודית, של מוטיבציה ושל דחף. אומנם לא כולנו יכולים לצייר כמו מונֶה או לחבר מוזיקה כמו מוצרט. אבל לכל אחד מאיתנו יש כישרונות ויכולות העשויים להישאר רדומים כל חיינו עד שמישהו יעורר אותם. כולנו יכולים להגיע לגבהים שמעולם לא חשבנו שנגיע אליהם. כל שנחוץ לשם כך הוא **שנפגוש אדם המאמין בנו, מאתגר אותנו, ולבסוף, משנענינו לאתגר, מברך אותנו וחוגג את הישגינו**. זה הדבר שמשה עשה לאחר חטא העגל. תחילה נתן לבני ישראל ליצור, ואז בירך אותם ואת יצירתם בברכה שהיא מן הפשוטות והיפות שבכל הברכות: שהשכינה תשרה במעשה ידיהם.

השבח הוא חלק הכרחי מן ההנעה. הוא העלה בית ספר על המסלול. בעידן קדום יותר, ובהקשר קדוש יותר, הוא העלה את בני ישראל על המסלול. שבחו, אפוא, את זולתכם. כשאנו חוגגים את הישגיהם של אחרים, אנו משנים חיים.

ויקרא

ויקרא

כשמנהיג שוגה

בשיחותינו לפרשיות השבוע השנה, המתמקדות בנושא המנהיגות, כבר ראינו פעמים רבות: מנהיגים שוגים. זה בלתי נמנע. פרשת ויקרא מניחה זאת כנתון. היא כבר שואלת כיצד מגיב המנהיג על שגיאה שעשה.

התורה אומרת זאת בדרך מעודנת. פרשתנו עוסקת, בין השאר, בקורבנות שאנשים מביאים אחרי שחטאו; אחרי שנפלה מלפניהם, כלשון התורה, "שגגה" (ויקרא ד, א-לה). שגגה היא מעשה שעשיתם בלי לדעת שהוא אסור - כי שכחתם שאסור, או לא ידעתם את החוק, או לא הייתם מודעים לעובדות מסוימות הקשורות למעשה. למשל, טלטלתם חפץ ברשות הרבים בשבת, אולי מפני שלא ידעתם שאסור לעשות זאת, ואולי כי שכחתם שהוא נמצא בכיסכם, ואולי משום ששכחתם ששבת היום.

התורה קובעת ארבעה קורבנות חטאת שונים, על פי זהותו של החוטא. הראשון הוא הכוהן הגדול, השני "כָּל עֲדַת יִשְׂרָאֵל" (חז"ל פירושו שהכוונה לסנהדרין הגדולה, בית הדין העליון), השלישי הוא המנהיג, ה"נָשִׂיא", והרביעי הוא אדם רגיל, "נֶפֶשׁ אַחַת".

בשלושה מארבעת המקרים, התורה פותחת את הנחיותיה במילה "אִם": אם אדם כזה וכזה חוטא. **ייתכן** שהכוהן הגדול, סנהדרין הגדולה או אדם מן השורה ישגו. רק במקרה אחד אין התורה נוקטת לשון היתכנות, אלא לשון ודאות: מקרהו של הנשיא. מנהיגים שוגים. שגיאה היא בלתי נמנעת אצל מנהיג. היא הסיכון המקצועי שלו. "אֲשֶׁר נָשִׂיא יֶחֱטָא", פותחת התורה את דין חטאת הנשיא. אשר, לא אם.

"נשיא" היא מילה גנרית למנהיג. ראש מדינה, מלך, שופט, זקן או נסיך - כולם בכלל "נשיא". נשיא הוא במקורות, בדרך כלל, מי שמחזיק במוקד הכוח הפוליטי. בימי המשנה ציין התואר "נשיא" תפקיד של מעין-מושל, שייצג את היהודים בפני השלטון הרומי. בייחוד זכורים הנשיאים צאצאי הלל. חת"ם סופר, רבי משה סופר (ברטיסלבה, 1762–1839), בחן באחת מתשובותיו[1] את השאלה מדוע מִשְׂרַת הנשיא

1. **שו"ת חת"ם סופר**, אורח חיים יב.

עברה בירושה מאב לבן, אף ששאר עמדות ההנהגה התורנית מעולם לא היו כאלו. תשובתו מושתתת על הבחנה היסטורית. לדבריו, מתקופת שקיעתה של שושלת מלכי בית חשמונאי ואילך קיבל הנשיא רבים מתחומי האחריות של מלך. כלפי פנים וכלפי חוץ כאחד, תפקידו היה מדיני ופוליטי לא פחות משהיה דתי. המונח "נשיא" מבטא זאת היטב. נשיא הוא מנהיג שלטוני.

מדוע מחשיבה התורה סוג זה של מנהיגות כמוּעָד במיוחד לשגיאות? המפרשים מציעים שלושה הסברים אפשריים. רבי עובדיה ספורנו (בפירושו לויקרא ד, כא-כב) מצטט את מילות שירת האזינו "וַיִּשְׁמַן יְשֻׁרוּן וַיִּבְעָט" (דברים לב, טו). מי שנמצא בעמדה עדיפה מזו של אחרים, בין שהוא בעל הון ש"שָׁמֵן" ובין שהוא בעל שלטון, עלול לאבד את החוש המוסרי שלו. רבנו בחיי אומר, באותה רוח, ששליטים נוטים להיות יהירים ומתנשאים. בדברים אלה, ובעצם לאורך התנ"ך כולו, חבוי רעיון שינוסח לימים בפי הלורד אקטון במכתם מפורסם: "כוח נוטה להשחית, וכוח מוחלט נוטה להשחית באופן מוחלט".[2]

הרב אליהו מונק, בהסתמך על ספר הזוהר, הציע הסבר שני. הכוהן הגדול והסנהדרין עמדו במגע מתמיד עם הקודש. הם חיו בעולם של אידיאלים. המלך או הנשיא, לעומת זאת, היה מעורב בענייני חולין: מלחמה ושלום, מנהל ודיפלומטיה. הוא היה קרוב יותר לחטוא מפני שעל שולחנו עמדו עניינים פרגמטיים, לא עניינים דתיים.[3]

רבי מאיר שמחה הכהן מדווינסק, בעל "מֶשך חוכמה", מזכיר בפירושו לפסוקי חטאת הנשיא בפרשתנו שמנהיגים פוליטיים עלולים, יותר ממנהיגים אחרים, לנהוג בפופוליזם מזיק. לא הכוהן ולא חבר הסנהדרין תלויים בתמיכה עממית. המלך כן. בלעדיה הוא יודח. ויש בכך סכנה. מי שעושה מה שהעם רוצה, לא תמיד יעשה מה שאלוהים רוצה. לדבריו, ההליכה אחר העם היא אשר הובילה את המלך דוד לערוך מפקד אוכלוסין נגד רצון ה' (שמואל ב' כד), ואת המלך צדקיהו - להתעלם מעצת ירמיהו ולמרוד בבבל (דברי הימים ב' לו). הנה לנו סיבה נוספת מדוע ראש המערכת השלטונית חשוף לפיתוי ולשגגה יותר מראשי מערכות המשפט והדת.

יש סיבות נוספות.[4] אחת מהן היא שהפוליטיקה היא זירת עימות. היא עוסקת

2. הלורד אקטון טבע מטבע לשון זה במכתב משנת 1887. ראו Martin H. Manser and Rosalind Fergusson, *The Facts on File Dictionary of Proverbs*, New York: Facts on File, 2002, p. 225.
3. Elie Munk, *The Call of the Torah, Vayikra*, New York: Mesorah, 1992, p. 33.
4. כמובן, אין זה מובנו הפשוט של הכתוב. החטאים שהמנהיגים מקריבים בגינם חטאת הם חטאים דתיים, לא שגיאות בשיקול דעת מדיני.

בעניינים - ובראשם כסף וכוח - שבטווח הקצר הם משחקי סכום־אפס. ככל שיהיה לי יותר, יהיה לך פחות. כדי לְמָרֵב רווחים לעצמי או לקבוצה שלי, אני נכנס לעימות עם אחרים המבקשים למרב את הרווחים שלהם או של קבוצתם. הפוליטיקה בחברה חופשית היא תמיד עימותית. רק בחברות טוטליטריות או רודניות, שהמחלוקות מושתקות בהן, אין עימותים; והיהדות כולה היא מחאה מתמדת נגד רודנות. בחברה חופשית, כל נתיב שפוליטיקאי יחליט ללכת בו ינעם לחלק אחד בחברה, וירגיז חלק אחר. אין מנוס מכך.

הסמכות הפוליטית דורשת מבעליה כושר שיפוט והכרעות קשות. המנהיג נדרש לשקול טענות מתחרות, וחזקה עליו שלפעמים יטעה. מקרה כזה, בעל השלכות הרות גורל על תולדות עם ישראל, אירע אחרי מות המלך שלמה. העם בא אל בנו ויורשו, רחבעם, והתלונן על הנטל הבלתי נסבל ששלמה השית עליו, בעיקר בתקופת בניית המקדש. הם ביקשו מהמלך החדש להקל עליהם. רחבעם שאל בעצתם של יועצי אביו הזקנים. הללו הציעו לו להיענות לבקשת העם: "אִם הַיּוֹם תִּהְיֶה עֶבֶד לָעָם הַזֶּה וַעֲבַדְתָּם וַעֲנִיתָם וְדִבַּרְתָּ אֲלֵיהֶם דְּבָרִים טוֹבִים - וְהָיוּ לְךָ עֲבָדִים כָּל הַיָּמִים", אמרו. אלא שרחבעם העדיף לִשעות לעצת יועציו שלו, הצעירים הפזיזים בני גילו: להראות לעם שהוא מנהיג חזק שאינו נבהל מתלונות (מלכים א׳ יב, א–טו).

העצה הרתה אסון. הממלכה התפצלה לשתיים. עשרת שבטי הצפון נהו אחר ירבעם, מנהיג המורדים ברחבעם, ורק שבטי הדרום, המכונים בהכללה "יהודה" על שם הדומיננטי שבהם, נותרו נאמנים למלך. מעתה, גלות ישראל מארצו הייתה שאלה של זמן. עם קטן המוקף אימפריות גדולות וחזקות אינו יכול לשרוד לאורך דורות בלי אחדות, מורל גבוה ותחושת ייעוד חזקה. שני הקרעים, ממלכת ישראל וממלכת יהודה, היו לבסוף טרף למעצמות האזוריות.

מנהיגים מדיניים, להבדיל משופטים ומכוהנים, אינם חסינים לשגיאות משום ששום ספר הדרכה לא יספק להם לעולם מתכון בדוק לתגובה לכל מצב. כוהנים ושופטים פועלים על פי חוקים. למנהיגות מדינית אין חוקים, כי כל מצב הוא ייחודי. כפי שכתב ישעיה ברלין במסתו "כושר שיפוט פוליטי",[5] בתחום הפעולה הפוליטית יש רק חוקים מעטים, כי שם קובע הכישרון לקרוא את המצב. מדינאים מצליחים, הוא אומר, "תופסים את הצירוף המיוחד של תכונות שמהוות את המצב המסוים הזה - זה ולא אחר". ברלין משווה זאת לכישרון שחוננו בו סופרים דגולים

5. בתוך ספרו **תחושת המציאות: עיונים ברעיונות ובתולדותיהם**, מאנגלית: עתליה זילבר, תל אביב: עם עובד, תשנ"ח, עמ׳ 64–78. הציטוט בעמ׳ 67.

כטולסטוי ופרוסט.[6] הלבשת חוקים קשיחים על הנוף הפוליטי המשתנה בלי הרף משמעותה הרס החברה. הקומוניזם היה ניסיון מסוג זה, והתוצאות ידועות. בחברות חופשיות אנשים משתנים, תרבויות משתנות, והעולם שמחוץ לגבולות המדינה גם הוא אינו קופא על שמריו. מדינאי ערני ייווכח על נקלה שמה שעבד לפני עשור או לפני מאה אינו עובד היום. בפוליטיקה קל לטעות וקשה לקלוע.

ויש עוד סיבה אחת מדוע מנהיגות פוליטית היא כה מאתגרת. רומז לה התנא רבי נחמיה, בדבריו על הַפסוק "בְּנִי, אִם עָרַבְתָּ לְרֵעֶךָ תָּקַעְתָּ לַזָּר כַּפֶּיךָ" (משלי ו, א):

> כל הימים שאדם חבר, לא איכפת לו בצבור ואינו נענש עליו. נתמנה אדם בראש ונטל טלית, לא יאמר: "לטובתי אני נזקק, לא איכפת לי בצִבּור". אלא כל טורַח הצבור עליו. אם ראה אדם מעביר בִּייא על חברו או עובר עבירה ולא ממחה בידו, הוא נענש עליו, ורוח הקדש צווחת: "בְּנִי, אִם עָרַבְתָּ לְרֵעֶךָ", אתה ערב עליו; "תָּקַעְתָּ לַזָּר כַּפֶּיךָ" - אמר לו הקדוש ברוך הוא: אתה הכנסת עצמך לזירה, ומי שהוא מכניס עצמו לזירה - או ניצוֹחַ או נוֹצֵחַ.[7]

אדם פרטי אחראי רק לחטאיו שלו. ואילו מנהיג מוחזק אחראי לחטאי כל הציבור שבהנהגתו, או לפחות אלו שהיה בידו למנוע.[8] עם הכוח באה אחריות, והיא גְדֵלה ככל שהכוח גדל.

למנהיגות אין חוקים אוניברסליים ולא ספר הדרכה פותר־כול. כל מצב שונה מחברו, וכל תקופה מעמידה אתגרים משלה. ראש מדינה שטובת עמו לנגד עיניו עשוי לפעמים לקבל החלטות שאדם בעל מצפון לא היה מעלה על דעתו לקבלן בחייו הפרטיים. הוא עשוי להחליט לצאת למלחמה, בידיעה שייפלו בה חללים. הוא עשוי להחליט להעלות מיסים, בידיעה שיהיו שיתרוששו בשל כך. רק לאחר מעשה יֵדע המנהיג אם ההחלטה הייתה מוצדקת - ולא פעם גורלה מוכרע לשבט או לחסד בידי גורמים שאינם בשליטתו.

6. שם, עמ' 68. יש בכך משום מענה לטענתו של הפילוסוף המדיני מייקל וולצר בספרו **בצל האל** (*In God's Shadow*), העוסק בפוליטיקה מקראית. הטענה כשלעצמה צודקת בהחלט: בעוד ספרות יוון הקדומה רוויה תיאוריה פוליטית, במקרא כמעט אין כזו. אולם לדעתי (ובטוחני שישעיה ברלין היה גורס כך אף הוא) יש לכך סיבה. בפוליטיקה ישנם רק מעט חוקים כלליים, הישימים תמיד, ועל כן התנ"ך מעדיף לבטא את משנתו המדינית בעזרת סיפורים.

7. שמות רבה כז, ט.

8. "כל מי שאפשר למחות לאנשי ביתו ולא מיחה, נתפס על אנשי ביתו. באנשי עירו - נתפס על אנשי עירו. בכל העולם כולו - נתפס על כל העולם כולו", שבת נד ע"ב.

הגישה היהודית למנהיגות היא אפוא צירוף נדיר של ריאליזם ואידיאליזם: ריאליזם בדמות הידיעה שמנהיגים דינם לעשות טעויות, ואידיאליזם משום שהפוליטיקה כפופה בה תמיד למוסר, הכוח כפוף לאחריות, והפרגמטיזם - לדרישות המצפון. שגגות של מנהיגים אינן העיקר בעיניה, משום שהן בלתי נמנעות; העיקר הוא שהמנהיגים חשופים תמיד לביקורת נבואית, ושעליהם ללמוד תורה דרך קבע כדי להזכיר לעצמם את הרף הגבוה הנדרש מהם ואת מטרות העל של אומתם. מנקודת מבטה של התורה, הדרישה החשובה ביותר ממנהיג היא שיהיה ישר דיו להודות בשגיאותיו. וזהו בדיוק תפקידו של קורבן החטאת.

רבן יוחנן בן זכאי ניסח זאת במשחק מילים מבריק על המילה "אשר" בפסוק "אֲשֶׁר נָשִׂיא יֶחֱטָא". כאמור, המילה "אשר" מעידה כאן על הסבירות הגבוהה, עד כדי ודאות, שנשיא יחטא. אך רבן יוחנן מוסיף ודורש: "**אשרי** הדור שהנשיא שלו מביא קורבן על שגגתו".[9]

ממנהיג נדרשים שני סוגים של אומץ: העוז ליטול סיכון, והענווה להודות שהסיכון לא השתלם.

9. תוספתא בבא קמא ז, ה.

צו

למה ציוויליזציות גוועות

בספרה **הרעשן של השען: כיצד נימלט מהכחדה** משרטטת רבקה קוסטה מתווה מרתק על דרך מותן של ציוויליזציות. זה קורה להן, היא טוענת, כאשר הבעיות שלהן נעשות מורכבות מדי.[1] חברות מגיעות למה שקוסטה מכנה סף קוגניטיבי. זוהי הנקודה שבה הן כבר אינן יכולות לסמן להן נתיב מההווה אל העתיד.

כדוגמה היא בוחנת את תרבות המאיה. לאורך 3,500 שנה, משנת 2600 לפני הספירה עד שנת 900 לספירה בערך, טיפחו בני המאיה ציוויליזציה יוצאת דופן, שהתפשטה על שטח עצום באמריקה התיכונה - מקסיקו, גואטמלה, הונדורס, אל סלוודור ובליז של היום - ואוכלוסייתה מנתה כ־15 מיליון נפש.

הם הצטיינו בקדרות, באריגה, באדריכלות ובחקלאות - אבל הרבה יותר מכך. הם פיתחו לוח שנה מדויק יותר מהלוח הגרגוריאני, שהושתת על תרשימים אסטרונומיים העוקבים אחר תנועות הכוכבים ואף חוזים דפוסים מטאורולוגיים. הייתה להם מערכת כתב ייחודית ושיטה מתמטית מתקדמת. מרשים מכול, הם פיתחו תשתית מים הכוללת רשת מורכבת של מאגרים, תעלות, סכרים וסוללות.

ואז, פתאום, מסיבות שעדיין לא פוענחו במלואן, המערכת כולה התמוטטה. בזמן כלשהו, בשלהי המאה התשיעית או בתחילת המאה העשירית, רוב אוכלוסיית המאיה פשוט נעלמה. תיאוריות רבות ניסו להסביר למה קרה הדבר. גרמו לכך אולי בצורת ממושכת, אולי התפוצצות אוכלוסין, אולי מלחמות פנימיות, אולי מגפה קטלנית, אולי מחסור במזון, ואולי שילוב של כמה מן הגורמים הללו ואחרים. כך או כך, תרבות שהתקיימה שלושה אלפים וחצי שנים כשלה לפתע ונכחדה.

טענתה של רבקה קוסטה היא שבכל מקרה, יהיו סיבות ההיכחדות אשר יהיו, התמוטטות תרבות המאיה, כמו נפילת האימפריה הרומית וכמו קריסת אימפריית הקְמֵר בקמבודיה במאה השלוש־עשרה, אירעו מפני שהבעיות שעמדו לפניהן נעשו

1. Rebecca D. Costa, *The Watchman's Rattle: Thinking Our Way Out of Extinction*, New York: Vanguard, 2010.

רבות וסבוכות מכדי שתושביהן, בזמן ובמקום ההם, יוכלו לפותרן. היה עומס־יתר קוגניטיבי, והמערכות קרסו.

זה יכול, היא אומרת, לקרות לכל ציוויליזציה, גם לזו שלנו. הסימן הראשון לקריסה הוא קיפאון. ישנן בעיות גדולות שהכול יכולים להבחין בחשיבותן, אך במקום לטפל בהן כולם ממשיכים בשלהם ומורישים את הבעיה לדור הבא. הסימן השני הוא נסיגה לאי־רציונליות. הקושי להתמודד עם העובדות גורם לאנשים למצוא מפלט בנחמות דתיות. בני המאיה פנו להקרבת קורבנות. הממצאים הארכיאולוגיים מלמדים על העלאת קורבנות אדם בהיקף עצום. נראה כי באין להם פתרון רציונלי לבעיותיהם התמקדו בני המאיה בריצוי האלים, והגיעו לידי הסלמה מטורפת. כך כנראה אירע גם אצל הקמר.

על רקע זה, המקרה של עם ישראל והיהדות נראה חריג, אולי אף יחיד במינו. תחת שלטון רומא, לאורך כמאתיים שנה, מכיבוש יהודה בידי פומפיוס בשנת 63 לפני הספירה עד דיכוי מרד בר־כוכבא ב־135 לספירה, ידעו היהודים משבר מתמשך. הם היו מפוצלים בין זרמים וסיעות יריבות. זמן רב לפני המרד הגדול וחורבן הבית כבר ציפו היהודים לפורענות קשה.

כמה פלגים, כגון כיתות מדבר יהודה המוכרות לנו מהמגילות הגנוזות, אכן נסוגו מן המציאות אל חזיונות אפוקליפטיים והתכנסו במִבדדים במדבר. אחרים, כגון הצדוקים, המשיכו כרגיל כאילו דבר אינו עומד להשתנות. אבל הפרושים, וממשיכיהם הרבנים, עשו בדיוק את ההפך ממה שעשו בני המאיה והקמר. במקום להתמקד באובססיביות בהעלאת קורבנות, הם התמסרו למציאת **חלופות** להקרבה.

אחת החלופות שמצאו הייתה גמילות חסדים. רבן יוחנן בן זכאי ניחם את רבי יהושע, שתהה אחר חורבן הבית איך יכפרו ישראל על חטאיהם בלי קורבנות, במילים "בני, אל ירע לך. יש לנו כפרה אחת שהיא כמותה, ואיזה? זה גמילות חסדים. שנאמר, 'כִּי חֶסֶד חָפַצְתִּי וְלֹא זָבַח' (הושע ו, ו)".[2]

חלופה נוספת היא לימוד תורה. על פי חז"ל, דברי הנביא מלאכי "וּבְכָל מָקוֹם מֻקְטָר מֻגָּשׁ לִשְׁמִי" (א, יא) מתייחסים לתלמידי חכמים הלומדים הלכות קורבנות.[3] מדרש חז"ל שם בפי הקב"ה: "כבר תִקנתי להם סדר קרבנות; בזמן שקוראין בהן לפנַי, מעלֶה אני עליהם כאילו הקריבום לפנַי ואני מוחל להם על כל עֲוֹנותיהם".[4]

2. אבות דרבי נתן ד, ה.
3. מנחות ק ע"א.
4. תענית כז ע"ב.

חלופה שלישית: התפילה. הנביא הושע אמר, "קְחוּ עִמָּכֶם דְּבָרִים וְשׁוּבוּ אֶל ה'... וּנְשַׁלְּמָה פָרִים שְׂפָתֵינוּ" (יד, ג): הדברים, כלומר המילים הנאמרות בשפתיים, יכולים להחליף את הקרבת הבהמות. בתלמוד הירושלמי דורש רבי פינחס בשם רבי הושעיא: "המתפלל בבית הכנסת כאילו מקריב מנחה טהורה".[5]

ועוד חלופה: תשובה. בתהלים נאמר: "זִבְחֵי אֱלֹהִים רוּחַ נִשְׁבָּרָה" (נא, יט). חז"ל למדו מכך כי העושה תשובה "מעלין עליו כאִלו עלה לירושלים ובנה את בית המקדש ובנה את המזבח ומקריב עליו כל הקרבנות שבתורה".[6]

חמישית במניין: צום. כיוון שהצום ממעט את השומן והדם בגוף, הוא נחשב תחליף לחלב ולדם של הקורבנות.[7] השישית: הכנסת אורחים. "כל זמן שבית המקדש קיים, מזבח מכפר על ישראל; ועכשיו שֻׁלְחָנוֹ של אדם מכפר עליו".[8] וכן הלאה.

במבט לאחור, מפליא לראות כיצד חכמים כרבן יוחנן בן זכאי לא דבקו בעבר אלא הביטו קדימה וחשבו על התרחיש העתידי הגרוע ביותר. השאלה הגדולה העולה בפרשת צו ובנושא המרכזי שלה, הקורבנות לסוגיהם, איננה "למה נצטווינו על קורבנות?" אלא "לנוכח מרכזיותם של הקורבנות בחיים הדתיים של ישראל בימי המקדש, איך שרדה היהדות בלעדיהם?"

התשובה הקצרה היא שרוב רובם של הנביאים, של חז"ל ושל הראשונים הבינו שהקורבנות היו גילום סמלי של מחשבות, רגשות ומעשים שאפשר להביעם גם בדרכים אחרות. אפשר לפגוש את רצון ה' בלימוד התורה, לעבוד את ה' בתפילה, להקריב משלנו בצדקה, ליצור קרבה מקודשת בהכנסת אורחים, וכן הלאה.

היהודים לא זנחו את עברם. עודנו מזכירים את הקורבנות דרך קבע בתפילותינו. לא זנחנו את העבר - אך גם לא נכלאנו בו. היהודים גם לא חיפשו להם מקלט באי־רציונליות. הם חשבו היטב על העתיד ויצרו מוסדות כגון בית הכנסת, בית המדרש ובית הספר היכולים להיבנות בכל מקום ולקיים את הזהות היהודית גם בתנאים הקשים ביותר.

אל יהא הדבר קל בעיניכם. כל הציוויליזציות הגדולות בעולם נכחדו לבסוף, ואילו היהדות שרדה. מבחינה מסוימת, יד ההשגחה בדבר. אך מבחינה אחרת, רוחַק־הָרואי של אישים כרבן יוחנן בן זכאי הוא שמנע קריסה קוגניטיבית. הם יצרו את הפתרונות ליום המחר. הם לא ברחו מן השכל. הם בנו בשקט את עתיד היהדות.

5. ירושלמי, ברכות ה, א.
6. ויקרא רבה ז, ב.
7. ברכות יז ע"א.
8. ברכות נה ע"א.

היהדות היא הציוויליזציה שלא מתה מפני שלמרות הכבוד והנאמנות שהיא רוחשת כלפי העבר, היא ביסודה אמונה מוכוונת עתיד. בתורה אפשר לראות זאת בחדות בתיאור מות שרה. אברהם היה אז בן 137 שנה. הוא איבד את האישה שחלקה איתו את מסע חייו, ואשר הצילה את חייו פעמיים. היגון עלול היה לשתק אותו. אך כך מספר לנו הכתוב: "וַיָּבֹא אַבְרָהָם לִסְפֹּד לְשָׂרָה וְלִבְכֹּתָהּ. וַיָּקָם אַבְרָהָם מֵעַל פְּנֵי מֵתוֹ" (בראשית כג, ב-ג). עשר מילים בלבד.

משם ממשיכה התורה ומספרת כיצד קנה אברהם חלקת אדמה ראשונה בארץ ישראל, וכיצד חיפש אישה לבנו. שנים רבות קודם לכן הבטיח לו ה' ילדים וארץ. כאשר שרה מתה לא הייתה לו ארץ, והיה לו משֻׂרה בן אחד רווק. במקום להתלונן לה' על שלא מילא את הבטחתו, הוא הבין שעליו לעשות את הצעד הראשון. תחילה עליו לבנות את העתיד. זו הייתה דרכו לכבד את העבר.

פעולתם של חכמינו אחרי חורבן בית שני היא מן ההישגים הדתיים הגדולים בכל הזמנים: ליצור מסגרת דתית שתשאיר את היהודים נאמנים לזהותם. הם קשרו את היהודים לאלוהיהם, ואיש אל רעהו, בקשר שהחזיק מעמד בגלות הארוכה ביותר שידע עם מן העמים, אף שגלות זאת הייתה רווּיַת רדיפות וגירושים. במוצאם חלופה לקורבנות, הם הראו כיצד יכולה ציוויליזציה שהנצח עומד לנגד עיניה להביס את המוות.

שמיני

רתיעה לעומת פזיזות

היום ההוא נועד לשמחה. בני ישראל השלימו את בניית המשכן. בשבעת הימים האחרונים ערך משה את ההכנות לקידושו.[1] עתה, ביום השמיני, א׳ בניסן, שנה בדיוק לאחר שבני ישראל קיבלו את המצווה הראשונה שלהם ערב יציאתם ממצרים, עמדה עבודת המשכן להתחיל. חז״ל אומרים שבשמיים הייתה אז שמחה גדולה, שכמוהו לא הייתה מאז בריאת העולם.[2]

אך האסון הִכָּה. שני בניו הגדולים של אהרן הקריבו לפני ה׳ ״אֵשׁ זָרָה אֲשֶׁר לֹא צִוָּה אֹתָם״ (ויקרא י, א), והאש מהשמיים שאמורה הייתה לאֱכֹל את הקורבנות אכלה גם אותם. הם מתו. שמחת אהרן הפכה לאבל. ״וַיִּדֹּם אַהֲרֹן״ (י, ג). האיש שהיה דוברו של משה לא יכול עוד לדבר. המילים היו בפיו לאפר.

יש בפרשה הזו גרעין קשה להבנה. הוא נוגע לַקדושה. לקדושה יש אנרגיה הדומה לאנרגיה גרעינית: כאשר אין משתמשים בה כראוי, כוח ההרס שלה אדיר. אך יש בפרשת מות נדב ואביהוא גם גרעין אנושי יותר ומובן יותר. מועלות בו שתי גישות למנהיגות, הקיימות גם בימינו.

תחילה, גישתו של אהרן. בתחילת פרשת השבוע מסופר כיצד משה קורא לאהרן להיכנס לתפקידו ככוהן גדול. ״וַיֹּאמֶר מֹשֶׁה אֶל אַהֲרֹן: קְרַב אֶל הַמִּזְבֵּחַ וַעֲשֵׂה אֶת חַטָּאתְךָ וְאֶת עֹלָתֶךָ וְכַפֵּר בַּעַדְךָ וּבְעַד הָעָם וַעֲשֵׂה אֶת קָרְבַּן הָעָם וְכַפֵּר בַּעֲדָם כַּאֲשֶׁר צִוָּה ה׳״ (ט, ז). חז״ל דייקו מהמילים ״קְרַב אֶל הַמִּזְבֵּחַ״ שאהרן היסס תחילה להתקרב אליו ונזקק לזירוזו של משה: ״שהיה אהרן בוש וירא לגשת. אמר לו משה, למה אתה בוש? לכך נבחרת!״[3]

מדוע התבייש אהרן? חז״ל הציעו שני הסברים, ואת שניהם מביא רמב״ן בפירושו לפסוק זה בפרשה. על פי ההסבר הראשון, אהרן נתקף אימה מפני ההתקרבות

1. כמתואר בפרק מ בספר שמות.
2. מגילה י ע״ב.
3. רש״י לפסוק, על פי ספרא.

הפתאומית אל השכינה. ההסבר השני הוא שאהרן ראה את קרני המזבח ונזכר בקרניו של עגל הזהב, חטאו הגדול. הייתכן, חשב, שדווקא הוא, שמילא תפקיד מרכזי במאורע הנורא, יקבל עתה לידיו את תפקיד הכפרה על חטאי העם? כלום אין זה ראוי שיעשה זאת אדם נקי מחטא? בא משה והזכיר לאחיו שהכפרה על החטאים היא ייעודו של המזבח, ואם ה׳ בחר בו להיות כוהן גדול ולשרת אצל המזבח סימן שחטאו שלו כוּפַּר.

אפשר להציע הסבר שלישי, אם כי רוחני פחות. עד עכשיו היה אהרן שֵׁני למשה מכל בחינה. נכון, הוא ניצב תמיד לצידו, עזר כנגדו בדיבור ובהנהגה. אבל יש הבדל פסיכולוגי עצום בין היות שני בדרגה לבין היות מנהיג בזכות עצמך. רובנו ככולנו מכירים דוגמאות לאנשים המצטיינים בתפקידם כמספר 2, אך נבעתים מהמחשבה שיצטרכו להנהיג בעצמם.

יהיה אשר יהיה ההסבר הנכון - ואולי נכונים כולם גם יחד - אהרן נרתע מפני כניסה לתפקידו החדש, ומשה היה צריך לנסוך בו ביטחון. ״לכך נבחרת!״

הגישה השנייה מתגלמת בסיפורם הטרגי של שני בני אהרן, נדב ואביהוא, אשר הקריבו ״אֵשׁ זָרָה אֲשֶׁר לֹא צִוָּה אֹתָם״. חז״ל הציעו כמה הסברים למהות חטאם של שני האחים, המבוססים על קריאה צמודה במקומות נוספים בתורה המאזכרים את האסון. יש אומרים שמתו כי שתו לשוכרה.[4] יש אומרים שהיו גאוותנים וראו עצמם נעלים משאר העדה, ומשום כך לא התחתנו.[5] אחרים אומרים שנדב ואביהוא פסקו הלכה בעצמם שיש להבעיר את האש למזבח, במקום לשאול את משה אם הדבר מותר.[6] ודעה נוספת: הם חיכו בסתר ליבם שמשה ואהרן ימותו וההנהגה תעבור לידיהם שלהם.[7]

נסביר את חטאם כאשר נסביר - בכל מקרה נראה בבירור שהאחים היו להוטים מדי לשמש מנהיגים. התלהבותם לקראת ההשתתפות הפעילה בחנוכת המשכן סחפה אותם לעשות דבר שלא צוּוּ לעשות. הם אמרו לעצמם - האם לא פעל משה ביוזמתו הפרטית כששבר את הלוחות אחרי חטא העגל? אם הוא יכול לפעול בספונטניות, למה אנחנו לא?

הם שכחו את ההבדל שבין כוהן לנביא. כפי שראינו בשיחות קודמות, נביא חי ופועל בתוך הזמן: ברגע מסוים, השונה מכל הרגעים האחרים. כוהן חי ופועל

4. ויקרא רבה יב, א; רמב״ן לויקרא י, ט.
5. ויקרא רבה כ, י.
6. עירובין סג ע״א.
7. סנהדרין נב ע״א.

בנצח, וממלא חוקים שלעולם לא ישתנו. ה"קודש", ממלכתו של הכוהן, נקבע מבעוד מועד לפרטיו ולדקדוקיו. הקודש הוא המקום שכל ההחלטות מסורות בו לאלוהים, לא לאדם.

נדב ואביהוא לא הבינו אל נכון שיש שני סוגים מובחנים של מנהיגות. מה שהולם סוג אחד עלול להיות לגמרי בלתי הולם בסוג השני. שופט איננו מדינאי. מלך איננו ראש ממשלה. מנהיג דתי איננו סלבריטאי המבקש לו פופולריות. כאשר מנהיג מבלבל בין התחומים, הכישלון הוא שלו - אך הנזק נעשה גם לתפקיד עצמו.

דומה שאהרן ובניו היו הפכים. אהרן היה זהיר יתר על המידה, ומשה צריך היה לשכנע אותו להתחיל. ואילו נדב ואביהוא לא היו זהירים דיים. קצרה רוחם להטביע את חותמם האישי על תפקיד הכהונה. וחִפָּזוֹנָם הִכשִׁילָם.

לפנינו שני אתגרים העומדים לפני מנהיגים בכל דור ודור. הראשון הוא ההירתעות להנהיג. למה דווקא אני? למה ללכלך את הידיים? בשביל מה לי האחריות וכל הכרוך בה - רמות הדחק הגבוהות, הכמות העצומה של העבודה, הביקורת הבלתי פוסקת שמנהיגים סופגים תמיד? ובכלל, האם אין אנשים אחרים מוכשרים ומתאימים ממני?

אפילו הגדולים מכולם היססו. משה רבנו, מול הסנה הבוער, מצא סיבה אחר סיבה מדוע הוא איננו האיש המתאים למלאכה. ישעיהו וירמיהו העידו על עצמם שאינם מתאימים. יונה נקרא אל הדגל וברח. האתגר אכן מבהיל. אבל אם אתם מרגישים שנקראתם למשימה, אם אתם יודעים שהמשימה חיונית וחשובה, יש רק דרך אחת נכונה שתלכו בה: לומר "הנני". כלשון כותרתו של ספר מן השנים האחרונות, עליכם "להרגיש את הפחד ובכל זאת לעשות".[8]

האתגר השני, הנגדי, הוא זה שמסמנים נדב ואביהוא. יש אנשים שרואים את עצמם כמי שצריכים להיות המנהיגים. הם משוכנעים שהם יכולים לעשות את זה טוב יותר מכולם. זכורה הערתו המפורסמת של הנשיא הראשון חיים ויצמן, שהוא עומד בראש מדינה ובה מיליון נשיאים.

מרחוק, הכול נראה קל. האין זה ברור שהמנהיג צריך להיות א' ולא ב'? האנושות מלאה בנהגים פוטנציאליים היושבים במושב האחורי ויודעים הכול טוב יותר מהאוחז בהגה. אם רק תיתנו להם את ההגה לידיים... למעשה, אם תיתנו להם את ההגה לידיים הם יחוללו נזק רב. הם לא ישבו מעולם בכיסא הנהג. אין להם מושג

8. סוזן ג'פרס, **להרגיש את הפחד ובכל זאת... לעשות: תהליכים מעשיים לשחרור מפחד וכעס לעוצמה, כוח ואהבה**, מאנגלית: דפנה בן־יוסף, כרכור: פראג, 2015.

איך נראה העולם מכיסא הנהג: כמה רבים הם השיקולים שיש להביא בחשבון, על כמה קולות התנגדות צריך להתגבר, וכמה קשה להתמודד עם לחץ המאורעות ובו בזמן לא להסיר את המבט מהאידיאלים והמטרות ארוכי הטווח. נשיא ארצות הברית המנוח ג'ון קנדי אמר שההלם הקשה ביותר שחווה לאחר שנבחר לנשיא היה כאשר "נכנסנו לבית הלבן וגילינו שהמצב גרוע כמו שאמרנו במערכת הבחירות". שום דבר איננו מכין את המנהיג לזירה האמיתית, למימיה הקרים והסוערים והמְחַשבים להטביעו, כל עוד לא קפץ אליה.

מנהיגים נלהבים מדי, או בטוחים בעצמם יתר על המידה, עלולים להזיק. בטרם נעשו מנהיגים, פירשו את המאורעות מזווית הראייה שלהם. הם לא הבינו שמנהיגות כרוכה בהתייחסות לזוויות ראייה רבות, ובתמרון בין שלל השקפות עולם וקבוצות אינטרס. אין פירוש הדבר שהמנהיג צריך לנסות להשביע את רצון הכול. אלה העושים כך נידונים שלא להשביע את רצונו של איש. ובכל זאת, מנהיג צריך להתייעץ וצריך לשכנע. לא פעם הוא נדרש לכבד תקדימים או מסורת של מוסד זה או אחר. עליו לדעת בדיוק מתי לנהוג כפי שנהגו מנהיגים קודמים ומתי לא. כל אלה מחייבים שיפוט מחושב, לא היסחפות פראית בלהט הרגע.

נדב ואביהוא היו בוודאי אנשים גדולים. הבעיה הייתה שגם הם חשבו כך. הם לא דמו לאביהם אהרן, שחשש שאינו ראוי ושצריך היה לשכנע אותו להתקרב אל המזבח. נדב ואביהוא התאימו לתפקיד ההנהגה מכל בחינה, למעט אחת: שהם לא חשבו שאינם מתאימים.[9]

אם רצוננו לעשות גדולות ונצורות, אנו חייבים להיות מודעים לשני הפיתויים הללו. האחד הוא הפחד מפני הגדולה: מי אני? השני הוא השכנוע העצמי בגדולה: מי הם? אפשר לעשות דברים גדולים אם (א) ה"מה" חשוב לנו יותר מה"מי", (ב) אנו נכונים להקדיש למשימה את מרב מאמצינו בלי לחשוב עצמנו עליונים מזולתנו, ו־(ג) אנו יודעים להתייעץ - ואת זאת לא ידעו נדב ואביהוא לעשות.

אנשים נעשים מנהיגים לא משום שהם גדולים. להפך. הם נעשים גדולים מפני שהם מוכנים לשרת כמנהיגים. לא חשוב שאנו רואים את עצמנו בלתי מתאימים. אדרבה, גם משה ראה כך את עצמו, וגם אהרן. מה שחשוב הוא הנכונות לומר ביום פקודה "הנני".

9. המלחין הקטור ברליוז אמר פעם על מוזיקאי צעיר: "הוא יודע הכול. הדבר היחיד שחסר לו הוא חוסר ניסיון".

תזריע
מילים הורגות

האנה סמית, בת 14, גרה ולמדה בעיר לאטרוורת שבאנגליה. היא הייתה נערה נבונה וחברותית שעתיד מלבלב ניבט אליה. בבוקר 2 באוגוסט 2013 נמצאה האנה תלויה בחדר השינה שלה. היא התאבדה.

עד מהרה גילתה משפחתה של האנה שהנערה הייתה יעד להתעללות מילולית אנונימית באחת הרשתות החברתיות. האנה הייתה קורבן לגרסה העדכנית של הסיפור העתיק ביותר בתולדות האדם: שימוש במילים כנשק בידי אנשים הרוצים להכאיב. גרסה חדשה זו ידועה בשם בריונות רשת.

בשפה ההלכתית, זהו לשון הרע. בתורה איסור לשון הרע, דיבור שלילי ומשפיל על אנשים, הוא חלק מאיסור הרכילות (ויקרא יט, טז), ואין הוא עומד בפני עצמו. למרות זאת, חכמינו ראו בו את אחד החטאים החמורים ביותר. הם הפליגו בחומרתו כל כך עד שהשוו אותו לצירוף שלושת האיסורים הגדולים ביותר גם יחד: לשון הרע כמוהו כעבודה זרה, גילוי עריות ושפיכות דמים. עוד אמרו - וסיפורה של האנה סמית ממחיש זאת - שלשון הרע הורג שלושה: המְסַפר, המקבל, וזה שמספרים עליו.[1]

את פרשת מצורע נקרא בשבוע הבא, אבל רוב דיני המצורע מובאים כבר בפרשת השבוע שלנו, פרשת תזריע. המפרשים תהו מהי הצרעת ומדוע התורה מצאה לנכון לעסוק בה בהרחבה כזו. מסקנתם היא שהצרעת היא עונש על לשון הרע.

עדות לכך יש בסיפורה של מרים, שדיברה בזלזול על אחיה משה "עַל אֹדוֹת הָאִשָּׁה הַכֻּשִׁית אֲשֶׁר לָקָח" (במדבר יב, א). הקב"ה בכבודו ובעצמו חש מחויב להגן על כבודו של משה, וכעונש למרים נגף אותה בצרעת. משה התפלל לה' שירפא אותה. ה' נעתר לו וקצב את המחלה לשבעה ימים, אך לא ביטל את העונש לגמרי. ברור שבעיני התורה לא היה מדובר בזוטה, שכן בספר דברים מוזהרים בני ישראל שוב על מצוות הצרעת, ומייד מצטווים לזכור "אֵת אֲשֶׁר עָשָׂה ה' אֱלֹהֶיךָ לְמִרְיָם בַּדֶּרֶךְ

1. ראו רמב"ם, **משנה תורה**, הלכות דעות ז, ג.

בְּצֵאתְכֶם מִמִּצְרָיִם"; אחד מדברים מעטים למדי שהתורה מצווה במפורש לזכור (דברים כד, ח-ט; וראו אבן עזרא שם).

מעניין שעל פי חז"ל, גם משה עצמו חטא לרגע באותה עבירה. מול הסנה הבוער, כשה' הטיל עליו להנהיג את העם, משה ענה ואמר, "וְהֵן לֹא יַאֲמִינוּ לִי וְלֹא יִשְׁמְעוּ בְּקֹלִי" (שמות ד, א). ה' השיב לו באותות: מטה משה היה לנחש, ידו הצטרעה לזמן קצר, והוצע לו להפוך מים לדם לעיני בני ישראל. שניים מן האותות זוכים להד בהמשך הסיפור: מטה משה הופך לנחש לעיני פרעה, ומים הופכים לדם במכת דם; אך שום יד אינה נעשית מצורעת.

חז"ל, ערניים כתמיד לדקויות הכתובים, למדו מכך שהצטרעות היד בסנה לא הייתה אות, כי אם עונש. משה למד ש"החושד בכשרים לוקה בגופו". ה', מספר התלמוד, אמר למשה שבני ישראל "הן מאמינים בני מאמינים - ואתה אין סופך להאמין".[2]

סיפור יוסף ואחיו ממחיש את הנזק הנורא שלשון הרע עלול לגרום. התורה מספרת כי יוסף בן השבע-עשרה הביא לאביו את דיבתם הרעה של כמה מאחיו (בראשית לז, ב). זו לא הייתה הפרובוקציה היחידה שבעקבותיה זממו האחים להרוג את יוסף, ולבסוף מכרוהו לעבדות. היו עוד כמה גורמים. אבל הוצאת הדיבה הרעה ודאי לא הוקירה אותו בעיניהם.

הרת אסון במידה לא פחותה הייתה הוצאת דיבתם הרעה של ארץ כנען ותושביה בידי המרגלים. התורה משתמשת פה (במדבר יג, לב) באותו ביטוי ממש: דיבה. אפילו לאחר שמשה התפלל לה' שיסלח לבני ישראל על שקיבלו את הדיבה, הם נענשו עונש חמור: ארבעים שנות נדודים במדבר, וכיליון כל דור יוצאי מצרים לפני הכניסה לארץ ישראל.

מדוע רואה התורה את לשון הרע, את הוצאת הדיבה, בחומרה רבה כל כך? אחת הסיבות לכך היא התפיסה היהודית של אלוהים ושל המצב האנושי. הרבה יותר מכפי שהיהדות היא דת של אנשים קדושים ומקומות קדושים, זוהי דת של מילים קדושות.

אלוהים ברא את העולם במילים: "וַיֹּאמֶר אֱלֹהִים יְהִי... וַיְהִי". אלוהים מתגלה במילים. הוא דיבר אל האבות ואל הנביאים, ואפילו, בהר סיני, אל כל בני ישראל. בשורש האנושיות שלנו נמצא כושר הדיבור. בריאת האדם מתוארת בתורה כך: "וַיִּיצֶר ה' אֱלֹהִים אֶת הָאָדָם עָפָר מִן הָאֲדָמָה, וַיִּפַּח בְּאַפָּיו נִשְׁמַת חַיִּים, וַיְהִי הָאָדָם לְנֶפֶשׁ חַיָּה" (בראשית ב, ז). אונקלוס מתרגם "נפש חיה" במילים "רוח ממללא": נפש

2. שבת צז ע"א.

ממללת, מדברת. השפה היא החיים. מילים הן כלי יוצר, אבל גם כלי משחית. אם מילים טובות הן קדושות, הרי מילים רעות הן חילול הקודש.

אחד הסימנים ליחסה הרציני של היהדות למילים הוא התפילה שאנו אומרים בסיום כל תפילת עמידה, שלוש פעמים ויותר בכל יום: "אלוהיי, נצור לשוני מרע, ושפתיי מִדַּבֵּר מִרמה, ולמקלליי נפשי תידום, ונפשי כעפר לכול תהיה". תפילת העמידה נפתחת במילים "ה' שְׂפָתַי תִּפְתָּח וּפִי יַגִּיד תְּהִלָּתֶךָ" (תהלים נא, יז) - והנה בחתימתה אנו מבקשים מה' שיעזור לנו לסגור את השפתיים הללו: לנצור אותן מפני דיבור רע על אחרים, ואף מפני תגובה לדיבור רע על אודותינו.

אבל למרות הכול - למרות האיסור בתורה על רכילות, למרות הסיפורים על יוסף, משה, מרים והמרגלים, למרות אותה נוקשות שאין דוגמתה שחז"ל נקטו כלפי לשון הרע - עוון זה נותר שכיח לאורך כל הדורות, עד ימינו אנו. כל מנהיג הוא מושא ללשון הרע. חז"ל אמרו שכאשר משה יצא מאוהלו השכם בבוקר היו הבריות מרננות, "מה ראה בן עמרם לצאת? שמא אינו שפוי בתוך ביתו?", וכאשר היה מאחר לצאת היו רוטנים, "מה ראה בן עמרם שלא לצאת? מה אתם סבורים, יושב ויועץ עליכם עצות רעות וחושב עליכם מחשבות!"[3]

כל בעל עמדת מנהיגות, ממנכ"ל ועד הורה, נאלץ להתמודד עם לשון הרע הנאמר עליו. לפעמים עליו להסכין עם המצב הזה, שכן זהו מחירה של מנהיגות. יש אנשים שמקנאים. הם מרכלים. הם מנסים למצב את עצמם כלפי מעלה על ידי הנמכתם של אחרים. אם אתם מחזיקים בעמדת מנהיגות כלשהי, כדאי שתתרגלו לכך שמאחורי גבכם, או אפילו אל מול פניכם, יהיו אנשים שיפגינו ביקורתיות, זלזול, רשעות ולפעמים אפילו חוסר יושר. לא קל לשאת זאת. מתוך היכרותי עם מנהיגים רבים בתחומים רבים אני יכול להעיד שלא לכל האנשים החשופים לאור הזרקורים יש עור עבה. רבים מהם רגישים מאוד, וביקורת מתמדת ובלתי מוצדקת עלולה להצמית אותם.

אם אי פעם תחוו זאת, קחו את עצתו הטובה של הרמב"ם: "אם דקדק החכם על עצמו, והיה דיבורו בנחת עם הבריות, ודעתו מעורבת עמהם, ומקבילן בסבר פנים יפות, ונעלב מהן ואינו עולבן, מכבד להן ואפילו למקילין לו... הרי זה קידש את השם, ועליו הכתוב אומר 'עַבְדִּי אָתָּה יִשְׂרָאֵל, אֲשֶׁר בְּךָ אֶתְפָּאָר' (ישעיה מט, ג)".[4]

זאת באשר ללשון הרע המופנה נגדכם, המנהיגים. אולם כאשר הוא מופנה נגד

3. מובא ברש"י לדברים א, יב.
4. **משנה תורה**, הלכות יסודי התורה ה, טו.

הקבוצה כולה, יש לטפל בו באפס סובלנות. מתן חופש לחברי הקבוצה לדבר סרה איש ברעהו יגרום בסופו של דבר להתפוררותה. לשון הרע יוצר אנרגיות שליליות. כשהוא משולח בתוך הקבוצה, הוא זורע זרעי חשדנות וקנאה. כשהוא מופנה החוצה, הוא עלול להוליד יהירות, צדקנות, גזענות ודעות קדומות - תופעות הרסניות לעמידתה המוסרית של כל קבוצה שהיא. אם אתם חלק מקבוצה כזו, מנהיגים או לא מנהיגים, חובתכם להבהיר בנימוס שאין לכם חלק ונחלה בסוג כזה של תקשורת ואין לו מקום בשיחות שאתם מנהלים.

בריונות רשת היא המילה האחרונה בתחום לשון הרע. האינטרנט, בכלל, הוא האמצעי היעיל ביותר שהומצא אי פעם להפצת שנאה. לא רק שהוא מאפשר הגעה פשוטה לנמענים רבים, הוא גם עוקף את המפגש פנים אל פנים - מפגש שעשוי לעורר אצל מפיץ השנאה בושה, רגישות ושליטה עצמית. המיתולוגיה היוונית מספרת על טבעת גיגס, שמי שעונד אותה נעשה רואה-ואינו-נראה. הוא יכול לבצע כל פשע שיעלה על דעתו ולא יילכד.[5] המדיה החברתית, המאפשרת לפרסם תגובות בעילום שם ולהסתתר מאחורי זהויות בדויות, היא הדבר הקרוב ביותר לטבעת גיגס שהיה אי פעם. לכן היא כה מסוכנת.

סיפורם של האנה סמית ובני נוער אחרים שהתאבדו הוא אישור טרגי לצדקתם של חכמינו, שלא גרסו "הכול דיבורים" אלא להפך, שמילים הורגות. דיבור חופשי איננו דיבור חסר רסן, אלא דיבור המכבד את החופש והכבוד של הזולת. אם אלה לא יהיו יקרים לליבנו, הדיבור החופשי יעלה לנו ביוקר.

עתה יקל עלינו להבין את רעיון הצרעת. למחלת הצרעת שבתורה, על כל סוגיה - צרעת העור, צרעת הבגד, צרעת הבית - יש תכונה בולטת: גילוייה החיצוניים מיידיים ובולטים מאוד לעין. אנשים מדברים לשון הרע מפני שכמו עונדיה של טבעת גיגס, הם חושבים שהם סמויים מן העין. "זה לא אני. מעולם לא אמרתי כך. לא התכוונתי. הובנתי לא נכון". התורה אומרת לנו שלשון הרע הנאמר בחדרי חדרים, סופו שיוקע בציבור, ודובריו ייחשפו לעין רואה.

בפשטות: כדרך שאנו נוהגים בזולתנו, נוהג ה' בנו. אל נצפה מהקב"ה להאיר אלינו את פניו, אם איננו מאירים פנים לבני אדם אחרים.

5. ראו אפלטון, **המדינה**, ספר שני, ב, 360d-359a.

מצורע

כוחו של דיבור

הצרעת לצורותיה - צרעת העור, צרעת הבגד וצרעת הבית - הייתה לדעת חכמינו לא מחלה אלא עונש, ולא על כל חטא אלא על חטא אחד מסוים: לשון הרע. מדוע דווקא חטא זה? האם דיבור גרוע מאלימות פיזית, למשל? זֶמר ישן יש בפי האנגלים, "אבן ומוט / שוברים עצמות / אך מילים לא יוכלו לפצוע". לא נעים לאדם לשמוע דברים רעים שאומרים עליו, אבל מִ"לא נעים" לא מתים. בתורה אפילו אין איסור ישיר על לשון הרע. הרכילות אסורה: "לֹא תֵלֵךְ רָכִיל בְּעַמֶּיךָ" (ויקרא יט, טז). לשון הרע הוא פרט במצווה רחבה זאת. הרמב"ם ממפה את הדברים כך:

> איזה הוא רכיל? זה שהוא טוען דברים והולך מזה לזה ואומר "כך וכך אמר פלוני, כך וכך שמעתי על פלוני": אף על פי שהוא אומר אמת, הרי זה מחריב את העולם. יש עוון גדול מזה עד מאוד, והוא בכלל לאו זה, והוא לשון הרע. והוא המספר בגנות חברו, אף על פי שאמר אמת. אבל האומר שקר, "מוציא שם רע על חברו" נקרא.[1]

ובכל זאת, חז"ל הגדילו עשות בהדגשת חומרתו של לשון הרע. הם אמרו שהוא שקול כנגד שלוש העבירות הגדולות גם יחד - עבודה זרה, גילוי עריות ושפיכות דמים.[2] המספר לשון הרע, אמרו, כאילו כפר בעיקר, כלומר במציאות האל.[3] הרמב"ם פסק על "בעלי לשון הרע שאסור לדור בשכונתם, וכל שכן לישב עמהן ולשמוע דבריהם".[4] מדוע מתייחסת היהדות למילים גרידא בחומרה כזו?

התשובה נוגעת לאחד העקרונות היסודיים ביותר באמונת ישראל. בתרבויות אליליות קדומות, כוחות הטבע נתפסו כאלים ועל כן סגדו להם. כאלה היו הברק

1. **משנה תורה**, הלכות דעות ז, ב.
2. ערכין טו ע"ב.
3. שם.
4. **משנה תורה**, הלכות דעות ז, ו.

והרעם, הגשם והשמש, הימים והתהומות שגילמו את כוחות התוהו, ולעיתים גם חיות פרא שייצגו את הסכנה ואת האימה. היהדות מאמינה שה' חזק מכל איתני הטבע הללו, ובכל זאת אינה סוגדת לכוח.

כמו לדתות אחרות, גם ליהדות יש מקומות קדושים, אנשים קדושים, מועדים מקודשים וטקסים מקודשים. אך היהדות שונה מהן שינוי מהותי מפני שהיא, מעל לכול, **דת של מילים קדושות**. במילים ברא אלוהים את העולם: "ויאמר אלוהים יהי... ויהי". מילים הן גם האמצעי שה' מתַקשר בו עם בני האדם. ביהדות, הלשון עצמה קדושה. זאת הסיבה שלשון הרע, השימוש בלשון להזיק, איננו עבירה שולית. המספר לשון הרע נוטל דבר קדוש ומשתמש בו לתכלית שהיא היפוך הקודש. זהו סוג של חילול.

אחרי שברא את העולם, מתנתו הראשונה של אלוהים לאדם הראשון הייתה הכוח להשתמש במילים ולקרוא שמות לחיות, כלומר להשתמש בלשון לצורך מיון. זו הייתה תחילתו של התהליך האינטלקטואלי שהוא סימן ההיכר של האדם. בפסוק "וַיְהִי הָאָדָם לְנֶפֶשׁ חַיָּה" (בראשית ב, ז), את המילים "לנפש חיה" מתרגם אונקלוס "לרוח ממללא": רוח מדברת. הביולוגים האבולוציוניים בימינו סבורים שהתפתחות השפה האנושית, על הצרכים הקוגניטיביים הכרוכים בה ועל היתרון שהיא נותנת לאדם על פני כל חי אחר, היא אשר הובילה להתרחבות הרבה של המוח האנושי.[5]

כאשר ביקש אלוהים לסכל את תוכניתם של תושבי בבל לבנות מגדל וראשו בשמיים, הוא פשוט בלל את שפתם ומנע מהם לתקשר במילים. השפה הייתה ועודנה הבסיס לקיומן של קבוצות אנושיות. עליית הלאומיות במאה התשע-עשרה גרמה לנסיגתם האיטית של הניבים המקומיים מפני השפה המשותפת האחת של המדינה. גם היום, הבדלי שפה המתקיימים בתוך מדינה אחת הם מקור לחיכוך פוליטי וחברתי מתמיד. כאלה הם למשל הסכסוכים בין דוברי אנגלית לדוברי צרפתית בקנדה; בין דוברי הולנדית, צרפתית, ואלונית וגרמנית בבלגיה; ובין דוברי ספרדית ובסקית (הידועה גם בשם אֶוּסְקָרָה) בספרד. **אלוהים ברא את עולם הטבע במילים. אנחנו בוראים (ולפעמים הורסים) את העולם החברתי במילים.**

העיקרון הלשוני הראשון ביהדות הוא אפוא שהשפה בוראת. עולמות נבראים במילים. העיקרון השני יסודי לא פחות. אמונת הייחוד של אברהם הביאה לעולם

5. ראו סטיבן פינקר, **האינסטינקט הלשוני: כיצד המוח יוצר שפה**, מאנגלית: מאירה טורצקי, ירושלים: שלם, תשע"ב; גיא דויטשר, **בראי השפה: כיצד המילים צובעות את עולמנו**, מאנגלית: עמרי אשר, תל אביב: חרגול ועם עובד, תשע"א; Robin Dunbar, *Grooming, Gossip and the Evolution of Language*, Cambridge, MA: Harvard University Press, 1996.

את רעיון האל הטרנסצנדנטי, הרעיון שהאל נשגב מן היקום וחיצוני לו, ועל כן אי אפשר לזהותו עם שום תופעה בתוך היקום. אלוהים בלתי נראה; ועל כן, על פי היהדות, כל צלם ודמות דתיים הם כלי עבודה זרה.

איך יתגלה אל בלתי נראה? באמונות האליליות, ההתגלות לא הייתה בגדר בעיה. הדר הטבע הוא־הוא האלים. אנו עומדים מולם ומול זעמם ומרגישים זעירים ועלובים. אבל אל שאי אפשר לראותו, ואפילו לייצגו בחפצים אי אפשר, תובע סוג אחר לגמרי של רגישות דתית. היכן יימצא אל כזה לדורשיו?

התשובה היא, שוב: במילים. אלוהים דיבר. הוא דיבר אל אדם, אל נח, אל אברהם, אל משה. במעמד הר סיני, אומר משה בספר דברים, ה׳ דיבר אל בני ישראל "מִתּוֹךְ הָאֵשׁ. קוֹל דְּבָרִים אַתֶּם שֹׁמְעִים וּתְמוּנָה אֵינְכֶם רֹאִים זוּלָתִי קוֹל" (דברים ד, יב). ביהדות, המילים הן כלי ההתגלות. הנביא - איש או אישה - הוא השומע את מילות ה׳ ומשמיען. את התופעה הזאת לא הצליחו שפינוזה ואיינשטיין להבין. הם יכלו להשלים עם רעיון האל שברא את השמיים ואת הארץ, האל שהוא עילת העילות וסיבת הסיבות והכוח המפעיל את הכוחות, האל שהוא מחולל המפץ הגדול (כפי שאנו קוראים לזה היום), האל שהוא אדריכלוֹ של כל החומר ושַׂרְטָטוֹ של כל הסֵדר. "אלוהים אינו משחק בקוביות", אמר כידוע איינשטיין. האמונה כי היקום כולו הוא תוצר של אינטליגנציה יוצרת אחת היא הנחת היסוד שחוללה את המיזם המדעי כולו.

היבט זה של האלוהות הוא הקרוי ביהדות "אלוהים". אך אנו מאמינים שיש היבט נוסף, זה שאנו מציינים בשם ה׳. פן זה של הקב"ה הוא המקיים מערכות יחסים ספציפיות; ומערכות יחסים קיימות בזכות הדיבור. הרי הדיבור הוא המאפשר לנו לתקשר עם הזולת ולחלוק עימו פחדים ותקוות ואהבות, תוכניות ורגשות וכוונות. הדיבור מאפשר לנו לשתף את הפנימיות שלנו עם אחרים. הוא לב ליבו של הקשר האנושי. אלוה היכול לברוא עולם אך לא להקשיב ולדבר הוא אֵל אימפרסונלי, אַל־אישי - אֵל שאינו מסוגל להבין את האנושי שבנו. עבודת אל כזה תדמה להשתחוויה לשֶׁמש או למחשֵׁב ענק: לנו אולי אכפת מהם, אך להם לא אכפת מאיתנו כלל. אלוה כזה איננו אלוהי אברהם.

המילים הן עניין ראוי לציון גם מבחינה נוספת. השפה יכולה לשמש אותנו לא רק לתיאור או לטיעון. אפשר להשתמש בה גם ליצירת עובדות מוסריות חדשות. הפילוסוף ג׳ון ל׳ אוסטין קרא לשימוש מיוחד זה בשפה "מבע פרפורמטיבי".[6] הדוגמה הקלאסית היא ההבטחה. כשאני מבטיח, אני יוצר מחויבות שלא התקיימה

6. ג׳ ל׳ אוסטין, **איך עושים דברים עם מילים**, מאנגלית: גיא אלגת, תל אביב: רסלינג, 2006.

קודם לכן. הפילוסוף פרידריך ניטשה גרס כי ברגע שהחל האדם להבטיח הבטחות נולדו המוסר והאחריות האנושית.[7]

זו התשתית לרעיון שבגלעין היהדות: הברית. הברית אינה אלא **הבטחה למחויבות הדדית בין אלוהים לבין בני אדם.** האירוע המכונן של היחסים המיוחדים בין עם ישראל לאלוהים איננו הוצאתם מעבדות לחירות. אלוהים הוציא מעבדות לחירות גם עמים אחרים, כדברי הנביא עמוס: "הֲלוֹא אֶת יִשְׂרָאֵל הֶעֱלֵיתִי מֵאֶרֶץ מִצְרַיִם, וּפְלִשְׁתִּיִּים מִכַּפְתּוֹר, וַאֲרָם מִקִּיר" (עמוס ט, ז). האירוע המכונן הוא אירוע אחר, שהתחולל מעט אחר כך, בהר סיני: כניסתם של אלוהים וישראל בברית של מחויבות הדדית שליכדה אותם בקשר נצחי.

הברית היא המילים המחברות שמיים וארץ, המילים המדוברות, המילים הנשמעות, המילים שמאשרים אותן ומכבדים אותן מתוך אמון. בזכות הברית הזאת צלחו היהודים את הגלות. הם איבדו את ביתם, את ארצם, את כוחם, את חירותם, אך נשארו להם מילותיו של אלוהים, המילים שהוא התחייב כי לעולם לא יפר ולא יבטל. התורה, בעומק מהותה, היא מילותיו של אלוהים, והיהדות היא דתן של מילים קדושות.

מכאן נובע ששימוש לא ראוי או שימוש לרעה בשפה לצורך זריעת חשד וריב, לא רק שהוא הרסני אלא הוא גם מחלל את הקודש. הוא נוטל דבר קדוש, את היכולת האנושית לתקשר וכך לחבר נפש אל נפש, ומשתמש בה למטרה הפוכה, שפלה מאין כמוה: להפריד נפש מנפש ולהשחית את האמון שהיחסים הבין־אישיים החופשיים תלויים בו.

זהו על פי חז"ל הטעם לכך שהמדבר לשון הרע לקה בצרעת ונודה אל מחוץ למחנה. העונש היה מידה כנגד מידה: "מה נשתנה מצורע שאמרה תורה 'בָּדָד יֵשֵׁב, מִחוּץ לַמַּחֲנֶה מוֹשָׁבוֹ'? אמר הקב"ה: הוא הבדיל בין איש לאשתו ובין איש לרעהו".[8]

הלשון היא ביהדות הבסיס לבריאה, להתגלות ולחיים המוסריים. היא האוויר שאנו נושמים כיצורים חברתיים. על כן, כמשל הקדמונים, "מָוֶת וְחַיִּים בְּיַד לָשׁוֹן" (משלי יח, כא); וכדברי שירם, "מִי הָאִישׁ הֶחָפֵץ חַיִּים אֹהֵב יָמִים לִרְאוֹת טוֹב, נְצֹר לְשׁוֹנְךָ מֵרָע וּשְׂפָתֶיךָ מִדַּבֵּר מִרְמָה" (תהלים לד, יג–יד).

אמונת ישראל באה לעולם כתשובה לסדרת שאלות: איך יכול האדם הסופי

7. במסה השנייה ("'רגשי אשם', 'נקיפות מצפון', ועניינים מסוג זה") בחיבורו **לגניאלוגיה של המוסר**, בתוך ניטשה, **מעבר לטוב ולרוע; לגניאלוגיה של המוסר**, מגרמנית: ישראל אלדד, תל אביב וירושלים: שוקן, תשכ"ח.
8. ילקוט שמעוני לתורה, קנב.

והיחסי לבוא בדברים עם האל הנצחי והמוחלט? איך ייתכנו שיתוף פעולה, עזרה הדדית, פעולה קולקטיבית, משפחות, קהילות ואומה בלי שימוש בכוח הכפייה? איך אפשר ליצור מערכות של יחסי אמון? איך אפשר לגאול את היחיד מבדידותו? איך אפשר ליצור חירות קיבוצית שבה החופש שלי לא יבוא על חשבון החופש שלך?

התשובה היא: באמצעות מילים - מילים אשר מתַקשרות, מילים אשר קושרות, מילים המכבדות את האחר האלוהי ואת האחר האנושי. לשון הרע מזהם את השפה וכך ממוטט את עמודיו של חזון היהדות. כשאנחנו מדברים בזלזול על אחרים אנחנו מצמצמים אותם, מצמצמים את עצמנו, ומחוללים פגיעה אקולוגית במרחבו של החופש.

משום כך הגדילו חכמינו כל כך בכובד משקלו של לשון הרע, החשיבוהו לחטא כה חמור, וסברו שהצרעת היא דרכו של הקב"ה לחשוף את העבריין לעין כול ולהכתימו. הלשון, רומזת התורה, היא דבר שאסור להקל בו ראש. כי בלשון ברא אלוהים את עולם הטבע, ובלשון אנו בוראים את עולמנו החברתי ומקיימים אותו. היא חיונית לקיומנו כמו האוויר שאנו נושמים.

אחרי מות

לשרוד לאחר קטסטרופה

פרשת אחרי מות עוסקת בעבודת הכוהן הגדול ביום הכיפורים. במאמר הזה אני רוצה להתבונן במה שקרה כאשר פולחן זה כבר לא התאפשר, ועבודת הכוהן הגדול הייתה לנחלת ההיסטוריה.

מאורעות המאה הראשונה לספירה גלגלו את המשבר החמור ביותר בתולדות ישראל עד העת החדשה. הקבוצות השונות בעם הגיבו לחורבן בצורות שונות. כמה מהן - כגון הצדוקים והאיסיים - פשוט נעלמו. תפיסות העולם שלהם לא יכלו להתקיים במציאות שלאחר האסון. אך הייתה תגובה אחת הרת גורל: זו של חז״ל ושל המסורת הרבנית. בסיפור הזה, שם אחד מתבלט כענק המחשבה הרבנית: רבי עקיבא, האיש שהפך טרגדיה לתקווה.

כל זמן שבית המקדש היה קיים, טקס הכיפורים הלאומי נערך בו אחת לשנה. הוא התקיים ביום הקדוש בשנה, יום הכיפורים, במקום הקדוש ביותר, קודש הקודשים במקדש בירושלים, ובוצע בידי האיש הקדוש ביותר, הכוהן הגדול. זה היה טקס של דרמה דחוסה. בסדרה מגביהה והולכת של הצהרות, הכוהן הגדול כיפר תחילה על עצמו, ואז על אחיו הכוהנים, ואז על האומה כולה. שני שעירי עיזים הובאו, אחד לקורבן לה׳ והאחר, השעיר לעזאזל, נשלח אל המדבר למות שם, נושא עימו, באורח סמלי, את חטאי העם.

כשבית המקדש חרב, המסגרת כולה אבדה. לא היה מקדש, לא היו קורבנות, ולא כוהן גדול מתפקד. מזמור תהלים מפורסם מתעד משבר מקביל, זה שאירע אחר חורבן בית ראשון. ״עַל נַהֲרוֹת בָּבֶל שָׁם יָשַׁבְנוּ גַּם בָּכִינוּ בְּזָכְרֵנוּ אֶת צִיּוֹן... אֵיךְ נָשִׁיר אֶת שִׁיר ה׳ עַל אַדְמַת נֵכָר?״ (תהלים קלז, א, ד). אבל כשאבד הבית הראשון, לא אבדה התקווה. העם ישוב. המקדש שוב יוקם. הנביא ירמיהו אמר כך. גם הנביא יחזקאל. הם צדקו. בתוך שני דורות, העם אכן שב.

בשלהי ימי בית שני לא היה מקום לאופטימיות כזאת. העם היה שסוע עד העצם. הרומאים היו חזקים מן הבבלים, ופגיעים פחות מהם. נוסף על כך, כבר לא היו נביאים - או אולי היו נביאים רבים מדי. הנוצרים הראשונים, שעדיין לא נודעו אז

בשם זה, וכמוהם גם בני כת ים המלח, היו רק שתיים מבין כמה וכמה קבוצות שציפו לאפוקליפסה, לקץ ההיסטוריה, לאחרית ימים שתפתח עידן חדש בקורות האנושות.

מקורות רבים מן התקופה ההיא מלמדים על תחושה רווחת שפורענות קשה עומדת לבוא: קטסטרופה. כך היה. קדם לה המרד הגדול נגד רומא, שפרץ בשנת 66 לספירה. שבע שנים להטו הקרבות. זו הייתה משימה חסרת תקווה. הרומאים היו מאומנים ומיומנים. עמדו לרשותם משאביה העצומים של האימפריה. ליהודים היה אומץ בלתי נדלה, אבל הם היו מפולגים. לא היו להם חזון משותף, מבנה מנהיגותי יעיל ולכידות לאומית. כפי שכתב לימים הרמב"ם באיגרת לחכמי מרסיי, הם "לא נתעסקו לא בלמידת מלחמה ולא בכיבוש ארצות".[1]

חז"ל דיברו על "שנאת חינם". התמונה העולה ממקורות חז"ל, וגם מכתבי יוספוס פלביוס, היא של עם משוסע ללא תקנה, שמלחמותיו הפנימיות מלהיבות אותו לפעמים יותר ממלחמותיו באויב שבחוץ. בשנת 70 נפלה ירושלים והמקדש נחרב. כעבור שלוש שנים התאבדו במצדה אחרוני הקנאים כדי שלא ליפול בשבי הרומי. זו הייתה תבוסה נוראה.

המשבר לא היה רק צבאי ופוליטי. הוא היה גם, אולי בעיקר, רוחני. הכפרה הייתה חלק מרכזי ביהדות. וכי אפשר אחרת? עצם חייה של האומה היו תלויים ביחסיה עם אלוהיה. אם אין אדם אשר לא יחטא - התיתכן אומה שלא תחטא? ואם אי אפשר ליישר את העקוב ולתקן את המעוות, איך יוסר הנטל המצטבר של החטאים?

היש תקווה לעם שאינו יכול עוד למרק את חטאיו לפני אלוהיו? באין מקדש, כהונה וקורבנות, לא נותר בסיס מוסדי לכפרה. איך יוכל אפוא העם, ואיך יוכל מי מבניו ובנותיו, לשקם את יחסיו עם האל? איך יוכלו לחיות בלי להרגיש מחוצים תחת נטל אשמה? לנו, בעידן נטול האשמה שלנו, אולי קשה להבין זאת; אבל אז (וגם היום, אם טרם אבד לנו קול המצפון) זה היה משבר שאין דומה לו, היורד לשורשי הוויית חייו של האדם המודע לנוכחות אלוהיו.

במשנה אנו שומעים קול יוצא דופן מן התקופה ההיא:

אמר רבי עקיבא: אשריכם, ישראל. לפני מי אתם מִטהרין, ומי מטהר אתכם? אביכם שבשמיים. שנאמר, "וְזָרַקְתִּי עֲלֵיכֶם מַיִם טְהוֹרִים, וּטְהַרְתֶּם" (יחזקאל לו,

1. הרמב"ם, "איגרת לחכמי מונטפשליר על גזירת הכוכבים".

כה). ואומר: "מִקְוֵה יִשְׂרָאֵל ה'" (ירמיה יז, יג). מה מִקוה מטהר את הטמאים, אף הקדוש ברוך הוא מטהר את ישראל.[2]

אמירה זו היא מן התובנות ששינו את פני ההיסטוריה היהודית.

ראשית, שימו לב לקריאה המדרשית הרדיקלית של הכתוב. המילים "מִקְוֵה יִשְׂרָאֵל ה'", מובנן הוא "ה' הוא התקווה של ישראל". אבל לשורש קו"ה שתי הוראות. האחת עניינה תקווה, כמו בפועל "לְקַוּות". האחרת היא איגום נוזלים, כמו בפועל "להיקוות". מן המובן השני נגזרה המילה מִקווה בביטוי "מקווה טהרה". רבי עקיבא מנצל את הדו־משמעות ודורש: ה' הוא מקווה הטהרה של ישראל. כך הוא יוצר חזון מיסטי נועז. אנחנו טובלים כביכול במקווה שהוא ה' כדי להיטהר. כלומר לא רק האל נכנס בנו, אלא אנחנו נכנסים אליו. אנו טובלים בו והוא ממוסס את חטאינו ואנו יוצאים מחולים וטהורים.

שנית, וחשוב יותר, רבי עקיבא הפך כאן אחד מן המאורעות הטרגיים ביותר בהיסטוריה היהודית לגילוי מדהים של אפשרות רוחנית חדשה. לתפיסתו, כשבית המקדש היה קיים נתכפר לעם ישראל באמצעות נציגו, הכוהן הגדול, שפעל כמעין מתווך בינו לבין האל. באין מקדש וכוהן גדול, כבר אין צורך בתיווך. ה' והעם מקושרים ישירות. השמיים התקרבו פתאום. כל יהודי, בכפרו על נפשו ביום הכיפורים, הוא מעין כוהן גדול. כל מקום שיהודים מתקהלים בו להתפלל הוא מעין מקדש. מחזור התפילה החליף את הקורבן. הווידוי והחרטה תפסו את מקומו של השעיר לעזאזל. במקום להתחבר לה' דרך דבריו ומעשיו של הכוהן הגדול, כל יהודי יכול עתה לעמוד מול פני השכינה. הכפרה עברה דמוקרטיזציה, והתקווה ניצלה.

הרמב"ם מנסח זאת בלשון הלכתית:

בזמן שאין בית המקדש קיים, ואין לנו מזבח כפרה, אין שם אלא תשובה. התשובה מכפרת על כל העבירות: אפילו רשע כל ימיו, ועשה תשובה באחרונה - אין מזכירין לו שם רשעו, שנאמר "וְרִשְׁעַת הָרָשָׁע לֹא יִכָּשֶׁל בָּהּ, בְּיוֹם שׁוּבוֹ מֵרִשְׁעוֹ" (יחזקאל לג, יב). ועצמו של יום הכיפורים מכפר לשבים, שנאמר "כִּי בַיּוֹם הַזֶּה יְכַפֵּר עֲלֵיכֶם" (ויקרא טז, ל).[3]

2. משנה, יומא ח, ט.
3. **משנה תורה**, הלכות תשובה א, ג.

קשה לפעמים להבין מהפכה מחשבתית במבט לאחור. בשבילנו, אלפי שנים לאחר מעשה, זהו עניין מתבקש, פרשנות מובנת מאליה של המציאות. איננו מאמינים עוד שהארץ שטוחה, או שהיא מרכז היקום והשמש סובבת סביבה. אבל פעם אנשים האמינו בדברים האלה, והעלאת האפשרות שהאמת אחרת הייתה מעשה רדיקלי ומטריד. מכאן למשל גובה הלהבות בין הוותיקן לגלילאו. המהפכה המובלעת ברעיון של רבי עקיבא הייתה דרמטית לא פחות, אף כי לא חוללה מחלוקת.

כדי להבין מה הוא עשה בעצם, עלינו להבין תחילה כי בתקופת המקרא היו שתי תפיסות שונות בשאלה איך יכול חוטא לשוב אל האל. האחת, המוצגת בפירוט רב בספר ויקרא, היא ביסודה כוהנית. היא כרוכה בקורבנות ובפולחן. היא התקיימה במקדש, במועדים מוגדרים, על פי כללים מדויקים וקפדניים. באוצר המילים של התפיסה הזאת נפגוש את הווידוי, הכפרה והטהרה.

התפיסה האחרת היא זו הנבואית, והיא הרבתה להשתמש בפועל "לשוב". יש לה ביטויים רבים בספרות הנביאים:

שׁוּבָה, יִשְׂרָאֵל, עַד ה׳ אֱלֹהֶיךָ, כִּי כָשַׁלְתָּ בַּעֲוֹנֶךָ. קְחוּ עִמָּכֶם דְּבָרִים וְשׁוּבוּ אֶל ה׳.
אִמְרוּ אֵלָיו: כָּל תִּשָּׂא עָוֹן וְקַח טוֹב וּנְשַׁלְּמָה פָרִים שְׂפָתֵינוּ. (הושע יד, ב-ג)
לָכֵן, כֹּה אָמַר ה׳: אִם תָּשׁוּב וַאֲשִׁיבְךָ לְפָנַי תַּעֲמֹד. (ירמיה טו, יט)
מָחִיתִי כָעָב פְּשָׁעֶיךָ, וְכֶעָנָן חַטֹּאותֶיךָ. שׁוּבָה אֵלַי, כִּי גְאַלְתִּיךָ. (ישעיה מד, כב)
"הֶחָפֹץ אֶחְפֹּץ מוֹת רָשָׁע?", נְאֻם אֲדֹנָי ה׳, "הֲלוֹא בְּשׁוּבוֹ מִדְּרָכָיו וְחָיָה!" (יחזקאל יח, כג)

התשובה הנבואית אין בה טקס וקורבן. שינוי הלב, השיבה, הוא המשנה את החיים. יש בה חרטה והכרה בטעות. היא ספונטנית ופנימית. היא מבטאת תמורה גמורה בחיי היחיד ובחיי האומה, תמורה הצומחת רק מתחושת משבר. היא רכיב חשוב בדרמת הברית המתרחשת לאורך ההיסטוריה. היא כרוכה בהכרה שקורים לנו דברים רעים כי עשינו דברים רעים. היציבות ושיווי המשקל ישובו לנו רק אם נשוב לשביל שזנחנו: לשביל היושר והצדק והדאגה לזולת ולאל.

מושג התשובה של חז"ל הוא מיזוג פלאי כמעט בין המסורת הכוהנית למסורת הרבנית. כמו בפולחן שניהל הכוהן הגדול, יש לה מועד קבוע, יום הכיפורים. יש לה מילים קבועות, תפילת הווידוי. אבל, כמו אצל הנביאים, היא מתחוללת לא במעשים חיצוניים אלא בהתמסרות פנימית: בתהליך השתנות פסיכולוגי של הכרת החטא,

חרטה וקבלה לעתיד. התגבשות תפיסת התשובה כמיזוג המסורות הכוהנית והנבואית דמתה בחידושה לגילוי שהאור הוא גם חלקיקים וגם גלים.

האמת היא שהתכנסות זו של שתי המסורות הייתה גלומה ברעיון התשובה מתחילתו. כדברי חז"ל, "אפילו מה שתלמיד ותיק עתיד להורות לפני רבו כבר נאמר למשה בסיני".[4] אך רק המשבר ההיסטורי החריף הצליח להעלות זאת אל מעל לפני השטח. לא מוגזם לומר שרעיון התשובה, הכפרה בלי קורבן ובלי כוהן גדול, הציל את העם היהודי אחרי חורבן בית שני. ולא רק הציל. הוא נסך הוד רוחני בכל יחיד ויחיד. האדם היהודי לא נזקק עוד ליהודי אחר שיכפר עליו. וכך, דווקא כאשר דומה היה שהגאולה רחוקה מאי פעם, אלוהים נעשה קרוב לאדם מתמיד.

דברים רבים ידועים לנו על רבי עקיבא. הוא נודע באמירתו "כל דעביד רחמנא לטב עביד", כל מה שה' עושה הוא עושה לטובה.[5] בסיפור תלמודי ידוע הוא מנחם את חבריו החכמים המביטים איתו מהר הצופים ורואים את המקדש ההרוס ואת השועלים המהלכים במקום קודש הקודשים.[6]

הוא לא היה אופטימיסט; הוא היה איש של תקווה. אין הדבר קל כלל וכלל. נדרש לשם כך שילוב של אמונה, דמיון ואמון. נדרש מה שקרוי בפסיכולוגיה בת זמננו היכולת למסגר מחדש. ממועקה, עמוקה ככל שתהיה, תמיד פתוח נתיב אל התקווה; אך לפעמים יש צורך בענק רוח כדי להבחין בו. את זאת עשה רבי עקיבא, וכזה היה. הוא היה האיש שראה מבעד למסך הייאוש, וזיהה מאחוריו הזדמנות: שבמקומה של ההיררכיה בין כוהנים לפשוטי עם, היהודים יוכלו עתה להיעשות למה שהועיד להם ה' לקראת מעמד הר סיני: "מַמְלֶכֶת כֹּהֲנִים"; אומה שכל בניה קדושים.

הכפרה הייתה מעתה לא פולחן של הקרבה, אלא שיבה, תשובה, של הנשמה אל ה'. רעיון זה היה גלום ביהדות תמיד, אבל רבי עקיבא הוא שזיהה אותו וחשף אותו לעין. הוא גילה כי כדי שאלוהים ישוב אלינו, כל שדרוש הוא שנשוב אנחנו אל אלוהים.

4. ירושלמי, פאה ב, ד.
5. ברכות ס ע"ב.
6. מכות כד ע"ב.

קדושים

מכהונה לעם

דבר מה יסודי מתרחש בתחילת הפרשה; ביטוי לאחת התרומות הגדולות של היהדות לעולם, אף כי נדירה ההכרה בה.

עד כה עסק ספר ויקרא בעיקר בקורבנות, בטהרה, במקדש ובכהונה; כלומר הוא דיבר על מקום קדוש, על עבודת קודש ועל אנשי עילית קדושים, אהרן ובניו, המשמשים בקודש. פתאום עכשיו, בפרק יט, פונה הכתוב אל מכלול העם ואל מכלול החיים: "וַיְדַבֵּר ה' אֶל מֹשֶׁה לֵּאמֹר: דַּבֵּר אֶל **כָּל עֲדַת בְּנֵי יִשְׂרָאֵל** וְאָמַרְתָּ אֲלֵהֶם, 'קְדֹשִׁים תִּהְיוּ, כִּי קָדוֹשׁ אֲנִי ה' אֱלֹהֵיכֶם'" (ויקרא יט, א-ב).

פנייה כוללת זו היא יחידה במינה בספר ויקרא כולו. חז"ל למדו ממנה שמשה הכריז על המצוות שבפרק הזה באספה של העם כולו, מעין "הקהֵל". כל העם, לא רק האליטה של הכוהנים, מצטווה להיות קדוש. לאורך הפרק מתבהר כי החיים עצמם הם שנועדו להתקדש. הקדושה תתבטא באופן שבו העם מתלבש, זורע, עושה דין ומשפט, משלם שכר, מנַהל עסקים. היא תתבטא בהגנה מיוחדת על הפגיעים בחברה - החירש, העיוור, הקשיש, הגר. בחברה הקדושה יאהב איש את רעהו, ולא יהיו נקם ונטירה.

אנו עדים פה, במילים אחרות, לדמוקרטיזציה של הקדושה. בכל החברות הקדומות היו כוהנים. בספרי בראשית ושמות לבדם נזכרו כוהנים גויים ארבע פעמים: מלכיצדק בן זמנו של אברהם שתואר ככוהן לאל עליון; פוטיפר, חותנו של יוסף; כוהני מצרים, שיוסף הלאים את קרקעותיהם; ויתרו כוהן מדיין חותן משה. הכהונה לא הייתה ייחודית לעם ישראל, אך אצל כל העמים היא הייתה אליטה. בפרשתנו, לראשונה, אנו נתקלים בקוד קדושה המופנה אל העם כולו. כולנו מזומנים להיות קדושים.

האמת היא שהדבר אינו מגיע בהפתעה. הרעיון כבר נרמז קודם לכן, אף כי אינו נפרט לפרטיו. הדוגמה המפורשת ביותר לכך נמצאת במבוא לטקס כריתת הברית בהר סיני, כשה' מורה למשה לומר לבני ישראל "וְעַתָּה אִם שָׁמוֹעַ תִּשְׁמְעוּ בְּקֹלִי וּשְׁמַרְתֶּם אֶת בְּרִיתִי, וִהְיִיתֶם לִי סְגֻלָּה מִכָּל הָעַמִּים. כִּי לִי כָּל הָאָרֶץ - וְאַתֶּם תִּהְיוּ לִי **מַמְלֶכֶת**

כֹּהֲנִים וְגוֹי קָדוֹשׁ" (שמות יט, ה-ו), כלומר ממלכה שכל נתיניה הם במובן מסוים כוהנים, ואומה שכולה קדושה.

הרמז הראשון לכך מופיע מוקדם הרבה יותר: בפרק הראשון בספר בראשית, בַּמילים כַּבירוֹת המשמעות "וַיֹּאמֶר אֱלֹהִים, 'נַעֲשֶׂה אָדָם בְּצַלְמֵנוּ כִּדְמוּתֵנוּ'... וַיִּבְרָא אֱלֹהִים אֶת הָאָדָם בְּצַלְמוֹ, בְּצֶלֶם אֱלֹהִים בָּרָא אֹתוֹ; זָכָר וּנְקֵבָה בָּרָא אֹתָם" (בראשית א, כו-כז). המהפכני בהצהרה זאת איננו הרעיון שאדם יכול להיות עשוי בצלם אלוהים: הרי כך בדיוק הוחשבו המלכים בערי המדינה במסופוטמיה והפרעונים במצרים. הם נתפסו כנציגי האלים ובני דמותם על פני האדמה, ומכך הם שאבו את סמכותם. לא זה הוא הרכיב המהפכני; המהפכני הוא הצהרתה של התורה כי בצלם אלוהים עשויים לא חלק מבני האדם אלא **כולם**. כולנו, בלי קשר למעמדנו החברתי, לצבע עורנו, לתרבותנו ולאמונתנו, ברואים בצלם אלוהים וכדמותו.

מהפכה רעיונית זו עתידה הייתה, כעבור אלפי שנים, כאשר תובן, להיות התשתית הערכית של המערב: כבוד האדם כיסוד מוסד שאין לשוללו, רעיון זכויות האדם, והביטויים המדיניים והכלכליים של רעיונות אלה - הדמוקרטיה הליברלית והשוק החופשי.

עקרונות אלה לא התנסחו, כמובן, בדעתם של בני תקופת המקרא. מושג זכויות האדם הוא תוצר של המאה השבע־עשרה. הדמוקרטיה לא יושמה במלואה לפני המאה העשרים. אבל הזרעים נטמנו בפרק א של בראשית. לכך התכוון תומס ג'פרסון במשפט המפורסם בהכרזת העצמאות האמריקנית "אנו סבורים שאמיתות אלה ברורות מאליהן, שכל בני האדם נבראו שווים, ובוראם העניק להם זכויות שאין ליטול מהם"; ולכך רמז הנשיא האמריקני ג'ון קנדי בדברו בנאום ההשבעה שלו על "האמונה המהפכנית" כי "זכויות האדם באות לא מנדיבות ליבה של המדינה אלא מיד האלוהים".

מעניין שכל שלושת המקורות שהזכרנו - בראשית א, שמות יט, ויקרא יט - מזוהים עם קולה הכוהני של התורה, עם "תורת כוהנים".[1] לכאורה, הכוהנים אינם שוויוניים. כולם בני שבט אחד, שבט לוי, ומשפחה אחת בשבט זה, צאצאי אהרן. אומנם התורה מספרת שכוונתו המקורית של הקב"ה הייתה שהבכורות, אלה שניצלו ממכת מצרים האחרונה, יהיו המשרתים בקודש. השינוי נעשה רק אחרי חטא העגל,

1. כמובן, הקריאה לשוויון נישאת ברמה בקול הנבואי במקרא. כל הנביאים מתחו ביקורת חריפה על בעלי השררה המשתמשים בכוחם לרעה ועל ניצול העניים והחלשים. המיוחד הוא שהקריאה לקדושה לכול, למלחמה בעוני ולהגבלת העבדות נשמעת גם בקול הכוהני, הקול ההלכתי־מעשי, זה שלכאורה נושא את דברה של האליטה.

שהלוויים לא השתתפו בו. אך בכל מקרה, גם לו היו כל הבכורות כוהנים, זו הייתה אליטה, מעמד השמור רק להם. רעיון השוויון, הדמוקרטיות של הקדושה, חשוב כל כך באמונת הייחוד, שהתורה מקפידה להשמיעו דווקא מן הקול הכוהני, הבלתי צפוי.

הסיבה לכך היא שהדת בעולם העתיק הייתה, מעצם מהותה, הגנה על ההיררכיה. התפתחות החקלאות והקמת יישובי הקבע הגדולים שבעקבותיה הובילו להיווצרותה של חברה מרובדת: שליט בקודקוד, סביבו חצר מלכות, תחתם אליטה מנהלית, ובתחתית ההמונים הנבערים שגויסו מפעם לפעם לעבודות כפייה ולעבודת הצבא.

מבנה זה של היררכיה אנושית עמד איתן משום שנאמניו השכילו להשתיתו על תפיסה דתית בדבר היררכיה שמימית מקבילה. היווצרותה של היררכיה זו סופרה כמיתוס, סמלה הטבעי המוכר ביותר היה השמש, וייצוגה האדריכלי היה הפירמידות במצרים והזיקורָתים במסופוטמיה: מגדלים רחבים בבסיסם, צרים והולכים מקומה לקומה. האלים, סיפר המיתוס, לחמו ביניהם וכוננו סדר של שליטה ושל שעבוד. מרד נגד ההיררכיה הארצית, המעמדית, היה לפיכך שקול לניסיון לערער על המציאות היסודית של העולם. אמונה זו הייתה משותפת לכל התרבויות העתיקות, גם לאלו הקלאסיות. אריסטו סבר שיש אנשים שנולדו כדי לשלוט ואחרים שנולדו כדי להישלט. אפלטון בנה בספרו **המדינה** מיתוס שעל פיו החלוקה המעמדית קיימת משום שהאלים בראו חלק מהאנשים מזהב, אחרים מכסף, ואחרים מנחושת. זה היה "השקר האציל" שהחברה המעמדית נדרשה לספר לעצמה כדי להתגונן מפני ערעור מבפנים.

המונותיאיזם סילק את התשתית המיתולוגית של ההיררכיה. אין סדר כפיפות בין האלים מפני שאין אלים. יש רק אל אחד, בורא הכול. היררכיות מסוימות יתקיימו תמיד: צבאות צריכים מפקדים, סרטים צריכים במאים, ותזמורות - מנצחים. אבל אלו הן היררכיות תפקודיות, לא אונטולוגיות. אנשים אינם נולדים אליהן. על כן מרשים במיוחד למצוא את הביטויים הנחרצים ביותר לשוויון בתורה דווקא בעולמם של הכוהנים, שדווקא כן נולדו אל תפקידם הדתי.

השוויון בתורה, וביהדות בכלל, איננו שוויון בעושר. היהדות איננה קומוניזם. גם אין זה שוויון בכוח: היהדות איננה אנרכיזם. זהו ביסודו שוויון של כבוד, כבוד האדם. כולנו אזרחים שווים במדינה שריבונה הוא אלוהים. זה שורש המבנה החברתי־כלכלי המוצג בספר ויקרא ומאורגן סביב המספר שבע, סימנו של הקדוש. כל יום שביעי הוא זמן של חופש. בכל שנה שביעית, תנובת השדות שייכת לכול, עבדים עברים משתחררים וחובות נשמטים. בכל שנה חמישים, כתום שבע שביעיות שנים, נחלת האבות חוזרת לבעליה המקוריים. מערכת זאת מצמצמת את האי־שוויון שהוא

תוצאתו הבלתי נמנעת של החופש. הגיונם של כל הדינים הללו הוא התובנה הכוהנית כי אלוהים, בורא הכול, הוא בסופו של דבר גם אדון הכול: "וְהָאָרֶץ לֹא תִמָּכֵר לִצְמִתֻת. כִּי לִי הָאָרֶץ, כִּי גֵרִים וְתוֹשָׁבִים אַתֶּם עִמָּדִי" (ויקרא כה, כג). לאלוהים יש משום כך הזכות, ולא רק הכוח, לשים לאי־שוויון גבולות. אסור להגיע לידי כך שכבודו של אדם יישלל ממנו לגמרי בשל חוסר כול מוחלט, עבדות שאין לה סוף, או חובות שלעולם אינם נשמטים.

אך המרשים באמת הוא מה שקרה **אחרי** תקופת המקרא ואחר חורבן בית שני. לנוכח אובדנה של כל תשתית הקודש - המקדש, הכוהנים, הקורבנות - תרגמה היהדות את "העבודה", עבודת המקדש, למונחי חיי היום־יום של היהודים מן השורה. בתפילה, כל יהודי נעשה כוהן המקריב קורבנות. בתשובה, הוא נעשה כוהן גדול המכפר על חטאיו ועל חטאי עמו. כל בית כנסת, בארץ ישראל וגם מחוצה לה, נעשה מקדש מעט, רסיס מן המקדש בירושלים. כל שולחן נעשה מזבח, וכל מעשה של צדקה ושל הכנסת אורחים - מעין קורבן.

לימוד התורה, שהיה תחום מומחיותו של הכוהן, נעשה זכות וחובה לכול. לא כל אחד יכול לענוד את נזר הכוהן, אך הכול יכולים לחבוש את כתר התורה. ממזר תלמיד חכם, אמרו חז"ל, גדול מכוהן גדול עַם הארץ: לא הייחוס קובע אלא הלימוד. מתוך ההֲפֵכָה, אסון חורבן המקדש, קמו חז"ל ויצרו מערכת דתית וחברתית שקירבה את עמנו אל אידיאל "ממלכת כוהנים וגוי קדוש" יותר מאי פעם. הזרע נטמן דורות רבים קודם לכן, בפתיחת פרשת קדושים: "דַּבֵּר אֶל **כָּל עֲדַת בְּנֵי יִשְׂרָאֵל** וְאָמַרְתָּ אֲלֵהֶם, 'קְדֹשִׁים תִּהְיוּ, כִּי קָדוֹשׁ אֲנִי ה' אֱלֹהֵיכֶם'".

הקדושה שייכת לכולנו כאשר אנו הופכים את חיינו לעבודת ה', ואת החברה שאנו חיים בה - לבית לשכינה.

אמור

אל תפחדו מן הגדולה

שתיים מהיסודיות ביותר שבמצוות התורה, שתי מצוות הנוגעות בעצם מהותה של הזהות היהודית, משובצות בפרשת השבוע.

> וְלֹא תְחַלְּלוּ אֶת שֵׁם קָדְשִׁי. וְנִקְדַּשְׁתִּי בְּתוֹךְ בְּנֵי יִשְׂרָאֵל. אֲנִי ה' מְקַדִּשְׁכֶם, הַמּוֹצִיא אֶתְכֶם מֵאֶרֶץ מִצְרַיִם לִהְיוֹת לָכֶם לֵאלֹהִים. אֲנִי ה'. (ויקרא כב, לב-לג)

לפנינו מצוות לא תעשה ומצוות עשה: איסור לחלל את שם ה' - וחיוב לקדש את שם ה'. באיזה מובן יכול האדם לחלל, חלילה, את שם ה', או לקדשו?

תחילה עלינו להבין את פשר הקשר בין המושג "שם" לבין אלוהים. שם הוא האופן שבו אנחנו מוכָּרים לזולתנו. "שמו" של אלוהים הוא אפוא מעמדו בעולם. מה שמו: האם אנשים מכירים בו, מוקירים אותו, מכבדים אותו?

מצוות קידוש השם וחילול השם ממקדות את האחריות לשאלות אלו בעם ישראל, התנהגותו וגורלו. לכך כיוון הנביא ישעיהו כשאמר "אַתֶּם עֵדַי, נְאֻם ה'" (ישעיה מג, י).

אלוהי ישראל הוא אלוהי האנושות כולה. הוא ברא את העולם ואת החיים עצמם. הוא יצר בצלמו את כולנו - יהודים ושאינם יהודים. הוא דואג לכולנו: "וְרַחֲמָיו עַל כָּל מַעֲשָׂיו" (תהלים קמה, ט).

ועם זה, אלוהי ישראל שונה שוני רדיקלי מהאלים שהעולם העתיק האמין בהם, ומהמציאות שהמדענים האתיאיסטים בני זמננו מאמינים בה. הוא איננו זהה לטבע: הוא ברא את הטבע. הוא איננו זהה לעולם החומר: הוא נשגב מן העולם. איננו יכולים למפות אותו או לכמֵת אותו באמצעים מדעיים - בתצפית, מדידה או חישוב. הוא איננו מסוג הדברים הנצפים והמדידים הללו. אם כן, איך אפשר להכירו?

טענתה הרדיקלית של התורה היא שאלוהים מוכר בראש ובראשונה באמצעות ההיסטוריה היהודית ודרכי חייו של עם ישראל. משה אומר באחרית ימיו:

כִּי שְׁאַל נָא לְיָמִים רִאשֹׁנִים אֲשֶׁר הָיוּ לְפָנֶיךָ לְמִן הַיּוֹם אֲשֶׁר בָּרָא אֱלֹהִים אָדָם עַל הָאָרֶץ וּלְמִקְצֵה הַשָּׁמַיִם וְעַד קְצֵה הַשָּׁמָיִם: הֲנִהְיָה כַּדָּבָר הַגָּדוֹל הַזֶּה אוֹ הֲנִשְׁמַע כָּמֹהוּ? הֲשָׁמַע עָם קוֹל אֱלֹהִים מְדַבֵּר מִתּוֹךְ הָאֵשׁ כַּאֲשֶׁר שָׁמַעְתָּ אַתָּה וַיֶּחִי? אוֹ הֲנִסָּה אֱלֹהִים לָבוֹא לָקַחַת לוֹ גוֹי מִקֶּרֶב גּוֹי בְּמַסֹּת בְּאֹתֹת וּבְמוֹפְתִים וּבְמִלְחָמָה וּבְיָד חֲזָקָה וּבִזְרוֹעַ נְטוּיָה וּבְמוֹרָאִים גְּדֹלִים, כְּכֹל אֲשֶׁר עָשָׂה לָכֶם ה׳ אֱלֹהֵיכֶם בְּמִצְרַיִם לְעֵינֶיךָ? (דברים ד, לב-לד)

לפני שלושת אלפים ושלוש מאות שנה כבר ידע משה שההיסטוריה היהודית היא מיוחדת במינה, ושהיא תמשיך להיות כזו. שום עם אחר לא עבר בשלום מסות כגון אלו שעבר עם ישראל. התגלותו של אלוהים לעם ישראל הייתה אף היא ייחודית. שום דת אחרת אינה מיוסדת על התגלות ישירה של אל לעם שלם, כפי שקרה בהר סיני. משום כך ה׳, אלוהי ההתגלות והגאולה, נודע לעולם באמצעות עם ישראל. אנו עצמנו משמשים עדות למשהו שמעבר לנו. אנחנו שגריריו של אלוהים אל העולם.

לפיכך, כאשר אנחנו מתנהגים בדרך המעוררת הערצה כלפי היהדות כאמונה וכאורח חיים, זהו קידוש השם. אנו מקדשים את שמו של ה׳, את היכרותו של העולם איתו. וכאשר אנחנו עושים ההפך, בוגדים באמונה ובאורח החיים הללו, גורמים לאנשים לחוש סלידה כלפי אלוהי ישראל - זהו חילול השם. לזאת כיוון הנביא עמוס כאשר דיבר על ״הַשֹּׁאֲפִים עַל עֲפַר אֶרֶץ בְּרֹאשׁ דַּלִּים, וְדֶרֶךְ עֲנָוִים יַטּוּ, וְאִישׁ וְאָבִיו יֵלְכוּ אֶל הַנַּעֲרָה לְמַעַן חַלֵּל אֶת שֵׁם קָדְשִׁי״ (עמוס ב, ז).

כשיהודים עושים את הרע, מפירים את ערכי המוסר, גורמים עוול, הם יוצרים חילול השם. הם גורמים לאחרים לומר: אינני יכול לכבד דת, או אל, שזאת ההשראה שהם מעוררים במאמיניהם. הדבר נכון גם בקנה מידה גדול יותר, בינלאומי. הנביא שמעולם לא נלאה מלדבר על כך היה יחזקאל, שכזכור גלה לבבל לאחר חורבן בית ראשון. כך אומר אלוהים על עם ישראל, על פי נבואתו:

וָאָפִיץ אֹתָם בַּגּוֹיִם וַיִּזָּרוּ בָּאֲרָצוֹת כְּדַרְכָּם וְכַעֲלִילוֹתָם שְׁפַטְתִּים. וַיָּבוֹא אֶל הַגּוֹיִם אֲשֶׁר בָּאוּ שָׁם וַיְחַלְּלוּ אֶת שֵׁם קָדְשִׁי בֶּאֱמֹר לָהֶם ״עַם ה׳ אֵלֶּה וּמֵאַרְצוֹ יָצָאוּ״. (יחזקאל לו, יט-כ)

כשעם ישראל מנוצח וגולה מארצו, האסון אינו רק אסונו. זהו גם אסונו של ה׳. הוא מרגיש מה שמרגיש אב שבנו פָּשע ונשלח למאסר. הוא חש בושה, וגרוע מכך, כישלון

בלתי מובן. "איך זה", הוא מתייסר, "שלמרות כל מה שעשיתי בשביל הילד שלי לא הצלחתי להציל אותו מפני עצמו?". לעומת זאת, כאשר עם ישראל נאמן לשליחותו, כשהיהודים חיים ומנהיגים ומעוררים השראה ועושים את כל זה כיהודים, שמו של ה' מתקדש. כאמור בנבואת ישעיהו, "וַיֹּאמֶר לִי עַבְדִּי אָתָּה, יִשְׂרָאֵל אֲשֶׁר בְּךָ אֶתְפָּאָר" (מט, ג).

זה הרעיון שביסוד המושגים קידוש השם וחילול השם. גורלו של "שם" אלוהים בעולם תלוי בנו ובהתנהגותנו. על שום אומה לא הוטלה מעולם אחריות גדולה והרת גורל יותר מזו. לכל אחד מאיתנו יש חלק בַמשימה.

כאשר יהודי, ובייחוד יהודי דתי, עושה את הרע - מרמה בעסקים, נוקט ניצול מיני, משמיע הערה גזענית, מפגין תיעוב כלפי הזולת - הוא מבאיש את ריחם של היהודים כולם ושל היהדות עצמה. וכאשר יהודי, ובייחוד יהודי דתי, עושה את הטוב - קונה לו שם של מי שנוהג בעסקים ביושר, מסייע לקורבנות של ניצול והתעללות, מגלה אצילות רוח - מעשהו לא רק מרים את קרנם של היהודים, אלא גם מגדיל את הכבוד שאנשים רוחשים כלפי הדת בכלל, ומתוך כך, כלפי אלוהים.

הרמב"ם, בנסחו את העקרונות הללו כהלכות, הוסיף עליהם. כך כתב בהלכות יסודי התורה שלו על קידוש השם:

> אם דקדק החכם על עצמו, והיה דיבורו בנחת עם הבריות, ודעתו מעורבת עמהם, ומקבילן בסבר פנים יפות, ונעלב מהן ואינו עולבן, מכבד להן ואפילו למקילין לו, ונושא ונותן באמונה... ועושה בכל מעשיו לפנים משורת הדין - והוא שלא יתרחק הרבה, ולא ישתומם הרבה, עד שיימצאו הכול מקלסין אותו ואוהבין אותו, ומתאווין למעשיו - הרי זה קידש את השם.[1]

הרב נורמן (נחום) לם מישיבה יוניברסיטי אהב לספר על מנדל המלצר. לאונייה של שיט תענוגות הגיעה בקיץ 1976 הידיעה על מבצע אנטבה, פשיטת הקומנדו הנועזת לשחרור הישראלים נוסעי טיסת אייר פראנס שנחטפו בידי מחבלי אש"ף לאוגנדה. הנופשים באונייה רצו להביע בדרך כלשהי את הערצתם לישראל ולעם היהודי. חיפשו אם יש יהודי באונייה, ומצאו אחד בלבד: מנדל המלצר. טקס רב רושם נערך אפוא על הסיפון, ובו הביע רב החובל בשם כל הנוסעים הוקרה למנדל, שמצא לפתע את

1. רמב"ם, משנה תורה, הלכות יסודי התורה ה, טו.

עצמו על תקן שגריר העם היהודי. כולנו, נרצה או לא נרצה, שגרירים של העם היהודי, והתנהגותנו נתפסת כראי לעם היהודי כולו, ליהדות ולאלוהי ישראל.

"אַל תִּפְחד מן הגדולה. יש שנולדים גדולים, יש שמשיגים גדולה, ויש שהגדולה נופלת עליהם", כתב שקספיר במחזהו **הלילה השנים־עשר**.[2] אכן, לכל אורך ההיסטוריה, הגדולה "נפלה" על היהודים. כפי שכתב המסאי המנוח מילטון הימלפרב, "מספר היהודים בעולם קטן משגיאה סטטיסטית במפקד בסין. ובכל זאת, אנו גדולים יותר ממספרנו. דברים גדולים קורים סביבנו ולנו".[3]

אמונו של הקב"ה בנו היה גדול דיו שימנה אותנו לשגריריו בעולם הזה, עולם ששכיחות בו הגסות, האלימות והבוגדנות. הבחירה בידנו. האם יהיו חיינו קידוש השם, או חלילה להפך? לעשות דבר מה, אפילו מעשה אחד בכל החיים; לגרום למישהו לברך על שיש אלוהים בשמיים, אשר מעורר אנשים על הארץ לעשות את הטוב - הוא אולי ההישג הגדול ביותר שאפשר לשאוף אליו.

שקספיר הגדיר נכונה את האתגר: "אל תפחדו מן הגדולה". מנהיגים גדולים מקבלים עליהם אחריות כפולה: לשמש שגרירים טובים של עמם, ולעודד את בני עמם להיות אף הם שגרירים כאלה.

2. ויליאם שייקספיר, **הלילה השנים־עשר**, תרגם: דורי פרנס, מערכה שנייה, תמונה חמישית, אתר "שייקספיר ושות'".

3. Milton Himmelfarb, *Jews and Gentiles*, New York: Encounter Books, 2007, p. 141.

בהר

חשיבה לרוחק

בפרשה הקודמת ובפרשה הנוכחית מופיעות שתי מצוות דומות למדי, שתיהן נוגעות לספירת זמן. בשבוע שעבר קראנו על ספירת העומר, שבעת השבועות שבין היום השני של פסח לבין שבועות:

> וּסְפַרְתֶּם לָכֶם מִמָּחֳרַת הַשַּׁבָּת, מִיּוֹם הֲבִיאֲכֶם אֶת עֹמֶר הַתְּנוּפָה, שֶׁבַע שַׁבָּתוֹת תְּמִימֹת תִּהְיֶינָה. עַד מִמָּחֳרַת הַשַּׁבָּת הַשְּׁבִיעִת תִּסְפְּרוּ חֲמִשִּׁים יוֹם וְהִקְרַבְתֶּם מִנְחָה חֲדָשָׁה לַה'. (ויקרא כג, טו-טז)

השבוע אנחנו קוראים על ספירת שבע שביעיות השנים לקביעת היובל:

> וְסָפַרְתָּ לְךָ שֶׁבַע שַׁבְּתֹת שָׁנִים - שֶׁבַע שָׁנִים שֶׁבַע פְּעָמִים - וְהָיוּ לְךָ יְמֵי שֶׁבַע שַׁבְּתֹת הַשָּׁנִים תֵּשַׁע וְאַרְבָּעִים שָׁנָה. וְהַעֲבַרְתָּ שׁוֹפַר תְּרוּעָה בַּחֹדֶשׁ הַשְּׁבִעִי בֶּעָשׂוֹר לַחֹדֶשׁ; בְּיוֹם הַכִּפֻּרִים תַּעֲבִירוּ שׁוֹפָר בְּכָל אַרְצְכֶם. וְקִדַּשְׁתֶּם אֵת שְׁנַת הַחֲמִשִּׁים שָׁנָה, וּקְרָאתֶם דְּרוֹר בָּאָרֶץ לְכָל יֹשְׁבֶיהָ. יוֹבֵל הִוא תִּהְיֶה לָכֶם; וְשַׁבְתֶּם אִישׁ אֶל אֲחֻזָּתוֹ וְאִישׁ אֶל מִשְׁפַּחְתּוֹ תָּשֻׁבוּ. (ויקרא כה, ח-י)

ההקבלה המספרית מרהיבה, אך ישנו הבדל חשוב בין שתי הספירות, הבדל המופיע בשתי המילים הראשונות של כל קטע. על ספירת העומר נצטווינו בלשון רבים: "וּסְפַרְתֶּם לָכֶם", ואילו על ספירת השנים - ביחיד: "וְסָפַרְתָּ לְךָ". בתורה שבעל פה נדרש שההבדל זה מצביע על שוני בזהותם של הסופרים. בספירת העומר, חובת הספירה חלה על כל אחד מישראל.[1] מכאן השימוש בלשון רבים. ואילו במקרה של היובל האחריות לספירה מוטלת על בית הדין, ובפרט על בית הדין העליון,

1. מנחות סה ע"ב.

הסנהדרין.[2] זוהי חובתו של עם ישראל כגוף שלם, ובית הדין עושה זאת בשמו. על כן לשון היחיד.

בהבחנה זו מובלע עיקרון מנהיגותי חשוב. כיחידים אנו סופרים את הימים, אך כמנהיגים אנו סופרים את השנים. כאנשים פרטיים אנו יכולים אולי להסתפק במחשבה על מחר, אבל תפקידנו כמנהיגים הוא לחשוב על הטווח הארוך, למקד את עינינו באופק הרחוק. "איזהו חכם?", שאל בן זומא, וענה: "הרואה את הנולד".[3] מנהיגים, אם חכמים הם, חושבים על ההשלכות שיהיו להכרעותיהם בעוד שנים רבות. מפורסם הסיפור על המנהיג הסיני ז'ו אנלאי, שכאשר נשאל בשנות השבעים של המאה העשרים לדעתו על המהפכה הצרפתית של 1789 השיב: "עוד מוקדם לדעת".[4]

תולדות ישראל גדושות בגילויים של חשיבה לטווח ארוך. ערב יציאת מצרים התמקד משה בשאלה כיצד יספרו בני ישראל את הסיפור הזה לבניהם עם השנים. בכך עשה את הצעד הראשון בבנייתה של היהדות כדת המושתתת על חינוך, על לימוד ועל חיי הרוח. זו הייתה תובנה שמעטות כמוה לעומק ולהַעֲצמה.

לאורך ספר דברים מציג משה תובנה מבריקה נוספת. הוא חוזה שהאתגרים האמיתיים שבני ישראל יצטרכו להתמודד איתם יהיו לא העבדות אלא החירות, לא העוני אלא השפע, לא הנוודות אלא הביתיות. בהקדימו באלפיים שנה את התיאוריה של ההיסטוריון המוסלמי בן המאה הארבע־עשרה אבן ח'לדון, הוא צופה שבמהלך הזמן, כאשר יגיעו לידי שגשוג, בני ישראל עלולים לאבד את ה"עַצַבִּיָה" שלהם, כפי שכינה אבן ח'לדון את מה שהיינו אנו מכנים לכידות חברתית וסולידריות. כדי לקדם את פני הסכנה העמיד משה אורח חיים המושתת על ברית, זיכרון, אחריות קיבוצית, צדק, רווחה והכלה חברתית. עד עצם היום הזה, זוהי הנוסחה היעילה ביותר שנמצאה לקיום חברה אזרחית חזקה.

מאות שנים אחר כך, "הַסֵּפֶר אֲשֶׁר שָׁלַח יִרְמְיָה הַנָּבִיא מִירוּשָׁלָ͏ִם אֶל יֶתֶר זִקְנֵי הַגּוֹלָה וְאֶל הַכֹּהֲנִים וְאֶל הַנְּבִיאִים וְאֶל כָּל הָעָם אֲשֶׁר הֶגְלָה נְבוּכַדְנֶאצַּר מִירוּשָׁלַ͏ִם בָּבֶלָה" (ירמיה כט, א) היה הביטוי הראשון בהיסטוריה לרעיון של מיעוט יצירתי. ירמיהו קרא לגולים לשמור על זהותם ולפעול למען החברה כולה, וכך ישובו בסופו

2. ספרא, בהר ב, ב; רמב"ם, **משנה תורה**, הלכות שמיטה ויובל י, א.
3. תמיד לב ע"א.
4. למען האמת, נראה שהשיחה נסבה לא על המהפכה ב־1789 אלא על מהומות הסטודנטים בפריז ב־1968, שנים ספורות לפני אותה שיחה. ועדיין, כמו שאומרים, יש סיפורים שהם אמיתיים גם אם לא קרו.

של דבר למולדתם. מִרְשם מַרשים זה הנחה את קהילות ישראל בתפוצות לכל אורך 2,600 השנים שחלפו מאז.

כשעזרא ונחמיה הקהילו את העם בשער המים בירושלים, באמצע המאה החמישית לפני הספירה, והעבירו להם את הסמינר־לחינוך־מבוגרים הראשון בהיסטוריה (נחמיה ח), הם אותתו על אֲמִתָּה שתתברר בגלוי רק מאות שנים לאחר מכן, בתקופה ההלניסטית: שהמערכה שתחרוץ את עתיד העם היהודי לא תהיה צבאית, אלא תרבותית. המכבים ניצחו את הסלווקים בשדה הקרב, אך הממלכה החשמונאית שצמחה מהם נעשתה לימים הלניסטית היא עצמה.

הלאה. כאשר אמר רבן יוחנן בן זכאי לאספסיינוס, המצביא הרומאי שצר על ירושלים, "תן לי יבנה וחכמיה",[5] הוא הציל את העתיד היהודי על ידי שהבטיח את המשך קיומו של בית יוצר להנהגה רוחנית ואינטלקטואלית.

מבחינת ראייה למרחוק, היו לרבן יוחנן בן זכאי ממשיכים מובהקים: התנאים בני שתי המאות הראשונות לספירה היו מגדולי מיטיבי הרואי בתולדות המנהיגות של עם ישראל. הם אשר יצקו את המסורות הגדולות של התורה שבעל פה אל המבנה הממושמע שהצמיח את המשנה ואחר כך את התלמוד; הם אשר פיתחו את לימוד התורה לכדי תרבות לאומית של ממש; הם אשר עיצבו את התפילה היהודית במבנה ששימש מאז את קהילות ישראל בכל העולם; והם אשר בנו את המערכת ההלכתית המשוכללת כ"סייג לתורה".[6] הם עשו מה ששום הנהגה דתית אחרת לא הצליחה לעשות אף פעם: להשחיז וללטש דרך חיים שתוכל לקיים אומה מפוזרת ומפורדת בין העמים למשך אלפיים שנה.

בתחילת המאה התשע־עשרה, כאשר החלו רבנים דוגמת צבי הירש קלישר ויהודה אלקלעי לעשות נפשות לרעיון השיבה לציון, הם נסכו השראה באישים חילונים כגון משה הס (ובעקבותיו יהודה לייב פינסקר ובנימין זאב הרצל), ואפילו באישים שאינם יהודים ובהם ג'ורג' אליוט, שספרה **דניאל דרונדה** שהופיע ב־1876 היה אחד הרומנים הציוניים הראשונים. כך התפשטו בעם היהודי הנכונות והמוכנות ליישב את ארץ ישראל ולבנותה ולהניח את התשתית למדינת ישראל.

לאחר השואה, כאשר ראשי ישיבות ואדמו"רים שניצלו עודדו את תלמידיהם להתחתן, להוליד ילדים ולשקם את עולמותיהם השבורים, הם הנביטו את מה שעתיד היה להתגלות כרכיב הצומח ביותר בחיים היהודיים. בזכותם יש כיום, כשחורבן

5. גיטין נו ע"ב.
6. משנה, אבות א, א.

מרכזי התורה במזרח אירופה הוא עדיין פצע טרי, יותר יהודים הלומדים בישיבות ובסמינרים תורניים מכפי שהיו אי פעם בתולדות עם ישראל; יותר מכפי שהיו בתור הזהב של ישיבות וולוז'ין, פוניבז' ומיר במאה התשע־עשרה, ואפילו יותר מאשר בימי הזוהר של ישיבות סורא ופומבדיתא שהניבו את התלמוד הבבלי.

מנהיגים גדולים חושבים לטווח ארוך ובונים למען העתיד. דבר זה נעשה נדיר עד להכאיב בתרבות החילונית של זמננו - תרבות ההתפלשות בהווה, הקשב הקצר, הטרנדים והפלאש־מובים, המסרונים והציוצים, חמש־עשרה דקות התהילה והכותרות המתיישנות בן רגע, תרבות "כוחו של העכשיו".

ובכל זאת, המנהיגים העסקיים האמיתיים של זמננו הם אלה הרצים במסלול הארוך. ביל גייטס ממיקרוסופט, ג'ף בזוס מאמזון.קום, לארי פייג' וסרגיי ברין מגוגל ומארק צוקרברג מפייסבוק - כל אלו היו נכונים לחכות זמן רב עד שהצליחו להפוך את יצירות כפיהם לרווחיות. אמזון, למשל, הושקה בשנת 1995, ולא השיגה רווח עד לרבעון האחרון של 2001. אפילו בקנה מידה היסטורי אלו הן דוגמאות יוצאות דופן לחשיבה ותכנון ארוכי טווח.

אלו הן דוגמאות חילוניות, וגם בחיינו הדתיים אין לנו נביאים מאז ימי בית שני - אבל היכולת לחזות את ההשלכות של הכרעותינו איננה מחייבת מגע עם הנעלם והנשגב. הבנת העתיד מתבססת על לימוד מעמיק של העבר. אומני שחמט משננים משחקים קלאסיים כה רבים, שדי להם במבט מהיר על מצב הכלים על הלוח כדי לדעת כמעט בן רגע איך מנצחים ובכמה מהלכים. וורן באפט בילה בצעירותו שעות על שעות ושנים על שנים בקריאת דוחות שנתיים של תאגידים, וכך פיתח יכולת דקה מן הדקה לזהות חברות הצועדות לקראת צמיחה. כבר בשנת 2002, חמש שנים לפני נפילת השווקים, הוא הזהיר שסחר בנגזרים ואיגוח סיכונים הם "נשק להשמדה המונית פיננסית" - נבואה חילונית שממש כמו נבואות החורבן של נביאי הבית הראשון נפלה על אוזניים ערלות, וכמוהן התגשמה.

בשנותיי כרב ראשי לבריטניה, הצוות שלנו - ואני מאמין שמנהיגות מושתתת תמיד על עבודת צוות - שאל את עצמו בכל צומת "איך זה ישפיע על הקהילה היהודית בעוד עשרים וחמש שנה?". משימתנו הייתה לבנות לא למען עצמנו אלא למען ילדינו ונכדינו. האתגר המערכתי הגדול שלנו היה להפוך מקהילה הגאה בעברה המפואר לקהילה המתמקדת בעתידה. משום כך בחרנו לבטא את משימתנו בצורת שאלה: האם יהיו לנו נכדים יהודים?

וזהו האתגר המנהיגותי הנרמז בפרשתנו: סִפרו את השנים, לא את הימים. שמרו אמונים לעבר, אך את עיניכם שאו אל העתיד.

בחוקותי

הפוליטיקה של האחריות

הפרק שלפני האחרון בספר ויקרא מציג בבהירות מהממת כיצד נראים חייה של אומה הנתונה בברית עם הקב"ה. מן העבר האחד מצטיירת תמונה אידילית של עם משגשג הנהנה מכל טובה של ברכת ה'. אם ישמור עם ישראל את מצוות ה' וישמע בקולו, הגשמים ירדו בעיתם, הארץ תיתן את פרייה, יהיו שלום ושפע ורוב בנים ובנות והשכינה תשרה בקרב העם. גם חופש הוא חלק מן הברכה. "וָאֶשְׁבֹּר מֹטֹת עֻלְּכֶם וָאוֹלֵךְ אֶתְכֶם קוֹמְמִיּוּת" (ויקרא כו, יג). אלא שהצד השני של המטבע מחריד. אם יבגדו בני ישראל בייעודם להיות גוי קדוש, "וְאִם לֹא תִשְׁמְעוּ לִי וְלֹא תַעֲשׂוּ אֵת כָּל הַמִּצְוֹת הָאֵלֶּה",

> ...וְהִפְקַדְתִּי עֲלֵיכֶם בֶּהָלָה אֶת הַשַּׁחֶפֶת וְאֶת הַקַּדַּחַת מְכַלּוֹת עֵינַיִם וּמְדִיבֹת נָפֶשׁ... וְאִם עַד אֵלֶּה לֹא תִשְׁמְעוּ לִי, וְיָסַפְתִּי לְיַסְּרָה אֶתְכֶם שֶׁבַע עַל חַטֹּאתֵיכֶם. וְשָׁבַרְתִּי אֶת גְּאוֹן עֻזְּכֶם וְנָתַתִּי אֶת שְׁמֵיכֶם כַּבַּרְזֶל וְאֶת אַרְצְכֶם כַּנְּחֻשָׁה... וְנָתַתִּי אֶת עָרֵיכֶם חָרְבָּה וַהֲשִׁמּוֹתִי אֶת מִקְדְּשֵׁיכֶם וְלֹא אָרִיחַ בְּרֵיחַ נִיחֹחֲכֶם. וַהֲשִׁמֹּתִי אֲנִי אֶת הָאָרֶץ... וְהַנִּשְׁאָרִים בָּכֶם וְהֵבֵאתִי מֹרֶךְ בִּלְבָבָם בְּאַרְצֹת אֹיְבֵיהֶם, וְרָדַף אֹתָם קוֹל עָלֶה נִדָּף, וְנָסוּ מְנֻסַת חֶרֶב וְנָפְלוּ וְאֵין רֹדֵף. (ויקרא כו, יד-לו)

בהיקראה בשלמותה נדמית פרשת התוכחה הזו לספרות השואה יותר מלכל ספרות אחרת. הלשון החוזרת אחת לכמה פסוקים ומגבירה את עוצמת האסונות, "וְאִם עַד אֵלֶּה לֹא תִשְׁמְעוּ לִי... וְאִם בְּאֵלֶּה לֹא תִוָּסְרוּ לִי... וְאִם בְּזֹאת לֹא תִשְׁמְעוּ לִי...", חובטת בשומע כגרזינו של הגורל. זוהי פרשה מטלטלת בפני עצמה, ומטלטלת שבעתיים בשל הידיעה שרבות מן הקללות האמורות בה אכן התגשמו בכמה וכמה תקופות בתולדותינו. ובכל זאת, הפרשה נחתמת בהבטחה נאמנה לסוף טוב. למרות הכול, הקב"ה לא יפר את בריתו עם בני ישראל. יחד, כאומה, בני ישראל הם נצחיים. הם עלולים לסבול ייסורים קשים, אך לעולם לא יימחו מספר דברי הימים. הם יֵצאו לגלות, אבל בסוף ישובו ממנה.

זהו - בהצגה דרמטית מאין כמוה - הגיונה של הברית. להבדיל מתפיסות אחרות בתולדות הפוליטיקה, רעיון הברית אינו רואה את גורלה של האומה כמוכרח ההיסטוריה או אפילו כטבעי. בעם ישראל לא יחולו החוקים הרגילים של עליית ציוויליזציות ונפילתן. אַל לו לתפוס את קיומו הלאומי כדרך שתפסו אותו האומות הגדולות במזרח הקדום, כמקבילה אנושית לחוקי הקוסמולוגיה, החרותה במבנה היקום ואינה יכולה להשתנות. אל לו גם לראות את ההיסטוריה כמחזורית, כמסלול ידוע של זריחות ושקיעות. לא ולא: ההיסטוריה של עם ישראל תהיה תלויה לחלוטין בשיקולים מוסריים. אם הוא ישמור אמונים לייעודו, הוא יפרח. אם יברח ממנו, ינחל מַפָּלה אחר מפלה.

רק עוד אומה אחת בהיסטוריה אימצה לאורך ימים את דרך ההסתכלות הזו: ארצות הברית. לתנ"ך הייתה השפעה מכרעת על ההיסטוריה האמריקנית. האבות המייסדים של ארצות הברית העלו את התנ"ך על נס, וברטוריקה של נשיאי אומה זו מהדהד הדבר שוב ושוב. הנה כך תיאר אחד החוקרים את אמונתו של אברהם לינקולן:

> הננו אומה שנתכוננה בברית, בהתקדשות למערכת עקרונות ובהבטחה הדדית לקיים מחויבויות מסוימות ולקדמן בינינו לבין עצמנו וגם כלפי העולם הרחב. עקרונות ומחויבויות אלה הם גרעינה של הזהות האמריקנית, נשמתה של ישות מדינית זו. הם מייחדים את האומה האמריקנית מיתר האומות, ועושים אותה לבעלת ערך ייחודי בעבורן. אולם הצד השני של המטבע הוא אזהרה הדומה מאוד לזו שהשמיעו נביאי ישראל: אם לא נשמור את הבטחותינו זה לזה, ואם ננטוש את עקרונות הברית, נאבד את כל אשר לנו ואת מה שהננו.[1]

פוליטיקת הברית היא פוליטיקה מוסרית, הקושרת בעבותות של מהות את גורל האומה עם ייעודה. המדינה היא בעיניה, בראש ובראשונה, לא כלי להפעלת כוח, אלא כלי ליישומה של אחריות מוסרית.

יהיו שיחשבו שפוליטיקה מסוג זה שוללת מהאומה את החופש שלה. את הטענה הזו העלה ברוך שפינוזה. "זאת הייתה אפוא", כתב, "מטרת טקסי־הקודש: שלא יעשו הבריות דבר לפי החלטתם הם, אלא הכול ייעשה במצוות זולתם, ויודו בכל מעשיהם ומחשבותיהם שאינם עומדים כלל וכלל ברשות עצמם אלא תלויים

1. John H. Schaar, *Legitimacy in the Modern State*, New Brunswick, NJ: Transaction Publishers, 1981, p. 291.

לגמרי ברשות זולתם".[2] ואולם בעניין זה שפינוזה טעה. תיאולוגיית הברית היא במובהק פוליטיקה של חירות.

פרק התוכחה שבפרשתנו, פרק כו, הוא יישום לאומי של ההכרזה שהשמיע הקב"ה באוזני יחידים בשחר ההיסטוריה האנושית: "וַיֹּאמֶר ה' אֶל קָיִן, לָמָּה חָרָה לָךְ? וְלָמָּה נָפְלוּ פָנֶיךָ? הֲלוֹא אִם תֵּיטִיב, שְׂאֵת", כלומר אם תעשה את הטוב, אשא את פניך, "וְאִם לֹא תֵיטִיב, לַפֶּתַח חַטָּאת רֹבֵץ; וְאֵלֶיךָ תְּשׁוּקָתוֹ, וְאַתָּה תִּמְשָׁל בּוֹ" (בראשית ד, ו-ז). הבחירה, אומר ה' לקין, בידיך. אתה חופשי לעשות את אשר תבחר. אבל למעשים יש תוצאות.

כך הוא ליחיד, למנהיג, ולאומה. אפשר לבחור לזלול ולסבוא ולא להניע את הגוף, אבל המחיר הוא גוף לא בריא. אפשר להתנהג באנוכיות, אך אין לצפות שהציבור יוקיר אותך על כך. שליט יכול לבחור במשטר עוול, אך הוא ישלם על כך בהתפוררות החברה. מנהיג יכול להשתמש בכוח למטרות אישיות, אך עליו לדעת שכך לא ישרור סדר חברתי המושתת על אדני החן והחסד. כל הכללים הללו אינם מיסטיקה. אלה הם כללים של היגיון סיבתי צרוף. ואלו הן גם עובדות מוסריות שאין להימלט מהן. הוצאתי אתכם מעבדות לחופש - אומר ה' - ואני נותן לכם את היכולת להיות חופשיים. אבל אינני יכול לנטוש אתכם, ולא אעשה זאת. לא אתערב בבחירות שלכם, אבל אומַר לכם מהן הבחירות הראויות. אלמד אתכם את חוקת החירות.

העיקרון הראשון והחשוב ביותר הוא זה: אומה איננה יכולה לסגוד לעצמה ולשרוד. במוקדם או במאוחר הכוח ישחית את מי שמפעיל אותו. אם זו אומה שמזלה שיחק לה והעושר נפל לידיה, סגידתה לעצמה ולעוצם ידיה תוביל אותה להתמכר לסיפוק תאוותיה, וסופה שתתנוון: בניה יאבדו את האומץ להילחם לחירותה, והיא תיפול בידי מעצמה אחרת, ספרטנית יותר באורחותיה. אם יש במדינה פערים חברתיים בוטים, אזרחיה יאבדו את תחושת הטוב המשותף. אם ממשלתה משתררת על האזרחים בשרירות לב, היא לא תזכה בנאמנותם. כל הכללים הללו אין בהם כדי לשלול את חופש הפעולה; זוהי מפת המציאות שהחופש פועל בתוכה. אפשר לבחור בדרך אחת ואפשר לבחור בדרך אחרת - אך כל דרך מובילה ליעד ידוע אחר.

כדי להישאר חופשייה חייבת אומה לסגוד לישות גדולה ממנה - לאלוהים

2. ברוך שפינוזה, **מאמר תיאולוגי־מדיני**, מלטינית: ח' וירשובסקי, ירושלים: מאגנס, תשכ"ב, פרק ה, עמ' 59.

עצמו, לא פחות מכך - ולהאמין שכל בני האדם נבראו בצלמו. סגידה עצמית בקנה מידה לאומי מובילה לטוטליטריות ולאובדן החירות. קורבנות המשטרים הטוטליטריים של המאה העשרים מעידים על כך: עשרות רבות של מיליוני עדים שותקים.

יש שתי שאלות שונות ביסודן שאדם או עם עשויים לשאול את עצמם לנוכח סבל ואובדן. הבחירה להעלות את השאלה האחת תוביל לתוצאות אחרות מהבחירה בשאלה השנייה. לא נגזים אם נאמר שבחירה זו קובעת גורלות של אנשים ושל עמים. השאלה הראשונה היא "במה טעינו?"; השאלה השנייה היא "מי עשה לנו את זה?"

הבחירה בשאלה השנייה מובילה היישר אל מה שידוע היום בשם **תרבות הקורבן**. היא ממקמת את מקור הרע מחוץ לנו. מישהו אחר אשם. זה לא בגללי/בגללנו אלא בגלל איזה גורם חיצוני. לצורת החשיבה הזאת יש כוח משיכה מוחץ. היא יוצרת אהדה. היא קוראת לחמלה ותכופות גם מעוררת אותה. אלא שהיא הרסנית. היא מובילה אנשים לראות את עצמם כאובייקטים, לא כסובייקטים. הם הנעשים, לא העושים; הסבילים, לא הפעילים. התוצאות הן זעם, מרמור ותחושה צורבת של עוול. דבר מכל אלה אינו מוביל אל החופש, היות שהלך רוח זה, מעצם טיבו והגיונו, מסיר מהאדם את האחריות לנסיבות שהוא שרוי בהן. האשמת אחרים היא התאבדותה של החירות.

האשמה עצמית, לעומת זאת, היא קשה. משמעה חיים בביקורת עצמית מתמדת. אין זו הדרך אל שלוות הנפש. אבל זו דרך מעצימה. גלומה בה ההכרה כי דווקא מפני שאנחנו מקבלים עלינו אחריות לדברים הרעים שקרו, יש לנו היכולת לשרטט נתיב אחר אל העתיד. בתוך מסגרת התנאים הקבועים בברית, התוצאה תלויה בנו. אלה הם תוואי השטח, אך אנו חופשיים לבחור את המסלול. זוהי מפת הדרכים של התקווה, והיא מתבססת על הברירה שמשה הגדיר לימים כך:

> הַעִידֹתִי בָכֶם הַיּוֹם אֶת הַשָּׁמַיִם וְאֶת הָאָרֶץ: הַחַיִּים וְהַמָּוֶת נָתַתִּי לְפָנֶיךָ הַבְּרָכָה וְהַקְּלָלָה. וּבָחַרְתָּ בַּחַיִּים, לְמַעַן תִּחְיֶה אַתָּה וְזַרְעֶךָ (דברים ל, יט)

אחת התרומות המשמעותיות ביותר של התורה לציוויליזציה המערבית היא ההכרה שגורלן של אומות תלוי לא בנתונים חיצוניים של עושר או של כוח, של גורל או של נסיבות, אלא באחריות מוסרית: האחריות ליצור ולקיים חברה המכבדת את צלם אלוהים שבכל אחד מאזרחיה, עשיר כעני, חזק כחלש.

הפוליטיקה של האחריות איננה קלה. הקללות בפרשת בחוקותי הן היפוכה

הגמור של הנחמה. אך הנחמות הגדולות שבסוף פרק התוכחה אינן מקריות, ואינן מבטאות חשיבה משאלתית. הן עדות לעוצמתה של רוח האדם בהיקראה אל ייעודה הנעלה. אומה הרואה עצמה אחראית לָרָעוֹת הנופלות על ראשה היא גם אומה שיש לה כוחות בלתי נדלים להתאושש ולקום על רגליה.

במדבר

במדבר

להנהיג אומה של יחידים

ספר במדבר תחילתו במפקד של בני ישראל. זה מקור כינויו "חומש הפקודים", וזה מקור שמו בלשונות אירופה - "אריתמוי", "נומרי", "נַמבּרס" וכמו אלה שמות שעניינם "מִספרים". הדבר מעורר שאלות: מדוע מעשה זה של ספירה חשוב כל כך? ולמה כאן, בתחילתו של הספר? ועוד: זהו המפקד השלישי של בני ישראל בתוך שנה אחת. מדוע היה בו צורך? האין די במפקד אחד? ולבסוף, כמנהגנו בסדרת השיחות של שנה זו - האם יש קשר בין ספירה ומפקד אוכלוסין לבין מנהיגות?

נקודת ההתחלה שלנו תהיה התבוננות בסתירה לכאורה. מצד אחד, רש"י אומר שפעולות ספירה בתורה הן מחוות אהבה מצד הקב"ה:

> מתוך חיבתן [=של בני ישראל] לפניו [=לפני ה'] - מונה אותם כל שעה. כשיצאו ממצרים מְנָאָן; וכשנפלו בעגל מנאן, לידע מניין הנותרים; כשבא להשרות שכינתו עליהם מנאן: באחד בניסן הוקם המשכן, ובאחד באייר מנאם.[1]

כלומר, כאשר אלוהים יוזם מפקד של בני ישראל, מטרתו היא להראות את אהבתו להם. מנגד, התורה אומרת במפורש שמִפקד של אומה הוא מעשה הרה סכנות:

> וַיְדַבֵּר ה' אֶל מֹשֶׁה לֵּאמֹר: "כִּי תִשָּׂא אֶת רֹאשׁ בְּנֵי יִשְׂרָאֵל לִפְקֻדֵיהֶם, וְנָתְנוּ אִישׁ כֹּפֶר נַפְשׁוֹ לַה' בִּפְקֹד אֹתָם, וְלֹא יִהְיֶה בָהֶם נֶגֶף בִּפְקֹד אֹתָם". (שמות ל, יא-יב)

מאות שנים לאחר מכן, כאשר פקד המלך דוד את העם, חרה אף ה' על כך ושבעים אלף איש מתו במגפה.[2] איך ייתכן הדבר, אם מפקד הוא ביטוי לאהבתו של ה'?

התשובה טמונה בביטוי שהתורה נוקטת לתיאור מעשה הספירה: "שְׂאוּ אֶת

1. רש"י לבמדבר א, א.
2. שמואל ב' כד; דברי הימים א' כא.

רֹאשׁ" (במדבר א, ב), כלומר "הרימו את ראש".[3] זהו ביטוי משונה המכביר מילים היכן שניתן לקצר. בעברית המקראית פעלים רבים שעניינם ספירה: מנה, פקד, ספר, חשב. מדוע אין התורה משתמשת באחת המילים הפשוטות הללו, ומשתמשת בביטוי העקיף "לשאת ראש"?

בכל מפקד, ספירה או בדיקת נוכחות יש נטייה להתמקד בַּסך הכולל: הציבור, האוכלוסין, הרבים. הנה לנו אומה בת שישים מיליון נפש, תאגיד ובו מאה אלף מועסקים, קהל אצטדיון המונה שישים אלף איש. כשנוקבים במספר, מעריכים את הקבוצה או את העם כשלם. ככל שהמספר בשורת ה"סך הכול" גדול יותר, כן הצבא חזק, קבוצת הכדורגל פופולרית, התאגיד משגשג.

הספירה ממעטת מטבעה בחשיבותו של היחיד, ונוטה לראות בו ישות הניתנת להחלפה. אם חייל אחד נופל בקרב, חייל אחר ימלא את מקומו. אם עובד אחד מתפטר, יימצא אחר שיקבל את המשרה.

ידועה לשמצה תכונה נוספת של היטמעות היחיד בסך הכולל. זוהי נטייתו של ההמון לגרום ליחיד שבתוכו לאבד את כושר השיפוט העצמאי שלו ולחקות את התנהגותם של האחרים. מכנים זאת "התנהגות עדרית", ולעיתים היא מובילה לטירוף קולקטיבי. בשנת 1841 פרסם צ'רלס מקיי את מחקרו הקלאסי **הזיות פופולריות חריגות וטירוף ההמונים**. מקיי סָקַר במחקרו זה שני אירועים של בועה כלכלית שהתנפצה בקול רעש גדול: פרשת "בועת הים הדרומי", שבשנות העשרים של המאה השמונה־עשרה גרמה לאלפי אנשים לאבד את חסכונותיהם; ושיגעון הצבעונים בהולנד, בשנת 1636, שאז שילמו אנשים סכומי עתק תמורת פקעות יחידות של הפרח. הקריסות הפיננסיות ב־1929 וב־2008 נבעו אף הן מאותה פסיכולוגיית המונים.

מחקר גדול נוסף מן המאה התשע־עשרה, ספרו של גוסטב לה בון **הפסיכולוגיה של ההמון** (1895), הראה כיצד מתחוללת בהמון "השפעה מגנטית" הממירה את התנהגויותיהם של יחידים לכדי "נפש קבוצתית" קולקטיבית. "יחיד בהמון", כתב לה בון, "הוא גרגיר חול בין גרגירים אחרים, שהרוח משתובבת בהם כאוות נפשה". אנשים בהמון נעשים אלמונים. מצפונם מודמם. הם מאבדים את תחושת האחריות האישית.

המונים מועדים במיוחד להתנהגות רגרסיבית, לתגובות פרימיטיביות ולפעולה על פי אינסטינקט. הם מונהגים בקלות בידי דמגוגים הפורטים על פחדיהם הכמוסים ועל רגשות ההתקרבנות שלהם. מנהיגים כאלה, אבחן לה בון, "מגיעים בעיקר מקרב

3. ובספר שמות, כאמור לעיל, "תִשָּׂא אֶת רֹאשׁ" (ל, יב).

אוכלוסיית המעורערים למחצה, גרויי העצבים העומדים על גבול השיגעון"[4] - ניבוי מרשים לדמותו של היטלר. לא מקרה הוא שספרו של לה בון הופיע בצרפת דווקא בימי צמיחת האנטישמיות ומשפט דרייפוס.

מכאן חשיבותו של אחד המאפיינים הבולטים של היהדות: עמידתה העקרונית, חסרת התקדים ההיסטורי, על כבודו ונבדלותו של היחיד. אנחנו מאמינים שכל אדם נברא בצלם אלוהים וכדמותו. חז"ל אמרו שחייו של כל אדם שקולים לחיי העולם כולו.[5] הרמב"ם כתב שכל אדם צריך לראות את עצמו בכל רגע כאילו הפעולה הבאה שיעשה תכריע את גורל העולם כולו לשבט או לחסד.[6] המשנה טורחת לתעד כל דעת מיעוט שלא נפסקה להלכה. שבעים פנים לתורה, אמרו חז"ל, וכל פסוק ניתן להתפרש ולהידרש באופנים רבים. שום קול אינו מושתק, שום השקפה אינה נדרסת. היהדות שומרת מכל משמר שלא נאבד את העצמיות שלנו בתוך ההמון.

ישנה ברכה מופלאה שחז"ל תיקנו לומר כאשר רואים קהל של שישים ריבוא יהודים במקום אחד: "ברוך אתה ה'... חכם הרזים".[7] הם מסבירים שכל אדם שונה מחברו. לכל אחד מאיתנו תכונות אחרות. כל אחד חושב את מחשבותיו שלו. רק אלוהים יכול להיכנס לתודעתו של כל אחד מאיתנו ולדעת מה אנחנו חושבים - ולכך מכוונת הברכה בכנותה אותו "חכם הרזים". במילים אחרות, אפילו בהמונים גדולים, מקום שבו הפנים מיטשטשות בעינינו לעיסה אחת גדולה, אלוהים מתייחס אלינו כאל יחידים, לא כאל חלקים מהמון.

זו גם כוונתו של הביטוי "שאו את ראש" המציין מפקד. ה' אומר למשה שכאשר פוקדים אומה, יש סכנה שכל יחיד בפני עצמו ירגיש חסר משמעות. "מה אני? מה מְשַׁנים מעשיי? אני רק אחד ממיליונים, טיפה בים, גרגיר חול על החוף, גרגיר אבק על פני האינסוף".

על כן אומר ה' למשה לשאת את ראשיהם של האנשים - להראות שכל אחד מהם נחשב, שגם כאשר סופרים את הרבים כל יחיד בתוכם נשאר יחיד. ואכן, על פי ההלכה "דבר שבמניין", דבר שמונים אותו ושמוכרים אותו כיחידה ולא על פי משקל, לעולם אינו בטל בתערובת עם דברים אחרים - לא בטל בשישים וגם לא בטל במיליון.[8] התורה מתירה לערוך מפקד רק באופן שיסמן כי הנמנים מוערכים

4. על פי המהדורה האנגלית: Gustav Le Bon, *The Crowd*, London: Fisher Unwin 1896, p. 134.
5. משנה, סנהדרין ד, ה.
6. **משנה תורה**, הלכות תשובה ג, ד.
7. ברכות נח ע"א.
8. ביצה ג ע"ב.

כיחידים. לכל אחד מאיתנו כישרונות ייחודיים לו. לכל אחד תרומה שרק הוא יכול לתרום. לשאת את ראשו של מישהו פירושו לבחור בו, להכיר בו. זוהי מחווה של אהבה.

ואחרי כל זה חשוב לזכור: יש הבדל של שמיים וארץ בין **אינדיבידואליות** לבין **אינדיבידואליזם**. אינדיבידואליות משמעה שאני פרט ייחודי ומוערך בתוך הכלל; אינדיבידואליזם משמעו שאינני נמנה עם הכלל. אני מתעניין בעצמי בלבד, לא בקבוצה. הסוציולוג איש הרווארד רוברט פאטנם נתן לתופעה זו כינוי שעשה לו כנפיים. הוא הבחין בתופעה סמלית: יותר אנשים בארצות הברית הולכים לגלגל כדורים באולמות הכַּדּוֹרֶת, הבאולינג, אבל פחות ופחות עושים זאת במסגרת קבוצות וליגות. הוא קרא לזה "באולינג לבד".[9] הסוציולוגית שֶׁרי טֶרְקֶל מהמכון הטכנולוגי של מסצ'וסטס קוראת לעידן זה של טוויטר, פייסבוק ושאר מסכים המחליפים חברויות פנים אל פנים "לבד ביחד".[10] היהדות מצדדת באינדיבידואליות, לא באינדיבידואליזם. כדברי הלל הזקן, "וכשאני לעצמי, מה אני?"[11]

זוהי גם רוח המנהיגות היהודית. המניין המספרי אינו בראש מעיינינו. עם ישראל היה תמיד עם קטן, אך תמיד עשה גדולות. היהדות מגלה חשדנות עמוקה כלפי מנהיגים דמגוגים המתמרנים את רגשות קהליהם. "לֹא אִישׁ דְּבָרִים אָנֹכִי", אמר משה בסנה (שמות ד, י). הוא חשב שלמנהיג, זהו פגם. ההפך היה הנכון. משה לא סחף אנשים בכישרון הנאום שלו, אלא רומם את רוחם בתורתו.

מנהיג יהודי צריך לכבד יחידים. עליו לשאת את ראשיהם. אם אתם שואפים להנהיג, תהיה הקבוצה שאתם מנהיגים קטנה או גדולה ככל שתהיה, עליכם להראות תמיד כמה חשוב לכם כל יחיד בתוכה - ובכלל זה אותם יחידים שהנטייה הרווחת היא להוציא מן הכלל: האלמנה, היתום והנוכרי. לעולם אל תנסו לסחוף קהל בפנייה לרגשות הפרימיטיביים שלו, לפחד ולשנאה. לעולם אל תרמסו את דעותיהם של אחרים.

קשה להנהיג אומה של יחידים, אך זוהי מנהיגות שאין דוֹמָה לה לאתגר, להעצמה ולהשראה.

9. Robert Putnam, *Bowling Alone*, New York: Simon & Schuster, 2000.

10. Sherry Turkle, *Alone Together: Why We Expect More from Technology and Less from Each Other*, New York: Basic Books, 2011.

11. משנה, אבות א, יד.

נשא
רדיפת שלום

מהו הגיונה הפנימי של פרשת נשא? במבט ראשון היא נראית כאוסף הטרוגני של עניינים שאין ביניהם שום קשר. היא פותחת בפירוט מניינם ובניינם של בני משפחות גרשון ומררי משבט לוי, ובתיאור מטלותיהם במשא המשכן בעת מסע. משם היא פונה לשני דינים קצרים בענייני הוצאת טמא מחוץ למחנה ובענייני מעילה בקודש ועונשה. או אז בא דין הסוטה, האישה שבעלה חושד שזנתה תחתיו. אחריו - דיני הנזיר, האיש שהתחייב לתקופה קבועה של מגבלות קדושה מיוחדות, ובהן התנזרות מהיין ופרי הגפן, מתספורת ומהיטמאות למתים. כאן מגיעה, לכאורה שוב בלי קשר, אחת התפילות העתיקות ביותר הנאמרות עד היום, ברכת הכוהנים. אחריה, בחזרתיות בלתי מוסברת, מגיע פירוט המנחות שנשיאי כל אחד מהשבטים הביאו בחנוכת המשכן - תריסר חזרות על אותה פסקה כמעט, שכן המנחות היו זהות.

התורה יכלה להסתפק בחזרה אחת על רשימת הקורבנות והמתנות האחידה, קערת כסף אחת ומזרק אחד כסף וכן הלאה, ובמניית שמות הנשיאים שכל אחד מהם הביא אותה. מדוע הקדישה מקום יקר רב כל כך לחזרה הזאת? הנחתם של חז״ל הייתה שלכל מילה בתורה יש משמעות מיוחדת. היא מספרת לנו דבר מה שעלינו לדעת, ועושה זאת במילים מעטות ככל האפשר. החזרתיות בפרשת מתנות הנשיאים זועקת אפוא להסבר.

אבל השאלה המאפילה על כל האחרות היא שאלת פִּשרה של הפרשה כולה: מהו הגיונו של סידור העניינים בה? התשובה לשאלות מסוג זה בתורה, ובספר במדבר במיוחד, קשורה בדרך כלל **לקשר העמוק שיש בתורה בין סיפור לבין חוק**. המצוות בתורה אינן אקראיות ושרירותיות. הן נתונות לא רק מפני שהאל רצה בהן. התורה רוצה שנבין למה הדין הוא כפי שהוא, והיא עושה זאת באמצעות סיפור: סיפור על אירועי עבר שלא עלו יפה, ושהחוק הוא להם הנוגדן, התרופה, התיקון. כך הוא גם כאן.

אצלנו, תחילתה של התשובה טמונה במילה האחרונה בברכת הכוהנים: ״שלום״, זו המסיימת את החלק השלישי בברכה: ״יִשָּׂא ה׳ פָּנָיו אֵלֶיךָ וְיָשֵׂם לְךָ שָׁלוֹם״. לא

מקרה הוא שזו המילה המסיימת. "שלום" אין פירושו רק היעדר מלחמה ומריבה, מצב של רוגע ושלווה ומנוחה. "שלום" בעברית הוא יותר מכך.

רבי יצחק עראמה, הפרשן הספרדי בן המאה החמש־עשרה, מסביר באריכות בספרו **עקידת יצחק** כי שלום פירושו שלמות, מושלמות, פעולה הרמונית של מערכת מורכבת, רבגוניות משולבת, מצב שבו כל דבר נמצא במקומו הנכון ומתיישב עם חוקי הטבע וחוקי המוסר המושלים בעולם: "השלום הוא טוב משותף הכרחי בין האישים הצריכים חיבור ודיבוק... כי על כן נקרא ה׳ שלום: שהשלום שלו, כי הוא יתברך הקושר העולמות כולן ומקיימן על צורתן ומצבן בצביונן ובקומתן".[1] ברוח זו כותב גם אברבנאל, בפירושו למסכת אבות "נחלת אבות" (אבות א, יב), כי ה׳ נקרא שלום מפני שהוא הניח כל דבר בעולם במקום ההולם את מהותו ואת אופיו; כשכל דבר בא על מקומו, זהו שלום.

שורשי תפיסה זו של מהות השלום נמצאים בפרק א בספר בראשית. אלוהים יוצר סדר מתוך התוהו ובוהו, ובורא עולם שלכל עצם ולכל צורת חיים יש בו מקום משלו. השלום מתקיים כאשר כל רכיב במערכת מוכר כחלק חיוני במכלול, ואין בין החלקים שום חיכוך.

ברוח זו הסביר הרב שמשון רפאל הירש, פרשן המקרא וההוגה בן גרמניה של המאה התשע־עשרה, את סיום סיפור הבריאה בבראשית א. שש פעמים רואה ה׳ את אשר עשה ואומר עליו שהוא "טוב". בפעם השביעית, בסוף היום השישי, הנוסח משתנה מעט: "וַיַּרְא אֱלֹהִים אֶת כָּל אֲשֶׁר עָשָׂה וְהִנֵּה טוֹב **מְאֹד**" (בראשית א, לא). מה ההבדל בין "טוב" ל"טוב מאוד"? טוב, אומר רש"ר הירש, משמעו שהדבר טוב לעצמו. "טוב מאוד" אומר שהוא טוב בתוך המכלול שלו. אלוהים השלים את הבריאה והוא רואה את ההרמוניה שיש בעולם כולו למרות מורכבותו.[2]

זהו הרקע ההגותי למונח "שלום" במקרא. במיתוסים של כל תרבויות הזמן ההוא, המציאות נתפסה כקרב בין כוחות מנוגדים. רק אמונת ישראל ראתה באלה אחדות־הבוראת־רבגוניות. שלום הוא הצוותא ההרמוני בין גורמים שהיו עלולים לחיות בעימות. לכל אדם, לכל שבט, לכל עם, יש אופי ייחודי משלו ותרומה ייחודית למכלול האנושי. שלום אפוא אינו אחדות אלא **רבגוניות משתלבת**.

רבי יוסף אלבו, הפילוסוף היהודי־ספרדי בן המאה החמש־עשרה, ראה בעימות את לב הקיום הפיזי והמטפיזי. כל מה שקיים עשוי רכיבים שונים, שכל אחד מהם

1. רבי יצחק עראמה, **עקידת יצחק**, שער עד (נשא).
2. רש"ר הירש בפירושו לתורה, בראשית א, לא.

שואף לגבור על האחרים. וכך, הצורך לכונן שלום הוא דרישה מתמדת של הקיום הגשמי:

> כל הפך מבקש להתגבר על חברו ולנצח אותו, וכאשר יתגבר עליו לא ישקוט עד שישחיתנו ויפסידהו מכל וכל, ובזה ייפסד המורכב... ההסכמה בין ההפכים ייקרא שלום, והוא סיבת ההוויה והקיום למורכב כל זמן שיתמיד השיווי ההוא.[3]

והנה, כל רכיביה של פרשת נשא קשורים לכינון שלום במובן זה של המילה: כאשר יש עימות, או עלול לפרוץ עימות, בתוך משפחות או קהילות. המתבקש מכולם הוא דין הסוטה, האישה שבעלה חשד בה בניאוף. כשמתעורר חשד כזה יש סכנה של אלימות והתעללות. פרט אחד בדין זה הדהים את חכמינו: הליך הבירור הטקסי של טענת הבעל נגד אשתו כולל מחיקה של שם ה׳, דבר אסור תכלית איסור בכל הקשר אחר. הכוהן המבצע את הטקס משמיע אָלָה הכוללת את שם ה׳, כותב אותה על קלף, ואז מגרד את הכתב אל תוך מים שהוכנו לשם כך. חז״ל למדו מכך שהקב״ה מוכן למחול על כבודו, להרשות לשמו להימחות, ״כדי להשכין שלום בין איש לאשתו״, שכן בזכות ההליך הזה מנוקה האישה מחשדות שווא. אף שההליך בוטל בידי רבן יוחנן בן זכאי בתקופת חורבן בית שני, המצווה בתורה נותרת כתזכורת לחשיבותו הרבה של שלום הבית בסולם הערכים היהודי.

אשר לחטיבה הפותחת את הפרשה, העוסקת בתפקידים שקיבלו משפחות גרשון ומררי בנשיאת המשכן במסעות בני ישראל, כאן בולטת העובדה שקו החיתוך בין פרשת במדבר לבין פרשת נשא מחלק בין שלוש משפחות הלוויים: הקטע העוסק במשימותיהם של בני קהת עדיין שייך לפרשת במדבר, ואילו הקטעים על אודות משפחות בני גרשון ומררי כבר נמצאים בפרשת נשא. תפקידי משפחות הלוויים היו תפקידים של כבוד, ונראה כי בני גרשון ומררי היו שבעי רצון מהכבוד שנחלו, דבר ההולם את פרשתנו - אך בני קהת לא; כי אכן, ממשפחת קהת יצא קורח שמרד נגד משה ואהרן.

הוא הדין באשר לפירוט החזרתי של קורבנות הנשיאים. זו דרך דרמטית להבליט את היותם של כל שנים־עשר השבטים חשובים בעיני התורה במידה שווה. כאשר

3. רבי יוסף אלבו, **ספר העיקרים**, חלק רביעי, פרק נא. למאמר בנושא זה ראו אביעזר רביצקי, ״שלום״, בתוך א״א כהן ופול מנדס־פלור (עורכים), **לקסיקון התרבות היהודית בזמננו**, תל אביב: עם עובד, תשנ״ג, עמ׳ 493–504.

אנשים מרגישים מקופחים, וסבורים שלא זכו בתפקידים ובהכרה המגיעים להם, הם עלולים לעשות מעשים הרסניים. פרשת קורח היא המחשה מצוינת גם לזה. בהדגישה את שוויון החשיבות בין נשיאי כל השבטים שָׁבה התורה ומזכירה לנו כמה חשוב לשמור על ההרמוניה הלאומית באמצעות מתן כבוד שווה לכולם.

דין הנזיר הוא אולי המעניין מכולם. ביהדות שורר מתח פנימי בין הכבוד השווה שיש לכולם בעיני ה' והמאמץ להבליטו לבין קיומה של אליטה דתית בדמות שבט לוי בכלל והכוהנים בפרט. נראה כי דין הנזיר נועד לפתוח בפני מי שאינם כוהנים מסלול קדושה מיוחד, הדומה לזה של הכוהנים אך אינו זהה לו. יש אליטה דתית - אך הדלת אליה פתוחה לכול. זו דרך למנוע היווצרות משקעים הרסניים של טינה אצל אנשים המרגישים שהם מודרים מלידתם מאפשרויות חברתיות ודתיות מסוימות בקהילה.

אם נכונים דבריי, נושא אחד מלכד את המצוות והסיפורים בפרשה זו: המאמץ המיוחד הנדרש לשימור ולשיקום של שלום בין הבריות. קל לחבל בשלום וקשה מאוד לתקן. הפרשות הבאות בספר במדבר הן, במידה רבה, סדרה של וריאציות על נושא המריבות הפנימיות. ובעצם, גם ההיסטוריה היהודית בכללותה היא כזו.

העובדה שדינים אלה מובאים **לפני** סיפורי הסכסוכים החולשים על פרקים רבים בהמשך ספר במדבר היא דוגמה לעיקרון שלפיו "הקב"ה מקדים תרופה למכה".[4] פרשת נשא קוראת לנו לצאת מגדרנו כדי להשכין שלום בין בני זוג, בין מנהיגים בקהילה, ובקרב אנשים מן השורה השואפים להשגת קדושה מעבר למידה הרגילה. זה גם עניינו של פירוט מתנות הנשיאים בחנוכת המשכן. במאורע כזה, עלינו לוודא שכל השבטים זוכים לתשומת לב שווה, גם אם הדבר עולה לנו בחזרה על אותו תיאור תריסר פעמים.

לשלום יש משמעות עשירה בעברית: הרמוניה בין יסודות מנוגדים, שלכל אחד מהם יש תרומה ייחודית לתרום לרבגוניות המשולבת של הכלל. המצוות הממחישות את רדיפת השלום מקובצות יחדיו בתחילת ספר במדבר, החומש שיותר מכל חומש אחר בתורה מתעד את הסכסוכים בקרב בני ישראל במדבר, ואת הנזק העצמי שחוללו.

הפתרון היהודי למתחים פנימיים כאלה איננו ממשלה חזקה, פיקוח מרכזי וכפייה של אחדות. להפך: הרבגוניות היא בעיני היהדות הדרך להשיג שלמות, ומתוך כך שלום - כהרמוניה עדינה בין היסודות השונים, שלכל אחד מהם תפקיד ומקום. לא מקרה הוא אפוא שברכת הכוהנים שבלב פרשתנו - וכמוה רובן המכריע של

4. מדרש לקח טוב, שמות ג, א.

התפילות, כגון תפילת העמידה - נחתמת בתפילה לשלום. השלום, אמרו חז"ל, הוא אחד השמות של הקב"ה בכבודו ובעצמו; והרמב"ם כתב שהתורה כולה ניתנה כדי להשכין שלום בעולם.[5] הפרשה שלנו היא סדרה של שיעורים מעשיים המלמדים איך להבטיח, במידת האפשר, שכל אדם ירגיש שמכירים בו ומכבדים אותו, ושיש דרך לפוגג ולמחוק חשדות שווא המוטחים בו.

כי למען השלום עלינו לעבוד - לא רק להתפלל.

5. **משנה תורה**, הלכות חנוכה ד, יד.

בהעלותך

כוח או השפעה?

יש בפרשה הזו רגע של חסד, שמשה מתגלה לנו בו בשיא נדיבותו המנהיגותית. הוא מגיע ממש לאחר אחד מרגעי הייאוש הנוראים ביותר של משה. העם מתאונן כמנהגו בקודש, הפעם על אוכל. נמאס לו מהמן. הוא רוצה בשר. משה, הנחרד מחוסר מוכנותו של העם להתמודד עם מחיר היציאה לחופשי, מתפלל למות. "וְאִם כָּכָה אַתְּ עֹשֶׂה לִּי", הוא אומר לקב"ה, "הָרְגֵנִי נָא הָרֹג, אִם מָצָאתִי חֵן בְּעֵינֶיךָ, וְאַל אֶרְאֶה בְּרָעָתִי" (במדבר יא, טו).

ה' אומר לו למנות שבעים זקנים שיעזרו לו לשאת במשא העם. משה עושה כאשר צווה, ורוח אלוהים נחה על הזקנים. אלא שהיא נחה על עוד שני אנשים, אלדד ומידד, שלא היו בין שבעים הנבחרים. אפשר לשער שמשה בחר שישה אנשים מכל שבט, בסך הכול שבעים ושניים איש משנים-עשר השבטים, ואז, כדי להגיע למספר שבעים, בחר בהגרלה שניים שיוצאו מהרשימה ויישארו במחנה. אלה היו אלדד ומידד. אף על פי כן, גם עליהם נאצלה הרוח הגדולה.[1]

יהושע, סגנו של משה, הזהיר כי בהתנבאותם של אלדד ומידד גלום איום פוטנציאלי, אבל משה ענה לו בנדיבות מחממת לב: "הַמְקַנֵּא אַתָּה לִי? וּמִי יִתֵּן כָּל עַם ה' נְבִיאִים, כִּי יִתֵּן ה' אֶת רוּחוֹ עֲלֵיהֶם!" (במדבר יא, כט).

תגובתו זו של משה עומדת בניגוד חריף לתגובתו על ערעור מאוחר יותר על מנהיגותו, זה שהציבו קורח ועדתו. במקרה ההוא משה לא הפגין לא עדינות ולא נדיבות. להפך, הוא אפילו התפלל שהאדמה תפתח את פיה ותבלע אותם, "וְיָרְדוּ חַיִּים שְׁאֹלָה" (במדבר טז, כח-ל). הוא היה חד, נחרץ ומסרב למחול. מה ההבדל בין קורח לבין אלדד ומידד?

התשובה נעוצה בהבנת ההבדל שבין שני מושגים שהבלבול ביניהם שכיח: כוח והשפעה. אנו נוטים לחשוב שהם דומים אם לא זהים. לבעלי הכוח יש השפעה.

1. ראו סנהדרין יז ע"א.

לבעלי ההשפעה יש כוח. אבל אלו הן שתי תופעות מובחנות, המתרחשות על פי שני סוגים של היגיון. ניסוי מחשבתי קצר ימחיש זאת.

דמיינו שיש לכם כוח מוחלט. כל מה שאתם אומרים מתבצע. יום אחד אתם מחליטים לחלוק את הכוח שלכם עם עוד תשעה אנשים. מעתה תהיה לכם לכל היותר עשירית הכוח שהיה לכם. עכשיו דמיינו, במקום זאת, שיש לכם מידה מסוימת של השפעה. אתם מחליטים לחלוק את ההשפעה הזאת עם עוד תשעה אנשים שיהיו שותפיכם. למעשה, הכפלתם בעשר את ההשפעה שהייתה לכם, מפני שמעתה עשרה אנשים מעבירים את המסר שהיה עד כה בפיכם בלבד.

כוח מתחלק; השפעה מוכפלת. כוח הוא משחק סכום־אפס: למי שנותן נשאר פחות. ואילו השפעה דומה לאש: ככל שתחלקו אותה יהיה לכם יותר.

משה שימש לאורך ארבעים שנות המדבר בשני תפקידי מנהיגות שונים. הוא היה נביא, שלימד את בני ישראל תורה ועמד בקשר ישיר עם אלוהים. והוא היה גם מקבילו הפונקציונלי של מלך, שהוביל את העם במסעותיו, קבע את מגמת פניו וסיפק את צרכיו. עמדת המנהיגות היחידה שלא הייתה בידיו הייתה הכהונה הגדולה, שניתנה לאחיו אהרן.

הכפילות במנהיגותו של משה ניכרת לעין בהמשך הסיפור, כאשר משה ממנה את יהושע ליורשו. ה׳ מצווה אותו: ״קַח לְךָ אֶת יְהוֹשֻׁעַ בִּן נוּן, אִישׁ אֲשֶׁר רוּחַ בּוֹ, וְסָמַכְתָּ אֶת יָדְךָ עָלָיו... וְנָתַתָּה מֵהוֹדְךָ עָלָיו לְמַעַן יִשְׁמְעוּ כָּל עֲדַת בְּנֵי יִשְׂרָאֵל״ (במדבר כז, יח-כ).

שימו לב לשתי הפעולות השונות. סמיכת היד על יהושע, כפי שעושה כיום רב המסמיך את תלמידו, נותנת לו את הסמכות לחוקק חוקים בעצמו. חז״ל ראו את עצמם כממלאי תפקיד שהוא המשך התפקיד שמילאו הנביאים (״משה קיבל תורה מסיני, ומסרה ליהושע, ויהושע לזקנים, וזקנים לנביאים, ונביאים מסרוה לאנשי כנסת הגדולה״).[2] בפעולת הסמיכה מעביר משה ליהושע את תפקידו כנביא.

בפעולה השנייה, ״וְנָתַתָּה מֵהוֹדְךָ עָלָיו״, מעביר משה ליהושע את תפקידו הפוליטי, המקביל לשל מלך. המילה ״הוד״ מקושרת במסורת העברית עם מלוכה, כגון בביטוי המקראי ״הוֹד מַלְכוּת״ (דניאל יא, כא; דברי הימים א׳ כט, כה).

למלכים היה כוח - ובכלל זה הכוח לחַיות ולהמית (ראו יהושע א, יח). לנביאים לא היה כוח כלל, אך הייתה להם השפעה. השפעה זו נמשכה מעבר לימי חייהם,

2. משנה, אבות א, א.

ובמקרים רבים היא נמשכת עד עצם היום הזה. ובפרפרזה על דבריו של סרן קירקגור: כשמלך מת כוחו נגמר. כשנביא מת השפעתו מתחילה.

עכשיו אפשר להבין מדוע תגובתו של משה למעשה אלדד ומידד שונה כל כך מתגובתו למחלוקת קורח ועדתו. אלדד ומידד לא ביקשו כוח ולא קיבלו כוח. הם קיבלו רק השפעה: רוח הקודש שקרנה ממשה. הם נעשו נביאים. על כן אמר משה "וּמִי יִתֵּן כָּל עַם ה' נְבִיאִים, כִּי יִתֵּן ה' אֶת רוּחוֹ עֲלֵיהֶם". וכך מתבקש. הרי במנהיגות של השפעה, ככל שהמנהיג נותן כך יש לו יותר.

קורח, או לפחות חלק מחסידיו, ביקש כוח. והכוח אינו נחלק. כשמדובר במלכות, במנהיגות של כוח, הכלל הוא "דַּבָּר אחד לדור ואין שני דַבָּרִין לדור".[3] במלוכה, תביעה לכוח היא ניסיון הפיכה, ויש להתנגד לה בכוח - שאם לא כן התוצאה היא חלוקת המדינה לשתיים, כפי שקרה בישראל לאחר מות המלך שלמה. לו היה משה שותק לנוכח הערעור שהשמיע קורח על מנהיגותו, היה מסכן את קיומה של סמכותו המנהיגותית.

היהדות מבחינה אפוא בין מנהיגות כהשפעה למנהיגות בכוח. את הראשונה היא מאדירה בלי הסתייגות, ואילו כלפי השנייה היא דו־ערכית. התנ"ך הוא מסה מתמשכת נגד השימוש בכוח. על פי התורה, הכוח כולו שייך בעצם לאלוהים. התורה מכירה שבעולמנו הבלתי מושלם יש צורך בכוח כפייה כדי לשמור על שלטון החוק ולהגן על המולדת. משום כך היא מצדדת במינוי מלך אם העם מבקש זאת.[4] אך זהו בפירוש ויתור, לא אידיאל.[5]

המנהיגות האמיתית שהתנ"ך והיהדות הרבנית מאמצים אל ליבם היא מנהיגות של השפעה, ובייחוד זו של נביאים ושל מורים. זהו תואר הכבוד העילאי שנתנה המסורת שלנו למשה: אנו מכירים אותו בכינוי משה רבנו. משה היה הראשון בשורה ארוכה של דמויות בהיסטוריה היהודית - ובהן עזרא, הלל, רבן יוחנן בן זכאי, רבי עקיבא, האמוראים וחכמי ימי הביניים - המייצגת את אחד הרעיונות המהפכניים ביותר של היהדות: **המורה כגיבור.**

היהדות הייתה הציוויליזציה הראשונה והגדולה ביותר שהשתיתה את עצם שרידותה על חינוך ומוסדות לימוד, ושראתה בלימוד חוויה דתית העולה אפילו על תפילה.[6] הסיבה היא זאת: מנהיגים הם אנשים המסוגלים להניע אחרים לפעול

3. סנהדרין ח ע"א.
4. דברים יז, יד-כ; שמואל א' ח.
5. זו מכל מקום עמדתם של אבן עזרא, רבנו בחיי ואברבנאל.
6. ראו שבת י ע"א.

בדרכים מסוימות. אם הם מגיעים לידי כך רק משום שהם נמצאים בעמדת כוח, פירוש הדבר שהם מתייחסים אל מונהגיהם כאל אמצעים, לא כאל מטרות; כאל דְברים ולא כאל אנשים. לא מקרה הוא שהכותב הגדול ביותר על המנהיגות ככוח היה מקיאוולי.

הגישה השנייה למנהיגות היא להתמקד בצורכי המונהגים ובשאיפותיהם, וללמד אותם כיצד להשיג צרכים ושאיפות אלה ביחד, כקבוצה. את זאת עושים בכוחו של חזון, בעוצמתה של אישיות, בעזרת היכולת לנסח ערכים משותפים בלשון שאנשים יכולים להזדהות איתה ובאמצעות המסוגלוּת "לגדֵל" תלמידים שימשיכו בעבודה הזו בעתיד. כוח מנמיך את האנשים שהוא מופעל עליהם; השפעה וחינוך מרוממים אותם.

היהדות היא מחאה מתמשכת נגד מה שתומס הוֹבְּס כינה "נטייה כללית של כל בני האדם: תשוקה מתמדת וחסרת מרגוע להשגת כוח אחר כוח, שאינה פוסקת אלא במוות".[7] זו אולי הסיבה שהיהודים כמעט אף פעם לא הפעילו כוח למשך תקופה ארוכה, אך השפיעו על העולם במידה החורגת מכל יחס למספרם.

לא לכולנו יש כוח, אך לכולנו יש השפעה. לכן כולנו יכולים להיות מנהיגים. צורות המנהיגות החשובות ביותר אינן נוגעות לעמדה, לתואר או למדי שרד, גם לא ליוקרה ולעוצמה, כי אם לנכונות לעבוד עם אחרים כדי להשיג את אשר איננו יכולים להשיג לבדנו; לדבר ולהקשיב, ללמד וללמוד, לחלוק כבוד לדעתו של הזולת גם אם אנו חלוקים עליו, להסביר בסבלנות ובהיגיון למה אנחנו מאמינים במה שאנחנו מאמינים ולמה אנחנו עושים מה שאנחנו עושים; לעודד אחרים, לשבח את המאמצים הכֵּנים שלהם, ולדרבן אותם להגיע ליותר. הַעדיפו תמיד את ההשפעה על הכוח. היא מסייעת לשַנות אנשים כך שיוכלו לשנות את העולם.

7. תומס הובס, **לויתן**, מאנגלית: אהרן אמיר, ירושלים: שלם, תש"ע, חלק א, פרק יא, עמ' 68.

שלח לך

במה נשתנו יהושע וכלב

עשרה מרגלים, מתוך תריסר, חזרו עם דוח מדכדך ותבוסתני. העם היושב בארץ חזק. עריו מבוצרות היטב. ענקים יושבים שם. זו "ארץ אוכלת יושביה". איננו בנויים למשימה. בהשוואה למקומיים, היינו כחגבים (במדבר יג, לא-לב).

הם טעו לחלוטין, לאמיתו של דבר. אך בנסיבות ששררו אז, האמת לא הייתה חשובה. מבחינת העם, אלה היו שליחיו, נשיאי השבטים, שחזרו ממשימה חשובה ומסרו את ממצאיהם - ומי יערער עליהם? אך שניים מן התריסר עשו זאת: יהושע וכלב. כלב היסה תחילה את העם ואמר "עָלֹה נַעֲלֶה וְיָרַשְׁנוּ אֹתָהּ כִּי יָכוֹל נוּכַל לָהּ" (במדבר יג, ל). ואז, כשהעם כבר דיבר על מינוי מנהיג חדש וחזרה למצרים, השניים עמדו ופנו אל כל עדת בני ישראל:

> אִם חָפֵץ בָּנוּ ה', וְהֵבִיא אֹתָנוּ אֶל הָאָרֶץ הַזֹּאת וּנְתָנָהּ לָנוּ אֶרֶץ אֲשֶׁר הִוא זָבַת חָלָב וּדְבָשׁ. אַךְ בַּה' אַל תִּמְרֹדוּ. וְאַתֶּם אַל תִּירְאוּ אֶת עַם הָאָרֶץ, כִּי לַחְמֵנוּ הֵם. סָר צִלָּם מֵעֲלֵיהֶם, וַה' אִתָּנוּ. אַל תִּירָאֻם. (במדבר יד, ח-ט)

הם גילו בכך אומץ כביר. ראשית, הם היו מיעוט: שניים נגד עשרה. האומנם הם יודעים משהו שכל האחרים אינם יודעים? שנית, עדת ישראל נמצאה במצב מסוכן. אנשים בכו בהמוניהם. הם כבר אמרו "לוּ מַתְנוּ בְּאֶרֶץ מִצְרַיִם!". הם זעמו על משה ועל אהרן, שמצידם נפלו על פניהם ולא עמד בהם כוחם להתעמת עם העם. העדה עמדה לסקול את כלב ויהושע באבנים (יד, א-י). אילו כוחות נפש, אילו תעצומות אופי, היו ליהושע וכלב שלא היו לשאר המרגלים - מנהיגים, נשיאים, ראשי שבטים בזכות עצמם?

הפסיכולוגית קרול דוֶוק מאוניברסיטת סטנפורד חיברה ספר מרתק, **כוחה של נחישות**,[1] המסביר מדוע יש אנשים המממשים את הפוטנציאל שלהם - ויש כאלה שלא. עניינה בנושא, היא מספרת, התעורר כאשר צפתה בהתנהגותם של ילדים

1. קרול ס' דווק, **כוחה של נחישות**, מאנגלית: ורדה יערי, ירושלים: כתר, 2008.

שקיבלו חידות תצרף והרכבה והתבקשו לפתור אותן. חלקם פרחו דווקא כשהחידות נעשו קשות. הם הסתערו על האתגר, גם כשהתגלה שהוא קשה מדי בשבילם. ואילו אחרים נעשו עם הגברת הקושי עצבניים ומיהרו להרים ידיים.

היא רצתה להבין למה. מה גורם להבדל בין אנשים הנהנים להתייצב בפני ניסיונות, לבין אחרים שאינם נהנים מכך? מה גורם לאנשים מסוימים לצמוח מתוך קשיים, ולאחרים להתערער? מחקרה הוביל אותה למסקנה שזהו עניין של דפוס חשיבה. יש הרואים את היכולות שלהם כנתונות וקבועות מראש. או שאנחנו מחוננים, או שאנחנו רגילים; אין מה לעשות. היא קראה לכך "תבנית חשיבה מקובעת". אחרים מאמינים שאנו צומחים באמצעות מאמצינו. כשהם נכשלים, הם רואים בכך לא כישלון אלא חוויה מלמדת. זוהי תבנית חשיבה "מתפתחת".

בעלי תבנית חשיבה מקובעת נוטים להתרחק מאתגרים קשים, כי הם חוששים מפני כישלון. הם יראים להתגלות כבלתי ראויים. לכן הם מהססים להסתכן. הם הולכים על בטוח. אנשים בעלי תבנית חשיבה מתפתחת מגיבים אחרת. בעיניהם "הצלחה פירושה מאמץ בלתי נלאה למתוח את גבולות היכולת שלהם". הם לא רק **מחפשים** אתגרים; הם פורחים איתם. וכשהאתגר גדול יותר, הם מתאמצים יותר להימתח אל ממדיו. אם כן, מתי אנשים בעלי תבנית חשיבה מקובעת פורחים? "כאשר הדברים ממש בשליטתם. ברגע שנעשה קשה מדי, כאשר קיים סיכוי שלא ייראו חכמים או מוכשרים - הם מאבדים עניין".[2]

הורים, היא אומרת, עלולים לגרום לילדיהם נזק רב אם הם אומרים להם שהם מחוננים, חכמים או מוכשרים. אמירות כאלו מעודדות את הילד להאמין שיש לו כמות קבועה של יכולת. מתוך כך, הוא חושש להסתכן. ילדים כאלה אומרים דברים מסוג "אני מרגיש שההורים שלי לא יעריכו אותי אם לא אהיה מוצלח כמו שהם רוצים". התוצאה היא שהם נוטים להתרחק מאתגרים, מתוך חשש להיכשל. הם נעשים נמנעי סיכון.

הורים הרוצים לעזור לילדיהם, ממשיכה דווק, צריכים לשבח אותם לא על היכולת אלא על המאמץ; על הנכונות לנסות ולהשתדל אפילו לאחר כישלונות. דווק מספרת על מאמן הכדורסל ג'ון וודן שלא דרש משחקניו שלא להפסיד לעולם, ולימד אותם שהשאלה "האם ניצחתי?" אינה השאלה הנכונה; השאלה הנכונה היא "האם השקעתי את מלוא המאמץ?"; כלומר, "אולי תקלעו פחות אבל **לעולם לא**

2. שם, עמ' 27, 34.

תפסידו".[3] אם הם יעשו את מרב המאמצים, הם אולי לא ינצחו במשחק אבל הם ירוויחו ויצמחו. בטווח הארוך, הם יהיו המנצחים. בעלי תבנית החשיבה המקובעת חיים בפחד מתמיד מפני כישלון. אצל בעלי תבנית החשיבה המתפתחת, המילה כישלון אינה נמצאת בלקסיקון כלל.

אם נתבונן בפרשת המרגלים מבעד לעדשה זו, נראה דבר מרתק. התורה מתארת את המרגלים במילים "כֻּלָּם אֲנָשִׁים, רָאשֵׁי בְנֵי יִשְׂרָאֵל הֵמָּה" (במדבר יג, ג). אלה היו אנשים בעלי מוניטין שיש לשמרו. לציבור היו ציפיות גבוהות מהם. הם היו נשיאים, מנהיגים, אנשי שם. אם דווק צודקת, אנשים שתלויות בהם ציפיות נוטים שלא להסתכן. הם חוששים להתגלות ככושלים. אולי מן הטעם הזה הם חזרו ואמרו, בעצם: איננו בטוחים שננצח את הכנענים. לכן מוטב שלא ננסה.

חשבו עכשיו על שני החריגים, כלב ויהושע. כלב היה בן שבט יהודה, ויהודה, כך למדנו בספר בראשית, היה בעל התשובה הראשון.[4] אי אז, הוא שהציע למכור את יוסף לעבדות. אבל הוא הבשיל מאז. כלתו, תמר, לימדה אותו לקח חשוב. הוא הודה, "צָדְקָה מִמֶּנִּי" (בראשית לח, כו). התנסות זו שינתה את חייו. לימים, כאשר המשנה למלך מצרים (יוסף, שהאחים טרם זיהו אותו) דרש להשאיר את בנימין אצלו במאסר, יהודה הציע להכניס עצמו למאסר עולם כדי שאחיו ישתחרר. יהודה הוא הדוגמה הברורה ביותר בספר בראשית לאדם **שראה את המצוקה כחוויה מלמדת ולא ככישלון**. במונחיה של דווק, הייתה לו תבנית חשיבה מתפתחת. כנראה הוא הוריש תכונה זו לצאצאיו, ובהם כלב.

אשר ליהושע, התורה מספרת לנו, דווקא בסיפור המרגלים, שמשה **שינה את שמו**. שמו היה הושע, אבל משה הוסיף אות אחת לשמו (במדבר יג, טז). **שינוי שם רומז תמיד לשינוי אופי או ייעוד**. אברם נעשה אברהם. יעקב נהיה ישראל. כאשר שמנו משתנה, אומר הרמב"ם, הרי זה כאילו אמרנו, או אמרו עלינו, שאיננו אותו האדם שהיינו.[5] כל מי שחווה שינוי שם כמו הוכנס אל תבנית חשיבה צומחת.

אנשים בעלי תבנית חשיבה צומחת אינם יראים מכישלון. הם ששים אלי אתגר. הם יודעים שאם ייכשלו, הם ישובו וינסו עד שיצליחו. לא מקרי שהשניים מן המרגלים שהתאפיינו בתבנית חשיבה צומחת הם אלה שלא נבהלו מהסכנות הכרוכות

3. שם, עמ' 252.
4. ראו לעיל בשיחה לפרשת ויגש, "המנהיג הבלתי צפוי", עמ' 38.
5. **משנה תורה**, הלכות תשובה ב, ד.

בכיבוש הארץ. לא מקרי גם שעשרת האחרים, שכולם נשאו בנטל הציפיות של העם (כמנהיגים, נשיאים ואנשי מעלה), נאחזו פיק ברכיים.

ואם כך הוא, יש בסיפור המרגלים מסר חשוב לכולנו. אלוהים אינו מבקש מאיתנו שלא להיכשל לעולם. הוא מבקש מאיתנו שנעשה את מרב מאמצינו. הוא מרומם אותנו כשאנו נופלים וסולח לנו כשאנו כושלים. על ידי כך הוא נוטע בנו אומץ להסתכן. את זאת ידעו יהושע וכלב, האחד דרך שינוי שמו והשני מתוך ניסיונו של אבי־אבותיו יהודה.

הרי לנו אמת פרדוקסלית, אבל משחררת מאין כמוה: הפחד מן הכישלון גורם לנו להיכשל. הנכונות להיכשל היא המאפשרת לנו להצליח.

קורח

עבדות אני נותן לכם

איומים רבים קמו לאורך השנים על מנהיגותו של משה, אך מרד קורח ועדתו היה הקשה והסבוך מכולם. המפרשים מצביעים על כך שבמרד השתתפו שלוש קבוצות נבדלות, שלכל אחת מניעים משלה.

היה, תחילה, קורח עצמו. מייחוסו המשפחתי, הנמסר לנו בתחילת הפרשה - "קֹרַח בֶּן יִצְהָר בֶּן קְהָת בֶּן לֵוִי" - למדו חז"ל מה הציק לו, ושחזרו את דבריו כך:

> ארבעה אחים היו אחֵי אבא: "וּבְנֵי קְהָת עַמְרָם וְיִצְהָר וְחֶבְרוֹן וְעֻזִּיאֵל" (שמות ו, יח). עמרם הבכור, זכה אהרן בנו לגדולה ומשה למלכות. מי ראוי ליטול את השניה? לא השני?... אני, בנו של יצהר, הייתי ראוי להיות נשיא על משפחות - והוא [=משה] עשה [=מינה] בנו של עוזיאל [=את אליצפן]. קטן של אחֵי אבא יהי גדול עלי? הריני חולק עליו ומבטל כל מה שנעשה על ידו![1]

קורח התמרמר על שדילגו על הענף שלו במשפחת קהת, ענף עמרם, כאשר מונה ל"נְשִׂיא בֵית אָב לְמִשְׁפְּחֹת הַקְּהָתִי" דווקא "אֱלִיצָפָן בֶּן עֻזִּיאֵל" (במדבר ג, ל). עוזיאל היה הצעיר בארבעת בני קהת. קורח היה בנו של יצהר, הבן השני אחרי עמרם. הוא כבר הרגיש מקופח מכך שמענף עמרם יצאו שני המנהיגים הבכירים של העם כולו, משה ואהרן; מינוי בעל התפקיד הבא ממשפחת עוזיאל ולא ממשפחת יצהר היה עלבון אחד יותר מדי. הוא הרגיש מושפל, וגמר אומר להדיח את משה ואהרן.

שאיפה נכזבת הייתה גם המניע של שתי הקבוצות המורדות האחרות, בני ראובן ומאתיים וחמישים "נְשִׂיאֵי עֵדָה קְרִאֵי מוֹעֵד" מהשבטים האחרים. כדברי המלבי"ם (בפירושו לשני הפסוקים הראשונים בפרק טז):

1. במדבר רבה יח, ב.

דתן ואבירם ואון בן פלת... התלוננו על שניטלה הבכורה מראובן, שלפי מה שהיה ראובן הבכור ראוי שתצא ממנו המלוכה והכהונה... והתלוננו על שניתנה הכהונה ועבודת ה' לשבט לוי והמלוכה והקדימה בדגלים ליהודה וגם על שניתנה הבכורה ליוסף...

[ומאתיים וחמישים הנשיאים] טענו שהם נשיאי עדה קריאי מועד... רצו שהכהונה תינתן לנשיאי העדה הראויים לזה כפי מעלתם, לא שתינתן לשבט אחד כולו שיהיה בירושה מבלי הבט על מעלת הכוהנים ושלמותם. וגם יש לומר כמו שכתב הרב אברהם אבן עזרא, שהיו גם כן בכורים פטרי רחם וטענו שהכהונה מגיע[ה] להם.

ראובן היה בכורו של יעקב, אך על השבט שלו דילגו בשיטתיות בכל פעם שנתמנו אנשים לתפקידי מנהיגות - והדבר עורר בשבט תחושות קיפוח. מרמור שרר גם בקרב הבכורות בשבטים אחרים ובמשפחות אחרות מאז נלקחה הכהונה מהבכורות כולם וניתנה לבני שבט לוי.

בקיצור, כל אחת משלוש הקבוצות הונעה מקנאה וזדון כלפי שני אנשים, משה ואהרן, שלדידן ניכסו תפקידי מנהיגות לעצמם ולבני שבטם. התלונות היו שונות, ולא את כולם אפשר היה לְרַצוֹת. יתרה מכך, לו ויתר מי מהם על דרישתו, היה הדבר רק מעורר תלונות חדשות. הדבר שאיחד אותם - כפי שקורה הרבה בבריתות מוזרות בין קבוצות לא מרוצות - לא היה חזון משותף לעתיד, אלא אי־נחת מן ההווה.

פרטיו המדויקים של הסיפור סבוכים ועמומים משהו, אבל דבר אחד ברור כשמש: ההאשמה שהמורדים הפנו כלפי משה ואהרן.

וַיִּקָּהֲלוּ עַל מֹשֶׁה וְעַל אַהֲרֹן וַיֹּאמְרוּ אֲלֵהֶם, "רַב לָכֶם! כִּי כָל הָעֵדָה כֻּלָּם קְדֹשִׁים וּבְתוֹכָם ה'. וּמַדּוּעַ תִּתְנַשְּׂאוּ עַל קְהַל ה'?" (במדבר טז, ג)

שניים מהמורדים, דתן ואבירם, הרחיקו לכת מעבר לכך: "הַמְעַט כִּי הֶעֱלִיתָנוּ מֵאֶרֶץ זָבַת חָלָב וּדְבַשׁ לַהֲמִיתֵנוּ בַּמִּדְבָּר", הטיחו, "כִּי תִשְׂתָּרֵר עָלֵינוּ גַּם הִשְׂתָּרֵר?" (טז, יג). לכאורה, היה בטיעון הזה היגיון משכנע. ה' הועיד את בני ישראל להיות "מַמְלֶכֶת כֹּהֲנִים וְגוֹי קָדוֹשׁ" (שמות יט, ו), כלומר ממלכה שכל אחד מנתיניה הוא כוהן, אומה שכל בניה קדושים. אם כן, מדוע רק משפחה אחת משמשת בכהונה, ויש רק כוהן גדול אחד?

השופט והמצביא גדעון אמר, שנים רבות אחר כך, "לֹא אֶמְשֹׁל אֲנִי בָּכֶם וְלֹא יִמְשֹׁל בְּנִי בָּכֶם. ה' יִמְשֹׁל בָּכֶם" (שופטים ח, כג). מה אפוא ההצדקה לממשל של

מנהיג ממונה אחד, כגון משה? מדוע לא לאמץ כבר במדבר דגם כגון זה שעתיד להיות בימי השופטים - אין מלך בישראל, אך מפעם לפעם, בשעת משבר, מובילה את העם דמות כריזמטית, ואז חוזרת לאלמוניותה? ובאמת, עוד במדבר, בפרשה הקודמת, עשה כך כלב. למה לא? הרי די לעם במנהיגותו של הקב"ה!

אחרי גדעון, בתום תקופת השופטים, הזהיר שמואל הנביא את העם מפני הסכנות שבמינוי מלך:

> זֶה יִהְיֶה מִשְׁפַּט הַמֶּלֶךְ אֲשֶׁר יִמְלֹךְ עֲלֵיכֶם: אֶת בְּנֵיכֶם יִקָּח וְשָׂם לוֹ בְּמֶרְכַּבְתּוֹ וּבְפָרָשָׁיו וְרָצוּ לִפְנֵי מֶרְכַּבְתּוֹ... וְאֶת שְׂדוֹתֵיכֶם וְאֶת כַּרְמֵיכֶם וְזֵיתֵיכֶם הַטּוֹבִים יִקָּח וְנָתַן לַעֲבָדָיו... וּזְעַקְתֶּם בַּיּוֹם הַהוּא מִלִּפְנֵי מַלְכְּכֶם אֲשֶׁר בְּחַרְתֶּם לָכֶם, וְלֹא יַעֲנֶה ה' אֶתְכֶם בַּיּוֹם הַהוּא. (שמואל א' ח, יא-יח)

זו הטרמה מקראית למימרתו המפורסמת של הלורד אקטון כי הכוח נוטה תמיד להשחית. למה אפוא לתת למשה ולאהרן את הכוח, לסוגיו השונים, שנראה כי החזיקו בו?

אבל הייתה למורדים טעות. היא טמונה בטענתו של קורח כי משה ואהרן מתנשאים "על" העם, ובאמירתם של דתן ואבירם כי משה "משתרר" עליו. המורדים ראו את המנהיגות כמעמד. מנהיג הוא זה המוצב מעל השאר: זכר האלפא, בעל הבית, השליט, המפקד העליון, זה שאנשים סוגדים לו ויראים מפניו. כאלה הם מנהיגים בחברות היררכיות.

אבל המנהיגות בתורה אינה כזאת, וכבר ראינו סימנים רבים לכך. על משה היא אומרת כי היה "עָנָו מְאֹד, מִכֹּל הָאָדָם אֲשֶׁר עַל פְּנֵי הָאֲדָמָה" (במדבר יב, ג). על אהרן והכוהנים, בתפקידם כמברכי העם, היא אומרת "וְשָׂמוּ אֶת שְׁמִי עַל בְּנֵי יִשְׂרָאֵל וַאֲנִי אֲבָרְכֵם" (במדבר ו, כז). כלומר הכוהנים היו מעין צינור שדרכו שפעה ברכת ה'. **לא הכוהן ולא הנביא החזיקו בכוח אישי או בסמכות.** הם היו מוסריהן של מילים שאינן שלהם. הנביא אמר את דבר ה' לזמן **הזה**. הכוהן אמר את דבר ה' **לכל** עת. אך לא זה ולא זה היו מקור הדברים. משום כך, הענווה לא הייתה תכונה מקרית שלהם, אלא תמצית תפקידם.

די היה בשמץ של רמז כי הם מפעילים סמכות משלהם, ואומרים דברים משל עצמם, או עושים מעשה מטעם עצמם, כדי להביא את כהונתם לידי סיום. אכן, כך נחתם גורלם של משה ואהרן, כשהעם התאונן והם אמרו "שִׁמְעוּ נָא הַמֹּרִים, הֲמִן הַסֶּלַע הַזֶּה **נוֹצִיא** לָכֶם מָיִם?" (במדבר כ, י). פירושים רבים הוצעו באשר לבעייתיות

שבדבריהם אלו ושבהכאת הסלע, אבל אחד מהם, שוודאי יש בו אמת, הוא שהם ייחסו את הפעולה לעצמם ולא לה׳.[2]

אפילו המלך - תפקיד הכרוך מעצם טיבו בכבוד ובמעמד - מצווה בתורה להיות עניו. עליו לשאת איתו ספר תורה ולקרוא בו כל ימי חייו, ״לְמַעַן יִלְמַד לְיִרְאָה אֶת ה׳ אֱלֹהָיו לִשְׁמֹר אֶת כָּל דִּבְרֵי הַתּוֹרָה הַזֹּאת וְאֶת הַחֻקִּים הָאֵלֶּה לַעֲשֹׂתָם, **לְבִלְתִּי רוּם לְבָבוֹ מֵאֶחָיו**״ (דברים יז, יט-כ).[3]

ביהדות, מנהיג אינו אדם השם עצמו מעל מונהגיו. זהו כשל מוסרי, לא סמל מעמד. היעדר הירארכיה אין פירושו היעדר מנהיגות. מנהיג הוא מי שמתאם, שנותן מבנה וצורה למפעל המשותף, שמבטיח שכולם פועלים על פי אותו מרשם, מתקדמים לאותו כיוון, פועלים כצוות ולא כאוסף של פרימדונות.

מנהיג צריך שיהיה לו חזון, ועליו לדעת להנחילו. לפעמים עליו לכפות משמעת. בלי מנהיגות, אפילו הכישרונות המוזיקליים הנוצצים ביותר יפיקו יחד לא מוזיקה אלא רעש. היהדות ידעה זאת מימי קדם. ״בַּיָּמִים הָהֵם אֵין מֶלֶךְ בְּיִשְׂרָאֵל אִישׁ הַיָּשָׁר בְּעֵינָיו יַעֲשֶׂה״ (שופטים יז, ו; כא, כה). זה מה שקורה כשאין מנהיגות.

לתורה, ולתנ״ך כולו, יש דרך מיוחדת לומר זאת. את הכבוד הנעלה ביותר קיבל משה כשזכה לכינוי ״עֶבֶד ה׳״. הוא נקרא כך פעם אחת במותו (דברים לד, ה), ולא פחות מ־18 פעם בתנ״ך כמכלול. ה׳ קורא לאברהם, ולאחר מכן גם לכלב, ״עַבְדִּי״ (בראשית כו, כד; במדבר יד, כד). יהושע מכונה פעמיים ״עֶבֶד ה׳״ (יהושע כד, כט; שופטים ב, ח). ביהדות, מנהיג הוא עבד ומנהיגות היא עבדות. מנהיגות שאינה כזאת אינה מנהיגות כפי שהיהדות מבינה מושג זה.

גם אנחנו, כולנו, עבדי ה׳. התורה אומרת זאת: ״כִּי לִי בְנֵי יִשְׂרָאֵל עֲבָדִים; עֲבָדַי הֵם אֲשֶׁר הוֹצֵאתִי אוֹתָם מֵאֶרֶץ מִצְרָיִם״ (ויקרא כה, נה). כלומר משה איננו ישות מסוג שונה מזה שכולנו נועדנו להיות. כולנו עבדי ה׳ - ומשה רק מגלם זאת באורח עילאי. **אצל עובד ה׳, ככל שיש פחות ״אני״ כך יש יותר אלוהים.** משה היה הדוגמה המובהקת לעיקרון שטבע רבי יוחנן, ״כל מקום שאתה מוצא גבורתו של הקב״ה אתה מוצא ענוותנותו״.[4]

עיקרון זה התגלה כהרה גורל בתולדות ישראל בגלל מאורע מסוים. לקראת סוף ימי מלכותו של שלמה גאתה בעם תסיסה על רקע נטל המיסים והחובות הכבד

2. חזקוני על אתר.
3. ראו גם רמב״ם, **משנה תורה**, הלכות מלכים ב, ו.
4. מגילה לא ע״א.

שהושת עליו, בין היתר לשם בניית המקדש. כשהמלך מת נשלחה אל היורש, רחבעם בן שלמה, משלחת בראשות ירבעם שואף המנהיגות. בקשתם הייתה פשוטה וברורה: "אָבִיךָ הִקְשָׁה אֶת עֻלֵּנוּ, וְאַתָּה עַתָּה הָקֵל מֵעֲבֹדַת אָבִיךָ הַקָּשָׁה וּמֵעֻלּוֹ הַכָּבֵד אֲשֶׁר נָתַן עָלֵינוּ וְנַעַבְדֶךָּ". רחבעם ביקש מהם לחזור אליו בעוד שלושה ימים, ופנה להתייעצויות. "אֵיךְ אַתֶּם נוֹעָצִים לְהָשִׁיב אֶת הָעָם הַזֶּה דָּבָר?", שאל את יועציו הזקנים של אביו המנוח. תשובתם מאלפת: "אִם הַיּוֹם תִּהְיֶה **עֶבֶד** לָעָם הַזֶּה וַעֲבַדְתָּם וַעֲנִיתָם וְדִבַּרְתָּ אֲלֵיהֶם דְּבָרִים טוֹבִים, וְהָיוּ לְךָ **עֲבָדִים** כָּל הַיָּמִים" (מלכים א' יב, ד-ז).

משימתו של המלך היא לדבריהם לשרת את העם, לעובדו - לא להכביד עליו עול. זו הייתה עצה חכמה. אך למרבה הצער, רחבעם הצעיר והפזיז לא שמע לה. הוא פנה לחבריו בני גילו שאיתם גדל. עצתם הייתה הפוכה. הם אמרו לו, בעצם: תראה להם מי הבוס. תגיד להם, "קָטָנִּי עָבָה מִמָּתְנֵי אָבִי. אָבִי הֶעְמִיס עֲלֵיכֶם עֹל כָּבֵד, וַאֲנִי אוֹסִיף עַל עֻלְּכֶם, אָבִי יִסַּר אֶתְכֶם בַּשּׁוֹטִים, וַאֲנִי אֲיַסֵּר אֶתְכֶם בָּעַקְרַבִּים" (יב, י-יא).

וכך עשה רחבעם. התוצאה הייתה לא מפתיעה. רוב העם הלך אחר ירבעם. הממלכה נקרעה לשתיים. זו הייתה תחילת הסוף של הממלכה. מנהיגות סמכותנית - שבה המנהיג מציב את עצמו מעל עמו ומשתרר עליו - מעולם לא הייתה מקובלת על עם ישראל.

ישנו מושג חשוב, שהונחל לרבים בידי רוברט ק' גרינליף (1904-1990): "מנהיגות משרתת".[5] בהשראת רומן מאת הרמן הסה שיש בו נימות בודהיסטיות, הוא פיתח את התפיסה שמנהיג הוא משרתם של מונהגיו. ליהדות יש גרסה שונה מעט לרעיון זה, והיא שהמנהיג הוא עבד ה', לא עבד העם; אבל בכל מקרה, הוא אינו האדון. רק אלוהים אדון. המנהיג אינו "מעל" העם: הוא והעם שווים. הוא המורה של העם, המדריך, הסנגור והמגן. משימתו היא להזכיר לעם בלי לאות את ייעודו, ולעורר בו השראה להיות נאמן לייעוד זה.

ביהדות, מנהיגות אינה קשורה לפופולריות: "תלמיד חכם שבני עירו אוהבים אותו, אין זה משום שהוא מעולה אלא משום שאינו מוכיח אותם בענייני שמיים".[6] מנהיג אמיתי גם אינו שש על תפקידו. כמעט כל המנהיגים הגדולים במקרא היססו ליטול עליהם את עול ההנהגה. רבן גמליאל סיכם זאת באומרו לשני חכמים שהוא רצה למנות לתפקיד: "מדומין אתם ששררה אני נותן לכם? **עבדות** אני נותן לכם!"[7]

5. Robert K. Greenleaf, *Servant Leadership*, New York: Paulist Press, 2002.
6. כתובות קה ע"ב, בתרגום לעברית.
7. הוריות י ע"א-ע"ב.

מנהיג אמיתי הוא עבד, לא אדון. הוא אינו מנסה להעמיד עצמו מעל אחרים או להשתרר עליהם. למנהיגות ככוח, כשליטה, כאדנות או כשררה אין מקום ביהדות. להפך: ההישג הגדול ביותר של מנהיג הוא לשרת את ה׳ ולעזור לאחרים לעשות זאת. את זאת הבין משה - ולא הבינו קורח ועדתו.

חוקת

מרים, חברתו של משה

לפנינו אחת התעלומות הגדולות בתורה. בני ישראל מגיעים לקָדש ומגלים שאין להם מים. הם מתלוננים באוזני משה ואהרן. שני המנהיגים הולכים לאוהל מועד, ושם אומר להם ה׳ שייקחו את המטה, יקהילו את העם, ידברו אל הסלע - ויוציאו ממנו מים.

כאן מתחילה התנהגותו של משה להיות חריגה. הוא לוקח את המטה. הוא ואהרן מקהילים את העם. ואז משה אומר: ״שִׁמְעוּ נָא הַמֹּרִים: הֲמִן הַסֶּלַע הַזֶּה נוֹצִיא לָכֶם מָיִם?״ - ומייד ״וַיָּרֶם מֹשֶׁה אֶת יָדוֹ וַיַּךְ אֶת הַסֶּלַע בְּמַטֵּהוּ פַּעֲמָיִם״ (במדבר כ, י-יא).

על התנהגות זו שילמו משה ואהרן באובדן ההזדמנות להוביל את העם דרך הירדן אל תוך הארץ המובטחת. ״יַעַן לֹא הֶאֱמַנְתֶּם בִּי לְהַקְדִּישֵׁנִי לְעֵינֵי בְּנֵי יִשְׂרָאֵל, לָכֵן לֹא תָבִיאוּ אֶת הַקָּהָל הַזֶּה אֶל הָאָרֶץ אֲשֶׁר נָתַתִּי לָהֶם״ (כ, יב).

המפרשים חלוקים בשאלה במה חטא משה. בכך שכעס? בכך שהכה בסלע במקום לדבר אליו? בכך שהשתמע מדבריו אל העם שהוא ואהרן, ולא הקב״ה, הם אלה המוציאים מים מן הסלע? באחת משיחותיי על הפרשה הצעתי שמשה לא חטא ולא נענש. הוא רק חזר על מה שעשה כמעט ארבעים שנה קודם לכן, כאשר ה׳ אמר לו להכות בסלע (שמות יז, ו). בזאת הראה כי מנהיגותו חדלה להתאים לצורכי הזמן. הוא היה המנהיג הנכון לאומה של פדויי שעבוד, אך הוא אינו המנהיג הנכון לילדיהם שנולדו בני חורין ועתידים לכבוש את הארץ.

אולם הפעם אני רוצה להציג שאלה אחרת: למה? למה נכשל משה במבחן הזה? הרי הוא עמד במצבים דומים כבר פעמיים בעבר. הראשונה הייתה במרה. אחרי קריעת ים סוף העם נסע שלושה ימים בלי למצוא מים. כשמצאו, המים היו מרים להם, והם התלוננו. ה׳ הראה למשה איך להמתיק את המים (שמות טו, כב-כו). המקרה השני הוא מסה ומריבה. כשבני ישראל הגיעו לרפידים, שוב לא מצאו מים ושוב התלוננו. משה הנואש צעק אל ה׳, ״מָה אֶעֱשֶׂה לָעָם הַזֶּה? עוֹד מְעַט וּסְקָלֻנִי״. ה׳ הסביר למשה בסבלנות שעליו להכות בצור, והמים בקעו ממנו (שמות יז, א-ז).

משה התגבר אפוא על שני אתגרים דומים בעבר. מדוע בפעם הזו, השלישית,

איבד את קור רוחו? מה נשתנה? התשובה נאמרת בכתוב במפורש, אך בלשון המעטה המקשה לעמוד על משמעותה. הנה כך:

> וַיָּבֹאוּ בְנֵי יִשְׂרָאֵל כָּל הָעֵדָה מִדְבַּר צִן בַּחֹדֶשׁ הָרִאשׁוֹן, וַיֵּשֶׁב הָעָם בְּקָדֵשׁ. וַתָּמָת שָׁם מִרְיָם וַתִּקָּבֵר שָׁם. (במדבר כ, א)

מייד לאחר מכן אנו קוראים: "וְלֹא הָיָה מַיִם לָעֵדָה וַיִּקָּהֲלוּ עַל מֹשֶׁה וְעַל אַהֲרֹן" (כ, ב). מדרש אגדה מפורסם מסביר שבזכות מרים ליוותה באר פלאית את בני ישראל בנדודיהם במדבר. כשמתה מרים פסקו המים לנבוע.[1] יש כאן חשיבה סיבתית פשוטה ועל־טבעית: מרים מתה, ואז לא היו מים - מכאן אתה למד שכאשר היו מים, זה היה מפני שמרים חיה. המים היו נס שאירע בזכותה.

אך יש דרך נוספת לקרוא את רצף הפסוקים הזה, דרך פסיכולוגיסטית שהנחותיה טבעיות. הקשר בין מות מרים למאורע מֵי מריבה שאירע אחריו נוגע פחות לבאר ניסית ויותר לתגובתו של משה לתלונות בני ישראל.

זה היה הניסיון הראשון שמשה נדרש לעמוד בו כמנהיג העם בלי נוכחותה של אחותו. הבה ניזכר מה הייתה מרים למשה. היא הייתה אחותו הגדולה, הבכורה במשפחה. היא השגיחה עליו כששט בתיבת עצי גופר על היאור. היו לה העוז והתושייה לפנות אל בת פרעה ולהציע לתינוק מינקת ישראלית, הלוא היא יוכבד אימו. בלי מרים, משה היה גדל בלי לדעת מיהו ולאיזה עם הוא שייך.

לאורך יציאת מצרים, מרים נוכחת ברקע הסיפור. אנו רואים אותה מובילה את הנשים בשירה על ים סוף, ומכאן ברור שהיה לה, כמו לאהרן, מעמד מנהיגותי. מושג מה על חשיבותה בעיני משה אנו מקבלים כאשר מסופר לנו, באופן מעורפל למדי, כי היא ואהרן דיברו "עַל אֹדוֹת הָאִשָּׁה הַכֻּשִׁית אֲשֶׁר לָקָח, כִּי אִשָּׁה כֻשִׁית לָקָח" (במדבר יב, א). איננו יודעים מה בדיוק היה העניין הנדון, אך אנו יודעים שמרים לקתה בצרעת. אהרן פנה בחוסר אונים אל משה וביקש ממנו להתערב למענה, ומשה עשה זאת בפשטות רהוטה, בתפילה הקצרה ביותר שתיעודה מצוי ברשותנו - רק חמש מילים, רק אחת־עשרה אותיות: "אֵל נָא רְפָא נָא לָהּ" (יב, יג). משה דואג לאחותו מעומק ליבו אף שדיברה בו סרה.

רק בפרשת השבוע שלנו אנו מתחילים לעמוד על מלוא השפעתה של מרים, אך זאת רק ברמיזה. לראשונה מתמודד משה בלעדיה עם אתגר, ולראשונה הוא מאבד את

1. תענית ט ע"א.

קור רוחו בנוכחות העם. זוהי אחת מהשפעות השכול. לא פעם אנו שומעים מאנשים שחוו אובדן הורה ואובדן אח או אחות כי האחרון קשה מן הראשון. התייתמות היא חלק מסדר החיים הטבעי, ואילו אובדן אח הוא בדרך כלל צפוי פחות ומבלבל יותר. ומרים לא הייתה אחות רגילה. משה חב לה את עצם היותו קשור למשפחתו הטבעית, את עצם זהותו כאחד מבני ישראל.

לומר שמנהיגות היא בדידות - הרי זו כבר קלישאה. אך בו בזמן, שום מנהיג אינו יכול להחזיק מעמד לבדו. יתרו אמר זאת למשה שנים רבות קודם לכן. כשראה שהוא נושא לבדו בטורח ובמשא ובריב אמר לו, "נָבֹל תִּבֹּל גַּם אַתָּה גַּם הָעָם הַזֶּה אֲשֶׁר עִמָּךְ, כִּי כָבֵד מִמְּךָ הַדָּבָר; לֹא תוּכַל עֲשֹׂהוּ לְבַדֶּךָ" (שמות יח, יח). מנהיג זקוק לתמיכה משלושה סוגים: (1) בעלי ברית שיילחמו לצידו, (2) אנשי צוות שהוא יכול להאציל להם סמכויות, ו־(3) חבר נפש אחד או יותר שהוא יכול להפקיד בידיו את היסוסיו ואת חששותיו, חבר שיאזין לו אך ורק מתוך מטרה להיות נוכחות תומכת וינסוך בו את האומץ, הביטחון והנחישות להמשיך קדימה.

זכיתי להכיר לאורך השנים מנהיגים בתחומים רבים, מתוך ידידות אישית, ועל סמך היכרויות אלו אני יכול לומר בוודאות שהאמונה כי למנהיגים בכירים יש עור עבה היא אמונה שגויה. לרוב המנהיגים שהכרתי אין עור עבה. לפעמים הם פגיעים מאוד. לא פעם הם מתייסרים בלבטים. הם יודעים שמנהיג צריך לעיתים מזומנות לבחור בין רע לגרוע, ושאף פעם אין הוא יכול לדעת מראש איזו החלטה תתברר כנכונה. מנהיגים נפגעים מביקורת ומבגידה של אנשים שהם חשבו לידידים. הם מעדיפים שלא לתת פומבי לאותות הפגיעות; הם מנהיגים, והם צריכים לשדר ודאות וביטחון שלא תמיד יש להם. אך צדקו רונלד חפץ ומרטי לינסקי, שני חוקרי המנהיגות מהרווארד, באומרם כי "האמת הקשה היא שאי אפשר לחוות את התמורה והאושר הטמונים במנהיגות בלי לחוות גם את הכאב".[2]

מנהיגים זקוקים לאנשי אמון, לאנשי סוד ה"מסוגלים לומר לכם את מה שאינכם רוצים לשמוע ולא תוכלו לשמוע מאף אחד אחר", אנשים "שתוכלו להפקיד בידיהם סודות בלי לחשוש שהדברים ידלפו בחזרה לזירת העבודה". איש סוד הוא זה שאתם עצמכם עומדים בראש מעייניו; מעל הסוגיות עצמן. הוא מרים אתכם כשאתם בשפל, ומחזיר אתכם בעדינות אל המציאות כשאתם שוגים בשאננות או בעודף שביעות רצון עצמית. חפץ ולינסקי כותבים, "כמעט כל מי

2. רונלד א' חפץ ומרטי לינסקי, **מנהיגות במבחן: להוביל שינוי ולהישאר בחיים**, מאנגלית: דרורה בלישה, תל אביב: משכל, 2007, עמ' 241.

שאנחנו מכירים, שיש לו ניסיון של ממש במנהיגות, בטח באיש סוד שסייע לו להתגבר על הקשיים לאורך הדרך".[3]

הרמב"ם, בפירושו למשנה,[4] מונה את איש הסוד כאחד מארבעה מינים של חברים. הוא קורא לו "חבר ביטחון", ומסביר את מהותו:

> שיהיה לאדם אוהב תבטח נפשו בו, לא יִשמר ממנו לא במעשה ולא בדִבור. ויודיעהו כל עניָניו, הטוב מהם והמגונה, מבלתי שיִרא ממנו שישיגהו בכל זה חסרון לא אצלו ולא זולתו; כי כשיגיע לאדם בטחון באיש זה השָוה, ימצא מנוחה גדולה בדבריו ובאהבתו הרבה.

קריאה קפדנית של סיפור מות מרים ומי מריבה, לאור ידיעותינו על ראשית ימיו של משה, מלמדת שמרים הייתה אשת סודו של משה, מִגדל העוז של יציבותו הרגשית - ושעם לכתה התקשה משה להתמודד עם משברים כפי שהתמודד קודם לכן.

האנשים המשמשים מקור חוזק לאחרים צריכים אף הם מקור חוזק. לעיתים תכופות, מקור חוזקו של משה היה הקב"ה עצמו, והתורה מרבה לספר על כך. אבל אפילו משה זקוק היה לחבר אנושי, ועל פי הרמזים שהתורה מנדבת נראה שהייתה זו מרים. היא הייתה מנהיגה בזכות עצמה, אך גם אחד ממקורות כוח העמידה של אחיה.

כי אפילו גדולי המנהיגים אינם יכולים להנהיג לבד.

3. שם, עמ' 215.
4. רמב"ם, פירוש המשנה, תרגום שמואל אבן תיבון, אבות א, ו.

בלק

בלי נאמנות אין מנהיגות

האם מנהיגות היא אוסף של כישורים שעניינם היכולת לצבור כוח ולהפעילו - או אולי יש בה גם ממד מוסרי? האם אדם רע יכול להיות מנהיג טוב, או שמא רוע המידות פוגע במנהיגות? סיפורו של גיבור פרשת השבוע שלנו, הנביא האלילי בלעם, יכול לשמש תשובה לכך.

נקדים ונציין כי בידנו עדות חיצונית לכך שבלעם אכן היה קיים. בדיר־עלא שעל גדת הירדן המזרחית, במקום שנהר היבוק נשפך בו אל הירדן, התגלתה בשנת 1967 כתובת על קיר של מקדש אלילי מן המאה השמינית לפני הספירה. נזכר בה נביא ושמו בלעם בן בעור. הוא מוצג באופן התואם להפליא את דמותו של בלעם שבפרשתנו. בלעם היה אפוא דמות ידועה באזור.

הצלחותיו עוררו השתאות. הוא היה וירטואוז רוחני, שאמאן מבוקש, קוסם, מכשף ועושה נפלאות. בלק אומר לו, על סמך ניסיונו האישי או לאור המוניטין שיצא לו, "יָדַעְתִּי: אֵת אֲשֶׁר תְּבָרֵךְ מְבֹרָךְ וַאֲשֶׁר תָּאֹר יוּאָר" (במדבר כב, ו). חז"ל אינם מטילים בכך ספק. על הפסוק שבסוף התורה, "וְלֹא קָם נָבִיא עוֹד בְּיִשְׂרָאֵל כְּמֹשֶׁה אֲשֶׁר יְדָעוֹ ה' פָּנִים אֶל פָּנִים" (דברים לד, י), חז"ל אומרים דבר מרחיק לכת: "בְּיִשְׂרָאֵל לא קם, אבל באומות העולם קם. ואיזה זה? זה בלעם בן בעור".[1]

מקור מדרשי נוסף אומר:

> לא הניח הקב"ה דבר בעולם שלא גילה לבלעם. ומפני מה? מפני שגלוי וידוע לפניו, יתברך שמו, שעתידים כל הגויים מכחישי התורה לומר לפניו יתברך ליום הדין: "ריבונו של עולם, אילו נתת לנו נביא כמשה, היינו מקבלים תורתך". לפיכך נתן להם הקב"ה את בלעם שהיה מעולה בחכמתו יותר ממשה.[2]

1. ספרי דברים, וזאת הברכה, שנז.
2. תנא דבי אליהו רבה, כח.

מבחינה טכנית אפוא היה בלעם בעל כל הכישורים הדרושים. ובכל זאת, פסק דינה הסופי של התורה על בלעם הוא שלילי. בפרק כה מופיע המשך אירוני לפרשת הקללות־ברכות של בלעם. בני ישראל, שאך זה הצילם הקב"ה מיוזמת הקללות המואבית־מדיינית, הביאו על עצמם קללה כאשר נתנו לבנות מואב ומדיין להדיחם. ה׳ זעם עליהם. פרקים ספורים לאחר מכן, כאשר מסופר על מלחמת בני ישראל במדיינים, מיוחסת תוכנית הפיתוי ההיא לבלעם: "הֵן הֵנָּה הָיוּ לִבְנֵי יִשְׂרָאֵל **בִּדְבַר בִּלְעָם לִמְסָר מַעַל בַּה׳** עַל דְּבַר פְּעוֹר, וַתְּהִי הַמַּגֵּפָה בַּעֲדַת ה׳" (במדבר לא, טז). בלעם יזם תוכנית מוצלחת להכשלת בני ישראל כפיצוי על כישלון תוכנית הקללות שלו.

אם כן, במקורות ישראל מצטייר בלעם כאדם ברוך כישרונות, נביא אמת, אדם שחז"ל השווהו למשה בכבודו ובעצמו - אך בו בזמן אדם רשע, שרשעתו הובילה לבסוף לנפילתו ולשם שיצא לו כעושה רע. המִשנָה אף מונה אותו עם אלה שאין להם חלק לעולם הבא.[3]

מה היה פגום בו? יש השערות רבות. אחת מהן, המועלית בתלמוד, שואבת את התשובה משמו. בלעם - כלומר אדם "בלא עם".[4]

זו הבחנה דקה. בלעם הוא איש נטול נאמנויות. בלק שלח לבלעם את הבקשה "לְכָה נָּא אָרָה לִּי אֶת הָעָם הַזֶּה כִּי עָצוּם הוּא מִמֶּנִּי... כִּי יָדַעְתִּי אֵת אֲשֶׁר תְּבָרֵךְ מְבֹרָךְ וַאֲשֶׁר תָּאֹר יוּאָר" (במדבר כב, ו). בלעם היה נביא להשכיר. היו לו כוחות על־טבעיים. ברכתו פעלה, וכך גם קללתו. אבל בשום מקור, לא במקרא ולא בתעודות החיצוניות, אין סימן שבלעם היה נביא במובן הרוחני של המילה. שאלות של צדק, של גמול ושל טוב ורע לא הטרידו אותו כשחרץ את גורלם של אנשים. כמו רוצח שכיר בתקופות אחרות, בלעם היה זאב בודד. שירותיו הוצעו למרבה במחיר. היו לו כישורים, והוא עשה בהם שימוש קטלני. אבל לא היו לו כל מחויבות, נאמנות או שותפות ברקמה החברתית. הוא היה איש בלא עם.

משה היה ההפך מכך. הקב"ה בכבודו ובעצמו אמר עליו "בְּכָל בֵּיתִי נֶאֱמָן הוּא" (במדבר יב, ז). מתוסכל ככל שהיה מהתנהגותם של בני ישראל, מעולם לא נמנע מלחלות את פני ה׳ למענם. כאשר שליחותו הראשונה אל פרעה בשמם של בני ישראל גרמה להרעת מצבם אמר לה׳: "לָמָה הֲרֵעֹתָה לָעָם הַזֶּה? לָמָּה זֶּה שְׁלַחְתָּנִי?" (שמות ה, כב). כשבני ישראל עשו את עגל הזהב, וה׳ איים להשמיד את העם ולהתחיל מחדש עם משה, משה אמר לו: "וְעַתָּה אִם תִּשָּׂא חַטָּאתָם. וְאִם אַיִן, מְחֵנִי נָא מִסִּפְרְךָ

3. משנה, סנהדרין י, ב.
4. סנהדרין קה ע"א.

אֲשֶׁר כָּתָבְתָּ" (שמות לב, לב). כאשר, למשמע הדוח המדכדך של המרגלים, רצו בני ישראל לשוב למצרים ואפו של הקב"ה חרה בהם, אמר לו משה: "סְלַח נָא לַעֲוֹן הָעָם הַזֶּה כְּגֹדֶל חַסְדֶּךָ, וְכַאֲשֶׁר נָשָׂאתָה לָעָם הַזֶּה מִמִּצְרַיִם וְעַד הֵנָּה" (במדבר יד, יט). במרד קורח, כשה' איים לכלות את העדה כולה, משה התפלל אליו: "הָאִישׁ אֶחָד יֶחֱטָא וְעַל כָּל הָעֵדָה תִּקְצֹף?" (במדבר טז, כב). אפילו כשאחותו מרים דיברה בו סרה ונענשה בצרעת, משה התפלל למענה: "אֵל נָא, רְפָא נָא לָהּ" (במדבר יב, יג). משה לא חדל מעולם להתפלל למען עמו, וכחומרת חטאו של העם כן מידת התעוזה בתפילתו של משה ומידת הסתכנותו בהרס יחסיו עם הקב"ה. למרות כל כישלונותיהם האיומים של בני עמו, הוא נשאר נאמן להם.

הוראתה המקובלת כיום של המילה "אמונה" ניתנה לה בימי הביניים. בעברית המקראית, לעומת זאת, משמעות המילה קרובה למה שאנו מציינים כיום במילים אחרות מאותו שורש: "אמון", "נאמנות" ו"אמינות". האמונה היא מושג יסוד באוצר המילים של תרבות הברית. זו ציפיית יסוד מכל שותף לברית: שלא לנטוש את השותף האחר גם בזמנים קשים.

יש אנשים שנתברכו בכישרונות גדולים, שִׂכליים ולפעמים אפילו רוחניים, ובכל זאת אינם מגיעים להישגים שכישרונות אלה מאפשרים להם. חסרות להם תכונות מוסריות בסיסיות: יושרה, יושר, ענווה, ומעל לכול נאמנות. את מה שהם עושים, הם עושים בצורה מבריקה; אבל לא פעם, הדבר שהם עושים הוא הדבר הלא נכון. מתוך מודעות ליכולותיהם יוצאות הדופן, הם נוטים להתנשא על אחרים. הם נכנעים לגאווה וליוהרה, ומתמכרים לאמונה שמעשיהם חומקים באופן כלשהו מההגדרה "פשע". בלעם הוא הדוגמה הקלאסית לאנשים כאלה. אפילו לאחר שנוכח לדעת כי אלוהים עומד לצידם של בני ישראל, הוא עדיין רקם מזימה לגרור אותם לחטא; עובדה זו ממחישה כיצד גם הגדולים שבגדולים עלולים להידרדר אל עומק השְׁפלות.

מי שנאמן לאחרים מגלה שאחרים נאמנים לו. מי שמפר אמונים מאבד את אמונם של אחרים בו, וסופו שהוא נותר נטול סמכות. מנהיגות בלי נאמנות איננה מנהיגות. כישורים וכישרונות אינם תחליף לאיכויות המוסריות הקורנות ממנהיג אמיתי וגורמות לאנשים ללכת אחריו. אנו הולכים אחרי מי שאנו בוטחים בו, ואנו בוטחים בו מפני שהוא פעל באופן שרכש את אמוננו. לכן משה נעשה מנהיג דגול, בעוד בלעם נותר עד סוף ימיו זאב בודד עם רשימת כישורים נוצצת. הֱיוּ תמיד נאמנים לאנשים שאתם מנהיגים.

פינחס

שלושה שיעורים במנהיגות

סדנת מנהיגות יש לנו בפרשת פינחס; כיתת אומן עם משה רבנו. משה מעביר לנו אותה כאשר הוא מתעמת עם עובדַת היותו בן תמותה, ומבקש מה' שימנה לו יורש. המנהיגים הגדולים דואגים להמשכיות. אברהם שלח את עבדו לחפש אישה לבנו יצחק, כדי שמשפחת הברית תמשיך להתקיים. דוד בחר בשלמה. אליהו, במצוות ה', מינה את אלישע לשאת אחריו את דגלו. וכך גם משה.

חז"ל הבחינו בדוק של תוגה שעטף את משה כאשר הבין שממשיכו לא יהיה אחד מבניו, גרשום ואליעזר.[1] כזה הוא "כתר תורה", כתר המנהיגות הבלתי נראה החבוש על ראשם של חכמים ונביאים. שלא ככתרי כהונה ומלכות, אין הוא עובר מאב לבנו. אין דרכה של כריזמה לעבור בירושה. ועם זה, מאלפת הלשון שמשה נוקט בנסחו את בקשתו:

> יִפְקֹד ה', אֱלֹהֵי הָרוּחֹת לְכָל בָּשָׂר, אִישׁ עַל הָעֵדָה, אֲשֶׁר יֵצֵא לִפְנֵיהֶם וַאֲשֶׁר יָבֹא לִפְנֵיהֶם וַאֲשֶׁר יוֹצִיאֵם וַאֲשֶׁר יְבִיאֵם, וְלֹא תִהְיֶה עֲדַת ה' כַּצֹּאן אֲשֶׁר אֵין לָהֶם רֹעֶה. (במדבר כז, טז)

מבחירת המילים של משה אפשר ללמוד שלושה שיעורים בסיסיים במנהיגות.

הראשון, שעמד עליו רש"י, מרומז בריבוי החריג של התארים שמשה מייחס לה': "ה', אֱלֹהֵי הָרוּחֹת לְכָל בָּשָׂר". רש"י מסביר ששיעורם של דברי משה אלה הוא "ריבונו של עולם, גלוי וידוע לפניך דעתו של כל אחד ואחד, ואינן דומין זה לזה; מַנֵּה עליהם מנהיג שיהא סובל כל אחד ואחד לפי דעתו".[2]

הרמב"ם אומר שהשוני הוא מאפיין בסיסי של המצב האנושי. ההומו ספיינס הוא צורת החיים הרבגונית ביותר. היות שאנו כה שונים זה מזה, וכל אדם מצטיין

1. כך משתמע מן המשפט "שנתאווה משה למיתתו של אהרן" - ספרי במדבר, פינחס, סוף סימן קלו.
2. רש"י לפסוק טז, על פי מדרש תנחומא, פינחס, יא.

בדבר מסוים וחלש בדבר אחר, שיתוף פעולה הוא הכרחי; אולם השוני בינינו לא רק יוצר את הצורך בשיתוף פעולה אלא גם מקשה עלינו לשתף פעולה, משום שאנו מגיבים לאתגרים בדרכים שונות. לכן מנהיגות היא דבר נחוץ, אך גם תובעני:

> מכיוון שטבעו גזר את השוני הזה בין פרטיו, והחיים בחברה הכרחיים לטבעו, לא ייתכן כלל שיהיו לו חיים חברתיים אלא בהכרח על ידי מנהיג, שיקבע את מעשיהם וישלים את המוזנח וימעט את המופרז, ויקבע פעולות ודרכי הנהגה שכולם יבצעו תמיד בדרך אחת, עד שהשוני הטבעי יוסתר בעקבות התיאום שיצרו החוקים, והחברה תהיה מאורגנת.[3]

מנהיגים מכבדים את השוני שבין המונהגים, אבל, כמו המנצח בתזמורת, יוצרים מהנגנים שלמות אחת, ומבטיחים שכל נגן יבצע את תפקידו ביצירה מתוך הרמוניה עם האחרים. מנהיגים אמיתיים אינם שואפים לכפות אחידות. הם מכבדים את הרבגוניות.

הלקח המנהיגותי השני רמוז במילה "איש" שבביטוי "אִישׁ עַל הָעֵדָה". ה' עונה למשה שאיש זה יהיה "יְהוֹשֻׁעַ בִּן נוּן, **אִישׁ** אֲשֶׁר רוּחַ בּוֹ" (במדבר כז, יח). המילה "איש" כאן אין משמעה רק "אדם זכר בוגר"; משמעה המלא נמצא בשני מקומות בתורה, האחד בספר שמות ומשנהו בספר במדבר, שנאמר בהם "האיש משה":

> גַּם הָאִישׁ מֹשֶׁה גָּדוֹל מְאֹד בְּאֶרֶץ מִצְרַיִם בְּעֵינֵי עַבְדֵי פַרְעֹה וּבְעֵינֵי הָעָם. (שמות יא, ג)
>
> וְהָאִישׁ מֹשֶׁה עָנָו מְאֹד מִכֹּל הָאָדָם אֲשֶׁר עַל פְּנֵי הָאֲדָמָה. (במדבר יב, ג)

"הָאִישׁ מֹשֶׁה" זוכה פה לשני תארים מנוגדים לכאורה, "גָּדוֹל" ו"עָנָו" - ולשניהם מצטרפת מילת ההפלגה "מְאֹד", כמו לרמוז לנו שוב לסוד החיבור ביניהם. "איש" הוא, לענייננו, אדם גדול ועניו. צירוף זה של תכונות יוחס בפי רבי יוחנן לקב"ה עצמו: "בכל מקום שאתה מוצא גדולתו של הקב"ה, שם אתה מוצא ענוותנותו".[4] הנה אחד הסימוכין של רבי יוחנן מן המקרא: "כִּי ה' אֱלֹהֵיכֶם הוּא אֱלֹהֵי הָאֱלֹהִים וַאֲדֹנֵי הָאֲדֹנִים,

3. רמב"ם, **מורה הנבוכים**, מערבית: הלל גרשוני, קדומים: מפעל משנה תורה, תשע"ט, חלק שני, פרק מ, עמ' 249.
4. מגילה לא ע"א, לפי גרסת עין יעקב.

הָאֵל הַגָּדֹל, הַגִּבֹּר וְהַנּוֹרָא, אֲשֶׁר לֹא יִשָּׂא פָנִים וְלֹא יִקַּח שֹׁחַד. עֹשֶׂה מִשְׁפַּט יָתוֹם וְאַלְמָנָה וְאֹהֵב גֵּר לָתֶת לוֹ לֶחֶם וְשִׂמְלָה" (דברים י, יז–יח).

כשההקשר הוא מנהיגות, "איש" הוא בעצם "מענטש". זהו אדם שגדלותו אינה מגביהה את ליבו; אדם שדאגתו נתונה לאנשים שאחרים נוטים להתעלם מהם, היתום והאלמנה והגר; אדם המתהלך עם פשוטי העם ועם הנשכחים בשולי החברה לא פחות מכפי שהוא מסתופף בקרב עמיתיו לאליטה; אדם הנוהג עם כולם בנועם ובכבוד, ובמכובדיו הוא מתכבד.

אולם את התהייה האמיתית מעורר חלקו השלישי של הפסוק. "אִישׁ עַל הָעֵדָה, **אֲשֶׁר יֵצֵא לִפְנֵיהֶם וַאֲשֶׁר יָבֹא לִפְנֵיהֶם וַאֲשֶׁר יוֹצִיאֵם וַאֲשֶׁר יְבִיאֵם**". נראה כאילו התורה אומרת את אותו הדבר פעמיים. אך אין זה מנהגה של התורה. למה אפוא הכוונה?

התורה רומזת כאן לאחד ההיבטים המאתגרים ביותר של המנהיגות: העיתוי והקצב. הפסוקית הראשונה פשוטה: "אֲשֶׁר יֵצֵא לִפְנֵיהֶם וַאֲשֶׁר יָבֹא לִפְנֵיהֶם". מנהיג צריך ללכת מלפנים. אסור לו לנהוג על פי אמרת הכנף שיוחסה שלא כדין לראשי ממשלה בריטים, "ברור שאני שומע בקולה של המפלגה. הרי אני המנהיג שלה!".[5] אולם הפסוקית שאחריה, "וַאֲשֶׁר יוֹצִיאֵם וַאֲשֶׁר יְבִיאֵם", מוסיפה דבר חיוני. היא רומזת שמנהיג אומנם צריך ללכת בראש, אך הוא צריך לוודא שלא התרחק יתר על המידה; שכאשר הוא מתבונן סביבו, הוא עדיין רואה אנשים. כשמנהיגים הולכים מהר מדי, התוצאות רעות ולעיתים אפילו טרגיות.

שתי דוגמאות, שונות בתכלית: כשמרגרט תאצ'ר נבחרה לראש ממשלת בריטניה, היא ידעה שצפוי לה עימות קשה וממושך עם איגוד עובדי המכרות. בשנת 1981 הם שבתו בדרישה להעלות את שכרם. תאצ'ר בדקה מייד כמה פחם זמין יש בבריטניה, כדי לדעת כמה זמן תוכל המדינה להחזיק מעמד בלי אספקה חדשה. ברגע שגילתה שהמלאי מדולדל החליטה להיעתר לדרישות הכורים. אך אז, בחשאי, היא הורתה להתחיל לאגור מצבורי פחם. וכך, כעבור שנתיים, כאשר הכורים הכריזו שוב על שביתה, היא הרשתה לעצמה להתנגד לדרישותיהם. השביתה הייתה ארוכה, אך הפעם הכורים הם שנאלצו להרים ידיים. תאצ'ר ניצחה ב־1983 בקרב שלא יכלה לנצח בו ב־1981.

טרגי הרבה יותר היה מקרהו של ראש ממשלת ישראל יצחק רבין. תהליך אוסלו, שהחל ב־1993, היה שנוי במחלוקת עזה בישראל ומחוצה לה. המתח גאה

5. המשפט יוחס לראשי הממשלה הבריטים בנימין דיזראלי וסטנלי בולדווין ולפוליטיקאי הצרפתי אלכסנדר אוגוסט לדרו־רולן.

ב־1995. בספטמבר של אותה שנה פרסמתי מאמר שביטא את תמיכתי ברבין. אולם בה בעת שלחתי אליו מכתב פרטי, ובו כתבתי שאני מודאג מאוד מההתנגדות הפנימית לתוכניתו, והפצרתי בו להקדיש זמן למשא ומתן עם אזרחי מדינתו שלו, ובייחוד עם הדתיים הציונים - לפחות כשם שהוא מקדיש זמן למשא ומתן עם הפלסטינים. לא קיבלתי תשובה.

במוצאי שבת, ארבעה בנובמבר 1995, שמענו את החדשות המרות על רצח ראש הממשלה בהפגנת שלום בידי צעיר דתי ציוני. הגעתי להלוויה בירושלים. למחרת, בשובי לבריטניה, נסעתי משדה התעופה ישירות אל שגריר ישראל, לשבת איתו ולספר לו על ההלוויה; הוא לא נסע אליה אלא נשאר בבריטניה כדי למלא שם את תפקידו ולייצג את ישראל בכלי התקשורת.

כשנכנסתי למשרדו של השגריר, הוא הושיט לי מעטפה ואמר, "זה הגיע בשבילך ממש עכשיו, בדואר הדיפלומטי". זו הייתה תשובתו של יצחק רבין למכתבי; אחד המכתבים האחרונים שכתב בחייו. הוא עמד שם שוב, במילים מרגשות, על אמונתו בתהליך השלום. אלא שבהגיע המכתב ליעדו כותבו לא היה עוד בין החיים. רבין רדף שלום, כפי שכולנו מצווים לעשות, אבל הוא הלך מהר מדי.

משה ידע זאת היטב. הוא למד את זה על בשרו בפרשת המרגלים. כפי שכותב הרמב"ם ב**מורה הנבוכים**,[6] המשימה לצאת למלחמה ולכבוש את הארץ הייתה מעל לכוחם של בני הדור שנולד בשעבוד. רק דור הבנים, ילידי החופש, יכול היה לעמוד בה. יש מסעות שעל המפה הם נראים קצרים, אך בשטח ובמציאות נדרשות ארבעים שנה כדי להשלימם.

כבוד לרבגוניות, דאגה לחלשים ולנחשלים ולא רק לגדולים ולחזקים, ונכונות שלא ללכת מהר יותר ממה שהציבור יכול לשאת: שלושה מאפיינים הכרחיים למנהיג. משה הכירם מניסיונו האישי. ויהושע, שלא מש מאוהלו של האיש הדגול, למד אותם ממנו.

6. **מורה הנבוכים**, קדומים: מפעל משנה תורה, תשפ"א, חלק שלישי, פרק לב.

מטות

כוחו של הלא־אפס

אבי תורת המשחקים הוא בעל אחד מן המוחות המבריקים במאה העשרים: ג׳ון פון נוימן (1957-1903). הוא היה ילד פלא, ובהמשך חייו הקצרים תרם תרומות מקוריות למתמטיקה, לכלכלה, לסטטיסטיקה, למדעי המחשב ולפיזיקה. אחד מתחומי העניין שלו היה קבלת החלטות בתנאי אי־ודאות - וזאת בעולמות רחוקים מאוד זה מזה (או אולי לא) כגון פוקר, כלכלה והרתעה צבאית.

עד שבא פון נוימן, המודלים הבולטים במיקרו־כלכלה נטו להיות מוצגים בעקומות שהתחקו אחר גורמים כגון ביקוש והיצע, עלות שולית ותועלת שולית. במקום שהקווים נחתכו, שם נמצא שיווי המשקל. שם השתוו הייצור והצריכה, או המכירה והקנייה. הם היו מדויקים ויפים כסונָטה של באך.

אבל החיים אינם חלקים כל כך. נדיר שיימצאו לנו מידע מלא, חישוב מושלם ורציונליות ללא רבב. ועוד זאת, המשתנים בכלכלה לא תמיד ניתנים לזיהוי מראש. השפעת החלטתו של אדם אחד עשויה בהחלט להיות תלויה באופן תגובתם של אנשים אחרים לה. כך למשל קורה ברמאויות בפוקר. כך גם פועלות במציאות הכרעות גדולות בתחום הכספים. האפקטיביות של העלאת הריבית או הפחתתה בידי הבנק המרכזי תהיה תלויה בדרך שבה השוק יבין אותה. אם היא מעוררת אמון, ייתכן מאוד שהיא תשיג את מטרתה; אך אם שינוי הריבית מתפרש כגילוי של פניקה, השווקים יגיבו שלא כמקווה. אביו של פון נוימן היה בנקאי בכיר, וג׳ון הקטן קלט כמה מן המורכבויות הללו בשיחות על שולחן האוכל המשפחתי. הוא ידע שהמודלים הקיימים של קבלת החלטות אינם עונים על רמת המורכבות הדרושה בעולם שבו התוצאה נקבעת לא רק על פי מה שאני עושה אלא גם על פי תגובתך למעשה שלי.[1] על תובנת יסוד זו הושתתה תורת המשחקים.

1. רעיון דומה במידה מסוימת פיתח ג׳ורג׳ סורוס, שכינה זאת "רפלקסיביות". העיקרון שניסח סורוס הוא שתגובתם של אנשים למצב תלויה בפרשנותם למצב הזה. הסיפור המקראי המיטיב להדגים זאת הוא פרשת המרגלים (במדבר יג-יד).

אחת ההבחנות הפשוטות והחשובות ביותר בתורת המשחקים היא זו שבין משחקי סכום־אפס למשחקי לא־סכום־אפס. במשחקי סכום־אפס רווח של צד אחד פירושו הפסד של צד אחר. או שאני מנצח ואתה מפסיד, או שאני מפסיד ואתה מנצח. משחקי לא־אפס הם אלה שבהם סכום הרווחים וההפסדים הוא יותר מאפס או פחות מאפס. כלומר ייתכן ששני הצדדים ירוויחו, וששניהם יפסידו. מרתק לראות כי כבר חכמי התלמוד היו מודעים לכך, וניסחו זאת בביטויים הלכתיים כגון "זה נהנה וזה נהנה"[2] ו"זה נהנה וזה לא חסר".[3]

חשיבותו של הרעיון עצומה, מפני שהוא פותח פתח לצורות יצירתיות של יישוב סכסוכים. דוגמה קלאסית נמצאת בפרשתנו. בני ישראל נמצאו בשלב האחרון של מסעם אל הארץ. הם חנו בגדה המזרחית של הירדן, ויעד מסעם נשקף לעיניהם. שני שבטים, ראובן וגד, שהיו להם עדרי צאן ובקר גדולים, גילו שדווקא עבר הירדן המזרחי הוא כר מרעה משובח, ארץ מתאימה מאין כמותה למשלח ידם. הם פנו אפוא למשה וביקשו רשות להתיישב שם ולוותר על נחלתם בארץ כנען. "אִם מָצָאנוּ חֵן בְּעֵינֶיךָ", אמרו לו, "יֻתַּן אֶת הָאָרֶץ הַזֹּאת לַעֲבָדֶיךָ לַאֲחֻזָּה; אַל תַּעֲבִרֵנוּ אֶת הַיַּרְדֵּן" (במדבר לב, ה).

הנורה האדומה נדלקה אצל משה מייד. שני השבטים מציבים את עניינם הפרטי מעל טובת האומה. הם ייראו כמי שנוטשים אותה ברגע המכריע, דווקא כשהם נחוצים יותר מתמיד. הרי עם ישראל עומד בפתחה של מלחמת כיבוש, סדרת מלחמות כיבוש ליתר דיוק, שבלעדיה לא יירש את הארץ. "הַאַחֵיכֶם יָבֹאוּ לַמִּלְחָמָה וְאַתֶּם תֵּשְׁבוּ פֹה?", הוא מיהר לגעור בהם. "וְלָמָּה תְנִיאוּן אֶת לֵב בְּנֵי יִשְׂרָאֵל מֵעֲבֹר אֶל הָאָרֶץ אֲשֶׁר נָתַן לָהֶם ה'?" (לב, ו-ז).

כי אכן, לבקשה הזו היה פוטנציאל נזק חמור. משה הזכיר לבני ראובן וגד מה קרה בפרשת המרגלים. כזכור, עשרה מן המרגלים שברו את רוח העם כאשר שבו מארץ כנען וסיפרו שכיבושה בלתי אפשרי. הלילה ההוא, שבני ישראל בכו בו באוהליהם, חרץ את גורלם לארבעים שנות נדודים. האם רוצים בני ראובן וגד לגזור על העם עוד ארבעים שנה כאלו? "וְהִנֵּה קַמְתֶּם תַּחַת אֲבֹתֵיכֶם תַּרְבּוּת אֲנָשִׁים חַטָּאִים לִסְפּוֹת עוֹד עַל חֲרוֹן אַף ה' אֶל יִשְׂרָאֵל! כִּי תְשׁוּבֻן מֵאַחֲרָיו - וְיָסַף עוֹד לְהַנִּיחוֹ בַּמִּדְבָּר, וְשִׁחַתֶּם לְכָל הָעָם הַזֶּה" (לב, יד-טו). משה היה ישיר, ישר ומתעמת.

מה שקרה מכאן ואילך הוא מופת למשא ומתן וליישוב סכסוכים. בני שני השבטים

2. קידושין כב ע"ב.
3. בבא קמא כ ע"ב.

הבינו שהצדק עם משה, ושהם עלולים לפגוע בטובת הכלל, והציעו פשרה. תחילה, אמרו, נבנה פה גדרות לצאננו ולבקרנו ויישובים למשפחותינו, ואז יקומו כל הגברים יוצאי הצבא שבקרבנו ויצטרפו לשבטים האחרים במסעם אל מעבר לירדן מערבה. הם יילחמו לצידם, ואפילו ילכו חלוצים בראש. הם לא ישובו אל מקנם ואל משפחותיהם עד שהקרבות ישככו, הארץ כולה תיכבש, וכל השבטים יקבלו את נחלותיהם. אנחנו, אומרים שני השבטים, ניהנה מארץ טובה למקנה שלנו; ושאר השבטים לא יחסרו דבר, שהרי אנו נשרת בצבא, נהיה בקו הקדמי, ונישאר שם עד לניצחון.

משה מכיר בכך שהשבטים ענו על דרישותיו. הוא חוזר על הצעתם, כדי לוודא שהוא והם הבינוה באותה דרך, ושהם מתכוונים לקיימה. הוא מעמיד להם "תנאי כפול", חיובי ושלילי, כלומר מסביר להם שאם יפעלו על פי הבטחתם יהיו לכך תוצאות מסוימות, ואם לא יפעלו על פיה יהיו תוצאות מסוימות אחרות.[4] הוא אינו מותיר להם פתח מפלט מהתחייבותם. שני השבטים מסכימים. העימות נמנע. בני גד וראובן השיגו מה שרצו, אך האינטרסים של יתר השבטים ושל העם בשלמותו הובטחו. זה היה לא־סכום־אפס קלאסי; משא ומתן שבו שני הצדדים זוכים.

צדקת חששותיו של משה הוכחה כעבור שנים רבות. בני גד וראובן מימשו את התחייבותם בימי יהושע, והשתתפו עם כל השבטים בכיבוש הארץ. שאר השבטים התנחלו בה, ושני שבטים אלה, ועימם חצי שבט המנשה, פנו להתיישב בעבר הירדן. למרות זאת, בתוך זמן קצר כמעט פרצה מלחמת אחים.

המעשה מסופר בפרק כב בספר יהושע. כאשר שָבו הלוחמים בני שני השבטים ומחצית השבט אל מִקנם ואל משפחותיהם, הם בנו מזבח גדול על גדתו המזרחית של הירדן. בני ישראל האחרים פירשו זאת כהכרזת פרישה ופילוג, והכינו ידיהם לַקרב. יהושע, במהלך דיפלומטי מזהיר, שלח מתווך: פינחס, לשעבר קנאי ועתה איש שלום. פינחס הזהיר את בני שבטי המזרח מהתוצאות האיומות שיהיו להקמת מרכז דתי בנחלתם: קריעת העם לשניים.

בני גד וראובן הבהירו שזו לא הייתה כוונתם בשום אופן. אדרבה, הם פעלו במטרה למנוע חשדנות ולבצר את אחדות האומה. הם חששו שכאשר בני ישראל יראו שהם חוצים את הירדן מזרחה הם יסיקו מכך שאינם רוצים עוד להיות חלק מהעם. לכן בנו את המזבח: לא כדי להקריב קורבנות, לא כמתחרה למשכן, אלא רק כסמל ואות לדורות הבאים, למען יֵדעו שגם הם מבני ישראל. התשובה הניחה את דעתם של פינחס וחבריו למשלחת, ומלחמת האחים נמנעה.

4. ראו גיטין עה ע"א.

המשא ומתן בין משה לשני השבטים בפרשתנו תואם להפליא את העקרונות שנוסחו לא מכבר ב"פרויקט המשא ומתן של אוניברסיטת הרווארד", ואשר הוצגו בידי רוג'ר פישר, ויליאם יורי וברוס פאטון בספרם שכבר הספיק להיעשות לקלאסיקה בתחומו, **כן!**.[5] ראשית, משה **הפריד בין האנשים לבעיה**. הוא הבהיר לבני גד וראובן שהבעיה אינה בהם עצמם, אלא בניסיונם הכאוב של בני ישראל כולם בפרשת המרגלים, בעת שכולם סבלו ואף אחד לא הרוויח. הבעיה לא הייתה של שבט זה או אחר, אלא של האומה כמכלול.

שנית, משה ובני ראובן וגד **התמקדו באינטרסים, לא במעמד**. בני ראובן וגד היו מוכנים לשנות את תוכניתם למען הכלל, ומשה, לנוכח זאת, ניאות להסיר את התנגדותו. סכסוך זה שונה תכלית שוני ממחלוקת קורח ועדתו. שם היה הוויכוח כולו על מעמד, לא על אינטרסים: על השאלה מי זכאי להיות מנהיג. התוצאה הייתה אסון לכול.

שלישית, בני גד וראובן **יצרו אפשרויות לרווח הדדי**. באמצעות חשיבה יצירתית הם ניסחו הצעה שתספק גם את צורכיהם שלהם וגם את צורכי השבטים האחרים.

רביעית, משה **הקפיד על תבחינים אובייקטיביים**. בני ראובן וגד לא יחזרו לעבר הירדן עד שכל השבטים ישבו לבטח בנחלותיהם. וכאשר קרה הדבר, כמסופר בספר יהושע:

> אָז יִקְרָא יְהוֹשֻׁעַ לָרְאוּבֵנִי וְלַגָּדִי וְלַחֲצִי מַטֵּה מְנַשֶּׁה, וַיֹּאמֶר אֲלֵיהֶם: "אַתֶּם שְׁמַרְתֶּם אֵת כָּל אֲשֶׁר צִוָּה אֶתְכֶם מֹשֶׁה עֶבֶד ה', וַתִּשְׁמְעוּ בְקוֹלִי לְכֹל אֲשֶׁר צִוִּיתִי אֶתְכֶם. לֹא עֲזַבְתֶּם אֶת אֲחֵיכֶם זֶה יָמִים רַבִּים - עַד הַיּוֹם הַזֶּה - וּשְׁמַרְתֶּם אֶת מִשְׁמֶרֶת מִצְוַת ה' אֱלֹהֵיכֶם. וְעַתָּה הֵנִיחַ ה' אֱלֹהֵיכֶם לַאֲחֵיכֶם כַּאֲשֶׁר דִּבֶּר לָהֶם, וְעַתָּה פְּנוּ וּלְכוּ לָכֶם לְאָהֳלֵיכֶם אֶל אֶרֶץ אֲחֻזַּתְכֶם אֲשֶׁר נָתַן לָכֶם מֹשֶׁה עֶבֶד ה' בְּעֵבֶר הַיַּרְדֵּן". (יהושע כב, א-ד)

הנה לנו אפוא משא ומתן למופת; קרן של תקווה לאחר סדרת ההתנגשויות ההרסניות ששזרה את ספר במדבר, ונר תמיד של חלופה אפשרית לכל אותם סכסוכים הרסניים שהיו עתידים להתרגש על עם ישראל. המשא ומתן הצליח לא מפני שמי מהצדדים היה חלש או טבל מילותיו בדבש או נקט תחבולות דיפלומטיות, אלא כי **שני הצדדים**

5. רוג'ר פישר, ויליאם יורי וברוס פאטון, **כן! – לשאת ולתת ולהגיע לסיכום חיובי בעסקים, בעבודה ובחיי היום־יום**, מאנגלית: דרורה בלישה, תל אביב: מטר, 2013.

היו ישרים, ענייניים וממוקדים לא רק במה שטוב להם אלא גם במה שטוב לצד השני. זהו כוחה של חשיבת לא־אפס.

רעיון הלא־סכום־אפס הוא יותר ממושג מתמטי. הוא נוגע בלב העיקרון האמוני של "כבוד השוני", אותו פלא שבו האחדות בשמיים יוצרת רבגוניות על הארץ.[6] היות שאנחנו סופיים, מוגבלים ושונים זה מזה, קורה תכופות שמה שחסר לי יש לזולתי, ומה שחסר לזולתי יש לי. על כן, כאשר אנו נפגשים ומשתפים פעולה, שנינו מרוויחים; לעומת זאת, כאשר אנחנו מתמקדים במעמד ולא באינטרסים - מגדירים את הסכסוך כמשחק סכום־אפס שבו ניצחון האחד הוא בהכרח תבוסתו של האחר - התוצאה היא בדרך כלל אלימות ששני הצדדים מפסידים בעטייה.[7] הנטייה האנושית היא לעבר הטעות הזאת: נטייה הרת אסון ומתמדת, שיש להילחם בה פעם אחר פעם, בכל דור ודור.[8] המשָׂגתו המחודשת של השוני, ההבנה שאינו מקור לסכסוך אלא מקור לרווח לשני הצדדים, תאפשר לנו להיות סוכניה של ברכת האל הגדולה מכולן, והקשה מכולן להשגה: השלום.

שלום איננו עולם שכולם בו זהים. זהו עולם שבו אנו משתמשים בהבדלים בינינו כדי להרחיב את ידיעת האל שלנו, ולהעלות את הערכתנו כלפי אלה שאינם כמונו. לא מקרה הוא שספר במדבר, אסופה של סכסוכים, מתקרב אל סיומו בסיפור על סכסוך שנמנע ועל שלום שהושב.

6. ראו על כך בספרי **לכבוד השוני**, מאנגלית: צור ארליך, ירושלים: טובי, 2008, עמ' 39-57.
7. ראו על כך בחיבורו החשוב של אלברט אוטו הירשמן, Albert Otto Hirschman, *The Passions and the Interests: Political Arguments for Capitalism Before Its Triumph*, Princeton, NJ: Princeton University Press, 1977.
8. היא נוגעת במערכת תגובתית מסוימת במוח (בפרט זה הזכרי), הרגישה להירככיה ולתפקידו של זכר האלפא. היא נוטה לשרור בחברות מבוססות־כבוד.

מסעי

המסע הארוך אל החופש

"וַיִּסְעוּ מֵרַעְמְסֵס בַּחֹדֶשׁ הָרִאשׁוֹן; בַּחֲמִשָּׁה עָשָׂר יוֹם לַחֹדֶשׁ הָרִאשׁוֹן, מִמָּחֳרַת הַפֶּסַח, יָצְאוּ בְנֵי יִשְׂרָאֵל בְּיָד רָמָה לְעֵינֵי כָּל מִצְרָיִם... וַיִּסְעוּ בְנֵי יִשְׂרָאֵל מֵרַעְמְסֵס וַיַּחֲנוּ בְּסֻכֹּת" (במדבר לג, ג–ה). כך מתחיל פירוט, מונוטוני כמעט עד כדי הקהיית הדעת, של ארבעים ושניים מסעות בני ישראל במדבר. וייסעו מ־א ויחנו ב־ב. וייסעו מ־ב ויחנו ב־ג. החזרתיות הזאת שוררת לרוב אורך הרשימה, ובמתכוון. מדוע?

המילה "תורה" פירושה הוראה, לימוד, הדרכה. התורה מתעדת אירועים לא רק מפני שהם קרו. הדבר בולט במיוחד דווקא בספרנו, ספר במדבר, העובר בשתיקה על שלושים ושמונה שנה, כמעט, מתוך ארבעים שנות הנדודים במדבר; יש להניח שקרו דברים בשנים ההן, אך לא היה בהם לקח ללמדו לדורות. מה אפוא הלקח והלימוד מרשימת המקומות שלפנינו? לחז"ל הייתה הצעה נועזת:

> משל למלך שהיה בנו חולה. הוליכו למקום אחד לרפאותו. כשחזרו התחיל אביו מונה כל המסעות ואומר - "כאן ישננו, כאן הוקַרנו, כאן חששת את ראשך". כך אמר לו הקדוש ברוך הוא למשה, "מנה להם כל המקומות היכן הכעיסוני".[1]

ועדיין, לא הכול ברור כאן. ראשית, רבים מהמקומות הנמנים ברשימה אינם נזכרים בשום מקום אחר במקרא. אם כל אלה הם מקומות שאירעו בהם דברים חשובים - ובוודאי אם העם הכעיס שם את ה', כמאמר המדרש שלנו - הרי הסיפורים עצמם חסרים לנו.[2] נוסף על כך, אין בסיפור הדברים בפרשת מסעי נימה של גערה. לא ניכר שום ניסיון מכוון להזכיר דווקא מקומות שהעם הכעיס בהם את ה'. משימה כזו נטל על עצמו

1. במדבר רבה כג, ג.
2. במקביל, ושוב באורח מוזר, יש מקום שהתורה דווקא סיפרה כיצד בני ישראל הכעיסו בו את ה' והוא **אינו** נזכר ברשימה: תבערה (במדבר יא, ג). אבן עזרא (בפירושו לדברים ט, כב) ורמב"ן (בפירושו לבמדבר יא, ג) מסבירים שהעם לא חנה בתבערה - אלא רק שהה שם מעט בדרך לתחנה הבאה, קברות התאווה - ולכן הוא לא נזכר.

משה בפרקים הראשונים בספר דברים. שם הוא אכן שׂם דברים על השולחן ומספר לדור הצעיר על הנפילות של אבותיו, כדי שלא יחזור עליהן.

מסתבר יותר שלפנינו כאן תזכורת תמידית למה שכינה נלסון מנדלה "המסע הארוך אל החופש".[3] הביטו במפה ותראו שהמרחק ממצרים לארץ ישראל אינו רב. כיום אלו מדינות הגובלות זו בזו. גם בימי המקרא לא היה זה מסע גדול במיוחד. בספר בראשית פרק יב מסופר כיצד הלך אברהם בימי הרעב בארץ כנען לגור במצרים. כך גם בני יעקב בסיפור יוסף. המסע הממשי אורך שבועות מעטים, לא שנים.

אבל המסע האמיתי אל החופש אינו מסע פיזי. זהו מסע מנטלי, מוסרי ורוחני. הוא ארוך, מפרך ותובעני. הוא רצוף אתגרים וכשלים. זה עניינו של ספר במדבר כולו. ה' היה עם העם, אבל העם לא האמין די הצורך בכוחו של ה', ובכוחו שלו, לעמוד בקשיים. אווירת קוצר רוח אופפת את העם. פעם מתלוננים על המן, פעם אחרת מתאוננים על המים, ופעמים אחרות על היבט זה או אחר במנהיגותו של משה.

הסימנים היו כבר בהתחלה. כבר בצאת ישראל ממצרים, כמסופר בפתח פרשת בשלח: "וַיְהִי בְּשַׁלַּח פַּרְעֹה אֶת הָעָם, וְלֹא נָחָם אֱלֹהִים דֶּרֶךְ אֶרֶץ פְּלִשְׁתִּים, כִּי קָרוֹב הוּא. כִּי אָמַר אֱלֹהִים, 'פֶּן יִנָּחֵם הָעָם בִּרְאֹתָם מִלְחָמָה וְשָׁבוּ מִצְרָיְמָה'" (שמות יג, יז). עכשיו מובנת לנו הכוונה. המסלול הישיר לארץ ישראל עבר לאורך החוף מדלתת הנילוס מזרחה וצפונה. רעמסס השני החזיק בדרך הזאת מוצבים צבאיים, בכוננות מפני התקפה מצד החיתים שבצפון. אם היו בני ישראל הולכים משם, היו נתקלים בכוחות מצריים מאומנים המוכנים ומזומנים לגבור עליהם ולהשיבם למצרים.[4]

אלא שהמסלול העוקף לא הציל את העם ממלחמה. ימים ספורים לאחר צאתם כבר רדף אחריהם צבא מצרים במרכבותיו - מרכבות שהיו פאר הטכנולוגיה הצבאית בת הזמן, הקלף החזק של צבא מצרים. ואכן, העם התיירא וחשב לשוב מצרימה:

> הַמִבְּלִי אֵין קְבָרִים בְּמִצְרַיִם לְקַחְתָּנוּ לָמוּת בַּמִּדְבָּר? מַה זֹּאת עָשִׂיתָ לָּנוּ לְהוֹצִיאָנוּ מִמִּצְרָיִם? הֲלֹא זֶה הַדָּבָר אֲשֶׁר דִּבַּרְנוּ אֵלֶיךָ בְמִצְרַיִם לֵאמֹר "חֲדַל מִמֶּנּוּ וְנַעַבְדָה אֶת מִצְרָיִם", כִּי טוֹב לָנוּ עֲבֹד אֶת מִצְרַיִם מִמֻּתֵנוּ בַּמִּדְבָּר! (שמות יד, יא-יב)

3. Nelson Mandela, *The Long Walk to Freedom*, Boston: Little, Brown, 1994.

4. ראו James K. Hoffmeier, *Israel in Egypt: The Evidence for the Authenticity of the Exodus Tradition*, New York: Oxford University Press, 1996, pp. 164–198. ראו גם K.A. Kitchen, *On the Reliability of the Old Testament*, Grand Rapids, MI: Eerdmans, 2003, pp. 266–267.

המפגש עם צבא מצרים לא היה מקרי. התורה קובעת שה׳ חיזק את לב פרעה לרדוף אחרי בני ישראל (שמות יד, ד).

וזה לא היה הכול. ימים אחדים לאחר קריעת ים סוף וההצלה מחיל המרכבות המצרי, העמלקים תקפו את העם. הפעם, ה׳ לא נלחם להם; הם נדרשו להילחם בעצמם. למרות זאת, יש משהו מפתיע בדוח השלילי של המרגלים ובאובדן העשתונות שזרע מייד בעם. ממה שמספרת לנו התורה ומספר לנו ספר יהושע עולה ששוכני הארץ היו מבוהלים מפני בני ישראל, ולא ההפך. העם ידע שה׳ עומד לצידו ושהוא לא יפסיד בשום אופן במלחמה. ובכל זאת הפחד גבר על החשיבה ההגיונית.[5]

לאור זאת הציע הרמב״ם ב**מורה הנבוכים** שה׳ הוליך את העם דרך המדבר בכוונה, כדי שהקשיים יגרמו להם לפתח, מתוך הכרח, חוסן ועוצמה:

> התחכם האלוה להסב אותם במדבר עד שיאזרו נפשותיהם אומץ, כפי הידוע שהנדודים במדבר ופראיות הגוף מביאים בהכרח לידי אומץ לב, והפך זה מביא בהכרח לידי מורך לב, וגם נולדו [בשנות הנדודים במדבר] אנשים שלא הורגלו להשפלה ולעבדות.[6]

הרמב״ם אומר זאת במסגרת טיעון רחב יותר - שטבעו של אדם אינו יכול להשתנות מקצה לקצה, מדרך אחת מורגלת לעשות דברים לדרך אחרת לגמרי. לכן, הוא מסביר, התורה לא תבעה מהם מערכת נרחבת של שינויים רדיקליים המבטלים באחת את כל תמונת העולם שרכשו במצרים. התורה פועלת באמצעות ״עורמת ההיסטוריה״. היא מחוללת את התוצאות שלה לאט ובהדרגה.

אם כך, רשימת ארבעים ושתיים התחנות בדרך ממצרים היא אמצעי ספרותי להמחיש לנו מה רבים הם השלבים שעלינו לעבור בדרכנו ליעד, אם היעד הוא החירות. **הדרך מעבדות לחופש אורכה כמשך הזמן הנדרש לאנשים לפתח הרגלים של אחריות לעתידם ולעתיד ילדיהם.** חופש פירושו להקריב קורבנות בהווה למען שלום ושגשוג בעתיד. פירושו שמירת חוק, למען הטוב המשותף. דרושים לו מידות טובות בקרב האזרחים, ואומץ ומשמעת. על כך נסבה פרשת מסעי כולה: המסעות

5. לכך קורא החוקר דניאל גולמן ״מחטף האמיגדלה״, על שם חלק המוח האחראי לרגשות המיידיים. ראו הפרק השני בספרו **אינטליגנציה רגשית**, מאנגלית: עמוס כרמל, תל אביב: מטר, תשנ״ז.
6. רמב״ם, **מורה הנבוכים**, מערבית: הלל גרשוני, קדומים: מפעל משנה תורה, תשפ״א, חלק שלישי, פרק לב, עמ׳ 230.

הקטנים הרבים שנדרשו עד שהעם היה מוכן להיכנס לארץ ולהתחיל לבנות חברה של חופש בריבונות האל.

ז'אן ז'אק רוסו הדגיש את הצורך להכשיר אנשים לחיי חירות בתחילתו של המסע אל החופש. בקטע סוחף במיוחד בספרו **האמנה החברתית** הוא עומד על כך שאומה צריכה לעשות זאת כבר בתחילת הדרך, שאם לא כן תיכשל בה:

> משהמנהגים מתבססים והדעות הקדומות מכות שורש, הרצון לתקנם הוא מסוכן וחסר תועלת; העם אינו יכול לסבול אפילו שייגעו במגרעותיו מתוך כוונה לשרשן, בדומה לחולים אווילים ונרפים הנתקפים צמרמורת למראה רופא... עמים חופשיים, זכרו את הכלל הזה: ניתן לרכוש חירות, אך לעולם אין משיגים אותה שוב.[7]

התיאורטיקנים המוקדמים של החופש, בני המאות השבע־עשרה והשמונה־עשרה, הבליטו כולם את ההבחנה בין **חירות**, החופש לעשות את הראוי, לבין **הפקרות**, החופש לעשות כרצוננו. מבחינה מסוימת, הבחנה זו אינה רחוקה מזו שבין "חירות" ל"חופש": חירות היא חופש בחסות ממשל וחוקים, ואילו חופש יכול להיות אנרכיה. בספר שופטים מוגדר המצב הזה, ששרר לאורך רוב התקופה שמההתנחלות בארץ להקמת המלוכה, בפסוק החוזר והמאיים: "בַּיָּמִים הָהֵם אֵין מֶלֶךְ בְּיִשְׂרָאֵל; אִישׁ הַיָּשָׁר בְּעֵינָיו יַעֲשֶׂה" (שופטים יז, ו; כא, כה). זוהי ההפקרות. היא מעמידה את החירות בסכנה.

עוד יותר מדברי רוסו, האיש שנתן השראה למהפכה הצרפתית, נוגעת לספר במדבר הבחנתו של מבקר המהפכה הזאת, אדמונד בֶּרק. ב"איגרת לחבר האספה הלאומית" הוא כתב:

> הכשרם של אנשים לחירות אזרחית היא כמידת נטייתם לשים כבלי מוסר על חשקיהם... החברה אינה יכולה להתקיים אם אין מוצב איזה כוח המפקח על הרצון ועל החשק; וככל שהכוח הזה מועט אצל האדם פנימה, הוא נחוץ במידה רבה יותר מחוצה לו. **חוקתם הנצחית של הדברים קובעת כי אנשים שרוחם אינה מרוסנת אינם יכולים להיות חופשיים**: חשקיהם מחשלים את אזיקיהם.[8]

7. ז'אן־ז'אק רוסו, **האמנה החברתית**, מצרפתית: עידו בסוק, תל אביב: רסלינג, 2006, ספר ב, פרק ח (על העם), עמ' 89.

8. Edmund Burke, *"A Letter to a Member of the National Assembly"*, in Burke, *Reflections on the Revolution in France*, Oxford: Oxford University Press, 1993, p. 289.

זהו בדיוק הנושא החוזר לאורך ספר במדבר. זאת הסיבה שהתורה מפנה את תשומת ליבנו אל תלונות העם על המן ועל המים. משום כך היא גם מספרת את סיפור התפתותם למואביות, שהובילה בתורה לעבודה זרה (במדבר כה, א-ד). זהו המפתח להבנת שני החלקים של סיפור המרגלים: את היעדר הביטחון העצמי של העם בהיחשפו לדיווח המערער - ואת עודף הביטחון העצמי שהפגינו המעפילים, האנשים שהמרו את פי ה' לאחר שהוטל עונש ארבעים שנות הנדודים, יצאו למסע מלחמתי פזיז והובסו בידי עמלק (במדבר יד, מ-מה). העם טרם הגיע לאיזון נפשי. הוא שירך את דרכו. הוא נכנע למצב הרוח בן הרגע. הוא הרשה לעצמו להיסחף בגלי רגש חולפים. חשקיו חישלו את אזיקיו. הם עוד לא היו בשלים לחופש. הם נאלצו להוריש את משימת החופש לילדיהם.

"וייסעו מ־א ויחנו ב־ב. וייסעו מ־ב ויחנו ב־ג" וכן הלאה וכן הלאה, ארבעים ושניים שלבים. אין זו רק היזכרות. אף אין זו רשימה למען ההיסטוריה לבדה. זו דרך להזכיר לנו בכל דור **מה ממושכת היא הדרך לארץ המובטחת**. אין לכך קשר למרחקים שעל המפה: הדבר קשור רק לשליטה עצמית תודעתית.

ספר במדבר מלמדנו דבר שיהיה נושאו של אחד המסמכים הפוליטיים החשובים בהיסטוריה, הלוא הוא ספר דברים: שהחופש איננו מה שרוב הציוויליזציות חשבו שהוא. בעיקרו, אין הוא עניין של מבני ממשל - דמוקרטיה לעומת אריסטוקרטיה, אוליגרכיה, מונרכיה וכל השאר. דמוקרטיה יכולה להוביל לרודנות; אפלטון אף סבר שכך יקרה תמיד.

הערובה החשובה ביותר לחופש היא "הרגלי הלב" של העם. זו אחת מתכליותיה היסודיות של התורה: לאמן אותנו, באמצעות 613 מצוות הנוגעות בכל היבטי החיים, בהרגלים של שליטה עצמית ואחריות מוסרית, צדק ורחמים. עם ישראל כבר איבד כמה פעמים את החופש שלו. אבל הוא לא איבד אף פעם את להט החופש, ואת היכולת להשיגו בבוא הזדמנות. התבוננו בכל תנועת חירות בעולם המודרני ותמצאו, במקום כלשהו ביסודותיה, יהודים או רעיונות יהודיים. כמאמר היינריך היינה: "מאז יציאת מצרים, החופש תמיד נאמר במבטא עברי".

באחד הנאומים הגדולים במאה העשרים, השופט האמריקני לֶרְנֶד האנד אמר על "רוח החירות":

> אני תוהה לפעמים שמא אנו תולים את תקוותינו במידה מופרזת במוסדות, בחוקים ובבתי משפט. אלו הן תקוות כזב; האמינו לי, אלו הן תקוות כזב. החירות טמונה בלבבות האנשים והנשים; כאשר היא מתה בהם, שום חוקה ושום חוק

ושום בית משפט אינם יכולים להצילה; החוקה, החוקים ובית המשפט אפילו אינם יכולים לעשות הרבה לעזרתה.[9]

ישנה שאלה מתבקשת. אם אלוהים רצה שנהיה חופשיים, למה לא עשה אותנו שומרי חוק מטבענו? למה לא שתל בנו נטייה גנטית לצדק? התשובה מתבקשת לא פחות. אי אפשר לעשות מישהו חופשי. זה דבר שכל אחד מאיתנו חייב ללמוד - מפי אחרים ומן הניסיון. יש סתירה פנימית במחשבה שאפשר להיות מוכרחים להיות חופשיים.[10] הרמב"ם מיטיב להבהיר זאת ב**מורה הנבוכים**: אלוהים יכול להכריח אנשים לשמור על החוק, אך הוא לא עשה זאת מעולם ולא יעשה זאת לעולם. "אילו היה בחפצו לשנות את טבעו של כל פרט מבני האדם לְמה שירצה יתעלה מאותו אדם, היו בטלים שליחות הנביאים וכל מתן התורה".[11]

רשימת המסעות בתחילת פרשת מסעי נועדה ללמדנו עיקרון שבני האדם התעלמו ממנו לרוב אורך ההיסטוריה, התעלמות שתוצאותיה היו תמיד טרגיות.[12] **אין קיצורי דרך אל החופש.** כדי להשיגו אין די בהפלתו של עריץ או בכינון בחירות דמוקרטיות. יש לחנך אנשים להיות חופשיים, והם צריכים ללמוד ולהפנים את תורת החופש, את חובותיו ואת האחריות הכרוכה בו. פרשת מסעי מלמדת אותנו שההליכה אל החופש ארוכה, ושיש הרבה תחנות בדרך. דרושים לא רק ניסים אלוהיים, אלא גם השתנוּת מצד בני האדם. יש רק דרך אחת לצאת מהמדבר, והיא ללמוד להיות חופשיים, גם אם הלימוד ממושך.

9. לרנד האנד, "רוח החירות", נאום בטקס לרגל יום "אני אמריקני", סנטרל פארק, ניו יורק, 21.5.1944.
10. ובכל זאת רוסו עשה את השגיאה הזאת: **האמנה החברתית**, עמ' 69.
11. **מורה הנבוכים**, מערבית: הלל גרשוני, קדומים: מפעל משנה תורה, תשפ"א, חלק שלישי, פרק לב, עמ' 232.
12. בשנת 2011 התחוללו התקוממויות במדינות רבות במזרח התיכון ובצפון אפריקה, שזכו לשם "האביב הערבי". התוצאות, נכון לעת כתיבת דברים אלה ב־2016, הן סדרה של מדינות כושלות והתפשטות של טרור, מלחמות אזרחים, מעשים ברוטליים וברבריות בעלת מניעים דתיים שהרסה את מעט החופש שהיה. ובכל זאת, באותם חודשי התקוממויות, איש כמעט לא אמר את הדבר המתבקש, שבלי "אימונים בחירות" שינויי שלטון אינם מביאים חופש אלא רודנות חדשה.

דברים

דברים

המנהיג כמורה

זה היה רגע גדול של תמורה אישית, והוא שינה לא רק את משה, אלא את כל תפיסת המנהיגות שלנו.

בסוף ספר במדבר נראה היה שבא קיצה של הקריירה המנהיגותית של משה. הוא מינה לו יורש, יהושע, אשר הוא, ולא משה, יעביר את העם את נהר הירדן אל ארץ חפצו. דומה שמשה השיג את כל שהיה עליו להשיג. לא נותרו לו מלחמות להילחם, לא ניסים לחולל, לא תפילות לשאת בשם העם.

אבל כאן עשה משה מעשה הנושא את חותם הגדולה. במשך החודש האחרון של חייו הוא עמד בפני העם שנאסף ונשא באוזניו סדרת נאומים שאנו מכירים כספר דברים. הוא סקר בהם את עברו של העם, וחזה את עתידו. הוא נתן לבני עמו מצוות, חלקן ישנות בנוסח מחודש, אחרות חדשות שמשה מצא לנכון למוסרן דווקא ערב הכניסה לארץ. משה שזר את כל חוטי ההיסטוריה והחוק הללו למסכת אחת של חזון כולל, שבו לימד את בני עמו לראות את עצמם כעם קדוש, העם היחיד שריבונו ומחוקקו הוא אלוהים בכבודו ובעצמו.

לו פנה אליכם אדם שאינו יודע דבר על היהדות ועל העם היהודי וביקש מכם להציע לו ספר אחד שיסביר את שני הדברים הללו, מיהם היהודים ומדוע הם עושים מה שהם עושים, ההמלצה המוצלחת ביותר הייתה ספר דברים. אין עוד ספר שכמוהו מתמצת וממחיז את כל רכיבי היסוד של היהדות כאמונה וכאורח חיים.

בשיחת "טד" עתירת צפיות, ובספר הנושא את אותה כותרת,[1] אומר סיימון סינק כי מנהיגים המחוללים תמורה הם אלה אשר "מתחילים בלמה". אנטואן דה סנט-אקזופרי אמר זאת במילים פיוטיות יותר: "אם בדעתכם לבנות אונייה, אל תגייסו אנשים שיחטבו עצים ואל תכבירו עליהם משימות ועבודה, אלא פשוט **למדו אותם להתגעגע אל מרחבי האינסוף של הים**".

1. Simon Sinek, *Start with Why: How Great Leaders Inspire Everyone to Take Action*, New York: Portfolio, 2011. לצפייה בהרצאה: http://www.youtube.com/watch?v=qp0HIF3SfI4.

בנאומי ספר דברים נתן משה לעם את ה"למה" שלו. בני ישראל הם עמו של אלוהים, העם שאהבתו נתונה לו, העם שהוא פדה מעבדות, העם שהוא נתן לו, בדמות המצוות, את חוקת החירות. הם אולי יהיו עם קטן, אבל הם יהיו ייחודיים. זה יהיה עם שקורותיו יערערו על חוקיה הטבעיים של ההיסטוריה. עמים אחרים, אומר משה, יכירו בניסיותו של הסיפור היהודי - ואכן כך סברו הוגים מאומות העולם, מבלז פסקל עד ניקולאי ברדיאייב וגם אחריו.

בחודש האחרון לחייו חדל משה מהיות משה המשחרר, עושה הניסים, הגואל, ונעשה משה רבנו. הוא היה הדוגמה הראשונה בהיסטוריה למנהיגות מהסוג שהיהודים עתידים היו להנפיק יותר מכל עם אחר: המנהיג כמוֹרֶה.

משה ידע אל נכון כי לא כל הישגיו הגדולים יתמידו להתקיים. העם שהוא גאל יחזור ביום מן הימים להיות עם נרדף וגולה. אולם אז, בפעם הבאה שזה יקרה, לא יהיה לו שום משה שיעשה ניסים. לכן שתל משה חזון בתודעתם של בני ישראל, תקווה בלבבם, קוד התנהגות במעשיהם ועוז בנפשותיהם - שכן כל אלה לא יימוגו. כשמנהיגים נעשים מחנכים, הם משנים חיים של אנשים.

במסה מרשימה ושמה "מי ראוי להנהיג את העם היהודי?"[2] הִנגיד הרב יוסף דוב סולוביצ'יק בין עמדותיה של היהדות כלפי שני טיפוסי מנהיגים: המלך והמורה. התורה מעמידה מגבלות חמורות לכוחו של המלך. אסור לו להרבות זהב, נשים וסוסים. המלך מצווה "לְבִלְתִּי רוּם לְבָבוֹ מֵאֶחָיו וּלְבִלְתִּי סוּר מִן הַמִּצְוָה יָמִין וּשְׂמֹאול" (דברים יז, כ).

מלך יכול להתמנות רק לבקשת העם. על פי אבן עזרא, מינוי מלך הוא רשות. אברבנאל סבר שההיתר להמליך מלך הוא ויתור לחולשה אנושית. רבנו בחיי ראה בקיומו של מלך עונש, לא פרס.[3] כללו של דבר, יחסה של היהדות למלוכה, כלומר למנהיגות כעמדת כוח, הוא לכל היותר הססני.

מנגד, כלפי מורים היא רוחשת הוקרה כמעט עד בלי גבול. "יהי... מורא רבך כמורא שמיים", נאמר בפרקי אבות.[4] כבודו ומוראו של המורה קודמים אפילו לאלו

2. הרב אברהם בית דין, **פרקים במחשבת הרב י"ד הלוי סולובייצ'יק**, מאנגלית: אברהם מלר, ירושלים: ההסתדרות הציונית העולמית, 1984, עמ' 96-104.
3. בפירושיהם לדברים יז, טו. רבנו בחיי סבר שהעם לא היה זקוק, מבחינה עקרונית, למלך לבד ממלך מלכי המלכים. כתימוכין לעמדתו הוא מצטט מנבואת הושע: "אֶתֶּן לְךָ מֶלֶךְ בְּאַפִּי וְאֶקַּח בְּעֶבְרָתִי" (יג, יא).
4. משנה, אבות ד, יב.

של ההורים, פוסק הרמב"ם, משום שהוריו של אדם מביאים את האדם לעולם הזה, ואילו מוריו מקנים לו את הכניסה לעולם הבא.[5]

כשמישהו מפעיל עלינו כוח הוא מצמצם אותנו. אבל כשמישהו מלמד אותנו, הוא עוזר לנו לגדול. היהדות, הרגישה כל כך לכבוד האדם, מעדיפה משום כך את המנהיגות כחינוך על פני המנהיגות ככוח. וזה התחיל אצל משה, בערוב ימיו.

לאורך כל עשרים ושתיים שנות כהונתי כרב ראשי באנגליה נשאתי איתי את הציטוט הבא מפיו של דוד בן־גוריון. ראש הממשלה הראשון, יהודי חילוני, העמיק בלימוד ההיסטוריה והתנ"ך ודייק בהבנת היבט זה של המנהיגות. הנה דבריו הרהוטים:

> בין שאתה מכהן בתפקיד צנוע ברשות מקומית או באיגוד מקצועי קטן, ובין שאתה נושא בכהונה רמה בממשל הלאומי, העקרונות הם שווים ביסודם. עליך לדעת מה ברצונך להשיג, לדעת בבטחה מהם יעדיך, ולהחזיקם תמיד נגד עיניך. עליך לקבוע לעצמך את קדימויותיך, עליך לחנך את מפלגתך והציבור הרחב. עליך לתת אמון באנשיך, לעתים קרובות אמון רב מזה שיש להם בעצמם. כי המנהיג הפוליטי האמתי יודע על סמך תחושתו מהם גבולות היכולת של האדם, והוא יֵדע לעורר את הזולת למצות יכולת זו בזמן משבר. עליך לדעת מתי להיאבק ביריביך הפוליטיים ומתי להתעכב בעמדת המתנה. לעולם אסור לך להתפשר על דברים שבעיקרון. בכל עת עליך להיות מודע לגורם הזמן, והדבר מחייב ערנות למתרחש סביבך: באזורך, אם אתה מנהיג מקומי, ובמדינה ובעולם, אם אתה מנהיג לאומי. ומכיוון שהעולם אינו שוקט אף לרגע, ובמגמות העוצמה מתרחשות כל העת חליפות ותמורות, עליך תמיד לשקול ולבחון מחדש את המדיניות שהחלטת לנקוט לשם מימוש היעדים שבחרת. מנהיג פוליטי חייב להקדיש זמן רב למחשבה. וכן עליו להקדיש זמן רב לחינוך מתמיד של הציבור.[6]

המשורר האנגלי פֶּרסי בִּיש שֶלִי חתם את מסתו "סנגוריה על השירה" במילים "המשוררים הם מחוקקי־העולם, אשר אין העולם מודה בהם, כי אכן מחוקקיו הם".[7]

5. **משנה תורה**, הלכות תלמוד תורה ה, א.
6. משה פרלמן, **דוד בן־גוריון**, תל אביב: מודן, 1987, עמ' 49–50. אני מודה ללורד יונתן קסטנבאום, ששימש מנהל לשכת הרב הראשי לבריטניה בשנים 1991–1996, שהראה לי את הציטוט הזה.
7. פרסי ביש שלי, **סנגוריה על השירה**, מאנגלית: שמעון הלקין, תל אביב: הקיבוץ המאוחד, 1980, עמ' 61.

אינני יודע עד כמה זה נכון, אך אני יודע היטב דבר אחד: שבין לתת לאנשים את מה שהם רוצים, לבין ללמד אותם מה לרצות, יש כל ההבדל שבעולם.

מחנכים הם בנאיו הבלתי מוכרים של העתיד, ואם מנהיג רוצה להטביע חותם מתמשך עליו ללכת בעקבות משה ולהיעשות מחנך. רעיון המנהיג כמורֶה, המפעיל השפעה ולא כוח, סמכות רוחנית ואינטלקטואלית ולא אמצעי כפייה, הוא מן התרומות הגדולות ביותר שהרימה היהדות לאופקים המוסריים של האנושות. את זאת מדגים לנו היטב ספר דברים, שבו משה מכנס את הדור הבא ומלמד אותו חוקים ולקחים שישרדו, ויעוררו השראה, כל עוד יש בני אדם על פני האדמה.

ואתחנן

המעט מכל העמים

הוא קצר ונחבא אל הכלים, אך יש לו פוטנציאל נפיץ. בכוחו של משפט קטן הכמוס בפרשתנו לגרום לנו לחשוב מחדש על מהותה של ההיסטוריה היהודית ועל משימתו של העם היהודי בזמננו.

משה הנואם לפני בני דור המדבר, בניהם של יוצאי מצרים, הזכיר להם אך זה עתה כמה יוצא דופן הוא הסיפור שהם יורשיו:

> הֲנִהְיָה כַּדָּבָר הַגָּדוֹל הַזֶּה אוֹ הֲנִשְׁמַע כָּמֹהוּ? הֲשָׁמַע עָם קוֹל אֱלֹהִים מְדַבֵּר מִתּוֹךְ הָאֵשׁ כַּאֲשֶׁר שָׁמַעְתָּ אַתָּה וַיֶּחִי? אוֹ הֲנִסָּה אֱלֹהִים לָבוֹא לָקַחַת לוֹ גוֹי מִקֶּרֶב גּוֹי בְּמַסֹּת בְּאֹתֹת וּבְמוֹפְתִים וּבְמִלְחָמָה וּבְיָד חֲזָקָה וּבִזְרוֹעַ נְטוּיָה וּבְמוֹרָאִים גְּדֹלִים כְּכֹל אֲשֶׁר עָשָׂה לָכֶם ה׳ אֱלֹהֵיכֶם בְּמִצְרַיִם לְעֵינֶיךָ? (דברים ד, לב-לד)

בני ישראל עוד לא עברו את הירדן. הם טרם החלו לחיות חיי עם עצמאי בארצו. ובכל זאת משה כבר בטוח, בוודאות היכולה להיות רק פרי נבואה, שהם עם שאין דוגמתו. מה שקרה להם עד כה היה ייחודי. הם היו, ועודם, עם שנועד לגדולות.

משה מזכיר להם את ההתגלות הגדולה בהר סיני. הוא מספר על עשרת הדיברות. הוא מנסח את תמציתה המפורסמת ביותר של האמונה היהודית: " שְׁמַע, יִשְׂרָאֵל: ה׳ אֱלֹהֵינוּ, ה׳ אֶחָד" (ו, ד). הוא מציג את מַלכת המצוות: "וְאָהַבְתָּ אֵת ה׳ אֱלֹהֶיךָ בְּכָל לְבָבְךָ וּבְכָל נַפְשְׁךָ וּבְכָל מְאֹדֶךָ" (ו, ה). פעמיים הוא אומר לשומעיו לשנן דברים אלה לילדיהם. הוא נותן להם את משימתם הלאומית הנצחית: "כִּי עַם קָדוֹשׁ אַתָּה לַה׳ אֱלֹהֶיךָ. בְּךָ בָּחַר ה׳ אֱלֹהֶיךָ לִהְיוֹת לוֹ לְעַם סְגֻלָּה מִכֹּל הָעַמִּים אֲשֶׁר עַל פְּנֵי הָאֲדָמָה" (ז, ו).

ואז הוא אומר להם כך:

> לֹא מֵרֻבְּכֶם מִכָּל הָעַמִּים חָשַׁק ה׳ בָּכֶם וַיִּבְחַר בָּכֶם, כִּי אַתֶּם הַמְעַט מִכָּל הָעַמִּים. (ז, ז)

הַמְעַט מִכָּל הָעַמִּים? מה קרה לכל ההבטחות שבספר בראשית, שאברהם יהיה לגוי גדול, שזרעו ירבה ככוכבי השמיים וכעפר הארץ וכחול אשר על שפת הים? ומה באשר לדבריו של משה עצמו, בתחילת ספר דברים, "ה' אֱלֹהֵיכֶם הִרְבָּה אֶתְכֶם, וְהִנְּכֶם הַיּוֹם כְּכוֹכְבֵי הַשָּׁמַיִם לָרֹב" (א, י)?

התשובה הפשוטה היא שבני ישראל אכן היו רבים **בהשוואה למה שהיו פעם**. משה עצמו אומר זאת בפרשת השבוע הבא: "בְּשִׁבְעִים נֶפֶשׁ יָרְדוּ אֲבֹתֶיךָ מִצְרָיְמָה, וְעַתָּה שָׂמְךָ ה' אֱלֹהֶיךָ כְּכוֹכְבֵי הַשָּׁמַיִם לָרֹב" (י, כב). פעם הם היו משפחה יחידה, אברהם ושרה וצאצאיהם, והנה הם אומה בת שנים־עשר שבטים.

אבל – ואת זאת מבקש משה לומר בפסוק שלנו – לעומת אומות אחרות, עם ישראל עדיין קטן. "כִּי יְבִיאֲךָ ה' אֱלֹהֶיךָ אֶל הָאָרֶץ אֲשֶׁר אַתָּה בָא שָׁמָּה לְרִשְׁתָּהּ, וְנָשַׁל גּוֹיִם רַבִּים מִפָּנֶיךָ: הַחִתִּי וְהַגִּרְגָּשִׁי וְהָאֱמֹרִי וְהַכְּנַעֲנִי וְהַפְּרִזִּי וְהַחִוִּי וְהַיְבוּסִי, שִׁבְעָה גוֹיִם **רַבִּים וַעֲצוּמִים מִמֶּךָּ**" (ז, א). במילים אחרות, עם ישראל היה קטן לא רק מהאימפריות הגדולות של העולם העתיק, אלא גם מהעמים הקטנים שאכלסו את המרחב. בני ישראל התרבו בכמה סדרי גודל מאז ימי האבות, אך נותרו מעטים ביחס לשכניהם.

עתה אומר להם משה מה פירוש הדבר:

> כִּי תֹאמַר בִּלְבָבְךָ "רַבִּים הַגּוֹיִם הָאֵלֶּה מִמֶּנִּי, אֵיכָה אוּכַל לְהוֹרִישָׁם?" – לֹא תִירָא מֵהֶם. זָכֹר תִּזְכֹּר אֵת אֲשֶׁר עָשָׂה ה' אֱלֹהֶיךָ לְפַרְעֹה וּלְכָל מִצְרָיִם. (ז, יז–יח)

עם ישראל יהיה הקטן מכל העמים מסיבה הנוגעת ללב קיומו הלאומי. הוא יַראה לעולם כי **אומה איננה צריכה להיות גדולה כדי להיות דגולה**. היא אינה חייבת להיות רבת אוכלוסין כדי להדוף את אויביה. ההיסטוריה הייחודית של עם ישראל תוכיח שכדברי הנביא זכריה, "לֹא בְחַיִל וְלֹא בְכֹחַ כִּי אִם בְּרוּחִי, אָמַר ה' צְבָאוֹת" (ד, ו).

עם ישראל עצמו יהיה עדות לדבר שהוא גדול ממנו. כך כתב הפילוסוף המרקסיסט־לשעבר ניקולאי ברדיאייב:

> בצעירותי ניסיתי לאמת את הפרשנות המטריאליסטית להיסטוריה על ידי הצמדתה לקורותיהם של עמים. אני זוכר כיצד קרסה פרשנות זו במקרה של היהודים, שגורלם נראה בלתי מתקבל על הדעת מנקודת מבט מטריאליסטית... הישרדותם היא תופעה מסתורית ומופלאה המלמדת שחייו של העם הזה נשלטים בידי נטייה מיוחדת שנקבעה מראש, המתגברת על תהליכי ההסתגלות

שמציעה הפרשנות המטריאליסטית של ההיסטוריה. הישרדותם של היהודים, חסינותם מפני חורבנות, עמידותם בתנאים יוצאי דופן, התפקיד הגורלי שמילאו בהיסטוריה: כל אלה מצביעים על היסודות המיוחדים והמסתוריים שקורות ימיו של העם הזה מושתתים עליהם.[1]

להצהרתו זו של משה יש השלכות עצומות על הזהות היהודית. לאורך סדרת השיחות שלנו השנה מובלע המסר שליהודים יש השפעה החורגת מכל פרופורציה למספרם מפני **שכולנו נקראים להיות מנהיגים**, ליטול אחריות, לתרום, לשנות את חייהם של אחרים לטובה, להשרות שכינה בעולם. דווקא מפני שאנו קטנים, נקראנו אל הגדולה.

ש"י עגנון חיבר "פתיחה לקדיש - אחר מיטתם של הרוגי ארץ ישראל". הוא כותב בה שמלך בשר ודם אינו מרגיש בחסרונו של חייל מחייליו שנהרג, שכן "יש לו למלך הרבה כנגדו". לעומת זאת,

> מלכנו מלך מלכי המלכים הקדוש ברוך הוא... בחר בנו מכל העמים, לא מפני שאנו מרובים חשק ה' בנו, כי אנו המעט מכל העמים. ומתוך אהבתו שאוהב אותנו ואנו מעטים, כל אחד ואחד מעמנו חשוב לפניו כלגיון שלם, לפי שאין לו הרבה להעמיד במקומנו. נפקד חס ושלום אחד מישראל, באה פחת בלגיונותיו של המלך ובאה תשות כוח כביכול במלכותו יתברך, שהרי מלכותו חסרה לגיון אחד מלגיונותיו ונתמעטה חס ושלום גדולתו יתברך. לפיכך אנו מתפללין ואומרים אחר כל מת מישראל יתגדל ויתקדש שמיה רבא. יגדל כוח השם ולא יביא תשות כוח לפניו יתברך.[2]

האנתרופולוגית מרגרט מיד אמרה פעם: "לעולם אל תפקפקו ביכולתה של קבוצת אזרחים קטנה, מסורה ומעמיקה לשנות את העולם. אדרבה, רק קבוצות כאלו הצליחו בכך עד היום". מהטמה גנדי אמר: "גוף קטן של נפשות נחושות, בוערות באמונה בלתי נדלית בשליחותן, יכול לשנות את מהלך ההיסטוריה".[3] זו מוכרחה

1. Nikolai Berdyaev, *The Meaning of History*, Piscataway, NJ: Transaction Publishers, 2005, p. 86.
2. ש"י עגנון, "פתיחה לקדיש - אחר מטתם של הרוגי ארץ ישראל", בתוך כרך סיפוריו **סמוך ונראה**, תל אביב וירושלים: שוקן, תשנ"ח, עמ' 238.
3. *Harijan*, November 19, 1938.

להיות גם אמונתנו כיהודים. אנחנו אולי המעט מכל העמים, אבל כבר הוכחנו פעמים רבות בעברנו כי כאשר אנו נענים לקריאתו של הקב"ה יש בכוחנו לתקן את העולם ולשנותו.

עקב

להנהיג פירושו להקשיב

"וְהָיָה עֵקֶב תִּשְׁמְעוּן אֵת הַמִּשְׁפָּטִים הָאֵלֶּה..." (דברים ז, יב) - במילות פתיחה אלו של פרשתנו מופיע פועַל שהוא מאבני היסוד של ספר דברים: "שמע". הופעתו הבולטת ביותר הייתה בפרשת השבוע שעבר, בפסוק המפורסם ביותר ביהדות כולה - "שמע ישראל". בהמשך פרשתנו שלנו הוא מופיע שוב בפתח הפרשה השנייה של קריאת שמע: "וְהָיָה אִם שָׁמֹעַ תִּשְׁמְעוּ..." (דברים יא, יג). אכן, הפועל ילווה אותנו לאורך כל החומש: השורש שמ"ע מופיע בו לא פחות מתשעים ושתיים פעם.

דוברי שפות לעז, ובמידה רבה גם דוברי עברית מודרנית, נוטים להחמיץ את משמעותה של מילה זו בגלל מה שאני מכנה "כֶּשל ההיתַּרְגְּמוּת": ההנחה הסמויה שלנו כי שפה אחת ניתנת לתרגום מלא לשפה אחרת. אנחנו שומעים מילה שתורגמה משפה אחת לחברתה, ומניחים שמשמעָן זהה בשתי השפות. אלא שתכופות אין הדבר כן. יכולת ההיתרגמות של שפה אחת לחברתה היא חלקית.[1] מושגי מפתח בתרבות אחת חסרים לעיתים בתרבות אחרת, ואינם ניתנים לשחזור לשוני מלא. כזו היא, לדוגמה, המילה היוונית מֶגאלוֹפְּסיכוֹס, המציינת את האדם "ענק הנפש" של אריסטו, זה היודע את גדולתו ומתהלך בגאווה אצילית. קשה לתרגם מונח זה למערכת מוסרית מסוגה של היהדות, שבה הענווה היא מן המידות הטובות. דוגמה אחרת: למילה האנגלית טַקט אין מקבילה עברית מדויקת. ועוד ועוד.

זה הוא גם המקרה של הפועל העברי המקראי "שמע". הוא מבטא מושג שבשפות אחרות אינו מושג אחד, אלא כמה מושגים שונים מציינים חלקים ממנו. הפועל "תשמעון" שבראש פרשתנו, למשל, תורגם בתרגומי התורה לאנגלית בשלל

1. בין המימרות הידועות על טיבו הלא מושלם של כל תרגום באשר הוא, נציין את זו של חיים נחמן ביאליק, כי שירה מתורגמת היא כנשיקה מבעד למטפחת; את הערתו של המשורר האמריקני רוברט פרוסט כי שירה היא "מה שאובד בתרגום"; ואת הדימוי שהציע בעל **דון קישוט**, מיגל דה סרוונטס, לטקסט מתורגם: הוא דומה לצידו התחתון של שטיח, שכן אפשר לראות בו את המתווה הכללי של הדוגמה שאנו יודעים שישנה בצד השני, אך אין בו קווים ברורים והוא מלא בקצות חוט רופפים.

אופנים: hearken, completely obey, pay attention, heed ו־hear. אין מילה אנגלית יחידה הקרובה לכל המובנים האלה יחדיו - אך כזו היא משמעותו של "לשמוע" המקראי. גם בעברית המודרנית המשמעות העיקרית של הפועל "שמע" קרובה בעיקר לפועל hear, והדבר גורם לחלק מהמשמעות של הביטוי "שְׁמַע ישראל", למשל, לעבור לחלק מאיתנו ליד האוזן. כשהמקרא אומר "שמע" הוא מתכוון גם, במידה כזו או אחרת, לומר "שמע בקולו של מישהו", "שם לב" ו"הקשיב". לעיתים הוראתו היא אפילו "הבין", כמו למשל בסיפור מגדל בבל, שבו אומר אלוהים, "הָבָה נֵרְדָה וְנָבְלָה שָׁם שְׂפָתָם אֲשֶׁר לֹא יִשְׁמְעוּ אִישׁ שְׂפַת רֵעֵהוּ" (בראשית יא, ז).

מפליאה העובדה כי אף על פי שבתורה יש תרי"ג מצוות, אין בה שום מילה שמשמעותה היא פשוט "לציית". כשנדרשה מילה כזו בעברית המודרנית, השורש צי"ת הושאל מן הארמית. כשהתורה רוצה לומר לנו שנעשה כדבר ה׳, היא מצווה עלינו "לשמוע". חשיבותה של עובדה לשונית זו רבה מכפי שאפשר להעלות על הדעת, שכן היא מלמדת כי **ציות עיוור אינו נחשב מעלָה ביהדות**. ה׳ רוצה שנבין את המצוות שהוא נותן לנו. הוא רוצה שנהרהר בהן ונחשוב מדוע ניתנה מצווה זו ולא אחרת. הוא רוצה שנקשיב, שנהגה, שנתעמק, שנַפְנים, שנגיב. הוא רוצה שנהיה **עַם שומע**.

יוון העתיקה הייתה תרבות ויזואלית, תרבות של פיסול, אדריכלות, תיאטרון ומופעי ראווה. בעיני היוונים בכלל, ואצל אפלטון במיוחד, ידיעה היא צורה של **ראייה**. היהדות, כפי שהראה פרויד במסתו "האיש משה ואמונת הייחוד", היא תרבות לא ויזואלית. אנחנו עובדים אלוה שאיננו יכולים לראות; ועשיית פסל ותמונה מקודשים אסורה באיסור חמור. ביהדות איננו רואים את אלוהים; אנו שומעים אותו. הידיעה היא צורה של **שמיעה**. צחוק הגורל הוא שפרויד עצמו, שיחסו ליהדות היה מסויג ביותר, המציא את הפסיכואנליזה שהיא **ריפוי בהקשבה**: השמיעה כתרפיה.[2]

ביהדות אפוא השמיעה היא מעשה רוחני במהותו. לשמוע לאלוהים משמעו להיות פתוח לאלוהים. משה אומר זאת לכל אורך ספר דברים (ז, יב): "וְהָיָה עֵקֶב תִּשְׁמְעוּן". הוא הדבר גם במנהיגות, ובעצם בכל היחסים הבין־אישיים לצורותיהם. לפעמים, המתנה הגדולה ביותר שבידנו לתת למישהו היא להקשיב לו.

2. ידועה יותר הגדרתה של הפסיכואנליזה כריפוי בדיבור, הגדרה שניתנה לה בידי אנה או׳ (ברטה פפנהיים), מן המטופלות הידועות של פרויד. אלא שההגדרה "ריפוי בהקשבה" מדויקת יותר. ההקשבה הפעילה של הפסיכואנליטיקן היא המאפשרת את הדיבור התרפויטי, או הקתרטי, של המטופל.

ויקטור פראנקל, ששרד במחנה אושוויץ, יצר בעקבות זאת את הלוגותרפיה, סוג חדש של פסיכותרפיה המבוסס על כך שכל אדם מחפש משמעות. פעם סיפר כיצד התקשרה אליו מטופלת באמצע הלילה ואמרה לו בשלווה שהיא עומדת להתאבד. הוא החזיק אותה על קו הטלפון למשך שעתיים, ושטח באוזניה שורה ארוכה של סיבות טובות לְחיות. לבסוף אמרה שהיא מתחרטת, והיא לא תשים קץ לחייה. בפגישתם הבאה שאל אותה איזו מכל הסיבות שפירט גרמה לה לשנות את דעתה. "אף לא אחת מהן", ענתה. "מדוע אפוא החלטת שלא להתאבד?" הוא שאל. היא ענתה שעצם העובדה שמישהו היה מוכן להקשיב לה במשך שעתיים באישון לילה שכנעה אותה שהחיים, ככלות הכול, ראויים לחיותם.[3]

בשנות כהונתי כרב הראשי לבריטניה הייתי מעורב בכמה וכמה ניסיונות להשיג גיטין מבעלים סרבנים. את כל המקרים פתרנו לא באמצעים משפטיים, אלא במעשה פשוט: הקשבה - הקשבה עמוקה, אשר שכנעה את שני הצדדים כי אנו כורים אוזן לכאבם ולתחושת הצדק שלהם. נדרשו לנו לשם כך שעות ארוכות של ריכוז מוחלט, והימנעות מוקפדת מכל שיפוט והכוונה. ההקשבה שלנו הצליחה למוסס את שכבות המרירות, והצדדים היו מסוגלים ליישב את ענייניהם בינם לבין עצמם. בהקשבה יש מרפא; לפעמים היא אפילו טיפול נמרץ.

לפני שנעשיתי רב ראשי עמדתי בראש תוכנית ההכשרה שלנו לרבנים, ג'וז קולג'. במסגרת זו הֵרַצנו בשנות השמונים תוכנית שהיא מן המתקדמות ביותר שתוכננו אי פעם. היא כללה לימודי ייעוץ שנמשכו שלוש שנים. אנשי המקצוע שגייסנו להוראת הקורס הציבו לפנינו תנאי: שניקח את כל התלמידים למקום מבודד למשך יומיים, ורק אלה מהם שיסכימו לעשות זאת יורשו להשתתף בקורס.

לא ידענו מה היועצים מתכננים לעשות שם, אך עד מהרה גילינו. הם תכננו ללמד את שיטתו החלוצית של קארל רוג'רס הידועה בשם "טיפול ממוקד בלקוח" או "טיפול לא דירקטיבי". שיטה זו דורשת מהמטפל הקשבה פעילה למטופל והצגת שאלות שישקפו לו את מה שאמר, אך הימנעות ממתן הדרכה מפורשת.

כשפרחי הרבנות הבינו במה מדובר, הם התחילו למחות. השיטה נראתה מנוגדת לעצם מהותם. להיות רב פירושו ללמד, להדריך, לומר לאנשים מה לעשות. המתיחות בין היועצים לבין הרבנים הצעירים גלשה לקראת משבר, כדי כך שנאלצנו להפסיק את הקורס למשך שעה ולנסות ליישר את ההדורים בין משנתם של היועצים לבין מה

3. Anna Redsand, *Viktor Frankl: A Life Worth Living*, New York: Houghton Mifflin Harcourt, 2006, pp. 113-114.

שנראה היה לתלמידים כעמדתה של התורה. בשעה ההיא התחלנו לחשוב, לראשונה באופן קבוצתי, על הממד הרוחני של ההקשבה, של "שמע ישראל".

מאחורי הטיפול הממוקד בלקוח עומדת אמת גדולה: שההקשבה היא מן המידות החשובות ביותר בחיים הדתיים. ספר דברים משמיעֵנו שוב ושוב כי אם אנחנו רוצים שאלוהים יקשיב לנו, עלינו להיות מוכנים להקשיב לו. ואם נלמד להקשיב לו, נלמד לבסוף להקשיב גם לזולתנו: לזעקתם החרישית של הגלמוד ושל העני, של החלש ושל הפגיע, של האנשים שכאבם קיומי.

כשה' נראה לשלמה המלך בחלומו ושאל אותו מה לתת לו, שלמה השיב שהוא רוצה "לֵב שֹׁמֵעַ" (מלכים א' ג, ט). מילים אלו נבחרו בקפידה. חוכמתו של שלמה הייתה טמונה, לפחות בחלקה, ביכולתו להקשיב, לשמוע את הרגש שמאחורי המילים, להבין גם את הבלתי אמור. קל למצוא מנהיגים היודעים לדבר; קשה למצוא מנהיגים היודעים להקשיב. אבל במקרים רבים, ההבדל בין מנהיג קטן לגדול מצוי בהקשבה.

ביהדות, שעמדתה המוסרית מחשיבה כל כך את כבוד האדם, ההקשבה חשובה במיוחד. עצם מעשה ההקשבה הוא צורה של מתן כבוד. אספר לכם סיפור שימחיש זאת. משפחת המלוכה הבריטית ידועה כדייקנית: באה במועד ועוזבת במועד. לעולם לא אשכח את האירוע - עוזרי המלכה אמרו לי שמעולם לא ראו כמותו - שבו נשארה המלכה שעתיים יותר מן המתוכנן. הדבר היה ב־27 בינואר 2005, יום השנה השישים לשחרור אושוויץ. המלכה הזמינה ניצולים לקבלת פנים בארמון סנט ג'יימס. לכל אחד מהם היה סיפור אישי לספר, והמלכה הניחה לכל אחד מהם לספרו כאוות נפשו. בזה אחר זה הם באו אליי ואמרו, "לפני שישים שנה לא ידעתי אם אחיה ביום המחרת, והנה אני מדבר עם המלכה". מעשה זה של הקשבה סבלנית היה ממעשי החן והחסד המלכותיים ביותר שחזיתי בהם מימיי. ההקשבה היא אישור מעומק הלב לאנושיותו של הזולת.

בהתגלות בסנה, כאשר הטיל הקב"ה על משה את עול המנהיגות, ענה משה: "לֹא אִישׁ דְּבָרִים אָנֹכִי, גַּם מִתְּמוֹל, גַּם מִשִּׁלְשֹׁם, גַּם מֵאָז דַּבֶּרְךָ אֶל עַבְדֶּךָ. כִּי כְבַד פֶּה וּכְבַד לָשׁוֹן אָנֹכִי" (שמות ד, י). מדוע בחר ה' דווקא אדם שקשה לו לדבר כמנהיג לעם ישראל? **אולי מפני שמי שקשה לו לדבר לומד כיצד להקשיב.** מנהיג הוא אדם שיודע להקשיב: לזעקתו הדוממת של הזולת - ולקול הדממה הדקה של אלוהים.

ראה

שמחת רבים

לו נשאלנו מהי מילת המפתח המתמצתת את מהות החברה שבני ישראל נועדו לכונן בארצם, היו ודאי נאבקים בקרבנו על הבכורה מושגים כגון צדק, רחמים, יראה, כבוד, קדושה, אחריות ונאמנות. אך בנאומי משה בספר דברים עולה מילה אחרת לגמרי, מפתיעה. בכל אחד מהחומשים האחרים מופיעה מילה זו רק פעם אחת.[1] אך בחומש דברים היא מופיעה תריסר פעמים, שבע מהן בפרשת ראה. המילה הזאת היא "שמחה".

לשמחה מה זו עושה? הרי סיפורם של בני ישראל עד כה לא היה משמח כל כך. היו בו שעבוד, ואז מרדנות ומחלוקת. ובכל זאת משה מבאר בָּאֵר היטב כי על השמחה ייכונו חיי האמונה בארץ ישראל. הרי לכם שבע הופעותיה של השמחה בפרשתנו, על הקשריהן:

1. המקום אשר יבחר ה׳, כלומר המקדש וקודם לכן המשכן בשילה: "וַאֲכַלְתֶּם שָׁם לִפְנֵי ה׳ אֱלֹהֵיכֶם וּשְׂמַחְתֶּם בְּכֹל מִשְׁלַח יֶדְכֶם אַתֶּם וּבָתֵּיכֶם אֲשֶׁר בֵּרַכְךָ ה׳ אֱלֹהֶיךָ" (יב, ז).
2. ירושלים והמקדש: "וּשְׂמַחְתֶּם לִפְנֵי ה׳ אֱלֹהֵיכֶם אַתֶּם וּבְנֵיכֶם וּבְנֹתֵיכֶם וְעַבְדֵיכֶם וְאַמְהֹתֵיכֶם וְהַלֵּוִי אֲשֶׁר בְּשַׁעֲרֵיכֶם" (יב, יב).
3. קודשים, מאכלים שאפשר לאוכלם רק בירושלים: "כִּי אִם לִפְנֵי ה׳ אֱלֹהֶיךָ תֹּאכְלֶנּוּ בַּמָּקוֹם אֲשֶׁר יִבְחַר ה׳ אֱלֹהֶיךָ בּוֹ, אַתָּה וּבִנְךָ וּבִתֶּךָ וְעַבְדְּךָ וַאֲמָתֶךָ וְהַלֵּוִי אֲשֶׁר בִּשְׁעָרֶיךָ, וְשָׂמַחְתָּ לִפְנֵי ה׳ אֱלֹהֶיךָ בְּכֹל מִשְׁלַח יָדֶךָ" (יב, יח).
4. מעשר שני: "וְנָתַתָּה הַכֶּסֶף בְּכֹל אֲשֶׁר תְּאַוֶּה נַפְשְׁךָ בַּבָּקָר וּבַצֹּאן וּבַיַּיִן וּבַשֵּׁכָר וּבְכֹל אֲשֶׁר תִּשְׁאָלְךָ נַפְשֶׁךָ וְאָכַלְתָּ שָּׁם לִפְנֵי ה׳ אֱלֹהֶיךָ וְשָׂמַחְתָּ אַתָּה וּבֵיתֶךָ" (יד, כו).
5. חג השבועות: "וְשָׂמַחְתָּ לִפְנֵי ה׳ אֱלֹהֶיךָ אַתָּה וּבִנְךָ וּבִתֶּךָ וְעַבְדְּךָ וַאֲמָתֶךָ וְהַלֵּוִי

1. בראשית לא, כז; שמות ד, יד; ויקרא כג, מ; במדבר י, י.

אֲשֶׁר בִּשְׁעָרֶיךָ וְהַגֵּר וְהַיָּתוֹם וְהָאַלְמָנָה אֲשֶׁר בְּקִרְבֶּךָ בַּמָּקוֹם אֲשֶׁר יִבְחַר ה׳ אֱלֹהֶיךָ לְשַׁכֵּן שְׁמוֹ שָׁם" (טז, יא).

6. חג הסוכות: "וְשָׂמַחְתָּ בְּחַגֶּךָ אַתָּה וּבִנְךָ וּבִתֶּךָ וְעַבְדְּךָ וַאֲמָתֶךָ וְהַלֵּוִי וְהַגֵּר וְהַיָּתוֹם וְהָאַלְמָנָה אֲשֶׁר בִּשְׁעָרֶיךָ" (טז, יד).
7. חג הסוכות, שוב: "שִׁבְעַת יָמִים תָּחֹג לַה׳ אֱלֹהֶיךָ בַּמָּקוֹם אֲשֶׁר יִבְחַר ה׳, כִּי יְבָרֶכְךָ ה׳ אֱלֹהֶיךָ בְּכֹל תְּבוּאָתְךָ וּבְכֹל מַעֲשֵׂה יָדֶיךָ וְהָיִיתָ אַךְ שָׂמֵחַ" (טז, טו).

מדוע מדגיש משה את השמחה דווקא בספר דברים? אולי מפני שאז, בנאומים שנשא בחודש האחרון לחייו, הוא העפיל אל פסגות חזון נבואי שאיש לא הגיע אליהן לפניו ואחריו. משה כמו עומד על ראש הר ורואה את כל ההיסטוריה היהודית פרוסה לרגליו. ומן הגובה המסחרר הזה הוא מוריד מסר אל העם הנאסף סביבו: הדור הבא, בניהם של האנשים שהוא הוציא ממצרים, העם שיעבור את הירדן שהוא עצמו לא יעבור, האומה שתיכנס לארץ שהוא רק יראה מנגד.

והדבר שהוא אומר להם אינו צפוי ואינו מתבקש. משה אומר, בעצם, מעין זאת: "אתם יודעים כמה סבלו אבותיכם. שמעתם על שעבודם במצרים. אתם עצמכם חוויתם על בשרכם נדודים במדבר בלי בית, לילות בלי גג וימים בלי שלווה. עיניכם ראו מסות גדולות, אבל הניסיון הקשה עוד לפניכם. המבחן האמיתי הוא מבחנם של ימי הביטחון והשובע".

אבסורד לכאורה - אך ההיסטוריה היהודית כולה מוכיחה את אמיתותו. לאורך מאות על מאות שנים של גלות ורדיפות, מחורבן בית שני עד למאה התשע־עשרה, איש לא פקפק בהמשכיות היהודית. היהודים לא נדרשו לתהות "האם נכדינו יהיו יהודים?". רק לאחר שזכו לחופש ולשוויון בגולה החלו השאלות להישאל, וגם כיום, כשיש לעם ישראל מדינה עצמאית בארצו, אין הן חדלות. כאשר לא היו ליהודים סיבות מוחשיות רבות להודות לאלוהים, הם הודו לו, התפללו אליו ובאו אל בית הכנסת ואל בית המדרש לשמוע את תורתו ולשמור אותה. והנה כאשר ניתנו להם סיבות רבות וטובות להודות לו, רבים מהם הפנו את גבם לבתי התפילה והתורה.

קל לדבר אל אלוהים בדמעות. אך קשה לעובדו בשמחה. משה נתן לפרדוקס גדול זה של חיי האמונה ביטוי נבואי. הוא התריע עליו כאשר העם הגיע מרחק נגיעה מן היעד - אל סף ארצו. שם, דווקא בארצם, תארוב להם הסכנה שישכחו כי הארץ שלהם כי ה׳ הבטיח להם אותה, ושהיא תישאר שלהם רק כל עוד יזכרו הם את אשר הבטיחו לו.

"שמחה" בלשון התורה שונה ממושגים שאנו נוהגים לזהות עימה, כגון אושר,

חדווה, גיל, ששון ועונג. כל אלה הם הלכי נפש. הם רגשות. הם שייכים ליחיד. אנו יכולים לחוות אותם גם כשאנו לעצמנו. השמחה, לעומת זאת, איננה רגש פרטי. שמחה בתורה פירושה אושר משותף. היא מצב חברתי. היא מתקיימת בלשון רבים. אי אפשר לשמוח לבד.

משה מדגיש זאת ללא הרף. הביטו שוב בשבעת פסוקי השמחה בפרשתנו. פעם אחר פעם, בשינויי נוסח אך באותה רוח, הוא מציין שיש לשמוח "אַתָּה וּבִנְךָ וּבִתֶּךָ וְעַבְדְּךָ וַאֲמָתֶךָ וְהַלֵּוִי אֲשֶׁר בִּשְׁעָרֶיךָ", "אַתָּה וּבִנְךָ וּבִתֶּךָ וְעַבְדְּךָ וַאֲמָתֶךָ וְהַלֵּוִי וְהַגֵּר וְהַיָּתוֹם וְהָאַלְמָנָה", "אַתֶּם וּבָתֵּיכֶם". המקדש המרכזי, "בַּמָּקוֹם אֲשֶׁר יִבְחַר ה' אֱלֹהֶיךָ בּוֹ", הוא נושא מרכזי בפרשת ראה. לימים התברר שמקום זה הוא ירושלים, מקום שדוד כונן בו את שלטונו ושלמה בנה בו את המקדש.

משה מנסח בפרשתנו את רעיון השמחה כאירוע קהילתי, חברתי ולאומי. האומה תתלכד לא רק במשברים, באסונות ותחת ענני מלחמה, אלא גם בחגיגות משותפות בחסות שכינת האל. חגיגות אלו תהיינה מוסריות עד עומק מהותן. לצד ההודיה לאלוהים על חסדו, הן תצטיינה בהכלה חברתית. איש לא יישאר בחוץ: לא הגרים, לא העבדים, לא הבודדים - היתומים והאלמנות. הרמב"ם, בהלכות יום טוב, מבטא זאת במילים נוקבות:

> וכשהוא אוכל ושותה, חייב להאכיל לגר ליתום ולאלמנה עם שאר העניים האומללים. אבל מי שנועל דלתות חצרו ואוכל ושותה הוא ובניו ואשתו, ואינו מאכיל ומשקה לעניים ולמרי נפש - אין זו שמחת מצווה, אלא שמחת כרֵסו. ועל אלו נאמר "זִבְחֵיהֶם כְּלֶחֶם אוֹנִים לָהֶם, כָּל אֹכְלָיו יִטַּמָּאוּ, כִּי לַחְמָם לְנַפְשָׁם" (הושע ט, ד); ושמחה כזו קלון היא להם, שנאמר "וְזֵרִיתִי פֶרֶשׁ עַל פְּנֵיכֶם, פֶּרֶשׁ חַגֵּיכֶם" (מלאכי ב, ג).[2]

יאים דברי משה גם לדורנו. חברת השפע המערבית היא העשירה בהיסטוריה. תוחלת החיים שלנו ארוכה לאין תקדים, וטווח האפשרויות שלנו רחב מכפי שהיה למן היום שהאדם הילך לראשונה על האדמה. העושר זינק - אך האושר מדשדש. עדיו המהימנים של היעדר האושר - שימוש בסמים ובאלכוהול, דיכאון קליני, תסמונות עקה, הפרעות אכילה וכן הלאה - גדלו בהיקפם פי שלושה עד עשרה במהלך ימי שני דורות. מדוע?

בשנת 1968 פגשתי לראשונה את הרבי מלובביץ'. חסידיו סיפרו לי שם על אדם

2. **משנה תורה**, הלכות שביתת יום טוב ו, יח.

שכתב לרבי כך בערך: "אני מדוכא. אני בודד. אני מרגיש שאין משמעות לחיים. אני מנסה להתפלל והמילים בורחות. אני שומר מצוות אבל אני לא מוצא שלוות נפש. אני זקוק לעזרתך". הרבי שלח לו תשובה מבריקה בלי לכתוב אפילו מילה אחת. הוא פשוט הקיף בעט את המילה הראשונה בכל משפט, ושלח את המכתב בחזרה. מילה זו הייתה, בכל המשפטים, "אני".

הצרכן בן זמננו, יסודו בגוף ראשון יחיד. אני רוצה, אני צריך, אני מוכרח שיהיה לי. דברים רבים אנו יכולים להשיג בגוף ראשון יחיד, אך יש דבר אחד שלא. זוהי השמחה. כי השמחה היא האושר שאנחנו חולקים, האושר שיש לנו רק מפני שאנחנו חולקים אותו. וזה, אמר משה לבני ישראל מעבר לירדן, זה יהיה האתגר הגדול ביותר שלכם. סבל, רדיפות ואויב משותף מאחדים אנשים והופכים אותם לאומה. אבל חופש, שפע וביטחון הופכים אומה לאוסף של יחידים, המבקשים איש־איש את אושרו הפרטי, אדישים תדיר לגורלם של אלה שיש להם פחות, הבודדים, הנידחים והמודרים. וכשכך קורה מתחילה החברה להתפורר. כאשר היושב על גלגל המזל מגיע לשיא גובהו, מתחיל תהליך הירידה.

הדרך היחידה למנוע זאת, אומר משה, היא לחלוק את אושרנו עם הזולת, ומתוך החגיגה הלאומית המשותפת לעבוד את ה'.[3] הברכה בחיינו אינה נמדדת בגודל המשכורת, בהצהרת ההון או ברשימת ההוצאות, אלא במה שאנו חולקים עם אחרים. השמחה היא סימנה של חברה קדושה. השמחה היא חג ואושר בגוף ראשון רבים.

3. הסוציולוג הצרפתי הגדול אמיל דורקהיים (שאביו, סבו ואבי סבו היו כולם רבנים) טען בספרו **הצורות האלמנטריות של חיי הדת** כי הורתה של הדת בחוויית "פעפוע קולקטיבי", הקרובה ל"שמחה" המקראית.

שופטים

למידה ומנהיגות

פרשת שופטים היא המקור הקלאסי לשלושת סוגי המנהיגות ביהדות, אלה שחכמינו כינו "שלושה כתרים": כתר כהונה, כתר מלוכה וכתר תורה.[1] זהו הביטוי הראשון בהיסטוריה לעקרון הפרדת הרשויות, שניסח לראשונה מונטסקיֶה בספרו **על רוח החוקים** באמצע המאה השמונה־עשרה, ואשר נעשה בשלהי אותה מאה לאחד העקרונות המכוננים בחוקה האמריקנית.[2]

בזירה האנושית ראוי שהכוח יהיה מחולק ומבוזר, ולא מרוכז בידי אדם אחד או מוסד אחד. וכך, בישראל המקראית היו מלכים, כוהנים ונביאים. למלכים היה הכוח החילוני, כוח הממשל. הכוהנים היו המנהיגים במרחב הדתי. הם ניהלו את עבודת הקודש במשכן ובמקדש, ופסקו הלכה בעניינים הנוגעים לקדושה ולטהרה. את הנביאים הסמיך ה׳ להשמיע ביקורת כאשר הכוח השחית את בעליו, ולהזכיר לבריות את ייעודם הדתי כשהם רחקו ממנו.

פרשתנו עוסקת בכל שלושת התפקידים הללו. אולם אין ספק שאת מרב תשומת הלב מושכת פרשת המלך, ויש לכך סיבות רבות. ראשית, זו המצווה היחידה בתורה שמצוין בה כי כך עושים עמים אחרים: "כִּי תָבֹא אֶל הָאָרֶץ אֲשֶׁר ה׳ אֱלֹהֶיךָ נֹתֵן לָךְ וִירִשְׁתָּהּ וְיָשַׁבְתָּה בָּהּ, וְאָמַרְתָּ אָשִׂימָה עָלַי מֶלֶךְ כְּכָל הַגּוֹיִם אֲשֶׁר סְבִיבֹתָי..." (דברים יז, יד). בדרך כלל בתורה בני ישראל מצווים להיות שונים מהעמים האחרים. עצם חריגותה של מצווה זו אותתה למפרשים לאורך הדורות כי יחסה של התורה למלוכה הוא דו־ערכי.

1. משנה, אבות ד, יג; רמב"ם, **משנה תורה**, הלכות תלמוד תורה ג, א.
2. החלוקה של מונטסקיֶה, ובעקבותיו החלוקה שהתקבלה ברוב המדינות הדמוקרטיות במערב, היא בין רשות מחוקקת, מבצעת ושופטת. ביהדות עיקר החקיקה נעשה בידי אלוהים. למלכים ולחכמים יש סמכות לחקיקה משנית בלבד, כדי להבטיח את שמירת החוק והסדר ו"לעשות סייג לתורה". המלך הוא הרשות המבצעת, והכהונה, בזמן המקרא, הייתה הרשות השופטת. את "כתר תורה" ענדו אז הנביאים, והוא היה מוסד ייחודי: ביקורת חברתית מתוקף סמכות אלוהית - משימה שבעידן המודרני מבוצעת, לא תמיד בהצלחה, על ידי האינטלקטואלים הציבוריים. חסרים כיום נביאים. ואולי הם חָסרו תמיד.

שנית, הציווי הוא בעל אופי שלילי מופגן. הוא אומר לנו מה אסור למלך לעשות, ולא כל כך מה המלך צריך לעשות. אסור לו להרבות סוסים, אסור לו להרבות נשים, אסור לו להרבות כסף וזהב (יז, טז-יז). אלה הם פיתויים הבאים עם הכוח, וכפי שאנו יודעים מספרי התנ"ך הבאים, אפילו הגדולים שבמלכים, אפילו שלמה המלך בכבודו ובעצמו, לא היו חסינים מפניהם.

שלישית, בהתאם לרעיון היהודי הבסיסי שמנהיגות היא שירות - לא שררה, לא עוצמה, לא מעמד ולא עליונות - המלך מצווה להיות עניו: הוא צריך לקרוא בתורה "כָּל יְמֵי חַיָּיו - לְמַעַן יִלְמַד לְיִרְאָה אֶת ה' אֱלֹהָיו... לְבִלְתִּי רוּם לְבָבוֹ מֵאֶחָיו" (יז, יט-כ). להיות עניו - לא דבר קל הוא למי שכולם סביבו משתחווים לו וחייהם ומותם נתונים בידיו.

זה מקור השונות הקיצונית בין המפרשים ביחסם למלוכה. הרמב"ם גורס שמינוי מלך הוא חובה, אבן עזרא טוען שזו רשות, אברבנאל סבור שזוהי התפשרות, ורבנו בחיי קובע שזה עונש - עמדה שהגיעה במקרה לידיעתו של המשורר וההוגה המדיני ג'ון מילטון באחת התקופות הסוערות והאנטי־מלוכניות בהיסטוריה האנגלית.[3]

אולם ישנו, כאמור, ממד חיובי אחד ברור בפרשת המלך, ממד חשוב במיוחד. המלך מצווה לכתוב לו את ספר "משנה התורה הזאת" -

> וְקָרָא בוֹ כָּל יְמֵי חַיָּיו, לְמַעַן יִלְמַד לְיִרְאָה אֶת ה' אֱלֹהָיו לִשְׁמֹר אֶת כָּל דִּבְרֵי הַתּוֹרָה הַזֹּאת וְאֶת הַחֻקִּים הָאֵלֶּה לַעֲשֹׂתָם, לְבִלְתִּי רוּם לְבָבוֹ מֵאֶחָיו וּלְבִלְתִּי סוּר מִן הַמִּצְוָה יָמִין וּשְׂמֹאול - לְמַעַן יַאֲרִיךְ יָמִים עַל מַמְלַכְתּוֹ הוּא וּבָנָיו בְּקֶרֶב יִשְׂרָאֵל. (יז, יט-כ)

ממשיכו של משה, יהושע, מצטווה ציווי דומה עם היכנסו לתפקידו:

> לֹא יָמוּשׁ סֵפֶר הַתּוֹרָה הַזֶּה מִפִּיךָ וְהָגִיתָ בּוֹ יוֹמָם וָלַיְלָה, לְמַעַן תִּשְׁמֹר לַעֲשׂוֹת כְּכָל הַכָּתוּב בּוֹ. כִּי אָז תַּצְלִיחַ אֶת דְּרָכֶךָ וְאָז תַּשְׂכִּיל. (יהושע א, ח)

מנהיגים לומדים. זהו העיקרון הנקבע כאן. נכון, יש להם יועצים, זקנים, סופרים וחכמי חצר. ונכון גם שלמלכי ישראל המקראית היו נביאים שהשמיעו באוזניהם את דבר ה': שמואל לשָאול, נתן לדָוִד, ישעיהו לחזקיהו וכן הלאה. אבל אלה שגורל האומה מוטל על שכמם אינם רשאים לגלגל מעליהם את מטלת החשיבה, הקריאה, הלמידה

3. ראו Eric Nelson, *The Hebrew Republic*, Boston: Harvard University Press, 2010, pp. 41-42.

והזכירה. אין להם זכות לומר "אני עסוק בענייני המדינה. אין לי זמן לספרים". מנהיגי עם הספר צריכים להיות אנשי ספר.

גדולי המדינאים בעידן המודרני הבינו זאת, לפחות במונחים חילוניים. לוויליאם גלַדסטון, ששימש ראש ממשלת בריטניה במשך ארבע תקופות כהונה, הייתה ספרייה ובה 32 אלף כרכים. הוא תיעד ביומנו כל ספר שגמר לקרוא, ומתוך כך ידוע לנו שהוא גמע 22 אלף מן הכרכים הללו. בהנחה שהוא עשה זאת לאורך 80 שנה (מתוך 88 שנות חייו), הוא קרא 275 ספרים בשנה בממוצע; יותר מחמישה ספרים בשבוע. הוא גם כתב ספרים רבים על מגוון נושאים, מפוליטיקה דרך דת ועד ספרות יוון העתיקה, והמחקרים ששטח בספרים אלה היו מרשימים ביותר. הוא היה, למשל, הראשון שהבחין כי ליוונים הקדמונים לא הייתה תפיסת צבע כמו זו שלנו, וכי ביטויים תמוהים של צבע בשירת הומרוס, כגון תיאור הים כבעל צבע של יין, עניינם לא הגוון אלא מידת הכהות.[4] בנימין דיזראלי, אף הוא ראש ממשלת בריטניה, חיבר רומנים רבי מכר לפני שנכנס לפוליטיקה.

בקרו בביתו של דוד בן־גוריון בתל אביב ותגלו כי בעוד קומת הקרקע ספרטנית עד כדי צנע, הקומה הראשונה היא ספרייה אחת גדולה ובה עיתונים, כתבי עת ו־20 אלף ספרים. עוד 4,000 ספרים תוכלו לראות בארונות הצריף שלו בשדה בוקר. כמו גלדסטון גם בן־גוריון היה קורא שאינו יודע שובעה ומחבר פורה. הקריאה והכתיבה הן אשר הופכות את הפוליטיקאי למדינאי.

שני מלכיה הגדולים של ישראל הקדומה, דוד ושלמה, היו משוררים. דוד כתב את מזמורי תהלים, ושלמה, על פי המסורת, את שיר השירים, משלי וקהלת. מילת המפתח המקראית הנקשרת עם מלכים היא "חָכְמָה". שלמה התפרסם בחוכמתו במיוחד:

וַיִּשְׁמְעוּ כָל יִשְׂרָאֵל אֶת הַמִּשְׁפָּט אֲשֶׁר שָׁפַט הַמֶּלֶךְ וַיִּרְאוּ מִפְּנֵי הַמֶּלֶךְ כִּי רָאוּ כִּי חָכְמַת אֱלֹהִים בְּקִרְבּוֹ לַעֲשׂוֹת מִשְׁפָּט. (מלכים א׳ ג, כח)

וַתֵּרֶב חָכְמַת שְׁלֹמֹה מֵחָכְמַת כָּל בְּנֵי קֶדֶם וּמִכֹּל חָכְמַת מִצְרָיִם... וַיָּבֹאוּ מִכָּל הָעַמִּים לִשְׁמֹעַ אֵת חָכְמַת שְׁלֹמֹה מֵאֵת כָּל מַלְכֵי הָאָרֶץ אֲשֶׁר שָׁמְעוּ אֶת חָכְמָתוֹ. (שם ה, י–יד)

וַתֵּרֶא מַלְכַּת שְׁבָא אֵת כָּל חָכְמַת שְׁלֹמֹה וְהַבַּיִת אֲשֶׁר בָּנָה... וְלֹא הָיָה בָהּ עוֹד

4. ראו על כך בהרחבה בספרו של גיא דויטשר **בראי השפה: כיצד המילים צובעות את עולמנו**, מאנגלית: עמרי אשר, תל אביב: חרגול ועם עובד, 2011, פרק ראשון (עמ׳ 35–50).

רוּחַ, וַתֹּאמֶר אֶל הַמֶּלֶךְ: אֱמֶת הָיָה הַדָּבָר אֲשֶׁר שָׁמַעְתִּי בְּאַרְצִי עַל דְּבָרֶיךָ וְעַל חָכְמָתֶךָ. וְלֹא הֶאֱמַנְתִּי לַדְּבָרִים עַד אֲשֶׁר בָּאתִי וַתִּרְאֶינָה עֵינַי וְהִנֵּה לֹא הֻגַּד לִי הַחֵצִי הוֹסַפְתָּ חָכְמָה וָטוֹב אֶל הַשְּׁמוּעָה אֲשֶׁר שָׁמָעְתִּי... וְכָל הָאָרֶץ מְבַקְשִׁים אֶת פְּנֵי שְׁלֹמֹה לִשְׁמֹעַ אֶת חָכְמָתוֹ אֲשֶׁר נָתַן אֱלֹהִים בְּלִבּוֹ. (שם י, ד-כד)

"חָכְמָה" עניינה שונה מעט מ"תורה", הנקשרת בדרך כלל יותר עם כוהנים ונביאים ופחות עם מלכים. היא מציינת בעיקר את החוכמה האנושית, הארצית, האוניברסלית, ופחות מכך את המורשת היהודית הייחודית. המדרש אומר, "אם יאמר לך אדם יש חוכמה בגויים, תאמין; יש תורה בגויים, אל תאמין".[5] במונחי זמננו, ובהכללה, אפשר לומר שהחוכמה היא המדעים והאומנויות, כל מה שמאפשר לנו לראות את העולם כמעשה ידי ה' ואת האדם כצלם אלוהים; ואילו התורה היא המוסר והמורשת הרוחנית הייחודיים לישראל.

המקרה של שלמה מכאיב במיוחד, מפני שלמרות כל חוכמתו, הוא לא חמק אף לא מאחד מן הפיתויים האמורים בפרשתנו: הוא הִרבה לו סוסים, הוא נשא נשים רבות, והוא צבר כסף רב. חוכמה שאין עימה תורה לא תציל את המנהיג מההשחתה הבאה עם הכוח.

רק יחידי סגולה מקרבנו עתידים להיות מלכים, נשיאים וראשי ממשלה, אך בכל זאת ראוי לכולנו ללמוד את העיקרון הכללי הטמון בדברים. מנהיגים לומדים. הם קוראים. הם מקדישים זמן להתיידדות עם עולם הרעיונות. רק כך הם רוכשים את הפרספקטיבה המיוחדת שלהם, המאפשרת להם לראות רחוק ולראות שקוף. להיות מנהיג יהודי פירושו להקדיש זמן ללימוד חוכמה וללימוד תורה: חוכמה כדי להבין את העולם כפי שהוא, ותורה כדי להבין את העולם כפי שראוי שיהיה.

מנהיגים אינם חדלים לעולם ללמוד. על ידי כך הם צומחים ומלמדים אחרים לצמוח איתם.

5. איכה רבתי ב, יג.

כי תצא

נגד השנאה

בפרשת כי תצא יש מצוות רבות יותר מבכל פרשה אחרת בתורה, והקורא בה עלול להתבלבל מעט משפע הפרטים, בחינת "מרבה נכסים מרבה דאגה". אולם בתוך כל הריבוי הזה מזדקר לעין פסוק אחד בניגוד החריף שבינו לבין האינטואיציות הבסיסיות שלנו:

לֹא תְתַעֵב אֲדֹמִי, כִּי אָחִיךָ הוּא.
לֹא תְתַעֵב מִצְרִי, כִּי גֵר הָיִיתָ בְאַרְצוֹ. (דברים כג, ח)

אלו הן מצוות לגמרי בלתי צפויות. פענוחן ישמש לנו שיעור חשוב על חברה בכלל ועל מנהיגות בפרט.

תחילה, עניין רחב יותר. היהודים סבלו מגזענות חמורה וממושכת יותר מכל עם אחר. למדנו כמה נוראה היא הגזענות, ולכן עלינו לנקוט משנה זהירות לבל תדבק גם בנו. אנו מאמינים שאלוהים ברא בצלמו את כל בני האדם, מכל הצבעים, המעמדות, התרבויות והאמונות. המזלזל באנשים בגלל גזעם מנמיך אפוא את צלם אלוהים ופוגע בכבוד הבריות.

המפחית בערכו של אדם בגלל צבע עורו חוזר על חטאם של אהרן ומרים, "וַתְּדַבֵּר מִרְיָם וְאַהֲרֹן בְּמֹשֶׁה עַל אֹדוֹת הָאִשָּׁה הַכֻּשִׁית אֲשֶׁר לָקָח כִּי אִשָּׁה כֻשִׁית לָקָח" (במדבר יב, א). המדרשים דרשו פסוק זה בדרכם המגוונת, אך פשט המקרא הוא שאהרן ומרים דיברו סרה על אשתו של משה בגלל עורה הכהה; זהו מן המקרים המתועדים המוקדמים ביותר של דעה קדומה על רקע צבע. על החטא הזה לקתה מרים בצרעת. על לוח ליבנו נחרות את הפסוקים המקסימים משיר השירים - "שְׁחוֹרָה אֲנִי וְנָאוָה בְּנוֹת יְרוּשָׁלָ͏ִם כְּאָהֳלֵי קֵדָר כִּירִיעוֹת שְׁלֹמֹה. אַל תִּרְאוּנִי שֶׁאֲנִי שְׁחַרְחֹרֶת, שֶׁשֱּׁזָפַתְנִי הַשָּׁמֶשׁ" (שיר השירים א, ה).

יהודים אינם יכולים להתאונן שלאחרים יש עמדות גזעניות כלפיהם אם הם עצמם מחזיקים בעמדות כאלו כלפי אחרים. "קשוט עצמך ואחר כך קשוט אחרים",

אומר התלמוד.[1] בתנ"ך מופיעות עמדות שליליות כלפי עמים אחרים, אבל אך ורק בגלל פגמים מוסריים, לא בשל מוצא או צבע עור.

נפנה עתה לשתי מצוות התורה נגד שנאה. שתיהן מפתיעות. נתחיל בשנייה: "לֹא תְתַעֵב מִצְרִי, כִּי גֵר הָיִיתָ בְאַרְצוֹ". לפלא היא. המצרים העבידו את בני ישראל בפרך, הפעילו נגדם תוכנית לרצח עם איטי, וסירבו לאפשר להם לצאת למרות המכות שניחתו על ארצם והשחיתוהו. האין אלו סיבות טובות לשנוא?

כל זה נכון. אבל בתחילת הדרך, המצרים סיפקו לבני ישראל מפלט מפני רעב. הם כיבדו את יוסף ומינוהו למשנה למלך. הרעה באה על העִברים רק לאחר שקם "מֶלֶךְ חָדָשׁ עַל מִצְרָיִם אֲשֶׁר לֹא יָדַע אֶת יוֹסֵף" (שמות א, ח), והיא באה מצד המלך עצמו, לא מצד העם המצרי בכללותו. יתרה מזו, בִּתו של אותו פרעה הצילה את משה וגידלה אותו.

התורה מבחינה בבירור בין המצרים לעמלקים. העמלקים נועדו להיות אויבי נצח של ישראל. לא כן המצרים. לאחר שנים רבות יקום הנביא ישעיהו וינבא כי יום יבוא והמצרים ייאנקו תחת ידם של בני עמם שלהם. הם יקראו לה', והוא יציל אותם כפי שגאל את בני ישראל:

> וְהָיָה לְאוֹת וּלְעֵד לַה' צְבָאוֹת בְּאֶרֶץ מִצְרָיִם כִּי יִצְעֲקוּ אֶל ה' מִפְּנֵי לֹחֲצִים, וְיִשְׁלַח לָהֶם מוֹשִׁיעַ וָרָב וְהִצִּילָם. וְנוֹדַע ה' לְמִצְרַיִם, וְיָדְעוּ מִצְרַיִם אֶת ה' בַּיּוֹם הַהוּא (ישעיה יט, כ–כא).

החוכמה במצווה שלא לתעב מצרים מזדהרת מימי משה ועד עצם היום הזה. אם בני ישראל היו ממשיכים לשנוא את משעבדיהם שמכבר הימים, משה שהוציא את בני ישראל ממצרים לא היה מצליח להוציא את מצרים מבני ישראל. הם עדיין היו עבדים, לא בגופם אך בנפשם. הם היו עבדים לעבר, שבויים בשלשלאות הטינה, רפי ידיים מכדי לבנות עתיד. **כדי להיות חופשי צריך להשתחרר מן השנאה.** זוהי אמיתה קשה אבל חיונית.

מפתיעה לא פחות היא תביעתו של משה[2] "לֹא תְתַעֵב אֲדֹמִי, כִּי אָחִיךָ הוּא".

1. בבא מציעא קז ע"ב.
2. בהתייחסי אל מצוות אלו כאל מצוות שנתן משה כוונתי כמובן לומר שאלו מצוות ה', שמשה קיבל בהתגלות ובנבואה ומסר לנו. ה' בחר דווקא במשה, האיש שחזר והעיד על עצמו כי הוא כבד פה ולשון וכי אינו איש דברים, כדי להבליט את העובדה שהדברים שמשה יאמר הם דברי אלוהים ששם אותם בפיו. על ידי כך ניתנה לדברי משה סמכות נצחית.

האדומים הם בני עשו. עשו שנא את יעקב וביקש להורגו. יתרה מכך, עוד לפני שנולדו התאומים יעקב ועשו כבר שמעה רבקה, כשהלכה לדרוש את ה׳, כי ״שְׁנֵי גוֹיִם בְּבִטְנֵךְ וּשְׁנֵי לְאֻמִּים מִמֵּעַיִךְ יִפָּרֵדוּ, וּלְאֹם מִלְאֹם יֶאֱמָץ וְרַב יַעֲבֹד צָעִיר״ (בראשית כה, כג). יהיה אשר יהיה פירושן המדויק של מילים אלו, משתמע מהן סכסוך נצחי בין העמים שיָצאו משני התאומים.

כעבור מאות שנים, בתחילת ימי הבית השני, יאמר הנביא מלאכי: ״הֲלוֹא אָח עֵשָׂו לְיַעֲקֹב, נְאֻם ה׳, וָאֹהַב אֶת יַעֲקֹב, וְאֶת עֵשָׂו שָׂנֵאתִי״ (מלאכי א, ב-ג). וכעבור מאות שנים נוספות יפסוק רבי שמעון בר יוחאי: ״הלכה [כלומר חוק, אמיתה שאין להימלט ממנה], בידוע שעשיו שונא ליעקב״.[3] מדוע אפוא אוסר משה לתעב את צאצאיו של עשו?

התשובה פשוטה. **עשו אולי שונא את יעקב, אך אין פירוש הדבר שיעקב צריך לשנוא את עשו.** להשיב לשנאה בשנאה הוא לרדת לרמה של האויב. כאשר שאלתי פעם במהלך משדר טלוויזיה את יהודה פרל, אביו של העיתונאי החטוף שנרצח דניאל פרל, מדוע הוא עמל למען פיוס בין יהודים למוסלמים, הוא השיב בצלילות שוברת לב: ״השנאה הרגה את בני. לכן אני נחוש בדעתי להילחם בה״. כדבריו של מרטין לותר קינג: ״חושך לא יגרש חושך; רק אור יעשה זאת. שנאה לא תגרש שנאה; רק אהבה תעשה זאת״.[4] וכדברי קהלת, ״עֵת לֶאֱהֹב וְעֵת לִשְׂנֹא, עֵת מִלְחָמָה וְעֵת שָׁלוֹם״ (קהלת ג, ח).

רבי שמעון בר יוחאי, הוא ולא אחר, אמר כי כאשר פגש עשו את יעקב בפעם האחרונה הוא נשק לו וחיבק אותו ״בכל לבו״.[5] שנאה, בייחוד בין אחים, איננה נצחית ואיננה נחרצת. משה כמו רומז כאן: פיוס בין אויבים ייתכן תמיד.

תורת המשחקים בת זמננו - חקר קבלת ההחלטות - מובילה לאותה מסקנה. התוכנה שפיתח מרטין נובאק, ״מידה־כנגד־מידה נדיבה״ שמה, היא אסטרטגיה מנצחת לתרחיש הידוע כ״דילמת האסיר החוזרת ונשנית״, אותו ״משחק״ שנבנה לשם חקר שיתוף הפעולה בין שני צדדים. אסטרטגיית ״מידה כנגד מידה״ הפשוטה אומרת כך: בצעד הראשון הֱיֵה נחמד ליריבך, ומכאן והלאה מדוד לו מידה כנגד מידה; עשה לו כפי שהוא עושה לך. ואילו הווריאציה הנדיבה של אסטרטגיה זו אומרת: אם תמיד תנהג ביריבך מידה כנגד מידה, תמצא את עצמך לכוד במעגל נקם הרסני.

3. ספרי במדבר, בהעלותך סט (פרק ט, פסוק י, כד).
4. Martin Luther King Jr., *Strength to Love*, Minneapolis, MN: Fortress Press, 1977, p. 53.
5. ספרי במדבר, בהעלותך סט.

לכן, מפעם לפעם שבור את המעגל והתעלם ממעשהו הפוגעני האחרון של יריבך (כלומר סלח לו). לכך, אפשר לומר, כיוונו חז"ל באומרם כי הקב"ה ברא תחילה את העולם במידת הדין, אך ראה שהעולם לא יוכל להתקיים כשמידה זו היא היחידה, ונמלך וברא אותו במידת הרחמים.[6]

שתי המצוות־נגד־השנאה של משה הן עדות לגדולתו המנהיגותית. על נקלה יכול אדם להיעשות מנהיג על ידי השראת שנאה. כך עשו רדובן קרדז'יץ וסלובודן מילושביץ ביוגוסלביה לשעבר, והדבר הוביל לרצח המונים ולטיהור אתני. זה גם מה שעשו כלי התקשורת, שופרות השלטון, ברואנדה לפני רצח העם ב־1994, כאשר תיארו את בני הטוטסי כ"אִינְיֶנְזִי", מקקים. כך עושים כיום עשרות מטיפי שנאה, המנצלים את רשת האינטרנט להנחלת פרנויה ולהסתה לטרור. ומעל לכול, בטכניקה הזאת השתמש היטב היטלר, כמבוא לפשע הנורא ביותר שעשה אי פעם אדם לאדם.

בכוחה של שפת השנאה ליצור איבה בין בני אמונות שונות ומוצאים שונים שחיו בשכנות שלֵווה מאות שנים. היא הייתה תמיד הכוח ההיסטורי ההרסני ביותר. אפילו הידיעה על השואה לא שמה לה קץ, אפילו לא באירופה. שפת השנאה היא תווית הזיהוי של מנהיגות רעילה.

בספרו הקלאסי **מנהיגות** מבחין ג'יימס מקגרגור בֶּרְנְס בין מנהיגים מתגמלים למנהיגים מעצבים. הראשונים פונים לאינטרסים של המונהגים; האחרונים מנסים להעצים אותם. "מנהיגות מעצבת היא מרוממת. היא מוסרית אך לא מוסרנית. גם מנהיגים מעצבים פונים אל המונהגים, אך הם עושים זאת ברובד גבוה יותר של מוסריות; הם כורכים ערכים ויעדים יחדיו, ובזאת מרוממים את עצמם ואת הציבור לידי חשיבה המונחית יותר על ידי עקרונות".[7]

מנהיגות במיטבה מעצבת את הנוקטים אותה ואת המושפעים על ידיה. המנהיגים הגדולים הופכים את הבריות לטובות יותר, אדיבות יותר ואצילות יותר. זה היה ההישג של ג'ורג' וושינגטון, אברהם לינקולן, וינסטון צ'רצ'יל, מהטמה גנדי ונלסון מנדלה. המקרה הפרדיגמטי הוא זה של משה, המנהיג בעל ההשפעה הממושכת ביותר בתולדות האדם.

הוא עשה זאת על ידי שלימד את בני ישראל שלא לשנוא. מנהיג טוב יודע כללים אלה: שְׂנאו את החטא ולא את החוטא. אל תשכחו את העבר, אבל אל תהיו

6. ראו רש"י לבראשית א, א, ד"ה "ברא".
7. James MacGregor Burns, *Leadership*, New York: Harper Perennial, 2010, p. 455.

שבוייו. היו נכונים להילחם באויביכם, אך היזהרו לבל תוגדר זהותכם על ידם ולבל תידָמו להם. למדו לאהוב ולסלוח. הכירו ברע שאנשים עושים, אך התמקדו בטוב שבכוחנו לעשות. רק כך נרומם את תפיסתם המוסרית של בני האדם ונשתתף בגאולת העולם שלנו.

כי תבוא

עם של מספרי סיפורים

הווארד גַרְדְנֶר, פרופסור לחינוך ולפסיכולוגיה באוניברסיטת הרווארד, הוא מגדולי חכמי זמננו. הוא ידוע בעיקר בזכות התיאוריה שלו בדבר ריבוי אינטליגנציות - זו הגורסת כי אין רק דבר אחד שאפשר למדוד אותו ולהגדירו כאינטליגנציה, אלא כמה וכמה היבטים שונים, ובכך מממשת את מה שאני מכנה "כבוד השוני". גרדנר כתב גם ספרים רבים על מנהיגות ועל יצירתיות. אחד מהם, *Leading Minds* שמו (כלומר "מוחות מובילים", וגם "להנהיג תודעות"), חשוב להבנת פרשת כי תבוא.[1]

גרדנר טוען בספרו כי התכונה המכוננת מנהיגות היא **היכולת לספר סוג מסוים של סיפור**: סיפור המסביר לעצמנו את עצמנו, ואשר נותן כוח ותהודה לחזון משותף. צ'רצ'יל סיפר את הסיפור על האומץ של בריטניה להילחם למען החופש. מהטמה גנדי סיפר על כבודה של הודו ועל מחאה בלתי אלימה. מרגרט תאצ'ר דובבה את חשיבות עמידתו של הפרט מול המדינה שאינה חדלה להסיג את גבולו. מרטין לותר קינג סיפר מדוע אומה גדולה היא אומה עיוורת צבעים. סיפורים נותנים לקבוצה זהות משותפת ותחושת ייעוד.

הפילוסוף אלסדייר מקינטייר הדגיש אף הוא את חשיבותו של הנרטיב בחיי המוסר. האדם, הוא כותב בספרו **מעבר למידה הטובה**, הוא במהותו חיה מספרת סיפורים; לא רק בפיו ובתודעתו אלא גם במעשיו. מן הסיפורים אנחנו לומדים מי אנחנו ואיך מצופה מאיתנו להתנהג. ילדים הגדלים בלי סיפורים, אומר שם מקינטייר, נותרים מגומגמים, חרדתיים וחסרי כיוון במעשיהם ובדיבוריהם.[2] לָדַעת מי אנחנו הוא, במידה רבה, להבין את הסיפור, או הסיפורים, שאנו חֵלֶק מהם.

השאלות הגדולות - מי אנחנו? למה אנחנו כאן? מהי משימתנו? - נענות על הצד הטוב ביותר בדרך של סיפור, של עלילה, של נרטיב. כהגדרתה של חוקרת

1. Howard Gardner in collaboration with Emma Laskin, *Leading Minds: An Anatomy of Leadership*, New York: Basic Books, 2011.
2. אלסדייר מקינטייר, **מעבר למידה הטובה**, מאנגלית: יונתן לוי, ירושלים: שלם, 2006.

הספרות ברברה הרדי: "אנחנו חולמים בסיפורים, חולמים בהקיץ בסיפורים, זוכרים, מצפים, מקווים, מתייאשים, מאמינים, מפקפקים, מתכננים, משפרים, מבקרים, בונים, מרכלים, לומדים, שונאים ואוהבים על ידי סיפורים".[3] זהו יסוד חשוב בהבנתנו איזה מין ספר היא התורה: אין היא מסכת תיאולוגית או שיטה מטפיזית, אלא סדרה של סיפורים הארוגים יחדיו והמתפרסים על פני תקופה ארוכה, ממסעם של אברהם ושרה עד נדודיהם של משה ובני ישראל במדבר. היהדות רואה את האמת פחות כמערכת ויותר כסיפור. ואנחנו חלק מהסיפור הזה. הנה לנו מהו להיות יהודי.

בספר דברים משה שב ומספר את הסיפור הזה לדור הבא. הוא מזכיר לילידי המדבר את מה שה' עשה למען הוריהם, וגם כמה מן השגיאות שהוריהם עשו. לצד היותו המשחרר הגדול, משה הוא גם מְספר סיפורים עילאי. אולם הדבר שהוא עושה בפרשת כי תבוא כבר חורג אל מעבר לכך.

הוא אומר לבני ישראל שכאשר ייכנסו לארץ, יורישוה ויֵשבו בה, הם יצטרכו להביא למקדש המרכזי את ראשית ביכורי אדמתם, ועל ידי כך להכיר לה' תודה. בפרק ג של מסכת ביכורים מתארת המשנה את יופיין של תהלוכות הביכורים מלוּוֹת הנגינה מרחבי הארץ לירושלים, ואת חגיגיותה של ההתכנסות הצבעונית האדירה בעיר. אולם הבאת הפירות לא הייתה הכול. כל אדם צריך היה להשמיע הצהרה. הצהרה זו נעשתה אחד הקטעים המוכרים ביותר בתורה, שכן אף על פי שנועדה במקורה להיאמר בחג הביכורים, מימי חז"ל ואילך היא הייתה לרכיב מרכזי בהגדה של פסח:

> אֲרַמִּי אֹבֵד אָבִי. וַיֵּרֶד מִצְרַיְמָה וַיָּגָר שָׁם בִּמְתֵי מְעָט, וַיְהִי שָׁם לְגוֹי גָּדוֹל עָצוּם וָרָב. וַיָּרֵעוּ אֹתָנוּ הַמִּצְרִים וַיְעַנּוּנוּ וַיִּתְּנוּ עָלֵינוּ עֲבֹדָה קָשָׁה. וַנִּצְעַק אֶל ה' אֱלֹהֵי אֲבֹתֵינוּ, וַיִּשְׁמַע ה' אֶת קֹלֵנוּ וַיַּרְא אֶת עָנְיֵנוּ וְאֶת עֲמָלֵנוּ וְאֶת לַחֲצֵנוּ, וַיּוֹצִאֵנוּ ה' מִמִּצְרַיִם בְּיָד חֲזָקָה וּבִזְרֹעַ נְטוּיָה וּבְמֹרָא גָּדֹל וּבְאֹתוֹת וּבְמֹפְתִים. (דברים כו, ה–ח)

כאן, לראשונה, **השמעת סיפור תולדות האומה נעשית חובתו של כל אחד מאזרחיה.** במצווה זו, הידועה בשם "מקרא ביכורים", נצטוו היהודים בעצם להיות אומה של מספרי סיפורים.

זוהי התפתחות ראויה לציון. יוסף חיים ירושלמי כתב בספרו **זכור** כי "רק

3. Barbara Hardy, "An Approach Through Narrative", *NOVEL: A Forum on Fiction*, 2, 1 (1968), p. 5.

בישראל ולא בשום עם מלבדו נתפס הציווי לזכור כמצווה דתית לעם כולו".[4] שוב ושוב עולה בספר דברים הציווי לזכור: "וְזָכַרְתָּ כִּי עֶבֶד הָיִיתָ בְּאֶרֶץ מִצְרַיִם" (ה, יד; טו, טו; טז, יב; כד, יח; כד, כב); "זָכוֹר אֵת אֲשֶׁר עָשָׂה לְךָ עֲמָלֵק" (כה, יז); "זָכוֹר אֵת אֲשֶׁר עָשָׂה ה׳ אֱלֹהֶיךָ לְמִרְיָם" (כד, ט); "זְכֹר יְמוֹת עוֹלָם בִּינוּ שְׁנוֹת דּוֹר וָדוֹר. שְׁאַל אָבִיךָ וְיַגֵּדְךָ, זְקֵנֶיךָ וְיֹאמְרוּ לָךְ" (לב, ז).

אבל מקרא ביכורים הוא יותר מכך. כל תולדות האומה מכווצות בו לנפח הקטן ביותר האפשרי. בכמה משפטים קצרים הוא כומס - כדברי י"ח ירושלמי בהמשך מסתו - את שורשי אבותינו במסופוטמיה, את הופעת הלאום העברי בתוך ההיסטוריה ולא בפרֶהיסטוריה מיתית, את שעבוד מצרים ואת הפדות ממנה ואת כיבוש הארץ בסערה; ומתוך כל אלה, את ההכרה בה׳ כאדון ההיסטוריה.

יש כאן ניואנס חשוב. היהודים היו העם הראשון שמצא את אלוהים בתוך ההיסטוריה. הם היו הראשונים שחשבו במונחים היסטוריים, כלומר ראו את הזמן כזירה של שינוי, בניגוד לתפיסה המחזורית של הזמן שעל פיה השנים הן רק סבב של עונות ובני אדם נולדים ומתים כגלגל חוזר בעולם בלי ששום דבר מהותי משתנה. היהודים היו העם הראשון שכתב היסטוריה - מאות שנים לפני הרודוטוס ותוקידידס, שתכופות מתוארים שלא כדין כהיסטוריונים הראשונים. ובכל זאת, בעברית המקראית אין מילה שמשמעותה "היסטוריה" ("דברי הימים" הוא הביטוי הקרוב ביותר במובנו לכך). במקום לדבר על היסטוריה, היא משתמשת בשורש זכ"ר.

ויש הבדל יסודי בין היסטוריה לזיכרון. השפה האנגלית נותנת בו סימן יפה: history פותחת ב־his (שֶלו), ואילו זיכרון, memory, מתחיל ב־me (אותי).[5] גוף שלישי - לעומת גוף ראשון. ההיסטוריה קרתה לאחרים; הזיכרון הוא זיכרון שלי. הוא הסיפור שלי. זיכרון הוא עבר שהפנמתי והפכתי לחלק מזהותי. לכך מכוון מאמר חז"ל המפורסם, "בכל דור ודור חייב אדם לראות את עצמו כאילו הוא יצא ממצרים".[6]

לאורך ספר דברים, לא פחות מארבע־עשרה פעמים, משה מזהיר את העם **לא לשכוח**. אם ישכחו בני ישראל את העבר, הם יאבדו את זהותם ואת חוש הכיוון שלהם ויצעדו אל אסונם. הציווי הוא לא רק לזכור, אלא גם להנחיל את הזיכרון לילדים.

התופעה הזו בשלמותה מייצגת צֶבר חשוב של רעיונות: בדבר הזהות כעניין

4. יוסף חיים ירושלמי, **זכור: היסטוריה יהודית וזיכרון יהודי**, מאנגלית: שמואל שביב, תל אביב: עם עובד, 1982, עמ׳ 27.
5. הדבר נכון כמובן על דרך החידוד בלבד. "היסטוריה" היא מילה יוונית שמשמעותה המקורית חקירה. בלטינית היא קיבלה את המשמעות של סיפור מאורעות העבר.
6. משנה, פסחים י, ה.

של זיכרון קיבוצי; בדבר הסיפור הטקסי של תולדות האומה; ומעל לכול, בדבר העובדה **שכל אחד מאיתנו הוא שומר של הסיפור והזיכרון הללו**. לא המנהיג לבדו, או איזו אליטה, מקבלים הכשרה לזכירת הקורות, אלא כל אחד ואחד מן העם. זהו ביטוי נוסף לאופייה המואצל והדמוקרטי של המנהיגות ביהדות. המנהיגים הגדולים מספרים את סיפורה של הקבוצה, אבל הגדול שבכל גדולי המנהיגים, משה, לימד את הקבוצה להיות לאומה של מספרי סיפורים.

עוצמתו של רעיון זה ניכרת גם כיום. כפי שכתבתי פעם,[7] מי שיבקר באתרי ההנצחה לנשיאי ארצות הברית בוושינגטון יגלה כי בכל אחד מהם חקוק ציטוט מדבריו. אצל ג'פרסון אלו הן המילים המפורסמות מהכרזת העצמאות, "אנו רואים אמיתות אלו כמתבקשות מאליהן". אצל רוזוולט - "רק מְדָבָר אחד עלֵינו לפחֵד: מן הפחד עצמו". באנדרטת לינקולן חקוקים נאום גטיסברג ונאום ההשבעה לכהונתו השנייה, "בלי רגשי זדון כלפי איש, וברגשי נדיבות כלפי כולם". כל אנדרטה מספרת סיפור.

בלונדון אין לזה לא אח ולא רֵע. מרובים בה הפסלים והאנדרטות של מנהיגים היסטוריים שחקוקים בהם כיתובים קצרים על אודות הדמויות שהם מנציחים, אבל אין ציטטות ואין נאומים. אין שום סיפור. אפילו על יד הזיכרון לווינסטון צ'רצ'יל, שעוצמת נאומיו התחרתה בזו של נאומי לינקולן, כתובה מילה אחת בלבד: צ'רצ'יל.

לאמריקה יש סיפור לאומי מפני שהיא חברה המיוסדת על רעיון הברית. הסיפור, הנרטיב, עומד בלב הפוליטיקה של הברית, משום שהוא מעגן את הזהות הלאומית במערכת של מאורעות היסטוריים. זיכרון המאורעות הללו מעלה על הדעת את הערכים שקודמינו נלחמו למענם, ושאנחנו שומריהם.

סיפור של ברית הוא תמיד סיפור מכיל. הוא נחלת האזרחים כולם, אלה שזה מקרוב באו וילידי המקום כאחד. הוא אומר לכולם, יהיו אשר יהיו מעמדם ואמונתם: הִנֵּה מי שהִננו. הוא יוצר תחושת זהות משותפת העולה על הזהויות האחרות. משום כך הצליח מרטין לותר קינג, למשל, להשתמש בכמה מנאומיו בסיפור האמריקני בהצלחה כה רבה. הוא אמר לאחיו האפרו־אמריקנים לראות את עצמם כחלק שווה ערך מן האומה; ובו בזמן הוא אמר לאמריקנים הלבנים לכבד את הצהרת העצמאות שלהם עצמם, הקובעת כי "כל בני האדם נבראו שווים".

לאנגליה אין סיפור לאומי מסוג זה, משום שהיא מיוסדת לא על ברית אלא

7. בספרי Jonathan Sacks, *The Home We Build Together: Recreating Society*, London: Bloomsbury Academic, 2009.

על הירככיה ועל מסורת. אנגליה, כותב ההוגה האנגלי בן זמננו רוג׳ר סקרוטון, ״לא הייתה אומה או אמונה או לשון או מדינה, אלא בית. דברים שבבית אינם מצריכים הסבר. הם שָׁם כי הם שם״.[8] אנגליה הייתה לאורך ההיסטוריה חברה מעמדית, שהאליטות שלטו בה על האומה כולה. ארצות הברית, שנוסדה בידי פוריטנים שראו את עצמם כאילו הם יצאו ממצרים - כאילו הם עם ישראל חדש הקשור יחדיו בברית - לא הייתה חברה של שולטים ונשלטים, אלא חברה של אחריות משותפת. מכאן הביטוי המרכזי כל כך בפוליטיקה האמריקנית, שלעולם אינו נשמע בזו הבריטית, ״אנחנו, העם״.[9]

בעשותו את בני ישראל לאומה של מספרי סיפורים קידם משה את הפיכתם לעם הקשור יחדיו באחריות משותפת - איש כלפי רעהו, כלפי העבר והעתיד וכלפי אלוהיו. בשרטטו מסגרת סיפורית שהדורות הבאים יכניסו בה גם את עצמם, ואף ינחילוה לילדיהם, הפך משה את בני ישראל לאומה של מנהיגים.

8. Roger Scruton, *England: An Elegy*, London and New York: Continuum, 2006, p. 16.

9. להרחבה ראו בשיחתנו לפרשת בחוקותי ״אנחנו העם״, בספרי **שיג ושיח**, ב, מאנגלית: צור ארליך, ירושלים: מגיד, 2018, עמ׳ 117–121.

ניצבים

לנצח את המוות

רק עכשיו, בהגיענו לפרשות ניצבים-וילך, אנו יכולים להתחיל להבין את עוצמת השינוי שחולל המפגש חסר התקדים בין אלוהים לאדם בימי חייו של משה, על עריסת לידתה של האומה.

כדי להבין זאת, ניזכר בהערה מפורסמת של הבלש שרלוק הולמס. "אני מבקש להסב את תשומת ליבך", אמר לד"ר ווטסון, "למקרה המוזר של הכלב בשעת לילה". "אבל הכלב לא עשה כלום בלילה", אמר ווטסון. "וזהו בדיוק המקרה המוזר", השיב הולמס.[1] לפעמים, כדי לדעת על מה מדבר ספר יש להתמקד במה שהוא איננו אומר, לא רק במה שהוא אומר.

הדבר החסר מן התורה - חיסרון הזועק לשמיים בהינתן הרקע התקופתי - הוא **התעסקות במוות**. המצרים הקדמונים היו אחוזי אובססיית מוות. הבנייה המונומנטלית שלהם הייתה ניסיון לערער על המוות. הפירמידות היו היכלי קבורה כבירים. ליתר דיוק, הן היו שער השמיים לנשמות הפרעונים שנסתלקו מהעולם הזה ועלו להצטרף אל נשמות קודמיהם בני האלמוות. הטקסט המצרי המפורסם ביותר שהגיע לידינו הוא "ספר המתים". רק החיים שלאחר המוות אמיתיים; החיים הם הכנה למוות.

בתורה אין לכך זכר, לפחות לא במפורש. היהודים האמינו בעולם הבא, בחיים שלאחר המוות. הם האמינו בתחיית המתים.[2] בברכה השנייה בתפילת העמידה, שאורכה משפטים ספורים, יש לכך שישה אזכורים. אבל רעיונות אלה לא רק שהם נעדרים כמעט לגמרי מן התנ"ך, הם חסרים דווקא באותן נקודות שבהן היינו מצפים שיבואו.

ספר קהלת הוא קינה ארוכה על סופיות האדם. "הֲבֵל הֲבָלִים, הַכֹּל הָבֶל" (א, ב). מדוע לא הזכיר מחבר קהלת את העולם הבא ואת החיים שלאחר המוות? עוד

1. Arthur Conan Doyle, "The Adventure of Silver Blaze".
2. המשנה (סנהדרין י, א) אומרת כי האמונה שתחיית המתים אמורה בתורה היא מעיקרי היהדות. אולם על פי כל הפירושים, הדבר משתמע מן התורה אך איננו אמור בה בפשטות.

דוגמה: ספר איוב הוא מחאה מתמשכת נגד העוול הקיים לכאורה בעולם. מדוע אין איש עונה לאיוב ואומר, "אתה ושאר הצדיקים הסובלים בעולם הזה תבואו על גמולכם בעולם הבא"? אנחנו מאמינים בעולם הבא. אם כן, מדוע אין הוא נזכר בתורה, אלא רק נרמז בה? זהו המקרה המוזר.

התשובה הפשוטה היא שאובססיית המוות מוזילה את החיים. למה להילחם ברוע ובעוול שבעולם, אם החיים האלה הם רק פרוזדור לעולם הבא? בספרו הקלאסי **הכחשת המוות** טוען ארנסט בקר[3] שהפחד מפני הסופיות שלנו הוא מן הכוחות המניעים של הציוויליזציה. הוא אשר גרם לעולם העתיק לשעבד את ההמונים למפעל בנייתם של מבני ענק, שנועדו לעמוד על מכונם כל עוד העולם עומד על מכונו. הוא אשר הצמיח את פולחן הגיבור, האיש שקטף את האלמוות במעשי גבורה בשדה הקרב. אנחנו מפחדים מהמוות; יש לנו יחסי אהבה־שנאה איתו. פרויד קרא לזה תנטוס, יצר המוות, ואמר שהוא אחד משני הכוחות המניעים את החיים, לצד הארוס.

היהדות היא מחאה מתמדת נגד תפיסת העולם הזו. משום כך הוסתר מקום מותו וקבורתו של משה, "וְלֹא יָדַע אִישׁ אֶת קְבֻרָתוֹ עַד הַיּוֹם הַזֶּה" (דברים לד, ו): כדי שקברו לא יהפוך אתר צליינות וסגידה. זו גם הסיבה שבמקום לבנות פירמידה או מקדש כגון זה שבנה רעמסס השני באבו סימבל, בני ישראל הסתפקו במשך כחמש מאות שנה במשכן, מקדש נייד הדומה לאוהל יותר מכפי שהוא דומה למקדש. משום כך ביהדות המוות מטמא, וכדי לטהרו נדרש טקס הפרה האדומה. משום כך ככל שאדם קדוש יותר - כוהן, כוהן גדול - כך מתמעטים קרובי המשפחה הנפטרים שמותר לו לבוא במגע עימם או להימצא עימם תחת קורת גג אחת. אלוהים נמצא בחיים, לא במוות.

רק על רקע המציאות המצרית אפשר להבין את עומק הדרמה שמאחורי המילים המוכרות לנו כל כך, שכבר איננו מופתעים לשומען, המילים הגדולות שמשה ממסגר בהן את הבחירה שתמיד תעמוד בפנינו:

> רְאֵה נָתַתִּי לְפָנֶיךָ הַיּוֹם אֶת הַחַיִּים וְאֶת הַטּוֹב וְאֶת הַמָּוֶת וְאֶת הָרָע... הַעִידֹתִי בָכֶם הַיּוֹם אֶת הַשָּׁמַיִם וְאֶת הָאָרֶץ: הַחַיִּים וְהַמָּוֶת נָתַתִּי לְפָנֶיךָ, הַבְּרָכָה וְהַקְּלָלָה; וּבָחַרְתָּ בַּחַיִּים, לְמַעַן תִּחְיֶה אַתָּה וְזַרְעֶךָ. (דברים ל, טו, יט)

3. Ernest Becker, *The Denial of Death*, New York: Free Press, 1973.

החיים טובים, המוות רע. החיים הם ברכה, המוות קללה. לנו נשמעים הדברים ברורים מאליהם. לשם מה לומר אותם בכלל? מפני שהם לא היו רעיונות נפוצים בעולם העתיק. הם היו מהפכניים. והם עודם כאלה.

איך אפוא מנצחים את המוות? כן, יש חיים אחרי המוות. כן, יש תחיית המתים. אבל משה אינו מתמקד ברעיונות ידועים אלה. הוא אומר לנו דבר אחר לגמרי. את חיי הנצח משיגים על ידי השתתפות בברית - ברית עם הנצח עצמו, כביכול; ברית עם אלוהים.

כשאדם חי את חייו בתוך ברית, דבר מופלא קורה. הוריו והורי הוריו חיים בתוכו. הוא חי בתוך ילדיו ונכדיו. הם חלק מחייו. הוא חלק מחייהם. לזאת כיוון משה כשאמר, סמוך לתחילת פרשתנו:

> וְלֹא אִתְּכֶם לְבַדְּכֶם אָנֹכִי כֹּרֵת אֶת הַבְּרִית הַזֹּאת וְאֶת הָאָלָה הַזֹּאת, כִּי אֶת אֲשֶׁר יֶשְׁנוֹ פֹּה עִמָּנוּ עֹמֵד הַיּוֹם לִפְנֵי ה׳ אֱלֹהֵינוּ וְאֵת אֲשֶׁר אֵינֶנּוּ פֹּה עִמָּנוּ הַיּוֹם. (דברים כט, יג-יד)

בעת שמשה אמר את הדברים, משמעותן של המילים ״וְאֵת אֲשֶׁר אֵינֶנּוּ פֹּה עִמָּנוּ הַיּוֹם״ הייתה ״ילדיכם שעדיין לא נולדו״. משה לא היה צריך לכלול גם את ״הוריכם, שכבר אינם חיים״, שכן ההורים הללו כרתו הם עצמם ברית עם אלוהים ארבעים שנה קודם לכן, בהר סיני. אולם במובן הרחב יותר, משה כיוון לכך שכאשר אנחנו מחדשים את הברית, כאשר אנחנו מקדישים את חיינו לאמונתם של אבותינו ולאורח חייהם, אבותינו רוכשים להם אלמוות בתוכנו, וכמוהם אף אנו בתוך ילדינו.

התמקדותה של היהדות בעולם הזה, ולא בעולם הבא, היא הסיבה שהיהדות, יותר מכל הדתות הגדולות, מעמידה במרכז את הילדים. הילדים הם האלמוות שלנו. לכך כיוונה רחל באומרה ליעקב ״הָבָה לִּי בָנִים, וְאִם אַיִן מֵתָה אָנֹכִי״ (בראשית ל, א). לכך התכוון גם אברהם כשאמר ״אֲדֹנָי ה׳, מַה תִּתֶּן לִי וְאָנֹכִי הוֹלֵךְ עֲרִירִי?״ (בראשית טו, ב). לא כולנו נועדנו להיות הורים; חכמינו אמרו כי ה״תולדות״ שלנו הן בראש ובראשונה מעשינו הטובים, לא צאצאינו.[4] אבל בכבדנו את זכר הורינו, ובחנכנו את ילדינו להמשיך את הסיפור היהודי, אנחנו משיגים לנו אלמוות בעולם הזה, העולם שאלוהים קראוֹ טוב.

4. רש״י לבראשית ו, ט.

הביטו עתה בשתי המצוות האחרונות בתורה, האמורות בפרשת וילך, שתי המצוות שמשה נתן באחרית ימיו ממש. האחת היא מצוות הקהֵל, המורה כי המלך יקהיל את העם לאספה מדי שבע שנים:

> מִקֵּץ שֶׁבַע שָׁנִים... הַקְהֵל אֶת הָעָם הָאֲנָשִׁים וְהַנָּשִׁים וְהַטַּף וְגֵרְךָ אֲשֶׁר בִּשְׁעָרֶיךָ לְמַעַן יִשְׁמְעוּ וּלְמַעַן יִלְמְדוּ וְיָרְאוּ אֶת ה׳ אֱלֹהֵיכֶם וְשָׁמְרוּ לַעֲשׂוֹת אֶת כָּל דִּבְרֵי הַתּוֹרָה הַזֹּאת. (דברים לא, י–יב)

משמעות המצווה פשוטה. משה אומר: אין די בכך שהוריכם כרתו ברית עם ה׳ בהר סיני, וגם לא בכך שאתם חידשתם אותה כאן, בערבות מואב. הברית מוכרחה להתחדש תמיד, אחת לשבע שנים, כדי שלעולם לא תהפוך להיסטוריה. היא צריכה להישאר תמיד זיכרון חי. היא לעולם לא תתיישן, משום שאחת לשבע שנים היא תתחדש.

והמצווה האחרונה? ״וְעַתָּה כִּתְבוּ לָכֶם אֶת הַשִּׁירָה הַזֹּאת, וְלַמְּדָהּ אֶת בְּנֵי יִשְׂרָאֵל שִׂימָהּ בְּפִיהֶם, לְמַעַן תִּהְיֶה לִּי הַשִּׁירָה הַזֹּאת לְעֵד בִּבְנֵי יִשְׂרָאֵל״ (דברים לא, יט). על פי המסורת, מדובר במצווה לכתוב (לפחות חלק מתוך) ספר תורה. בלשונו של הרמב״ם: ״ואף על פי שהניחו לו לאדם אבותיו ספר תורה, מִצְוָה לכתוב משלו״.[5]

המסר של משה כאן, ההוראה האחרונה שלו לעם שהנהיג במשך ארבעים שנה, הוא זה: לא די לומר ״אבותינו קיבלו את התורה ממשה״, או מאלוהים. עליכם לקחת את התורה הזו ולחדש אותה בכל דור ודור. שומה עליכם לקבל בעצמכם את התורה כאמונתכם שלכם, ולא רק כאמונת אבותיכם. אם תכתבו אותה, היא תכתוב אתכם. מילותיו הנצחיות של האל הנצחי הן נחלתכם בנצח.

הנה לנו מלוא עוצמת הדרמה של ימי משה האחרונים. משה ידע שהוא עומד למות. הוא ידע שלא יעבור את הירדן ולא ייכנס לארץ שחייו הוקדשו להובלת העם לקראתה. משה, המתעמת עם סופיותו שלו, מבקש מאיתנו, בכל דור ודור, שנתעמת עם סופיותנו שלנו.

אמונתנו, אומר לנו משה, אינה דומה לאמונתם של עמים אחרים בזמנו ואחרי זמנו. היא אינה דומה לאמונתם של המצרים, היוונים, הרומים, וכמעט כל ציוויליזציה מוכרת אחרת. לא מעבר לחיים אנחנו מוצאים את אלוהים. לא בשמיים ולא אחרי המוות; לא בהתנתקות מיסטית מהעולם הגשמי ולא בהתקדשות לעיון פילוסופי. לא ולא; אנחנו מוצאים את אלוהים בחיים. אנחנו מוצאים אותו בָּאהבה ובַשִּׂמחה - שתי

5. **משנה תורה**, הלכות תפילין ומזוזה וספר תורה ז, א.

מילות מפתח בספר דברים. כדי למצוא את אלוהים, אומרת פרשת השבוע שלנו, אין צורך לעוף לשמיים או לחצות את הים (דברים ל, יב–יג). הוא כאן. הוא עכשיו. הוא החיים.

והחיים האלה, אף שיום אחד יגיעו אל קיצם, מצד האמת לא ייגמרו. כי אם תשמרו את הברית, אבותיכם יחיו בכם ואתם תחיו בילדיכם (או בתלמידיכם או במוטבי החסד שלכם). אחת לשבע שנים הברית תהיה שוב חדשה. כל דור יכתוב ספר תורה משלו. השער אל הנצח איננו המוות: הוא החיים הנֶחֱיִים בברית שהיא פגישה לאין קץ בהתחדשותה המתמדת, במילים החרותות על לבבנו ועל לבבות ילדינו.

כך נעשה משה, המנהיג הגדול ביותר שהיה לנו, לבן אלמוות. לא על ידי חיי נצח. גם לא בבניין מאוזולאום, פירמידה או מקדש שינציחוהו. להפך: אפילו איננו יודעים היכן הוא קבור. המבנה הפיזי היחיד שהוא הותיר לנו, המשכן, היה נייד, מפני שהחיים עצמם הם מסע. משה אפילו לא נעשה בן אלמוות בדרכו של אהרן, שזכה לראות את ילדיו נעשים ליורשיו בכהונה. בניו של משה לא ירשו אותו. משה נעשה בן אלמוות על ידי כך שעשה אותנו לתלמידיו. אחד המַבָּעים המתועדים המוקדמים ביותר של חז"ל מבטא זאת: "הַעֲמידו תלמידים הרבה".[6]

כדי להיות מנהיג אין צורך בכתר או במדי שרד. כל הדרוש הוא שתכתבו את הפרק שלכם בהיסטוריה, שתעשו מעשים שירפאו משהו מכאביו של העולם הזה, ושתפעלו כך שאחרים יֵיעשו טובים מעט יותר בזכות היכרותם איתכם. חיו כך שבריתנו הקדומה עם אלוהים תתחדש על ידיכם, וזאת באופן היחיד הקובע: בחיים. המסר האחרון של משה אלינו, בסוף חייו ממש, כשדעתו של כל אדם אחר במקומו הייתה ודאי נתונה למותו הקרב, היה זה: בחרו בחיים.

6. משנה, אבות א, א.

וילך

המקל והעזר

מה אומרים ליורש, ממשיך דרך? איזו עצה נותנים לו? פרשת וילך היא המקום לחפש בו תשובה, מפני שכאן משה מעביר את המושכות ליהושע, והקב"ה ומשה נותנים לו את ברכות הדרך. הברכות הללו שונות זו מזו.

האזינו להן, והן תצלצלנה כמעט זהות. משה אומר, "חֲזַק וֶאֱמָץ, כִּי אַתָּה תָּבוֹא אֶת הָעָם הַזֶּה אֶל הָאָרֶץ..." (דברים לא, ז). הקב"ה אומר, "חֲזַק וֶאֱמָץ כִּי אַתָּה תָּבִיא אֶת בְּנֵי יִשְׂרָאֵל אֶל הָאָרֶץ..." (לא, כג). "תָּבוֹא אֶת" ("את" במובן "עִם") - לעומת "תָּבִיא אֶת". המילים כה דומות, בשורשן ובצלילן, אך חכמינו ראו אותן כשונות תכלית שוני. הנה דבריו של רש"י:

> משה אמר ליהושע, "זקנים שבדור יהיו עמך. הכֹּל לפי דעתן ועצתן". אבל הקב"ה אמר ליהושע, "כִּי אַתָּה תָּבִיא אֶת בְּנֵי יִשְׂרָאֵל אֶל הָאָרֶץ אֲשֶׁר נִשְׁבַּעְתִּי לָהֶם: תביא על כרחם. הכל תלוי בך, טול מקל והך על קדקדן. דַּבָּר אחד לדור ולא שני דַּבָּרִים לדור".[1]

אלה הם סגנונות מנהיגות קוטביים: מנהיגות קונצנזואלית ומנהיגות מַצווה. משה יעץ ליהושע לנקוט מדיניות של התייעצות ושיתוף. הוא בעצם אמר לו דבר מעין זה: "אינך צריך ללכת אחרי העם. אתה המנהיג, לא הם. אבל חשוב שתעבוד עם זקני הדור. גם הם מנהיגים. למעשה, הם הצוות שלך. הם צריכים להרגיש שיש להם חלק בתהליך קבלת ההחלטות. הם אינם מצפים שתסכים איתם תמיד. אדרבה, לא תמיד הם אפילו יסכימו זה עם זה. אבל הם מוכרחים להרגיש שמתייעצים איתם.

"אם הם יגרישו שאינך מתעניין בדעתם, אם תצטייר בעיניהם כמי שחושב את עצמו חכם מכולם ונחוש לפעול בדרכו שלו בלי להתחשב בדעתם של אחרים, הם ינסו לחבל במנהיגותך. הם יפגעו בך. אולי הם לא יצליחו. אולי תשרוד. אבל

1. רש"י לדברים לא, ז.

תהיה פצוע. תהיה צולע. מעמדך הציבורי ייפגע. המוני העם יאמרו: איך נכבד אדם שזקנינו אינם מכבדים אותו?

"אני מדבר מתוך ניסיון. מחלוקת קורח ועדתו הייתה אירוע כאוב. זה לא היה רק קורח. היו איתו גם בני ראובן, ומנהיגים נוספים משאר השבטים. אומנם המרד דוכא במהירות במהלך דרמטי מאוד, אבל הוא לקח משהו מכולנו, ושום דבר כבר לא נשאר אצלנו כשהיה. לכן - ודא תמיד שזקני הדור איתך. אם הם יהיו איתך, תצליח".

ואילו הקב"ה, לדברי חכמינו, נקט את העמדה ההפוכה. "הגיע הזמן", כמו אמר ליהושע, "לצאת מהמדבר, לחצות את הירדן, לכבוש את הארץ ולבנות חברה מסוג חדש, המכבדת את בני האדם שבראתי בצלמי במקום לשעבדם ולנצלם. אל תחפש קונצנזוס. לעולם לא תמצא אותו. לאנשים יש אינטרסים שונים. נקודות המבט שלהם אינן זהות. הפוליטיקה היא זירת עימות. לא רציתי שהיא תהיה כזו, אך אין ברירה: נתתי לבני האדם את מתנת החופש ואינני יכול לשלול אותה מהם ולכפות עליהם את רצוני. לכן חובתך להראות לציבור את הדרך.

"לך לפני המחנה. הֱיֵה ברור. היה עקבי. היה חזק. האדם האחרון שנתן לעם את מה שביקש היה אהרן, ומה שהעם ביקש היה עגל זהב. המעשה ההוא הוביל את עם ישראל אל סף אבדון. בפוליטיקה, בעסקים, ואפילו בחיפוש האמת, שאיפה לקונצנזוס איננה מנהיגות אלא השתמטות ממנהיגות. בחרתי בך להיות ממשיכו של משה כי אני מאמין בך. האמן אפוא בעצמך. אמור לאנשים מה הם צריכים לעשות, והסבר להם מדוע.

"נהג בהם בכבוד. הקשב להם תמיד. אבל בסופו של דבר, האחריות היא שלך. מנהיגים צריכים להנהיג, לא להינהֵג. והאמן לי, גם אם הם ימתחו עליך ביקורת, בבוא העת הם יעריצו אותך. אנשים רוצים שמנהיגיהם ידעו את הדרך; לך בדרכך והראה להם אותה. הם רוצים שמנהיגיהם יהיו החלטיים. נהג תמיד באנשים במרב האדיבות והנדיבות. אבל אם הם לא ישיבו לך אדיבות ונדיבות, אם יתנגדו וינסו להכשיל אותך, לא תהיה לך ברירה אלא ליטול מקל ולהכות על קודקודם. יש רק מנהיג אחד בדור. אם כולם מנהיגים, אין מוזיקה אלא רעש; אין הישגים אלא ישיבות אינסופיות שבהן כולם מדברים ואיש אינו מקשיב".

אלו הן, כאז כן עתה, שתי האפשרויות הגדולות. אך שימו נא לב לדבר משונה. מי שצידד כאן בדרך הקונצנזוס היה משה. אבל משה עצמו מעולם לא נהג כך. משה הוא האיש שמשך את העם ממצרים כמעט בשערות ראשו, וביד חזקה העבירם את הים ואת המדבר הנורא. זהו האיש שפעל תמיד ביוזמתו, בלי להימלך אפילו בקב"ה. זהו האיש ששבר את לוחות האבן שנפסלו ונחרתו באצבע אלוהים. מתי הנהיג משה

בהסכמה? נכון, היו שבעים הזקנים, היו נשיאי השבטים, היה מבנה מנהלתי של שרי עשרות, חמישים, מאות ואלפים - אבל אף על פי שכל אלה עזרו לו, הם לא שאלו בעצתו והוא לא שאל בעצתם. איך הפך פתאום משה למנהיג שוחר הסכמות שכזה?

זו קושיה אחת. השנייה היא קושיית הראי. הקב"ה הוא שיעץ ליהושע להנהיג ביד רמה, אפילו נגד רצונם של המונהגים. והרי, על פי הבנתם של חז"ל, הקב"ה עצמו לא נהג כך. כך פירשו חז"ל את המילים שאמר אלוהים כשעמד לברוא את האדם, "נַעֲשֶׂה אָדָם בְּצַלְמֵנוּ כִּדְמוּתֵנוּ" (בראשית א, כו):

> "נַעֲשֶׂה אָדָם": ענוותנותו של הקב"ה למדנו מכאן. לפי שהאדם הוא בדמות המלאכים, ויתקנאו בו, לפיכך נמלך בהן... אף על פי ש[המלאכים] לא סייעוהו ביצירתו, ויש מקום למינים לרדות, לא נמנע הכתוב מללמד דרך ארץ ומדת ענוה, שיהא הגדול נמלך ונוטל רשות מן הקטן...[2]

חז"ל, שתמהו על לשון גוף ראשון רבים שבפי הקב"ה, פירשו שהקב"ה התייעץ עם המלאכים. כה חשוב היה לתורה להעמידנו על חשיבותן של הענווה וההתייעצות, שהסתכנה בנקיטת לשון רבים שעלולה להתפרש כסותרת את ייחוד האל. הקב"ה מתייעץ, אומרים חז"ל. הוא אינו עריץ. "אין הקב"ה בא בטרוניא עם בריותיו".[3]

אומנם חז"ל אמרו שבמעמד הר סיני "כפה הקב"ה עליהם את ההר כגיגית ואמר להם: אם אתם מקבלים התורה, מוטב. ואם לאו, שם תהא קבורתכם".[4] אך זה איננו פשט הכתוב. להפך, לפני שה' נתן את התורה לישראל הוא ציווה על משה להסביר לעם מה מוצע לו לקבל (שמות יט, ד-ו). רק כאשר העם הסכים - "כָל הָעָם יַחְדָּו" (יט, ח), "כָל הָעָם קוֹל אֶחָד" (כד, ג) - הברית נכנסה לתוקף. זהו הבסיס המקראי לרעיון המבוטא בהכרזת העצמאות של ארצות הברית, שהשלטון מקבל את סמכותו מ"הסכמת הנשלטים". עצם המעשה של מתן חופש לבני האדם פירושו שאלוהים לעולם אינו כופה עלינו דברים נגד רצוננו. כפי שאמר פעם נשיא ארצות הברית דווייט אייזנהאואר, "הכאת אנשים על ראשם אינה מנהיגות; זוהי תְקיפה". מדוע אפוא בברכתו ליהושע הקב"ה הופך כביכול את עורו?

התשובה, כך נראה לי, היא זו: הקב"ה ומשה רצו שניהם שיהושע יֵדע כי

2. רש"י לבראשית א, כו; בראשית רבה ח.
3. עבודה זרה ג ע"א.
4. שבת פח ע"א.

למנהיגות אמיתית אין מרשם קבוע מראש - לא רדיפה מתמדת אחר קונצנזוס, ומנגד לא הנחתות מלמעלה. נדרשת מיומנות של איזון בין השניים. הם רצו שיהושע ישמע זאת באופן המהדהד ביותר, ועל כן כל אחד מהם ביטא את העמדה שאינה מצופה ממנו.

משה, ששמו נקשר בעיני כול עם מנהיגות חזקה והחלטית, אמר בעצם ליהושע: "אל תשכח לשאוף להסכמה. משימתך שונה מהמשימה שעמדה לפניי. אני הצטרכתי להוציא אנשים מעבדות. אתה תצטרך להכניסם לארץ החופש. חופש משמעו להתייחס לאנשים ברצינות. הנהגת עם חופשי דורשת הקשבה, כבוד ושאיפה להשיג הסכמה היכן שאפשר".

והקב"ה, שנתן לבני האדם את החופש ושמעולם לא כפה על עמו דבר נגד רצונו, אמר: "יהושע, אני אלוהים; אתה לא. אני צריך לכבד את החופש של בני האדם. אני צריך לתת להם ללכת בדרך שהם החליטו ללכת בה, גם אם היא שגויה והרסנית. אבל אתה אחד האדם, ומשימתך היא להראות למונהגיך את הדרך המובילה אל הצדק, החסד ובניין החברה הטובה. אם הם לא יסכימו איתך, תצטרך ללמד אותם, לשכנע אותם, אך לבסוף להוביל אותם. כי אם כל אחד יעשה את הישר בעיניו, לא חופש ישרור אלא תוהו ובוהו".

כללו של דבר, מנהיגות איננה דבר פשוט. היא מורכבת מפני שהיא עוסקת בבני אדם, ובני אדם הם מורכבים. המנהיג צריך להקשיב להם, אבל גם להוביל אותם. עליו לשאוף לקונצנזוס, אך אם אין - להסתכן ולהכריע. אילו חיכו המנהיגים הגדולים להסכמה כללית, לינקולן לא היה שם קץ לעבדות, רוזוולט וצ'רצ'יל לא היו מובילים את העולם החופשי לניצחון, ובן־גוריון לא היה מכריז על הקמת מדינת ישראל.

אין זה מתפקידם של המנהיגים לתת לציבור את מה שהוא מבקש. תפקידם ללמד את הציבור מה ראוי שירצה. אך בה בעת, שומה עליהם לשתף אחרים בקבלת ההחלטות. אישֵׁי מפתֵח וקהלי בוחרים מרכזיים צריכים להרגיש ששאלו אותם. מנהיגות משתפת, מתייעצת ומקשיבה היא חיונית בחברה חופשית. החלופה היא רודנות מתובלת בהתנקשויות.[5]

מנהיגים צריכים ללמד, אבל גם ללמוד. להעמיד חזון, אך להקדיש זמן גם לפרטים. לדחוף את העם קדימה, אך לא רחוק מדי ולא מהר מדי, לבל ייפול. לדבר אל היצר הטוב של הציבור, ללמד אותו לאהוב ולא לשנוא, לסלוח ולא לבקש נקם. להעדיף תמיד את הפתרון שבדרכי שלום על פני זה הכרוך בהכאת האנשים על

5. הביטוי מיוחס לוולטייר, אך מנסחו הוא הדיפלומט הגרמני גאורג הרברט צו־מינסטר (1820–1902).

קודקודם, אך להיות נכונים, באין חלופה, לנקוט פתרון מסוג זה האחרון. מנהיגים צריכים ללמד ידיהם יותר מסגנון אחד של מנהיגות. כי, כדברי אברהם מאסלו, "מי שיש לו רק פטיש מטפל בכל בעיה כאילו היא מסמר".

לנוכח תועפות המאמצים, האנרגיות, הלחצים והכאבים הכרוכים במלאכת ההנהגה, אפשר היה לתהות מדוע יש החפצים להיות מנהיגים - אלמלא ידענו אמת ברורה: שהדרך הטובה ביותר להטעין את החיים במשמעות היא לרומם אחרים ולהביאם לידי גדולה שהם לא ידעו כלל שהיא בהישג ידם; לתקן יחד עם אחרים כמה מהעוולות של האדמה הפצועה הזו ובריותיה החבולים; לפעול במקום לחכות שאחרים יפעלו; ולקחת איתנו עוד אחרים למסע הזה, שכן גם המנהיג הגדול ביותר על פני האדמה, ואפילו בשמיים, אינו יכול להנהיג לבדו.

בגלל כל אלה, להיות מנהיג הוא הזכות הגדולה ביותר שמי מאיתנו עשוי להתברך בה. כמאמר משה ליהושע, "אשריך שזכית להנהיג בניו של מקום".[6] כתר המנהיגות אינו נראה לעין, אך הכול יודעים מי עטור בו ומי לא. הוא נמצא כאן, למרגלותיכם, מחכה שתרימוהו אל ראשכם.[7] עטרו אותו בגאווה, ויהי רצון שיתברכו כל מעשיכם.

6. רש"י לבמדבר כז, יח.
7. ראו רמב"ם, **משנה תורה**, הלכות תלמוד תורה ג, א.

האזינו

מנהיג קורא ליטול אחריות

כשמילים מצמיחות כנפיים, הן מתחברות לכדי שיר. כך הן עושות בפרשתנו, כאשר משה כבר שומע את צעדיו הקרבים של המוות ומתכונן להיפרד מחייו בעולם הזה. הוא מדבר בלהט שלא כתמול שלשום. לשונו חדה ואפילו דוקרת. חשוב לו שמילותיו האחרונות לא תישכחנה. את האמת הגלומה בהן הוא משמיע, בדרך זו או אחרת, כבר ארבעים שנה - אך מידה גדושה כל כך של רגש לא נלוותה אליה עד היום. הנה, כך זה מתחיל:

> הַאֲזִינוּ הַשָּׁמַיִם וַאֲדַבֵּרָה, וְתִשְׁמַע הָאָרֶץ אִמְרֵי פִי...
> הַצּוּר תָּמִים פָּעֳלוֹ, כִּי כָל דְּרָכָיו מִשְׁפָּט.
> אֵל אֱמוּנָה וְאֵין עָוֶל, צַדִּיק וְיָשָׁר הוּא.
> שִׁחֵת לוֹ לֹא בָּנָיו מוּמָם, דּוֹר עִקֵּשׁ וּפְתַלְתֹּל.
> הֲ לַה' תִּגְמְלוּ זֹאת, עַם נָבָל וְלֹא חָכָם?
> הֲלוֹא הוּא אָבִיךָ קָּנֶךָ, הוּא עָשְׂךָ וַיְכֹנְנֶךָ (דברים לב, א-ו)

אל תאשימו את אלוהים כשהדברים אינם כשורה: זהו המסר הלוהב של משה. אל תאמינו, הוא אומר, שה' קיים כדי לשרת אותנו. אנחנו קיימים כדי לשרת אותו, וכדי להיות בידיו ברכה לעולם. ה' הוא ישר; הפתלתלים ומרמֵי עצמם הם אנחנו. אין זה מתפקידו להסיר מאיתנו אחריות. להפך, הוא קורא לנו ליטול אחריות.

במילים אלו חותם משה את הדרמה שהחלה עם אדם וחוה בגן עדן. כשהם חטאו, אדם האשים את האישה, והאישה האשימה את הנחש. כך זה היה בימי בראשית, וכך זה גם עכשיו, במאה העשרים ואחת המחולנת.

סיפורה של האנושות הוא, ברוב רובו, סיפור של בריחה מאחריות. העבריינים מתחלפים, אבל תחושת הקורבנות לעולם נשארת. זה לא אני שלא בסדר. מי שלא בסדר הם הפוליטיקאים. או התקשורת. או הבנקאים. או הגֵנים שלי. או ההורים שלי. או השיטה: הקפיטליזם, הקומוניזם או כל דבר על הקשת שביניהם. ויותר מכול, זו

אשמתם של האחרים, אלה שאינם כמונו. הכופרים, בני השטן, ילדי החושך, הבלתי גאולים. מבצעי הפשעים הגדולים ביותר נגד האנושות, לכל אורך ההיסטוריה, היו משוכנעים ש"זה לא הם". שהם רק מילאו פקודות. וכשלא נשאר את מי להאשים, תמיד אפשר להאשים את אלוהים. או אם אינך מאמין באלוהים, האשם את אלה שכן מאמינים בו. טבע האדם לנסות לברוח מאחריות.

בזאת נפלֵית היהדות מכל יתר האמונות. בגלל הדבר הזה יש המעריצים את היהודים, אך בגללו יש גם רבים השונאים אותם. כי היהדות היא קריאתו של אלוהים לאחריות אנושית. מקריאה זו אי אפשר להתחבא, כפי שגילו אדם וחוה כשניסו לעשות זאת - ואי אפשר לברוח, כפי שלמד יונה בבטן הדג.

פרפרזה פרוזאית על המסר של משה בשירת הפרידה הגדולה הזו שלו תיראה כך:

"בני עמי האהובים. הובלתי אתכם ארבעים שנה, וימיי באים אל קיצם. זה כחודש, מאז התחלתי לשאת באוזניכם את נאומי הארוך, אני מנסה לומר לכם את הדברים החשובים ביותר הנוגעים לעברכם ולעתידכם. אני מפציר בכם שלא לשכוח אותם.

"הוריכם היו עבדים. ה' הביא אותם ואתכם אל החופש. אבל החופש הוא רק שלילתה של העבדות: אתם חופשיים, כלומר אינכם כפופים לפקודות של איש. אין לזלזל בחופש, שכן החיים בלעדיו טעמם כטעם לחם העוני והמרור. אכלו אותם אחת לשנה, כדי שלא תשכחו מאין באתם ומי הוציאכם משם.

"אך אל תחשבו שהחופש לבדו די בו לקיים חברה חופשית. כאשר כולם חופשיים ועושים את הישר בעיניהם, התוצאה היא אנרכיה, לא חופש. לחברה חופשית נדרשת חירות: חופש חיובי ומחייב, המתקיים רק כאשר הבריות מפנימים את הרגלי האיפוק, וכאשר החופש של אדם אחד אינו נקנה במחיר החופש של רעהו.

"על כן לימדתי אתכם את כל המצוות, החוקים והמשפטים האלה. אין הם כללים שרירותיים. אף לא אחד מהם ניתן רק משום שה' אוהב לתת חוקים. ה' נתן חוקים למבנה החומר עצמו - חוקים שכוֹננו יקום עצום, מופלא, שכמעט אין לשערו. לוּ הסתכם כל רצונו של ה' במתן חוקים, היה מסתפק בהשתת חוקים על אותם ברואים המצייתים לחוקים מטבעם: החומר נטול התודעה, וצורות החיים שאינן יודעות את החירות.

"המצוות שה' נתן לי, ושאני נתתין לכם, קיימות לא למענו של ה', אלא למענכם. הוא נתן לנו את החופש, המצרך היקר והנדיר והמופלא מכל הדברים לבד מן החיים עצמם. אך עם החופש באה אחריות. ופירושה הוא שמחובתנו להסתכן

ולפעול. ה׳ נתן לנו את ארץ ישראל, אבל אנו נצטרך לכבוש אותה בעצמנו. הוא נתן לנו את האדמה הטובה, אבל אנו צריכים לקום ולעשות מעשים: לחרוש, לזרוע ולקצור. הוא נתן לנו גוף, אבל אנו צריכים לקיים אותו ולרפא אותו.

"ה׳ הוא אבינו; הוא ברא אותנו והעמיד אותנו על מכוננו. אבל הורים אינם יכולים לחיות את חיי ילדיהם. הם יכולים רק להראות להם, בחינוך ובאהבה, איך נכון לחיות. ועל כן, אם יום אחד הדברים לא יהיו כשורה, אל תאשימו את ה׳. לא הוא שהשחית דרכו, אלא אתם. הוא צדיק וישר; אנחנו אלה שלפעמים מתעקמים ומעקמים". עד כאן המסר של שירת האזינו בלשוננו.

זוהי אתיקת האחריות של התורה. מעולם לא הושמעה הערכה מחמיאה יותר למהותו של האדם. מעולם לא הואצל תפקיד נכבד יותר על בני תמותה בשר ודם.

יש דתות הרואות את בני האדם כמושחתים עד העצם, כמוכתמים בחטא קדמון, כמי שבלי ברכת האל לא יהיה בידם להגיע אל הטוב. לא כן סבורה היהדות. היא גם איננה רואה את הדת ככניעה עיוורת לרצון האל. יש אמונות הגורסות כך. לא אמונתנו.

איננו רואים את בני האדם כפי שראו אותם עובדי האלילים וכוחות הטבע - כצעצועים בידיהם של אלים גחמנים. איננו רואים אותם כפי שרואים אותם אי אלה מדענים, כחומר בלבד, כמכשיר שִכפול של גנים, כאוסף של כימיקלים המופעלים ברחפים חשמליים מן המוח, בלי הוד ובלי קדושה, דיירי עראי בעולם ריק ממשמעות שנוצר בלי שום סיבה ושיום אחד, שוב בלי סיבה, גם יחדל.

אנחנו מאמינים שהננו עשויים בצלם אלוהים, חופשיים כשם שאלוהים חופשי, יצירתיים כשם שהוא יצירתי. אומנם אנו מתקיימים בקנה מידה קטן לאין סוף ומוגבל - ועדיין: בכל מרחביו הכבירים של היקום, האדם הוא הנקודה היחידה שבה ההוויה מודעת לעצמה, צורת החיים היחידה שבכוחה לעצב את גורלה: בוחר, ועל כן חופשי, ועל כן אחראי. היהדות היא קריאתו של אלוהים לאחריות.

ופירוש הדבר: אל תִתקרְבֵנו. אל תאמינו כמו היוונים שהגורל עיוור וקשיח, שהבשורה שמשמיע האורקל בדלפי נכתבה ונחתמה עוד בטרם לידתנו, שכמו לאיוס ואדיפוס לעולם לא נימלט מעבותות הגזֵרה. זוהי תפיסה טרגית של חיי האדם. במידה מסוימת, ובאופנים אחרים, היו שותפים לה שפינוזה, מרקס ופרויד, הטריומווירֵאט הגדול של יהודים במוצאם שדחו את היהדות ואת כל מפעלותיה.

אמונתנו אחרת. כמו ויקטור פראנקל, ניצול אושוויץ, ואהרן בק, ממייסדי התרפיה הקוגניטיבית־התנהגותית, אנו מאמינים כי אנו מוגדרים לא באמצעות האירועים הפוקדים אותנו, אלא על פי תגובתנו להם; ותגובה זו, מצידה, נקבעת

על פי הפרשנות שאנחנו נותנים למה שקורה לנו. אם נשנה את צורת החשיבה שלנו - ובכוחנו לעשות זאת, בזכות הגמישות של המוח - נוכל לשנות את הרגשתנו ואת אופן פעולתנו. הגורל אף פעם איננו סופי. גזרות רעות עלולות להיות, אבל תשובה, תפילה וצדקה מעבירות אותן. ומה שאיננו יכולים לעשות לבדנו בכוחנו לעשות ביחד, שכן אנו מאמינים כי "לֹא טוֹב הֱיוֹת הָאָדָם לְבַדּוֹ" (בראשית ב, יח).

מתוך כך פיתחו היהודים את מוסר האשְׁמה - המנוגד למוסר היווני, מוסר הבושה. מוסר של אשמה מבחין בחדות בין האדם לבין המעשה, בין החוטא לבין החטא. היות שמעשינו אינם מגדירים אותנו לגמרי, יש בתוכנו גרעין שנשאר זך - "אלוהיי, נשמה שנתת בי טהורה היא" - ועל כן, יהיו מעשינו רעים כאשר יהיו, תמיד נוכל לחזור בתשובה ולהיטהר. מכאן נוצרת שָׂפָה של תקווה, שהיא הכוח היחיד החזק דיו להביס תרבות של ייאוש.

כוח זה של תקווה, הצומח בכל מקום שאהבתו של ה׳ וכפרתו מעמידות חופש ואחריות אצל האדם, הוא אשר הפך את היהדות לכוח מוסרי בעיני כל מי שליבו פתוח ועיניו בראשו. אבל תקווה זו, אומר משה בלהט הצורב בנו בכל פעם שאנו חוזרים אל דבריו, תקווה זו איננה נולדת מעצמה. דרוש עמל כדי לזכות בה. הדרך היחידה להשיגה היא **לא להאשים את אלוהים**. הוא איננו מושחת. הפגם מצוי בנו, ילדיו. אם אנו שואפים לעולם טוב יותר, אנחנו צריכים ליצור עולם זה. ה׳ מלמד אותנו, מראה לנו את הדרך, סולח לנו כשאנו כושלים ומרים אותנו כשאנו נופלים, אבל את העולם הטוב יותר עלינו לבנות בכוחות עצמנו. תמורה מתחוללת בנו לא על ידי מה שה׳ עושה למעננו, אלא על ידי מה שאנחנו עושים למענו.

בני האדם הראשונים איבדו את גן העדן כאשר ניסו לברוח מאחריות. עולמנו ישוב להיות כגן עדן מקֶדם רק אם נישא באחריות וניעשה לאומה של מנהיגים, שכל אחד מהם מכבד את השונים ממנו ומפַנה להם מקום. אנשים אינם אוהבים אנשים שמזכירים להם את דבר אחריותם. זוהי אחת הסיבות לשנאת היהודים לאורך הדורות; כמובן, רק אחת הסיבות. אולם אנו איננו נותנים לשונים מאיתנו להגדיר אותנו. להיות יהודי פירושו להיות מוגדר רק בידי האחד הגדול האוהב אותנו, הקב״ה.

התעלומה הגדולה מכולן איננה אמונתנו באלוהים אלא אמונתו של אלוהים בנו. ולוואי ותנסוך בנו אמונה זו כוחות להישמע לקריאתו של ה׳ לאחריות, ולהיחלץ לרפא אחדים מפצעיו של עולמנו: עולם כואב ובכל זאת עולם מופלא.

וזאת הברכה

האיש משה

"וַיָּמָת שָׁם מֹשֶׁה עֶבֶד ה' בְּאֶרֶץ מוֹאָב עַל פִּי ה'. וַיִּקְבֹּר אֹתוֹ בַגַּי בְּאֶרֶץ מוֹאָב מוּל בֵּית פְּעוֹר, וְלֹא יָדַע אִישׁ אֶת קְבֻרָתוֹ עַד הַיּוֹם הַזֶּה" (דברים לד, ה-ו). במילים אלו באים אל סופם חייו של גדול מנהיגי ישראל בכל הדורות.

התורה נגמרת כפי שהתחילה, בפעולה אלוהית של רוך. בתחילתה נפח אלוהים רוח חיים בגופו של אדם הראשון, ועתה, בסוף חמשת חומשי תורת משה, הוא קובר את האדם הדגול מכולם בצאת נשימתו האחרונה. זה סוג של חיתום, של גאולה, של תיקון: אדם וחוה לא הורשו לאכול מעץ החיים, המקנה חיי נצח, אבל משה נתן את התורה - "עֵץ חַיִּים הִיא לַמַּחֲזִיקִים בָּהּ וְתֹמְכֶיהָ מְאֻשָּׁר" (משלי ג, יח) - לישראל, וכך הטעימם מטעם הנצח. אך יש במעגל הזה, של ראשית וסוף, גם נופך של גלות ושל אי־השלמה: כשם שאדם וחוה נאלצו לעזוב את גן עדן, כך נמנעה ממשה הכניסה לארץ ישראל.

שני הסיפורים חותרים במהותם לשאלה מהו להיות אדם. השם "אדם" עצמו בא מן המילה "אדמה". משחק המילים הזה מופיע בתורה גם לגבי אדם וגם לגבי משה. על אדם נאמר, "וַיִּיצֶר ה' אֱלֹהִים אֶת הָאָדָם עָפָר מִן הָאֲדָמָה" (בראשית ב, ז). ועל משה נאמר, "וְהָאִישׁ מֹשֶׁה עָנָו מְאֹד, מִכֹּל הָאָדָם אֲשֶׁר עַל פְּנֵי הָאֲדָמָה" (במדבר יב, ג).

ההקבלה מופלאה. אף כי כל אחד מאיתנו עשוי "בצלמו וכדמותו" של אלוהים (על פי בראשית א, כו), אנחנו גם "עפר מן האדמה", נשמות שנתגלמו בגוף, חלק מעולם הטבע, ומתוך כך כפופים לחוקים בל־יופרו של צמיחה, קמילה ושקיעה. איננו יכולים לחיות לנצח, ולכלל הזה אין יוצאי דופן - גם לא אדם הראשון, שאת צורתו צר אלוהים עצמו, ולא הגדול בבני האדם, שראה את ה' "פנים אל פנים". לכל אחד מאיתנו יש ירדן שהוא לא יחצה, מסע שהוא לא ישלים, גן עדן שהוא לא יזכה לו בימי חייו.

כל תקופה - ודמות משה שלה. בקרב חז"ל, אלה הקרובים יותר אל המיסטיקה ראו במשה את האיש שעלה לשמיים בעת מתן תורה, ושם היה עליו להתווכח עם המלאכים שהתנגדו לרעיון שמתנה יקרה זו תימסר לילוד אישה. ה' אמר למשה לענות

להם, ולמשה היה מענה מכריע: "כלום אתם עושים מלאכה שאתם צריכין שבות [שבת]?... מה כתיב בה? 'כבד את אביך ואת אמך'; אב ואם יש לכם? שוב, מה כתיב בה? 'לא תרצח, לא תנאף, לא תגנוב': קנאה יש ביניכם? יצר הרע יש ביניכם?",[1] זהו משה המתווכח עם מלאכים ויכול להם.

אחרים מבין חכמינו ראו בו את "משה רבנו": רב ומורה הלכה. בתפקידו זה הם זיהו סמכות עצומה; כדי כך, שאמרו במדרש כי כאשר התפלל משה לה' שיסלח לעם על חטא העגל, ה' ענה שאינו יכול: "משה, כבר נשבעתי: 'זֹבֵחַ לָאֱלֹהִים יָחֳרָם' (שמות כב, יט), ודבר שבועה שיצא מפי איני מחזירו". משה ענה: "ריבון העולם, ולא נתת לי הפרה של נדרים?... דין הוא שתתיר את נדרך כאשר צִוִּיתַני להתיר לאחרים". ממשיך המדרש ומספר: "מיד נתעטף בטליתו וישב לו כזקן, והקדוש ברוך הוא עומד כשואל נדרו". עד כדי כך: משה, כמעין דיין, התיר לה' את נדרו.[2]

בעיניו של פילון האלכסנדרוני, הפילוסוף היהודי בן המאה הראשונה לספירה, משה היה מלך־פילוסוף מהסוג שתואר **בהמדינה** לאפלטון.[3] הוא מושל באומה, מחוקק את חוקיה, מייסד את טקסיה, ומתנהל בכבוד ובהוד. הוא חכם, שקול וקר רוח. זהו משה היווני, שביטוי חזותי למהותו יש אולי בפסלו המפורסם של מיכלאנג'לו "משה".

אבל המרגש כל כך בדמותו של משה בתורה אינו אחד מאלה. המרגש מכול הוא שמשה מופיע לעינינו כאדם במהותו. אין דת המתעקשת בְּיֶתר עמקות ושיטתיות מן היהדות על השוני המוחלט בין אל לאדם, בין שמיים לארץ, בין המוחלט לסופי. תרבויות אחרות טשטשו את הגבול, והניחו לבני אדם מסוימים להצטייר כדמויי אלים, כמושלמים, כנטולי פגמים. גם בתוך היהדות התקיימה תמיד נטייה כזאת, אף כי בשוליים: לראות את החכמים כקדושים ואת גדולי התורה כמלאכים, להתעלם מספקותיהם ומחסרונותיהם ולהופכם להתגלמויות על־אנושיות של שלמות. אבל התנ"ך גדול מכך. הוא מספר לנו שאלוהים, שלעולם אינו מחסיר מהיותו אלוה ולו כמלוא נימה, אף פעם אינו מבקש מאיתנו בני האדם שנהיה יותר מאשר רק־בני־אדם.

משה הוא אדם. אנחנו רואים אותו בייאושו, כשהוא שואל את נפשו למות. אנחנו רואים אותו מאבד את עשתונותיו. אנחנו רואים אותו על סף אובדן אמונתו בעם שהוא נועד להנהיג. אנחנו רואים אותו מתחנן שיורשה לו לעבור את הירדן

1. שבת פח ע"ב - פט ע"א.
2. שמות רבה מג, ד.
3. בספרו של פילון **חיי משה**.

ולהיכנס לארץ. משה הוא גיבורם של אלה הנאבקים עם המצב הקיים, עם העולם כפי שהוא והאנשים כפי שהם, ויודעים כי "לא עליך המלאכה לגמור - ולא אתה בן חורין להיבטל ממנה".[4]

התורה מדגישה "וְלֹא יָדַע אִישׁ אֶת קְבֻרָתוֹ עַד הַיּוֹם הַזֶּה" כדי שקברו של משה לא ייעשה לאתר צליינות או פולחן. קל מדי להפוך בני אדם, אחרי מותם, לקדושים ולאלים־למחצה. משה מתקיים ביהדות לא כמוקד לפולחן אלא כדמות מופת שכל אחד מאיתנו מוזמן לשאת אליה עיניים. הוא הסמל הנצחי לאדם שעלה לגדולה בזכות מה ששאף אליו, לאו דווקא בזכות הישגיו הממשיים. התארים שהתורה מצמידה לשמו - "הָאִישׁ מֹשֶׁה" (במדבר יב, ג), "עֶבֶד ה'" (דברים לד, ה), "אִישׁ הָאֱלֹהִים" (דברים לג, א) - מרשימים דווקא בשל צניעותם. משה ממשיך לשאוף.

העוצמה בסיפורו של משה מצויה דווקא בכך שהוא מאשר לנו את היותנו בני תמותה. יש הסברים רבים מדוע לא הורשה משה להיכנס לארץ היעודה, אבל אחד המשכנעים בהם הוא זה שנתן פרנץ קפקא:

> כל ימיו הוא נושא את עיניו לכנען. לא יאומן כי לא יראה את הארץ אלא לפני מותו. רק משמעות אחת יכולה להיות למבט אחרון זה - להראות במה לא־שלמים הם חיי־האדם, לא־שלמים משום שחיים כאלה יוכלו להימשך עד לאין קץ ובכל זאת לא יהיו אלא הרף־עין אחד. משה אינו בא לארץ כנען לא משום שחייו היו קצרים מדי, אלא משום שחייו היו חיים אנושיים.[5]

משה לא היה אברהם: מבשר שלום, שלֵו, מיושב, אדם המתרחק מגעש הפוליטיקה ויחסיו עם האל פרטיים. לא הוא. הוא השתייך לשלב מאוחר יותר בהיסטוריה, כשישראל כבר לא היה משפחה ולא שבט אלא עם, על כל המשתמע מכך באשר לעימותים ומריבות. הוא היה איש העומד בין שמיים לארץ, מביא את דבר האלוהים אל העם ואת דבר העם אל האלוהים, נאבק תכופות עם זה ועם זה, מנסה לשכנע את העם לשמוע בקול ה' ואת ה' לסלוח לעם.

לא רק שמשה פגש את ה' בסנה הבוער; הוא **היה** סנה בוער, דולק בתשוקת צדק, אשר (שלא כאחיו אהרן) מעדיף את העיקרון על פני הפשרה. רש"י מציין

4. משנה, אבות ב, טז.
5. פרנץ קאפקא, **יומנים: 1914–1923**, מגרמנית: חיים איזק, תל אביב: שוקן, תשל"ט, עמ' 162, רשומה מיום 19.10.1921.

שהאבל על אהרן היה נרחב מהאבל על משה (על אהרן נאמר כי ביכה אותו "כֹּל בֵּית יִשְׂרָאֵל" [במדבר כ, כט]; בפסוק המקביל, על מות משה, חסרה המילה "כל" [דברים לד, ח]), מפני שאהרן היה איש שלום, ומשה איש אמת. אנחנו אוהבים שלום, ואילו את האמת קשה לפעמים לשאת. לאנשי אמת יש אויבים, לא רק חברים.

חמש פעמים מכנה התורה את משה "איש".[6] משה היה הגדול בבני עמנו בכל הדורות, אבל הוא היה ונשאר בן אדם. עניין זה מודגש בפרקים האחרונים בתורה. התורה רומזת לאקסיומה הנמצאת בתשתית חזונה: **אם אלוהים הוא אלוהים, האנושות יכולה להיות אנושית.** אסור לטשטש את הגבול. גיבורי היהדות אינם אלים בצורת אדם. להפך: **השגב המוחלט של אלוהים משמעותו אחריות מוחלטת של בני האדם.**

ביהדות, יותר מבכל אמונה אחרת בהיסטוריה, האדם מגיע למלוא קומתו, כבודו וחירותו. לא הוכתמנו בחטא קדמון. איננו מחויבים להכנעה גמורה. אלו הן דרכים מכובדות לראות את המצב האנושי, אבל **הן אינן הדרך היהודית.** משום כך היהדות הייתה, ותמיד תהיה, קול מובחן וייחודי בשיחה האנושית.

האיש משה: בן תמותה, מסוגל לחטא, מלא ספקות לגבי עצמו, מתוסכל תכופות, כועס מפעם לפעם, ופעם אחת אפילו נופל לתהום הייאוש. זהו משה המוביל את העם לחופש ובתוך כך מרחיב ללא הרף את אופקי השאיפות שלו, וכך מטביע בו את חותמו. משה שאנו פוגשים בתורה איננו דמות מיתית, גיבור אפי, אב טיפוס, מי שפגמיו מטואטאים מתחת לשטיח הסיפורי כדי לעשותו למושא הערצה. לא ולא. משה הוא אנושי. אנושי לתפארת.

הרמב"ם כתב, בהצהרתו הגדולה על הרצון החופשי של האדם: "כל אדם ואדם [שימו לב: לא רק כל יהודי] ראוי להיות **צדיק כמשה רבנו** או רשע כירבעם".[7] לו נטען כך על מייסדה של כל אמונה אחרת, היה הדבר נשמע אבסורד. אך משה, עצם האנושיות שלו מקרבת אותו אלינו ומזמנת אותנו אל הגדולה. הגבול הברור, המוחלט, האונטולוגי, בין שמיים לארץ – משמעותו היא שאלוהים אינו מבקש מבני האדם אלא שיהיו בני אדם, לא פחות ואף לא יותר.

זו השקפת עולם קפדנית, אך היא גם הצלולה ביותר המוכרת לי, ובסופו של דבר האנושית ביותר. היא הצלולה ביותר מפני שהיא מתעקשת על הבחנה חדה בין האינסופי לסופי, בין הנצחי לחולף, בין אלוהים לבינינו. היא האנושית ביותר כי

6. שמות יא, ג; לב, א, כג; במדבר יב, ג; דברים לג, א.
7. **משנה תורה**, הלכות תשובה ה, ב.

היא מאצילה על כל אחד מאיתנו, במידה שווה, הוד בקנה מידה נצחי. אנחנו, כולנו, עשויים בצלמו של אלוהים וכדמותו. איננו צריכים שום תיווך כדי לדבר אל ה׳. איננו צריכים שום כומר או מליץ יושר שמימי כדי שה׳ יסלח לנו. כולנו בניו ובנותיו.

המרחק בינינו לבין ה׳ אינסופי, אבל יש גשר מעל התהום הזאת והוא השפה, המילים, התקשורת. ה׳ מדבר אלינו בהתגלות. אנחנו מדברים אליו בתפילה. שיחה משותפת זו היא אשר אפשרה לאברהם, המכנה עצמו ״עָפָר וָאֵפֶר״ (בראשית יח, כז), לומר לה׳ ״הֲשֹׁפֵט כָּל הָאָרֶץ לֹא יַעֲשֶׂה מִשְׁפָּט?״ (שם, כה). אפשרות זו של דיאלוג היא אשר אפשרה למשה לומר לה׳ ״וְעַתָּה, אִם תִּשָּׂא חַטָּאתָם - וְאִם אַיִן, מְחֵנִי נָא מִסִּפְרְךָ אֲשֶׁר כָּתָבְתָּ״ (שמות לב, לב). הדיאלקטיקה המתמשכת בין תורה שבכתב לתורה שבעל פה, בין דבר ה׳ לפרשנות האנושית, חבקה אבות ונביאים, חכמים וסופרים, משוררים ופילוסופים, מפרשים ופוסקים, ולא חדלה מימי משה ועד ימינו.

לא טעתה אפוא המסורת היהודית כאשר, בבקשה לחלוק למשה כבוד עילאי, לא קראה לו משה המשחרר, משה המחוקק, משה מייסד האומה, משה המצביא או אפילו משה הנביא, גדול הנביאים - אלא כינתה אותו פשוט משה רבנו. ״תּוֹרָה צִוָּה לָנוּ מֹשֶׁה, מוֹרָשָׁה קְהִלַּת יַעֲקֹב״ (דברים לג, ד). מילים אלו - לא רק מילים, אלא כתב ברית שעיצב את דפוסי החיים היהודיים ואת מבנה ההיסטוריה היהודית - הן, בכל דור ודור, חוליית הקישור שבינינו לבין היושב במרומים. לעולם אין היא מתקלקלת, מתאפסת, אובדת או מתיישנת. ה׳ עשוי להסתיר את פניו, אבל אף פעם אינו מושך מאיתנו את דבריו.

בהיפרדנו ממשה, והוא מאיתנו, אנו משווים לנגדנו תמונה בל־תימחה: תמונת האיש שהתקרב לכלל ייאוש אך הותיר מורשת נצחית של תקווה; תמונת האיש שמת מבלי שהשלים את מסעו, אך הוסיף ללכת עִם עַם ישראל במסעותיו מאז ועד היום. האנושיות שלו היא הבוהקת מתוך גווילי התורה. לפעמים קרינה זו חזקה כל כך שאנו יראים להביט, אך הוא בן אנוש, בן תמותה, בר כישלונות, צינור שדרכו ה׳ דיבר, שליח שבאמצעותו ה׳ פעל. דמותו האנושית של משה היא תזכורת נצח לכך שאף על פי שגם אנחנו בני תמותה, גם אנו יכולים להגיע לגדולה: אם ניתן לשכינת ה׳ לשפוע בעדנו, כשמילותיו מדריכות אותנו ורוחו מפיחה בנו חיים.

על אודות המחבר

הרב לורד יונתן זקס ז"ל (1948–2020) – רבה הראשי של בריטניה בשנים 1991–2013 וזוכה פרס טמפלטון לשנת 2016 – מוכר בזכות עשרות ספריו ומאמריו, אשר הקנו לו מעמד של הוגה דעות ומנהיג רוחני המשמיע את קולה של היהדות בשיח העולמי. מספריו בעברית: **לכבוד השוני: כיצד נוכל למנוע את התנגשות התרבויות?** (מגיד, תשס"ח), **לרפא עולם שבור: החיים כקריאה לאחריות** (מגיד, תש"ע), **השותפות הגדולה: הדת, המדע והחיפוש אחר משמעות** (מגיד, תשע"ג), **פסח על שום מה? הגדה של פסח** (מגיד, תשע"ה), **רדיקלית אז, רדיקלית עכשיו: מורשת הדת העתיקה בעולם** (מגיד, תשע"ו), **לא בשם האל: אל מול האלימות הדתית** (מגיד, תשע"ו), **שיג ושיח** (מגיד, תשע"ח), **מועדים לשיחה** (מגיד, תשע"ט), **בלשון עתיד** (מגיד, תשפ"א), **רעיונות משני חיים** (מגיד, תשפ"א) **ומוסריות** (מגיד, תשפ"ב).